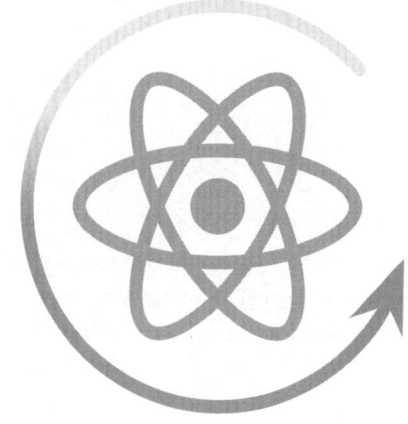

입문자를 위한 기초와 최신 테크 트리,
인기 에코시스템까지 활용한 예제로 탄탄히 배우기

리액트 잘하는 개발자 되기

성낙현 지음

먼저 읽은 분이 추천합니다

이 책은 베타 리딩을 진행했습니다. 보내주신 의견을 바탕으로 더 좋은 원고로 만들어 출간했습니다. 참여해주신 모든 분께 감사드립니다.

"리액트를 공부하다 보면 문법은 익혔지만 실무에서는 막히는 순간이 찾아옵니다. 《리액트 잘하는 개발자 되기》는 그런 개발자들을 위한 친절한 길잡이입니다. 기본 개념부터 훅, 라우터, 파이어베이스와 같은 실전 시스템까지 자연스럽게 연결하며, 직접 프로젝트를 완성해보는 과정을 통해 진짜 '리액트'를 익힐 수 있습니다. 초급 개발자는 물론 리액트를 다시 탄탄히 다지고 싶은 모든 프론트엔드 개발자에게 강력 추천합니다."

강이화, 안다미컴퍼니 매니저

"《리액트 잘하는 개발자 되기》는 제목 그대로, 리액트를 제대로 배우고 싶은 개발자에게 꼭 맞는 책입니다. 다양한 예제와 실무에 유용한 확장 프로그램을 폭넓게 다루며, 리액트의 핵심 개념부터 실전 활용까지 단계적으로 안내합니다. 각 챕터마다 실습 문제를 통해 기본기를 탄탄히 다질 수 있고, 풍부한 예제 그림이 이해를 한층 쉽게 만들어줍니다. 초보자에게는 친절한 입문서로, 실무자에게는 실력을 한 단계 끌어올릴 수 있는 훌륭한 길잡이입니다."

고요한, 오산개발자 운영진 및 닷넷코리아 운영

"이 책은 막연한 공부에 확실한 기준점을 제시합니다. 단순 문법이나 예제 중심이 아니라 실무에서 바로 써먹을 수 있는 포인트 위주라서 훨씬 와닿았고요. 리액트를 처음 시작하는 사람에게는 이 책은 필독서입니다. 저도 이 책 덕분에 자신 있게 '리액트 잘할 수 있다'라고 말할 수 있게 되었습니다."

김동수, 넥스트시스템 대리

리액트는 단순한 UI 라이브러리를 넘어, 현대 프론트엔드 개발의 표준이자 사고방식이 되었습니다. 이 책은 리액트의 본질인 "상태와 데이터 흐름을 예측 가능하게 관리하며, 사용자 경험을 설계하는 기술"을 가장 실용적으로 보여줍니다. 단순히 문법이나 API를 나열하는 데 그치지 않고, 컴포넌트 설계 → 프롭스와 이벤트 전달 → 상태 관리와 렌더링 최적화 → 모듈화와 라우팅 → 스타일링과 이미지 처리로 이어지는 자연스러운 흐름 속에서 리액트의 사고방식을 몸으로 익히게 합니다. 특히 리액트 훅을 활용한 선언형 상태 관리, 리덕스 툴킷과 주스탠드를 활용한 복합 상태 설계, 파이어베이스를 이용한 인증 및 실시간 데이터 연동 등은 현업에서도 즉시 적용 가능한 수준으로 다뤄집니다. 또한 이론에 머무르지 않고, 게시판 제작, 모달 창 구현, 메신저 구현, 그리고 깃허브 페이지에 배포까지 현실적인 프로젝트를 단계적으로 완성하며 '실무형 리액트 개발자'로 성장할 수 있도록 구성되어 있습니다. 이 책은 초보 개발자에게는 리액트의 전 과정을 한눈에 조망할 수 있는 등대가 되고, 경험 많은 개발자에게는 '리액트를 더 잘 사용하는 법'을 다시 생각하게 하는 나침반이 될 것입니다.

김동현, 삼성SDS 시스템개발운영 프로

"이 책은 리액트를 처음 접하는 사람도 기술적 어려움 없이 이해할 수 있도록 쉽게 풀어 설명하고 있습니다. 더불어 책의 예제에는 상세한 주석이 달려 있어, 각 코드가 사용되는 명확한 이유를 보여줍니다. 리액트뿐 아니라 코딩할 때 구조와 개념을 잡는 데도 큰 도움이 되므로, 리액트를 처음 접하거나 IT를 입문하는 분들에게 강력히 추천합니다."

김용민

"현장에서 AI와 풀스택을 가르치고 있는 교육자로서, 기본이 탄탄한 리액트 교재를 찾던 중 이 책을 만나게 되었습니다. 길고 복잡한 예제 코드 대신, 각 기술의 핵심에 집중한 간결한 예제와 군더더기 없는 설명이 특히 인상 깊었습니다. 또한 예제 파일 이름에 번호를 붙여 순서대로 따라가다 보면 자연스럽게 개념이 잡히도록 구성된 점도 매우 마음에 들었습니다. 리액트를 처음 배우거나 체계적으로 복습하고자 하는 분께 자신 있게 추천드리며, 저희 교육센터의 정식 교재로도 채택할 계획입니다."

김형수, 천재IT교육센터 전임강사

"수많은 리액트 서적 중에서 이 책은 현장의 실제 경험과 체계적인 이론이 절묘하게 결합된 보기 드문 서적입니다. 특히 최신 트렌드와 사례 중심의 설명은 현업에서도 즉시 활용할 만합니다. 리액트를 처음 배우는 학습자에게 '왜 이렇게 동작하는가'를 자연스럽게 이해시켜주는 책입니다. 예제와 설명의 균형이 탁월하며, 초보자도 한 단계씩 성장할 수 있도록 설계되어 있습니다. 특히 Hooks, Context API, 상태 관리 등 실습 중심으로 다룬 점이 매우 인상적입니다. 실제 코드 구조와 개발 흐름 속에서 리액트의 진짜 활용법을 보여줍니다. 초급부터 중급 개발자로 성장하고자 하는 모든 분께 강력히 추천합니다. 리액트를 다루는 사람이라면 반드시 곁에 두어야 할 책입니다."

복광현, 웹 에이전시 제이씨앤씨 개발 팀장

"이 책은 리액트뿐만 아니라 연관 도구와 웹 기본기까지 다루어 프론트엔드의 전체적인 그림을 그리는 데 도움을 줍니다. 실습을 통해 프론트엔드 개발이 실제로 어떻게 이루어지는지 배울 수 있어, 초심자도 실전감각과 탄탄한 기초를 동시에 갖출 수 있는 입문서 이상의 책입니다."

송진섭, 풀스택 개발 프리랜서

"리액트를 체계적으로 배우고 실무에 바로 적용하고 싶은 개발자에게 강력히 추천합니다. 이 책은 웹의 기본 원리부터 리액트 핵심 문법, 다양한 훅 활용, 컴포넌트 구조 이해까지 단계별로 구성되어 있어 기초를 탄탄히 다질 수 있습니다. 또한 상태 관리, API 연동, 라우팅, 배포 등 실무에서 필수적인 기술을 실제 프로젝트를 통해 익힐 수 있어 단순 이론을 넘어 실질적인 개발 역량을 키우는 데 큰 도움이 됩니다. 기초부터 실전까지 확실하게 정복하고 싶은 분들에게 완벽한 가이드가 되어줄 책입니다."

이석곤, (주)아이알컴퍼니 부설연구소 팀장

"리액트를 이미 쓰고 있지만 기본기를 다시 돌아보고 싶을 때가 있습니다. 이 책은 단순 문법 정리가 아니라 컴포넌트, 상태, 훅 같은 핵심 개념을 단순히 소개하는 데 그치지 않고, 실제 서비스 구조 속에서 왜 필요한지 다시 생각하게 만듭니다. 특히 리덕스, 주스탠드, 파이어베이스로 이어지는 흐름은 실무에서 마주치는 고민과 자연스럽게 맞닿아 있습니다. 게시판이나 카카오톡 같은 예제를 따라가다 보면 '사용하는 코드'가 아닌 '이해하고 선택하는 코드'를 깨닫게 됩니다. 리액트를 처음 배우는 사람이든 한 번쯤 정리하고 싶은 실무자든 곁에 두고 펼쳐보기 바랍니다."

이호철, 신세계아이앤씨 개발자

"이 책은 리액트의 기본 개념부터 실습 예제까지 체계적으로 구성되어 있어, 빠르게 이해하고 실전에 적용할 수 있도록 돕는 훌륭한 가이드 도서입니다. 실무에서 리액트를 처음 접하시거나 리액트 개발자를 꿈꾸는 분들이라면 꼭 추천하고 싶습니다.
이 책을 따라 차근차근 프로젝트를 완성해나가다 보면, 더욱 견고한 실무 감각을 갖추고 완성도 높은 포트폴리오를 만들어, 뛰어난 리액트 개발자로 성장할 수 있을 것입니다."

장예근 (개발자)

"이 책은 리액트를 사용해온 개발자에게 '이해'의 즐거움을 선사합니다. 기초 원리부터 생명주기·훅·상태관리까지 체계적으로 다루어, 실무 감각과 개념을 함께 기를 수 있습니다. 비전공자부터 리액트 실력을 한 단계 더 높이고 싶은 개발자까지 모두에게 강력히 추천합니다."

최낙현, 스타트업 팀장 프론트엔드 개발자

"오랜 시간 개발을 해왔지만 웹 개발에는 서툴렀고, 특히 리액트는 나에게 마의 기술처럼 느껴졌습니다. 리액트를 더 이상 미룰 수 없는 상황에서 이 책을 베타테스터로 만난 것은 정말 천운이었습니다. 이 책은 처음으로 리액트에 대해 개념을 넘어 실제 코드로 구현할 수 있을 정도로 이해하게 해주었습니다. 아직 웹 개발 초보라 실무에서 많은 난관이 있겠지만, 이제는 도전할 용기가 생겼습니다."

최종천, LIG시스템

"이 책은 리액트를 처음 접하는 개발자나 초급 개발자에게 특히 적합한 책이라고 생각합니다. 우선 실습 예제 구성이 잘 되어 있어, 책을 보며 하나씩 직접 코딩하면서 학습하거나 제공된 전체 소스를 활용해 주석을 풀며 익힐 수 있도록 구성되어 있습니다. 내용 또한 실제 개발에 필요한 핵심 부분에 초점을 맞춰 설명하고 있으며, 개인적으로 가장 만족스러웠던 부분은 상태 관리 파트입니다. 리액트 에코시스템 중 주스탠드에 대한 설명이 명확하고 이해하기 쉽게 되어 있어 학습에 큰 도움이 되었습니다. 또한 파이어베이스와 주스탠드를 활용해 게시판, 스코어보드, 카카오톡 만들기 등 다양한 프로젝트를 완성해 나가는 과정은 실무 감각을 익히는 데에도 유익하며, 나중에 포트폴리오로 활용하기에도 충분한 가치가 있습니다."

황재원, 알오지스틱스 프로

리액트의 세계로 오신 걸 환영합니다

환영합니다, 클라우드 프론트엔드 인프라 입문 책을 소개합니다!

환영합니다. 리액트를 잘하고 싶은데 어떻게 할지 모르겠는 분이라면, 잘 찾아오셨습니다. 이 책은 리액트 학습 전에 필요한 웹의 기본 원리부터 최신 리액트 훅까지 체계적으로 안내하여 탄탄한 기초 지식을 제공합니다. 총 40개 이상의 다채로운 실전 프로젝트와 풍부한 실습 예제를 통해 이론을 실무에 바로 적용하며 문제 해결 능력을 키울 수 있습니다. 또한 리덕스 툴킷, 주스탠드, 파이어베이스 등 현대 웹 개발에 필수적인 기술들을 함께 익혀 완성도 높은 리액트 애플리케이션 개발자로 성장하도록 돕습니다.

Point 1
입문자를 위한 프론트엔드 배경지식

이 책은 리액트 코드를 작성하기 전에, 프론트엔드 개발자로서 반드시 알아야 할 웹의 기본 원리와 핵심 개념부터 충실하게 설명합니다. 클라이언트와 서버의 동작 방식, HTML/CSS/JS의 역할, 브라우저 렌더링 과정, SPA, CSR, SSR, SSG와 같은 핵심 개념 등을 먼저 학습하여, 원리 중심의 튼튼한 기반을 다질 수 있게 합니다.
이러한 배경지식은 실무에서 문제의 원인을 더 빨리 찾고, 더 효율적이고 안정적인 웹사이트를 만드는 데 밑거름이 됩니다.

Point 2
실무에 유용한 기술

전역 상태 관리를 위한 리덕스 툴킷과 주스탠드를 모두 다루고, 별도의 백엔드 없이도 데이터베이스와 스토리지를 구현할 수 있는 파이어베이스 연동까지 학습합니다. 이를 통해 단순 UI 개발을 넘어, 실제 서비스에 가까운 완성도 높은 애플리케이션을 직접 구축하며 리액트 생태계 전반에 대한 이해를 넓힐 수 있습니다.

Point 3
경험을 녹인 정말 유용한 커리큘럼

프론트엔드 개발은 방대합니다. 모두를 배울 수 없으므로 정말 필요한 지식을 익혀야 합니다. 그래서 저자는 다년간의 사용 노하우를 담아 리액트뿐 아니라 프론트엔드 개발 전과정을 맛볼 수 있게 실용적으로 알려줍니다.
HTML로 UI를 먼저 만든 뒤 리액트 컴포넌트로 전환하는 실습을 통해 컴포넌트의 장점을 체감하며 배웁니다.
최종적으로는 직접 만든 앱을 깃허브 페이지에 배포하는 과정까지 다루어, 개발부터 실제 서비스 공개까지의 전체 흐름을 경험하게 합니다.

리액트 프론트엔드 로드맵을 소개합니다

리액트가 제공하는 서비스는 방대합니다. 프론트엔드의 모든 것을 제공한다고 해도 과언이 아닙니다. 이 책의 목적은 여러분을 리액트 잘하는 개발자로 이끌어주는 것입니다. 모든 걸 알려드리지는 못하지만 현업을 진행하면서 필수인 '컴포넌트 기반 UI 구성과 상태 관리(Props, State)', '다양한 최신 훅Hooks을 활용한 성능 최적화와 상태 공유', 그리고 '리덕스 툴킷과 파이어베이스Firebase를 아우르는 실무 에코시스템'을 개념과 실습으로 충실히 설명했습니다. 다음 로드맵에서 체크된 부분은 이 책에서 다루는 영역입니다. 책에서 다루는 영역에 익숙해지면 다루지 않은 문제를 능히 해결하는 능력을 갖추게 될 겁니다.

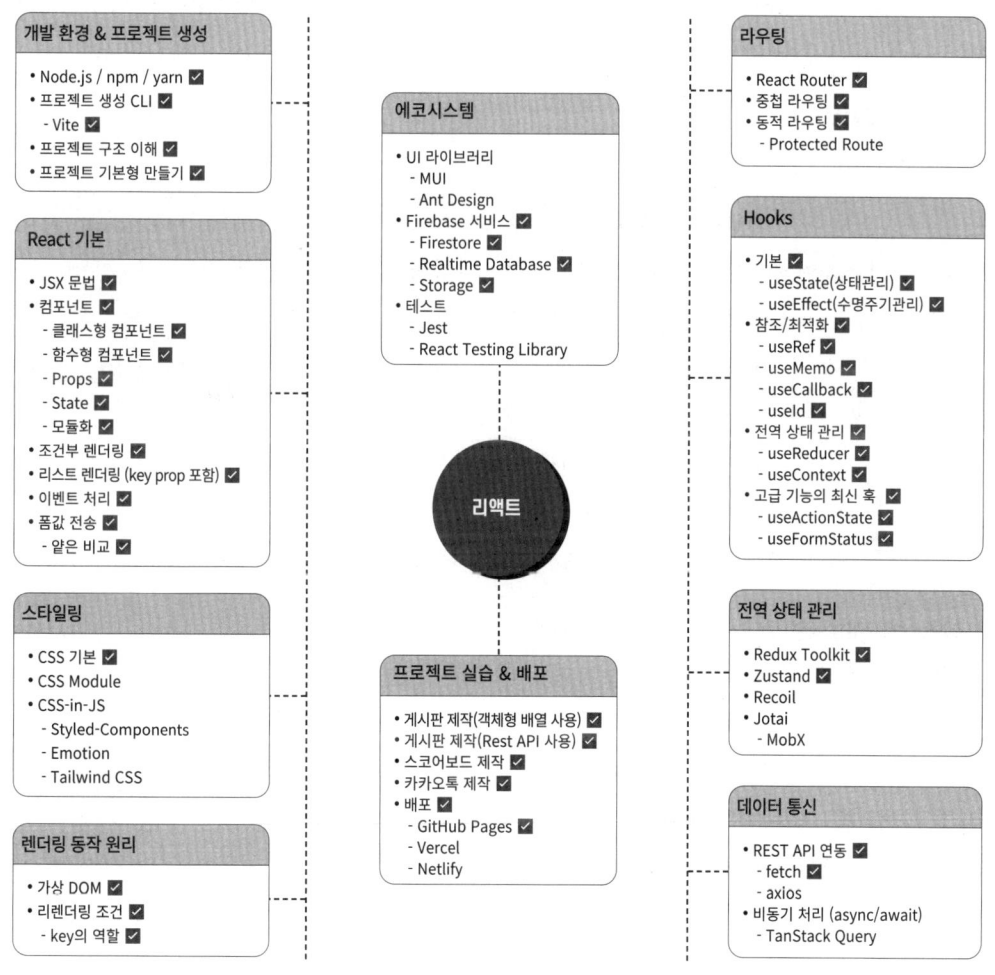

> **4대장과 함께 공부하세요**

이 책은 웹의 기초부터 리액트 핵심까지 체계적인 이론을 제시하고, 게시판, 스코어보드, 카카오톡 유사 실시간 채팅 앱 등 다채로운 실전 프로젝트를 포함한 총 40개 이상의 풍부한 실습 예제를 통해 깊이 있는 학습 경험을 제공합니다. 또한 다음과 같은 4가지 주요 기술을 통해 이론과 실습을 겸비하며 실력 있는 리액트 개발자로 성장할 수 있도록 돕습니다.

이 책에서 다루는 4가지 주요 기술

리액트 컴포넌트 및 훅

웹 UI를 효율적으로 구축하는 라이브러리인 리액트와 재사용 가능한 컴포넌트를 배웁니다. useState, useEffect 등 다양한 훅을 활용하여 상태 관리, 생명주기 제어, 성능 최적화 등 현대 리액트 개발의 핵심 역량을 키울 수 있습니다.

react-router-dom 라이브러리를 활용하여 SPA$^{Single Page Application}$에서 여러 페이지를 가진 것처럼 경로를 관리하고 화면을 전환하는 방법을 배웁니다. 이를 통해 URL 관리, 브라우저 이력 기능 등 실제 웹 애플리케이션에 필수적인 사용자 경험을 제공할 수 있습니다.

라우팅 (Routing)

전역 상태 관리 라이브러리

복잡한 애플리케이션에서 여러 컴포넌트가 공유하는 데이터를 효율적으로 관리하기 위한 필수 기술입니다. 리덕스 툴킷$^{Redux Toolkit}$과 주스탠드^{Zustand}를 통해 상태를 중앙에서 체계적으로 다루는 방법을 익힐 수 있습니다.

파이어베이스는 구글에서 제공하는 서버리스 백엔드 서비스 플랫폼으로, 직접 서버를 구축할 필요 없이 데이터베이스, 실시간 통신, 파일 스토리지 등 강력한 백엔드 기능을 리액트 앱에 연동할 수 있습니다.

파이어베이스

이 책으로 리액트를 익혀야 하는 3가지 이유

이 책은 리액트를 배우고 싶은 모든 분께 최고의 선택이 될 겁니다. 다음 세 가지 핵심 특징을 통해 여러분이 리액트 프론트엔드 개발자로 어떻게 성장하게 되는지 여정을 확인해보세요. 참고로, 40개가 넘는 예제가 여러분의 레벨 업을 도울 겁니다.

 하나, 웹 개발의 기초부터 최신 트렌드까지 한 번에 잡는 탄탄한 이론

이 책은 리액트 문법만 다루는 것을 넘어, 웹의 기본 동작 원리(클라이언트/서버, HTTP)부터 최신 프론트엔드 트렌드(SPA, CSR/SSR/SSG 등)까지 폭넓게 설명합니다. 이러한 배경지식은 실무에서 문제의 원인을 더 빨리 찾고 해결하는 능력을 길러주며, 복잡한 개념을 쉬운 비유로 설명하여 실무 감각을 키우는 데 도움을 줍니다. 결과적으로, 웹 개발의 전체적인 흐름 속에서 리액트를 이해하며 원리 중심의 튼튼한 기반을 다질 수 있습니다.

 둘, 컴포넌트의 개념과 재사용성을 체감하며 배우는 실습 중심 학습

단순히 코드를 따라 치는 것을 넘어, 먼저 HTML로 화면을 구성한 뒤 이를 리액트 컴포넌트로 전환하는 과정을 통해 컴포넌트의 장점과 재사용성을 직접 체감하도록 안내합니다. 각 장마다 배운 핵심 개념을 게시판, 스코어보드, 채팅 앱 등 실용적인 미니 프로젝트에 바로 적용하며 지식을 응용하는 능력을 기를 수 있습니다. 이처럼 실습 중심의 체계적인 학습 로드맵은 리액트의 핵심인 컴포넌트 기반 사고방식을 자연스럽게 익히도록 돕습니다.

 셋, 리덕스, 주스탠드, 파이어베이스 등 실무 에코시스템까지 확장

리액트 자체에만 머무르지 않고, 실무에서 필수적으로 사용되는 전역 상태 관리 라이브러리인 리덕스 툴킷과 주스탠드를 심도 있게 다룹니다. 또한, 별도의 백엔드 서버 없이도 사용할 수 있는 데이터베이스(Firestore, Realtime Database)와 스토리지 기능을 구현할 수 있는 파이어베이스Firebase 연동 방법을 학습합니다. 이를 통해 단순한 UI 개발을 넘어, 실제 서비스에 가까운 완성도 높은 애플리케이션을 직접 구축하며 리액트 생태계 전반에 대한 이해를 넓힐 수 있습니다.

> 학습 효율 250% 높이는 학습 가이드

100%

실습 및 코드에 궁금한 점이 있다면, 깃허브 이슈란에 코멘트를 남겨보세요!

실습을 진행하면서 막히는 부분이 있거나 코드에 대해 궁금한 점이 생긴다면 주저하지 말고 깃허브 이슈란에 코멘트를 남겨주세요. 작은 질문이라도 괜찮습니다. 함께 해결해나가며 더 깊이 있는 학습을 이어갑시다.

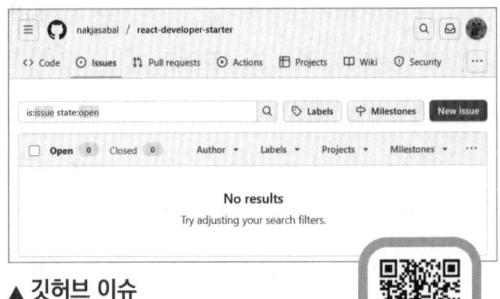

▲ 깃허브 이슈
github.com/nakjasabal/react-developer-starter/issues

150%

함께 의논하고 연구할 상대가 필요하다면, 디스코드 & 카톡에서 함께 연구해요

학습을 하다 보면 혼자 고민하기보다는 누군가와 함께 이야기 나누고 싶을 때가 있습니다. 진도를 나가며 막히는 부분이나 더 깊이 있는 내용을 함께 연구하고 싶다면, 디스코드 & 오픈 카톡방에서 자유롭게 의견을 나눠보세요.

내 코드를 부탁해 디스코드
discord.com/invite/BYRpaDrfbH

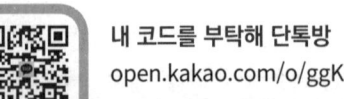

내 코드를 부탁해 단톡방
open.kakao.com/o/ggK7EAJh

이 책 전용 단톡방
open.kakao.com/o/gZtC4ASh

200%
실습에 필요한 코드를 제공합니다

학습 효과를 높이기 위해서는 책에 나온 코드를 직접 따라 입력하는 것을 권장합니다! 하지만 너무 바쁘고, 더 빨리 학습하고 싶고, 지금 당장 쓰고 싶다면 다음 링크에서 예제 코드를 다운받아 활용하세요. 실습에 필요한 코드를 제공합니다.

▲ 실습 파일 다운로드
github.com/nakjasabal/react-developer-starter

250%
보너스 PDF를 제공합니다

여러 언어를 현업에 오가며 사용하면, 가끔 문법이 헷갈릴 때가 있습니다. 그래서 〈리액트를 위한 자바스크립트 핵심 문법 익히기〉를 무료 PDF로 정리해 제공합니다. 유용하게 활용하기 바랍니다.

리액트를 위한 자바스크립트 핵심 문법 익히기
bit.ly/4nsR18K

함께 만들 40가지 예제를 소개합니다

이 책에서 다루는 예제 목록은 다음과 같습니다. 각 예제를 통해 실용적인 리액트 기반 프런트엔드 기술을 습득할 수 있습니다.

LEVEL 1 처음 만나는 리액트

01 **hello-react-project** : 비트Vite를 사용하여 리액트 프로젝트를 처음 생성하고 실행해보는 기본 예제로, 숫자 카운터 기능이 포함되어 있습니다. `2장`

LEVEL 2 리액트의 기초 배우기

02. **react01-basic(HTML로 기초 화면 구성)** : 리액트를 사용하기 전, 순수 HTML만으로 게시판의 기본 UI(프런트엔드/백엔드 기술 목록 및 입력 폼)를 구성하는 예제입니다 `3장`

03. **react01-basic(리액트 컴포넌트로 교체)** : HTML로 만든 게시판 UI를 리액트의 기본 단위인 컴포넌트(App.jsx)로 변환하는 방법을 보여주는 예제입니다. `3장`

04. **react01-basic(컴포넌트 작성 및 재사용)** : 게시판 UI를 FrontComp, BackComp, FormComp 등 여러 개의 작은 컴포넌트로 분리하고, 이를 조합하여 재사용하는 방법을 학습하는 예제입니다. `3장`

05. **react01-basic(프롭스를 이용한 데이터 전달)** : 부모 컴포넌트(App)에서 자식 컴포넌트(FrontComp, BackComp)로 배열 데이터를 프롭스로 전달하여 동적으로 목록을 생성하는 예제입니다. `4장`

06. **react01-basic(이벤트 처리)** : 컴포넌트 내의 링크(〈a〉 태그) 클릭 시 onClick 이벤트를 처리하고, 자식 컴포넌트에서 부모 컴포넌트로 데이터를 전달하는 방법을 다루는 예제입니다. `5장`

07. **react01-basic(스테이트(state)를 이용한 화면 전환)** : useState 훅을 사용하여 mode 상태를 만들고, 이 상태값에 따라 '프런트엔드', '백엔드', 또는 '전체' 컴포넌트를 조건부로 렌더링하는 예제입니다. `7장`

08. **react01-basic(스타일과 이미지 적용)** : 인라인 스타일, CSS 파일(className), 다양한 이미지 삽입 방식(import, public 폴더, URL)을 사용하여 컴포넌트를 꾸미는 방법을 학습합니다. `8장`

09. react01-basic(폼값 전송 및 처리) : onSubmit 이벤트 리스너를 통해 폼 데이터를 받아 부모 컴포넌트로 전달하고, 입력값 유효성을 검증하여 상태를 업데이트하는 예제입니다. `9장`

10. react01-basic(얕은 비교 실습) : 객체 상태를 직접 수정할 때와 복사본을 만들어 수정할 때의 차이를 비교하며, 리액트의 얕은 비교 원리와 리렌더링 최적화 방법을 학습합니다. `10장`

LEVEL 3 리액트 훅(Hooks)

11. react02-router(라우팅 기본 예제) : react-router-dom을 설치하고 Routes, Route를 이용해 Home, 잘못된 URL(NotFound) 등 기본적인 페이지 라우팅을 설정하는 예제입니다. `11장`

12. react02-router(Outlet을 이용한 중첩 라우팅) : 공통 레이아웃(CommonLayout) 안에 Outlet을 배치하여, 하위 경로에 따라 다른 자식 컴포넌트(LayoutIndex)가 렌더링되도록 구성하는 예제입니다. `11장`

13. react02-router(라우터 훅 사용) : useLocation 훅으로 현재 URL 정보를, useSearchParams 훅으로 쿼리스트링을 읽고 수정하는 방법을 다루는 예제입니다. `11장`

14. react03-lifecycle(useEffect 생명주기 관리) : useEffect 훅의 의존성 배열을 변경해가며 컴포넌트의 마운트, 업데이트, 언마운트 시점에 코드를 실행하는 방법을 학습하는 예제입니다. `12장`

15. react03-lifecycle(로컬 JSON 파일 통신) : fetch 함수와 useEffect를 사용하여 프로젝트 내부에 있는 로컬 JSON 파일의 데이터를 비동기적으로 불러와 화면에 목록과 상세 내용을 표시합니다. `12장`

16. react03-lifecycle(외부 API 통신) : 외부 API(randomuser.me)에 데이터를 요청하여 무작위 사용자 목록을 받아오고, 클릭 시 상세 정보를 경고창으로 보여주는 예제입니다. `12장`

17. **react04-hook-optimization(useRef로 값 저장 및 DOM 접근)** : useRef를 사용하여 리렌더링과 무관하게 값을 유지하는 방법과 특정 DOM 요소(input)에 직접 접근하여 포커스를 제어하는 방법을 학습합니다. `13장`

18. **react04-hook-optimization(useMemo로 연산 최적화)** : 계산 비용이 큰 함수(소수 판별)의 결과를 useMemo로 메모이제이션하여 불필요한 재연산을 방지하고 성능을 개선하는 예제입니다. `13장`

19. **react04-hook-optimization(useCallback으로 함수 최적화)** : 자식 컴포넌트에 전달하는 함수를 useCallback으로 메모이제이션하여 불필요한 함수 재생성과 자식 컴포넌트의 리렌더링을 방지합니다. `13장`

20. **react04-hook-optimization(useId로 고유 ID 생성)** : useId 훅을 사용하여 폼 요소(⟨label⟩, ⟨input⟩)에 접근성을 위한 고유하고 일관된 ID를 자동으로 생성하는 방법을 다룹니다. `13장`

21. **react05-hook-global-state(useReducer로 상태 관리)** : useState 대신 useReducer를 사용하여 입출금 로직과 같이 복잡한 상태 변경 규칙을 컴포넌트 외부에서 관리하는 방법을 보여줍니다. `14장`

22. **react05-hook-global-state(useContext로 전역 상태 공유)** : useContext를 사용하여 다크/라이트 모드 테마 상태를 여러 하위 컴포넌트에서 프롭스 전달 없이 직접 공유하는 예제입니다. `14장`

23. **react06-hook-enhanced(useOptimistic으로 낙관적 업데이트)** : 메시지 전송 시 서버 응답을 기다리지 않고 useOptimistic을 통해 UI에 즉시 반영하여 사용자 경험을 향상시키는 예제입니다. `15장`

24. **react06-hook-enhanced(useActionState로 폼 상태 관리)** : useActionState를 사용하여 폼 제출(로그인)의 비동기 처리 결과(성공/실패)를 상태로 관리하고 UI에 피드백을 제공하는 예제입니다. `15장`

25. **react06-hook-enhanced(useFormStatus로 폼 제출 상태 추적)** : useFormStatus를 사용하여 폼 제출 중일 때 버튼을 비활성화하거나 로딩 텍스트를 표시하는 등 UI를 동적으로 제어하는 예제입니다. `15장`

LEVEL 4 리액트 에코시스템

26. react07-redux-toolkit(리덕스 툴킷 기본 사용법) : 리덕스 툴킷의 createSlice, configureStore를 사용하여 전역 상태로 숫자 카운터를 만들고, useSelector, useDispatch로 상태를 제어합니다. `16장`

27. react07-redux-toolkit(할 일 관리 앱) : 리덕스 툴킷을 이용해 할 일(Todo) 목록을 추가, 완료, 삭제하는 기능을 구현하며 실용적인 전역 상태 관리 방법을 학습합니다. `16장`

28. react08-zustand(주스탠드 기본 사용법) : 주스탠드(Zustand)를 사용하여 최소한의 설정으로 숫자 카운터 전역 상태를 만들고 컴포넌트에서 사용하는 방법을 보여줍니다. `17장`

29. react08-zustand(출결 관리 앱) : 주스탠드를 활용해 학생 목록을 관리(추가, 삭제, 출석 토글)하고, 미들웨어(persist, devtools, logger)를 적용하는 방법을 다룹니다. `17장`

30. react09-firestore(파이어베이스 Firestore CRUD 게시판) : 파이어베이스의 Firestore 데이터베이스와 연동하여 회원 정보를 입력(Create), 조회(Read), 수정(Update), 삭제(Delete)하는 게시판 예제입니다. `18장`

31. react10-realtime(파이어베이스 Realtime Database CRUD) : 파이어베이스의 실시간 데이터베이스를 사용하여 데이터를 실시간으로 입력, 조회, 수정, 삭제하는 기본적인 CRUD 기능을 구현합니다. `18장`

32. react10-realtime(Realtime Database 리스너) : onValue 리스너 함수를 사용하여 실시간 데이터베이스의 데이터 변경을 실시간으로 감지하고 화면에 자동으로 반영하는 예제입니다. `18장`

33. react10-realtime(실시간 채팅 앱) : 실시간 데이터베이스의 실시간 동기화 기능을 활용하여 여러 사용자가 동시에 대화할 수 있는 기본적인 채팅 애플리케이션을 제작합니다. `18장`

34. react11-storage(파이어베이스 스토리지 파일 업로드/목록) : 파이어베이스 스토리지를 사용하여 이미지 파일을 특정 폴더에 업로드하고, 저장된 파일 목록을 조회 및 삭제하는 기능을 구현합니다. `18장`

`LEVEL 5` **리액트 프로젝트**

35. project01-board-array(객체 배열을 이용한 게시판) : 외부 서버 없이 순수 리액트 useState와 객체 배열만으로 게시판의 CRUD(생성, 읽기, 수정, 삭제) 기능을 모두 구현하는 종합 실습 예제입니다. `19장`

36. project02-board-api(REST API를 이용한 게시판) : 외부 REST API와 fetch 함수를 사용하여 실제 서버와 데이터를 주고받으며 게시판의 CRUD 기능을 구현하는 실무 중심의 예제입니다. `20장`

37. project03-live-comments(로컬 스토리지를 이용한 댓글 기능) : 부트스트랩 모달창 UI와 브라우저의 로컬 스토리지를 활용하여 댓글을 작성, 수정, 삭제하고 '좋아요' 기능을 구현합니다. `21장`

38. project04-scoreboard(주스탠드를 이용한 스코어보드) : 전역 상태 관리 라이브러리 주스탠드를 사용하여 여러 컴포넌트에 걸쳐 플레이어 점수와 정보를 관리하는 스코어보드를 제작합니다. `22장`

39. project05-kakaotalk(파이어베이스를 이용한 카카오톡) : 파이어베이스의 실시간 데이터베이스와 스토리지를 연동하여 프로필 사진 업로드 기능이 포함된 실시간 채팅 애플리케이션을 제작합니다. `23장`

40. project05-kakaotalk(깃허브 페이지로 배포하기) : npm run build로 프로젝트를 빌드하고, 라우팅 문제를 해결(HashRouter)하여 완성된 카카오톡 앱을 깃허브 페이지에 배포하는 과정을 다룹니다. `24장`

목차

레벨 1 처음 만나는 리액트 043

00장 프론트엔드 개발자가 알아두면 좋은 지식 021

- 0.1 웹의 동작 원리 022
  - 0.1.1 클라이언트와 서버 022
  - 0.1.2 요청과 응답의 흐름 023
  - 0.1.3 상태 코드로 결과 확인 024
- 0.2 HTML, CSS, 자바스크립트의 기본 역할 024
  - 0.2.1 HTML : 콘텐츠의 구조 담당 025
  - 0.2.2 CSS : 콘텐츠의 스타일 담당 025
  - 0.2.3 자바스크립트 : 웹페이지의 동작 담당 026
- 0.3 웹 표준과 접근성 026
  - 0.3.1 웹 표준이란? 026
  - 0.3.2 웹 접근성이란? 027
- 0.4 브라우저 렌더링과 성능 최적화 028
  - 0.4.1 브라우저 렌더링 과정 이해하기 028
  - 0.4.2 리플로와 리페인트의 차이 029
  - 0.4.3 성능에 영향을 주는 요소들 029
- 0.5 개발 환경과 워크플로 031
  - 0.5.1 필수 개발 도구 032
  - 0.5.2 최고의 품질을 위한 자동화 시스템 032
  - 0.5.3 빌드 도구와 트랜스파일링, 번들링 033
- 0.6 현대 프론트엔드 트렌드와 감각 033
  - 0.6.1 반응형 디자인 034
  - 0.6.2 UI/UX 설계 원칙 034
  - 0.6.3 최신 프론트엔드 키워드 034
- 학습 마무리 038
- 연습문제 040

01장 리액트 개발 환경 준비하기 044

- 1.1 윈도우에 리액트 설정하기 045
  - 1.1.1 Node.js 설치하기 045
  - 1.1.2 VSCode 설치하기 047
- 1.2 맥OS에 리액트 설정하기 047
  - 1.2.1 Node.js 설치하기 047
  - 1.2.2 VSCode 설치하고 프로젝트 폴더 설정하기 049
- 1.3 VSCode 환경 설정하기 049
  - 1.3.1 VSCode에서 작업 공간 설정하기 050
  - 1.3.2 확장 프로그램 설치하기 051
  - 1.3.3 기본 터미널 변경하기 : 윈도우 052
  - 1.3.4 코드 입력 시 탭 크기 4에서 2로 변경하기 053
  - 1.3.5 자동 저장 켜기 054

02장 리액트 프로젝트 생성하기 055

- 2.1 비트로 프로젝트 생성하기 056
- 2.2 프로젝트 정리하기 059
- 2.3 리액트 개발을 위한 크롬 확장 프로그램 설치 062
- 학습 마무리 065
- 연습문제 066

레벨 2 리액트의 기초 배우기 067

03장 리액트 컴포넌트 068

- 3.1 리액트 컴포넌트 알아보기 069
- 3.2 컴포넌트 구조 살펴보기 070
- 3.3 JSX란 무엇인가요? 071
- 3.4 컴포넌트는 어떻게 표시해야 할까? 072
- 3.5 프로젝트 생성 및 HTML로 기초 화면 구성하기 073
- 3.6 리액트 컴포넌트로 교체하기 076
- 3.7 컴포넌트 작성해보기 078
  학습 마무리 082
  연습문제 083

04장 프롭스 084

- 4.1 프롭스 알아보기 085
- 4.2 프롭스 사용해보기 087
  - 4.2.1 반복되는 요소에 중복되지 않는 key prop 추가하기 089
- 4.3 프롭스 여러 개 사용해보기 090
  - 4.3.1 구조 분해 할당으로 프롭스 여러 개 사용해보기 091
  학습 마무리 095
  연습문제 096

05장 리액트 이벤트 처리 098

- 5.1 리액트 이벤트 처리 알아보기 099
- 5.2 이벤트 핸들러 onClick에 함수 전달하기 100
- 5.3 FrontComp, BackComp에서 무엇이 달랐을까? 103
  - 5.3.1 태그의 이벤트 처리 시 기본 동작을 차단하는 preventDefault( ) 함수 104
  학습 마무리 105
  연습문제 106

06장 컴포넌트 모듈화 108

- 6.1 컴포넌트 모듈화의 필요성 109
- 6.2 export default로 컴포넌트 내보내기 109
- 6.3 import로 컴포넌트 가져오기 111
  학습 마무리 113
  연습문제 114

07장 상태 115

- 7.1 상태 알아보기 116
- 7.2 상태 사용해보기 116
  학습 마무리 122
  연습문제 123

08장 스타일과 이미지 125

- 8.1 리액트에서 스타일을 적용하는 방법 126
- 8.2 이미지를 삽입하는 방법 126
- 8.3 CSS 파일 작성하기 126
- 8.4 CSS와 이미지 적용하기 127
  - 학습 마무리 130
  - 연습문제 132

09장 폼값 전송 134

- 9.1 폼값 전송하기 135
  - 학습 마무리 138
  - 연습문제 139

10장 얕은 비교 140

- 10.1 얕은 비교와 깊은 비교 알아보기 141
- 10.2 얕은 비교 실습하기 142
  - 학습 마무리 145
  - 연습문제 146

11장 라우터 148

- 11.1 라우터 알아보기 149
- 11.2 프로젝트 생성 및 React Router DOM 설치하기 151
- 11.3 라우팅 처리해보기 152
- 11.4 Outlet 컴포넌트 알아보기 157
- 11.5 Outlet 컴포넌트로 공통 레이아웃으로 사용할 컴포넌트 만들기 158
- 11.6 라우터 훅 알아보기 162
- 11.7 라우터 훅 사용해보기 163
  - 학습 마무리 167
  - 연습문제 168

12장 생명주기 170

- 12.1 생명주기 알아보기 171
- 12.2 클래스형 컴포넌트에서의 생명주기 171
- 12.3 함수형 컴포넌트와 useEffect 훅 173
- 12.4 로컬 JSON 파일과 통신하기 180
- 12.5 외부 API 통신하기 185
  - 12.5.1 randomuser.me 살펴보기 185
  - 학습 마무리 190
  - 연습문제 191

 **레벨 3 리액트 훅** 193

 **레벨 4 리액트 에코시스템** 253

13장 성능 최적화를 위한 훅 194

- 13.1 프로젝트 생성하기 195
- 13.2 useRef 훅 알아보기 197
- 13.3 useMemo 훅 알아보기 204
- 13.4 useCallback 훅 알아보기 209
- 13.5 useId 훅 알아보기 214
  - 학습 마무리 218
  - 연습문제 219

14장 전역 상태 관리를 위한 훅 221

- 14.1 프로젝트 생성하기 222
- 14.2 useReducer 훅 알아보기 224
- 14.3 useContext 훅 알아보기 227
  - 학습 마무리 233
  - 연습문제 234

15장 고급 기능을 위한 확장 훅 236

- 15.1 프로젝트 생성하기 237
- 15.2 useOptimistic 훅 알아보기 239
- 15.3 useActionState 훅 알아보기 243
- 15.4 useFormStatus 훅 알아보기 246
  - 학습 마무리 250
  - 연습문제 251

16장 리덕스 툴킷 254

- 16.1 리덕스 툴킷 알아보기 255
- 16.2 리덕스 툴킷의 아키텍처 256
- 16.3 프로젝트 생성하기 257
- 16.4 리덕스 툴킷의 기본 사용법 익히기 259
- 16.5 간단한 할 일 관리 앱 만들기 263
  - 학습 마무리 269
  - 연습문제 270

17장 주스탠드 272

- 17.1 주스탠드 알아보기 273
- 17.2 주스탠드 기본 사용법 익히기 274
- 17.3 간단한 출결 관리 앱 만들기 278
  - 17.3.1 logger 미들웨어 279
  - 학습 마무리 288
  - 연습문제 289

레벨 5 리액트 프로젝트 347

18장 파이어베이스 291

- 18.1 파이어베이스 알아보기 292
- 18.2 파이어베이스 시작하기 292
- 18.3 파이어스토어 데이터베이스 사용해보기 296
  - 18.3.1 파이어스토어 데이터베이스 만들기 296
  - 18.3.2 프로젝트 생성 및 기본 설정 298
  - 18.3.3 연결 및 입력 테스트 302
  - 18.3.4 회원 정보 관리 게시판 304
- 18.4 리얼타임 데이터베이스 사용해보기 313
  - 18.4.1 리얼타임 데이터베이스 만들기 313
  - 18.4.2 프로젝트 생성 및 기본 설정하기 315
  - 18.4.3 CRUD 기능 제작하기 317
  - 18.4.4 리스너 제작하기 322
  - 18.4.5 실시간 채팅 만들기 325
- 18.5 스토리지 사용해보기 331
  - 18.5.1 스토리지 만들기 331
  - 18.5.2 프로젝트 생성 및 기본 설정하기 334
  - 18.5.3 파일 업로드 기능 구현하기 336
  - 18.5.4 파일 목록 및 삭제 기능 구현하기 339
  - 학습 마무리 343
  - 연습문제 344

19장 게시판 제작 1(객체형 배열 사용) 348

- 19.1 프로젝트 생성 후 게시판 기본 화면 만들기 349
  - 19.1.1 게시판 기본 화면 HTML로 만들기 349
  - 19.1.2 게시판 기본 화면 컴포넌트로 제작하기 354
  - 19.1.3 제작한 컴포넌트 App 컴포넌트에 반영하기 360
- 19.2 게시글 목록 표현하기 361
  - 19.2.1 App 컴포넌트 수정하기 361
  - 19.2.2 ArticleList 컴포넌트 수정하기 363
- 19.3 화면 전환하기 366
  - 19.3.1 App 컴포넌트 구조 살펴보고 수정하기 367
  - 19.3.2 NavList, NavView 컴포넌트 수정하기 371
- 19.4 작성 기능 추가하기 375
- 19.5 열람 기능 추가하기 377
- 19.6 삭제 기능 추가하기 381
- 19.7 수정 기능 추가하기 383
  - 19.7.1 수정 1단계 : 수정 폼에 내용 불러오기 383
  - 19.7.2 수정 2단계 : 수정 처리하기 388
  - 학습 마무리 392
  - 연습문제 393

20장 게시판 제작 2(REST API 사용) 395

- 20.1 프로젝트 생성하기 396
  - 20.1.1 애플리케이션의 골격 만들기 396
- 20.2 API Key 발급하기 400
- 20.3 목록 기능 구현하기 401
- 20.4 작성 기능 구현하기 406
- 20.5 열람 기능 구현하기 409
- 20.6 수정 기능 구현하기 414
- 20.7 삭제 기능 구현하기 418
  - 학습 마무리 421
  - 연습문제 422

21장 모달창 이용한 댓글 구현하기 with 로컬스토리지 423

- 21.1 프로젝트 생성하기 424
- 21.2 기본 UI 작성 및 기능 구현하기 424
  - 학습 마무리 437
  - 연습문제 438

22장 스코어보드 만들기 with 주스탠드 440

- 22.1 프로젝트 생성하기 441
- 22.2 기본 UI 생성 및 기능 구현하기 442
  - 학습 마무리 454
  - 연습문제 455

23장 카카오톡 만들기 with 파이어베이스 457

- 23.1 프로젝트 생성 458
- 23.2 기본 UI 작성 및 기능 구현하기 458
  - 학습 마무리 474
  - 연습문제 475

24장 깃허브 페이지로 배포하기 476

- 24.1 리액트 애플리케이션 배포본 만들기 477
- 24.2 웹 서버로 배포 시 라우팅 오류 해결하기 480
- 24.3 깃허브 페이지로 배포하기 482
  - 학습 마무리 485
  - 연습문제 486

찾아보기 487

부록 보너스 PDF

리액트를 위한 자바스크립트 핵심 문법 익히기

리액트를 위한 자바스크립트
핵심 문법 익히기
https://bit.ly/4nsR18K

Chapter 00

프론트엔드 개발자가 알아두면 좋은 지식

학습 목표

이 장에서는 프론트엔드 개발자로 일하면서 꼭 알아두면 도움이 되는 웹의 기본 원리와 핵심 개념을 간단히 짚어봅니다. 리액트를 본격적으로 다루기 전에, 웹이 어떤 구조로 동작하는지, HTML/CSS/자바스크립트는 각각 어떤 역할을 하는지, 그리고 개발 도구와 트렌드는 어떻게 변화하는지에 대해 전반적인 이해를 갖추는 것이 좋습니다. 이런 배경지식은 실무에서의 소통이나 문제 해결, 그리고 이후의 학습에도 분명한 기반이 되어줄 겁니다.

핵심 키워드

- 웹 구조 : 클라이언트, 서버, HTTP, 요청/응답, 상태 코드, HTTPS
- 마크업과 스타일 : HTML, CSS, 시맨틱 태그, 박스 모델, 미디어 쿼리
- 동작 처리 : 자바스크립트, DOM, 이벤트, 비동기 처리, API
- 웹 접근성 : 시맨틱 HTML, ARIA, 키보드 내비게이션, 색상 대비
- 렌더링 : DOM, CSSOM, 렌더 트리, 브라우저 캐싱
- 개발 도구 : VSCode, Git, npm, Vite, ESLint, Prettier
- UI/UX : 사용자 중심, 일관성, 피드백, 직관성, 모바일 퍼스트
- 개발 방식 : SPA, CSR, SSR, SSG, 상태 관리

학습 코스

웹의 동작 원리 → HTML, CSS, 자바스크립트의 기본 역할 → 웹 표준과 접근성 → 브라우저 렌더링과 성능 최적화 → 개발 환경과 워크플로 → 현대 프론트엔드 트렌드와 감각

0.1 웹의 동작 원리

우리가 매일같이 사용하는 웹사이트는 어떻게 우리 눈앞에 나타나는 걸까요? 주소창에 주소를 입력하고 엔터를 치는 순간, 보이지 않는 곳에서는 어떤 일들이 벌어질까요?

프론트엔드 개발자 역할이 단순히 화면을 코드로 그리는 데 그치는 것은 아닙니다. 웹의 동작 원리를 이해하는 것은, 요리사가 자신의 주방과 도구, 그리고 재료의 특성을 완벽히 파악하는 것과 같습니다. 이 원리를 알면 "왜 화면이 제대로 안 나오지?", "왜 갑자기 느려졌을까?" 같은 문제의 원인을 더 빨리 찾고, 더 효율적이고 안정적인 웹사이트를 만들 수 있습니다. 그래서 우리는 웹의 동작 원리를 알아야 합니다.

이 모든 과정의 중심에는 웹을 움직이는 두 주인공이 있습니다. 바로 우리에게 웹페이지를 보여주는 클라이언트Client와, 그 페이지의 정보를 가지고 있는 서버Server입니다. 이 책의 독자라면 클라이언트와 서버에 대한 개념이 있을 겁니다. 이번 장에서 다루는 더 깊은 이야기로 진행하기에 앞서 이 둘이 어떻게 서로 대화(통신)하며 우리가 보는 화면을 만들어내는지 간단히 리마인드해보겠습니다.

0.1.1 클라이언트와 서버

웹은 기본적으로 클라이언트와 서버라는 두 주체가 요청Request과 응답Response을 주고받으며 작동하는 구조입니다.

클라이언트는 사용자가 사용하는 기기(PC, 스마트폰 등)에서 실행되는 웹브라우저(크롬, 사파리 등)를 말합니다. 사용자가 웹사이트 주소(URL)를 입력하거나, 버튼을 클릭하는 등의 행동을 하면 서버에 요청Request을 보냅니다. **서버**는 웹사이트의 데이터와 기능이 저장되어 있는 컴퓨터입니다. 항상 인터넷에 연결되어 있어야 하며, 여러 사용자의 요청에 응답할 수 있도록 준비되어 있습니다. 클라이언트가 보낸 요청에 따라 HTML, CSS, 자바스크립트 파일 또는 데이터를 응답Response으로 돌려보냅니다.

사용자가 주소창에 웹사이트 주소를 입력하면, 브라우저는 서버에 요청을 보냅니다. 서버는 응답으로 보내줍니다. 브라우저는 받은 파일을 해석하고, 우리 눈에 보이는 웹페이지로 구성합니다.

0.1.2 요청과 응답의 흐름

웹에서 클라이언트와 서버가 이처럼 문서를 주고받을 때는 주로 HTTP$^{\text{HyperText Transfer Protocol}}$라는 규칙에 따릅니다. HTTP는 클라이언트가 요청을 보내고, 서버가 응답을 보내는 방식으로 작동하는 통신 프로토콜입니다. 웹브라우저는 HTTP를 통해 서버에 필요한 정보를 요청하고, 서버는 HTML, CSS, 자바스크립트 파일뿐만 아니라 다양한 데이터를 응답으로 보내 웹페이지를 구성하게 됩니다.

최근 대부분의 웹사이트는 HTTPS를 사용합니다. 이것은 HTTP에 보안을 더한 버전으로, 데이터를 암호화하여 전송하므로 중간에 정보가 유출되는 것을 막을 수 있습니다. 특히 로그인 정보, 결제 정보 등 민감한 데이터를 주고받는 때는 HTTPS가 필수적입니다.

클라이언트가 요청을 보낼 때는 HTTP 메서드^{method}를 사용하여 요청의 목적을 나타냅니다. 보통 전송 방식 혹은 요청 방식이라고 표현합니다. 아래 표와 같이 목적에 따라 주로 사용되는 4가지가 있습니다.

메서드	설명	예시
GET	서버에서 **데이터를 요청**	게시글 목록 가져오기
POST	서버에 **데이터를 보냄**	로그인 정보 전송하기
PUT	서버의 **기존 데이터를 수정**	게시글 내용 수정하기
DELETE	서버의 **데이터를 삭제**	게시글 삭제하기

결과적으로 HTTP는 웹에서 정보가 오고 가는 기본 틀을 제공하며, 사용자의 행동에 따라 어떤 방식으로 데이터를 주고받을지 정의하는 중요한 약속이라고 할 수 있습니다.

> **PUT과 PATCH의 차이점**
>
> PUT 외에 일부만 수정한다는 의미의 PATCH 메서드도 있습니다. PUT은 게시글 전체를 새로운 내용으로 덮어쓰는 개념이라면, PATCH는 게시글의 제목만 바꾸는 것처럼 특정 부분만 수정할 때 사용합니다. 초보 단계에서는 PUT만으로도 충분하지만 이런 차이가 있다는 점을 알아두면 좋습니다.

0.1.3 상태 코드로 결과 확인

서버는 요청을 받은 후 응답을 할 때는 상태 코드status code를 함께 보냅니다. 개발자는 이 코드를 통해 현재 서버의 상태를 파악하고, 문제가 발생한 경우 원인을 진단하는 데 활용할 수 있습니다. 다음은 자주 사용되는 대표적인 상태 코드입니다.

상태 코드	의미	설명
200	OK(성공)	요청이 정상적으로 처리되었음을 나타냅니다.
301	Moved Permanently (영구 이동)	요청한 리소스가 새 URL로 영구적으로 이동했음을 알립니다. 이후 요청은 새 URL로 접근해야 합니다.
302	Found (임시 이동)	요청한 리소스가 일시적으로 다른 위치에서 제공됨을 알립니다. 이후 요청은 원래 URL로 다시 접근합니다.
304	Not Modified (수정되지 않음)	클라이언트가 가진 캐시된 리소스가 최신 상태라 새 데이터를 전송하지 않음을 알립니다.
404	Page Not Found	요청한 페이지나 리소스가 서버에 존재하지 않을 때 발생합니다.
500	Internal Server Error	서버 내부에서 오류가 발생하여 요청을 처리할 수 없을 때 발생합니다.
405	Method Not Allowed	요청에 사용된 메서드가 허용되지 않을 때 발생합니다. 예: GET 방식만 가능한데 POST 방식으로 요청한 경우

이처럼 상태 코드는 단순한 숫자 이상의 의미를 가지며, 특히 개발 과정에서는 에러의 원인을 찾는 중요한 단서가 됩니다. 그러므로 상태 코드의 첫 번째 숫자의 의미를 기억해두는 것이 좋습니다.

- **2xx(성공)** : 요청이 성공적으로 처리됨
- **3xx(리디렉션)** : 다른 페이지로 이동하라는 명령
- **4xx(클라이언트 오류)** : 요청 자체에 문제가 있음
- **5xx(서버 오류)** : 요청은 정상이지만 서버에 문제가 생김

0.2 HTML, CSS, 자바스크립트의 기본 역할

웹페이지는 다양한 기술이 조화를 이루어 만들어집니다. 그중에서도 가장 기본이 되는 세 가지 기술이 바로 HTML, CSS, 그리고 자바스크립트입니다. 이 세 가지는 뼈대(HTML), 옷차림(CSS), 행동(자바스크립트)에 비유할 수 있으며, 각 역할을 정확히 이해하는 것은 프론트엔드 개발자로서의

기본을 다지는 데 매우 중요합니다. 이 글을 읽는 분이라면 HTML, CSS, 자바스크립트를 이미 익혔을 겁니다. 간단히 정리하고 넘어가겠습니다.

0.2.1 HTML : 콘텐츠의 구조 담당

HTML^{HyperText Markup Language}은 웹페이지의 구조를 정의하는 마크업 언어입니다. 화면에 어떤 콘텐츠가 표시될지 결정하며, 제목, 문단, 이미지, 목록, 테이블, 폼 등 다양한 요소를 선언할 수 있습니다. 예를 들어 아래의 코드는 제목과 문단을 정의한 HTML입니다.

```
<h1>나의 첫 번째 웹페이지</h1>
<p>이 문장은 단락을 의미합니다.</p>
```

이처럼 HTML은 사용자가 볼 수 있는 콘텐츠의 뼈대이자 의미 구조를 표현합니다. 특히 시맨틱 태그를 사용하면 콘텐츠의 의미를 더욱 명확히 전달할 수 있어, 접근성 향상과 SEO 측면에서도 유리합니다.

0.2.2 CSS : 콘텐츠의 스타일 담당

CSS^{Cascading Style Sheets}는 HTML로 구성된 콘텐츠에 스타일을 적용하는 언어입니다. 글자 색, 크기, 여백, 배치 방식 등 사용자가 실제로 보게 되는 디자인을 담당합니다. 예를 들어 다음과 같은 CSS는 위에서 작성한 제목을 파란색으로 보이게 만듭니다.

```
h1 {
  color: blue;
}
```

CSS는 웹의 시각적인 표현을 결정하며, 박스 모델^{box model}이나 미디어 쿼리^{media query} 등을 통해 다양한 화면 크기와 디바이스에 맞게 레이아웃을 조절할 수도 있습니다.

0.2.3 자바스크립트 : 웹페이지의 동작 담당

자바스크립트는 웹페이지에 동적인 기능을 추가하는 프로그래밍 언어입니다. 버튼 클릭 시 동작을 정의하거나, 서버와 데이터를 주고받거나, 사용자 입력을 처리하는 등의 역할을 합니다. 예를 들어 버튼을 클릭했을 때 경고창을 띄우는 간단한 자바스크립트는 다음과 같습니다.

```
document.querySelector("button").addEventListener("click", function () {
  alert("버튼이 클릭되었습니다!");
});
```

이처럼 자바스크립트는 HTML과 CSS가 만들어놓은 정적인 페이지를 동적으로 변화시키는 역할을 합니다. DOM^{Document Object Model}을 조작하여 화면을 바꾸거나, 이벤트를 처리하고, API와 통신하는 데도 사용됩니다.

 alert( )는 실제 웹사이트에서는 사용자 경험을 해칠 수 있어 잘 사용하지 않습니다. 대신 HTML 요소의 내용을 바꾸거나 새로운 요소를 화면에 보여주는 방식으로 사용자에게 피드백을 전달합니다.

0.3 웹 표준과 접근성

프론트엔드 개발자는 단순히 동작하는 웹사이트를 만드는 것에서 그치지 않고, 모든 사용자에게 일관되고 편리한 경험을 제공하는 것을 목표로 해야 합니다. 이를 위해 반드시 이해하고 실천해야 하는 개념이 바로 웹 표준과 웹 접근성입니다.

0.3.1 웹 표준이란?

웹 표준^{Web Standards}은 웹사이트가 다양한 브라우저나 기기에서도 동일하게 동작하도록 보장하기 위해 마련된 기술적인 규칙과 명세를 말합니다. HTML, CSS, 자바스크립트 같은 웹 기술들은 모두 W3C^{World Wide Web Consortium} 등의 표준화 기구에서 정의한 명세를 따릅니다. 과거에는 브라우저마다 동작 방식이 달라서 특정 브라우저에서만 정상적으로 보이는 사이트들이 많았습니다. 그러나 오늘날에는 웹 표준을 지키는 것이 호환성과 유지보수성, 사용자 경험 향상에 매우 중요합니다.

예를 들어 다음과 같은 실천이 웹 표준을 지키는 개발 방식에 해당합니다.

- 시맨틱 태그(⟨header⟩, ⟨nav⟩, ⟨section⟩, ⟨article⟩ 등) 사용
- 올바른 HTML 구조와 중첩
- CSS 속성값 표준에 맞게 작성
- 자바스크립트 문법을 ECMAScript 표준에 따라 구현

이런 표준을 지키면 크롬, 사파리, 에지, 파이어폭스 등 어떤 브라우저에서도 같은 결과를 얻을 수 있고, 코드도 훨씬 명확하고 예측 가능해집니다.

0.3.2 웹 접근성이란?

웹 접근성Web Accessibility은 장애 여부와 관계없이 모든 사용자가 웹 콘텐츠에 접근하고 이해하며 상호작용할 수 있도록 보장하는 원칙과 기술을 의미합니다. 시각, 청각, 운동, 인지 등 다양한 특성을 가진 사용자를 고려한 설계가 필요합니다.

국제적으로는 WCAG Web Content Accessibility Guidelines라는 접근성 지침이 있으며, 우리나라의 '장애인차별금지법'과 관련된 웹 접근성 평가 기준도 이 WCAG를 기반으로 합니다.

접근성을 고려한 웹 개발은 단순한 '배려'를 넘어서, 실제로는 법적 책임이나 공공기관 웹사이트 품질 평가 기준에도 포함되는 중요한 요소입니다. 웹 접근성을 높이기 위한 방법은 다음과 같습니다.

1. **시맨틱 마크업 사용** : 의미에 맞는 HTML 태그를 사용하면, 화면 낭독기screen reader 같은 보조 기술이 콘텐츠를 보다 정확하게 전달할 수 있습니다. 예를 들어 제목은 ⟨h1⟩~⟨h6⟩, 순서가 있는 목록은 ⟨ul⟩, 순서가 없는 목록은 ⟨ol⟩, 내비게이션은 ⟨nav⟩ 태그를 사용합니다.
2. **ARIA 속성 활용** : ARIAAccessible Rich Internet Applications는 접근성이 부족한 컴포넌트에 추가 정보를 제공하기 위한 속성입니다. 예를 들어 버튼 역할을 하는 ⟨div⟩에는 role="button"을, 상태 변경이 중요한 영역에는 aria-live="polite" 같은 속성을 부여할 수 있습니다.
3. **키보드 내비게이션 지원** : 모든 인터랙션은 키보드만으로도 가능해야 합니다. tabindex, focus, keydown 이벤트 등을 활용해 키보드 사용자도 버튼, 메뉴, 폼 등에 접근할 수 있게 만들어야 합니다.
4. **충분한 색상 대비** : 텍스트와 배경 색상 간의 대비가 낮으면 시력이 좋지 않은 사용자에게는 정보 인식이 어려워질 수 있습니다. WCAG에서는 최소 4.5:1 이상의 명도 대비 비율을 권장하고 있습니다.

0.4 브라우저 렌더링과 성능 최적화

리액트는 사용자 인터페이스^{UI}를 그리는 프레임워크입니다. 즉, 결국에는 브라우저가 화면에 어떻게 요소를 그리는지, 그리고 그 과정을 어떻게 최적화할 수 있을지를 이해하는 것이 중요합니다. 이 절에서는 브라우저 렌더링의 흐름과 성능에 영향을 주는 요소들, 그리고 실무에서 적용할 수 있는 최적화 전략에 대해 살펴보겠습니다.

0.4.1 브라우저 렌더링 과정 이해하기

웹페이지가 사용자에게 보여지기까지 브라우저 내부에서는 여러 단계의 과정을 거치게 됩니다. 대표적인 렌더링 파이프라인은 다음과 같습니다.

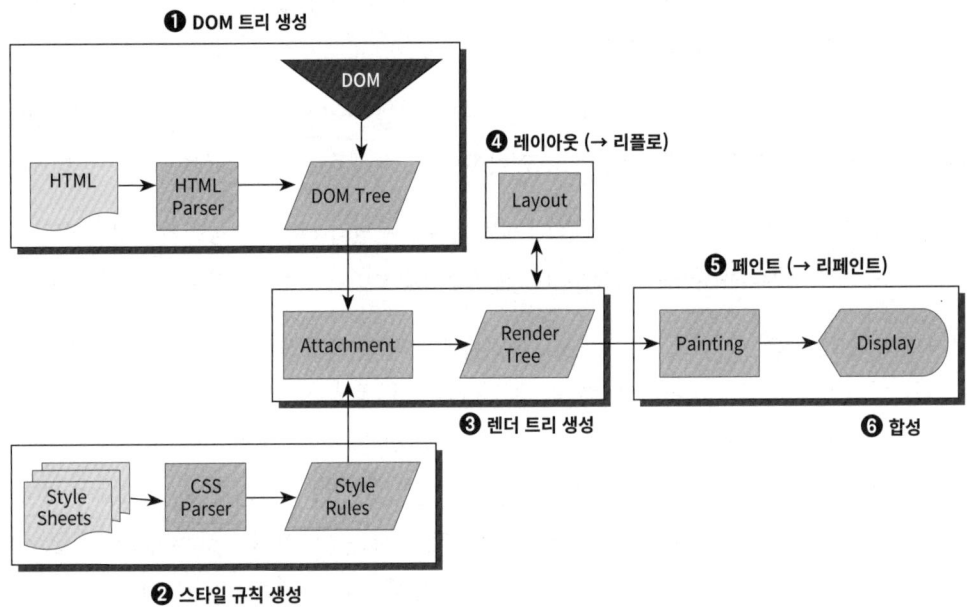

❶ **HTML 파싱 → DOM 생성** : 브라우저는 HTML 코드를 위에서부터 순서대로 읽어들입니다. 이때 태그 정보를 기반으로 DOM$^{Document\ Object\ Model}$이라는 트리 구조를 만들어냅니다.

❷ **CSS 파싱 → CSSOM 생성** : 동시에 연결된 CSS 파일을 읽고, 스타일 정보를 해석해 CSSOM$^{CSS\ Object\ Model}$을 생성합니다.

❸ **렌더 트리**Render Tree **구성** : DOM과 CSSOM을 결합해 어떤 요소를 어떻게 그릴지 결정하는 렌더 트리를 만듭니다. 렌더 트리는 실제로 화면에 표시되는 요소만 포함하며, display: none 같은 요소는 제외됩니다.

❹ **레이아웃**Layout **또는 리플로**Reflow : 각 요소의 위치와 크기를 계산합니다. 이 과정을 레이아웃 또는 리플로 단계라고 합니다.

❺ **페인트**Paint : 스타일과 색상을 바탕으로 요소를 픽셀 단위로 채우는 단계입니다. 이후 스타일만 바뀌어 다시 칠하는 과정을 리페인트Repaint라고 합니다.

❻ **합성**Compositing : 모든 레이어를 합쳐 최종 화면으로 출력합니다. 특히 transform, opacity 같은 속성이 사용된 요소들은 별도의 레이어로 처리될 수 있습니다.

0.4.2 리플로와 리페인트의 차이

성능 최적화를 위해서는 리플로와 리페인트의 차이를 명확히 이해하는 것이 중요합니다. **리플로**는 레이아웃 전체를 다시 계산하는 과정입니다. DOM 구조나 크기/위치가 바뀔 때 발생합니다. 연산 비용이 크기 때문에 최소화하는 것이 좋습니다. **리페인트**는 색상이나 스타일만 변경되는 경우 발생합니다. 리플로보다는 가볍지만, 자주 발생하면 성능 저하의 원인이 될 수 있습니다.

```
// 리플로 발생 예시
element.style.width = '300px';
// 리페인트만 발생하는 예시
element.style.backgroundColor = 'red';
```

리액트에서도 DOM 업데이트를 신중하게 관리하는 이유가 바로 이 리플로/리페인트 비용을 줄이기 위함입니다.

0.4.3 성능에 영향을 주는 요소들

웹페이지의 로딩 속도나 반응 속도는 다양한 요소에 의해 영향을 받습니다. 예를 들어 ❶ 이미지 크기 최적화, ❷ 리소스 압축, ❸ 지연 로딩, ❹ CDN, ❺ 불필요한 자바스크립트 최소화, ❻ 브라우저 캐싱 활용 등이 있습니다.

❶ 이미지 크기 최적화

해상도가 불필요하게 높은 이미지는 로딩 시간과 메모리 사용을 증가시킵니다. srcset 속성이나 WebP 형식 등을 사용하여 최적화하는 것이 좋습니다.

srcset 속성은 HTML의 〈img〉 태그에서 사용하는 속성으로, 화면 해상도나 기기 크기에 따라 적절한 이미지를 자동으로 선택할 수 있게 해줍니다. 예를 들어 고해상도의 레티나 디스플레이에서는 더 큰 이미지를, 일반 해상도에서는 가벼운 이미지를 불러올 수 있습니다.

```
<img src="image-1x.jpg" alt="샘플 이미지"  srcset="image-2x.jpg 2x, image-3x.jpg 3x">
```

WebP 형식은 구글에서 개발한 차세대 이미지 포맷으로, JPEG이나 PNG보다 용량은 작지만 화질은 비슷하거나 더 좋은 것이 특징입니다.

- JPEG 대비 최대 30~40% 더 작은 파일 크기를 가짐
- PNG와 같이 투명 배경 지원
- GIF처럼 애니메이션 지원

다음과 같이 〈picture〉 태그를 사용하면 브라우저가 WebP를 지원하는 경우엔 WebP 파일을 로딩하고, 그렇지 않으면 JPEG 등을 대신 불러옵니다.

```
<picture>
  <source srcset="image.webp" type="image/webp">
  <img src="image.jpg" alt="샘플 이미지">
</picture>
```

❷ 리소스 압축

HTML, CSS, 자바스크립트 파일에 gzip이나 brotli 같은 압축 방식을 적용하면 전송량을 줄일 수 있습니다. 이 부분은 개발자가 직접 코드에 압축을 적용하는 것이 아니라 웹 서버(Nginx 등) 설정을 통해 파일을 전송하기 전에 자동으로 압축하여 브라우저에 전달하는 방식입니다. 아파치, Nginx, Vite와 같은 웹 서버에 따라 사용 방식은 달라질 수 있습니다.

❸ 지연 로딩

지연 로딩^{Lazy Loading}은 사용자가 실제로 필요로 할 때까지 리소스의 로딩을 지연시키는 기법입니다. 즉, 웹페이지를 처음 불러올 때 모든 자원(image, script, component 등)을 한꺼번에 로드하지 않고, 보이는 것만 먼저 로딩하고 나머지는 나중에 필요한 시점에 로딩합니다. 이와 같이 이미지나 비동기 데이터 등을 사용자의 시점에 맞춰 지연 로딩하면 초기 렌더링 속도가 개선됩니다. 리액트에서는 React.lazy()나 〈img loading="lazy"〉 같은 방식으로 구현할 수 있습니다.

❹ CDN

js, css와 같은 정적 파일은 전 세계에 분산된 CDN^{Content Delivery Network}을 통해 제공하면, 사용자와 가까운 서버에서 빠르게 받아올 수 있어 네트워크 지연을 줄일 수 있습니다.

❺ 불필요한 자바스크립트 최소화

번들 크기를 줄이기 위해 필요하지 않은 라이브러리는 제거하고, 코드 스플리팅^{code splitting} 기법을 활용해 페이지별로 필요한 코드만 로딩할 수 있도록 합니다.

❻ 브라우저 캐싱 활용

캐싱^{Caching}은 한 번 방문했던 사이트의 특정 파일(CSS, 자바스크립트, 이미지 등)을 브라우저에 저장해두고, 다음에 방문할 때 서버에 다시 요청하지 않고 저장된 파일을 사용하는 기술입니다. 마치 도서관에서 빌린 책을 책상 위에 두었다가 다시 보는 것처럼, 네트워크 요청을 줄여 로딩 속도를 크게 향상시킬 수 있습니다.

0.5 개발 환경과 워크플로

리액트 개발은 단순히 코드만 작성하는 것이 아닙니다. 훌륭한 요리사가 최고의 요리를 위해 잘 정리된 주방과 좋은 도구를 갖추는 것처럼, 프론트엔드 개발자에게도 효율적인 개발을 위한 '작업 공간'이 필요합니다. 이 작업 공간을 개발 환경이라고 부르며, 체계적인 작업 흐름인 워크플로를 갖추는 것이 중요합니다. 지금부터 우리의 멋진 개발 주방을 함께 만들어볼까요?

0.5.1 필수 개발 도구

모든 작업에는 기본 도구가 필요합니다. 웹 개발 세계에서는 다음 도구들이 우리의 든든한 지원군이 되어줍니다.

- **코드 에디터(VSCode)** : 코드를 작성하고 편집하는 수많은 에디터 중에서도 VSCode는 가볍고 빠르면서도, 수많은 확장 기능을 설치해 나만의 맞춤 도구로 만들 수 있어 전 세계 개발자들에게 큰 사랑을 받고 있습니다.
- **버전 관리 시스템 깃(Git)** : 코딩을 하다가 실수를 해도 걱정마세요. 깃을 사용하면 코드의 변경 사항을 사진 찍듯 기록하고, 언제든지 원하는 시점으로 되돌아갈 수 있습니다. 다른 동료와 함께 협업할 때도 서로의 작업을 덮어쓰지 않고 안전하게 합칠 수 있게 도와주죠. 깃허브^{GitHub}나 깃랩^{GitLab}은 이렇게 기록한 레시피를 저장하고 공유하는 온라인 코드 저장소입니다.
- **패키지 매니저(npm/yarn)** : 모든 코드를 직접 구현할 수는 없겠죠? 때로는 잘 만든 라이브러리를 가져와야 합니다. npm과 yarn은 바로 이런 외부 라이브러리(패키지)를 손쉽게 가져오고 관리하는 패키지 매니저입니다. npm install react라는 명령어 한 줄이면, 전 세계 개발자들이 만들어놓은 훌륭한 코드를 가져올 수 있습니다.
- **브라우저 개발자 도구(DevTools)** : 크롬이나 엣지 같은 브라우저에 내장된 개발자 도구를 열면 (보통 F12 키를 누르면 됩니다), HTML/CSS 구조를 실시간으로 확인하고, 자바스크립트 코드의 오류를 잡고(디버깅), 서버와 주고받는 데이터의 흐름을 분석하는 등 막강한 기능을 활용할 수 있습니다.

이 도구들은 **01장 '리액트 개발 환경 준비하기'**와 **02장 '리액트 프로젝트 생성하기'**에서 사용하겠습니다. 패키지 매니저는 npm을 주로 사용할 예정입니다. git은 이 책에서 별도로 다루지는 않지만, 깃허브에서 소스 코드를 제공하는 용도로 사용합니다.

0.5.2 최고의 품질을 위한 자동화 시스템

코드도 깔끔하고 규칙이 있어야 합니다. 다행히 우리에겐 이 과정을 도와줄 자동화 도구들이 있습니다.

- **코드 포매터(Prettier)** : 코드의 들여쓰기, 따옴표, 줄바꿈 등을 자동으로 정리하는 도구입니다.

개발자마다 다른 코드 스타일로 인해 발생하는 혼란을 줄이고, 일관된 코드 스타일을 유지할 수 있습니다. VSCode에서는 확장 프로그램extension으로 설치하여 사용합니다.
- **코드 린터(ESLint)** : 자바스크립트 코드에서 문법 오류, 잠재적인 버그, 스타일 문제 등을 자동으로 탐지해줍니다. Prettier와 함께 사용하면 코드 품질을 크게 높일 수 있습니다.

0.5.3 빌드 도구와 트랜스파일링, 번들링

코딩이 끝나면 빌드Build해야 합니다. 여기에는 단계별 도구가 필요합니다.

- **비트(Vite)** : 개발 중 작성한 여러 개의 파일을 하나 또는 몇 개로 묶는 빌드 도구입니다. 비트는 속도가 매우 빠르고 설정이 간단해 최근에 많이 사용되고 있습니다. 이 책에서는 리액트 프로젝트 생성 시 비트를 사용할 겁니다.
- **트랜스파일링(Transpiling)** : 최신 자바스크립트 문법이나 JSX 문법을 구형 브라우저에서도 작동하도록 하위 버전의 자바스크립트(ES5)로 변환하는 과정입니다. 보통 바벨Babel이라는 도구가 사용되며, 예를 들어 const, async/await, JSX 같은 문법을 브라우저 친화적인 코드로 바꿔줍니다.
- **번들링(Bundling)** : 여러 개의 자바스크립트 모듈, CSS 파일, 이미지 등을 브라우저가 효율적으로 로드할 수 있도록 하나의 자바스크립트 파일 또는 여러 개의 파일로 합치는 과정입니다. 이 과정을 통해 웹페이지 로딩 속도를 개선할 수 있습니다.

> **트랜스파일링 vs 번들링, 뭐가 다른가요?**
>
> **트랜스파일링**은 '언어 번역'과 같습니다. 최신 문법(한국어)을 구형 브라우저가 알아들을 수 있는 옛날 문법(사투리)으로 바꿔주는 겁니다. 코드의 내용을 바꾸는 작업이죠. **번들링**은 '파일 묶기'와 같습니다. 여러 권으로 나뉜 책을 한 권으로 합쳐서 들고 다니기 편하게 만드는 겁니다. 파일 개수를 줄여 네트워크 요청을 최적화합니다.

0.6 현대 프론트엔드 트렌드와 감각

이제 우리의 멋진 개발 주방과 도구들이 준비되었습니다. 하지만 최고의 요리는 좋은 도구만으로 완성되지 않습니다. 손님의 입맛과 최신 요리 트렌드를 아는 '감각'이 필요합니다. 이 장에서는 현대 프론트엔드 개발자에게 필요한 바로 그 감각, 즉 트렌드를 읽는 눈과 사용자 경험을 생각하는 마음에 대해 이야기하겠습니다.

0.6.1 반응형 디자인

최근의 웹 개발에서는 다양한 해상도에 대응하는 반응형 디자인이 필수가 되었습니다. 사용자는 데스크톱, 태블릿, 모바일 등 여러 디바이스를 활용하기 때문에, 각 화면 크기에 따라 유연하게 UI가 구성되어야 합니다. 특히 모바일 우선Mobile-first 전략은 작은 화면부터 설계하고 점차 넓은 화면으로 확장해가는 방식으로, 실무에서도 널리 사용되고 있습니다. 이를 구현하기 위해 @media를 활용한 미디어 쿼리를 자주 사용하게 됩니다.

```
@media (min-width: 768px) {
  /* 태블릿 이상 화면에 적용할 스타일 */
}
```

0.6.2 UI/UX 설계 원칙

좋은 사용자 경험을 제공하려면 다음과 같은 UI/UX 원칙을 지켜야 합니다.

- **명확한 피드백 제공** : 사용자가 버튼을 클릭했을 때 색상 변화나 애니메이션 등을 통해 반응을 느낄 수 있도록 도와줍니다.
- **일관성 있는 UI 요소 유지** : 같은 기능은 같은 방식으로 표현되어야 사용자가 혼란 없이 사용할 수 있습니다.
- **직관적인 레이아웃과 흐름 구성** : 메뉴, 버튼, 페이지 전환 등은 사용자가 별다른 학습 없이도 쉽게 사용할 수 있도록 구성해야 합니다.

0.6.3 최신 프론트엔드 키워드

현대 프론트엔드 개발에서는 다음과 같은 키워드들이 주요하게 다루어지고 있습니다.

SPA(Single Page Application, 싱글 페이지 애플리케이션)

이름 그대로 '단일 페이지 애플리케이션'을 의미합니다. 전통적인 웹사이트인 MPA Multi Page Application은 링크를 클릭할 때마다 서버에서 매번 새로운 HTML 페이지 전체를 받아와 화면이 하얗게 변했다가 다시 그려지는 '깜빡임'을 경험하게 합니다. 반면, SPA는 처음에 단 하나의 HTML 페이지만 받아옵니다. 그 후로는 사용자가 다른 메뉴를 클릭해도 페이지 전체를 새로 불러오지 않습니다. 대신, 자바스크립트를 이용해 마치 레고 블록을 교체하듯 페이지의 필요한 부분만 동적으로 다시 그리고, 필요한 데이터만 서버에서 가져와 내용을 채웁니다. 이 덕분에 데스크톱 앱이나 모바일 앱처럼 화면 전환이 매우 빠르고 부드러워 사용자 경험^{UX}이 크게 향상됩니다. 우리가 이 책에서 배울 리액트가 바로 이런 SPA를 만드는 데 가장 널리 사용되는 대표적인 기술입니다.

▼ MPA와 SPA 동작 비교

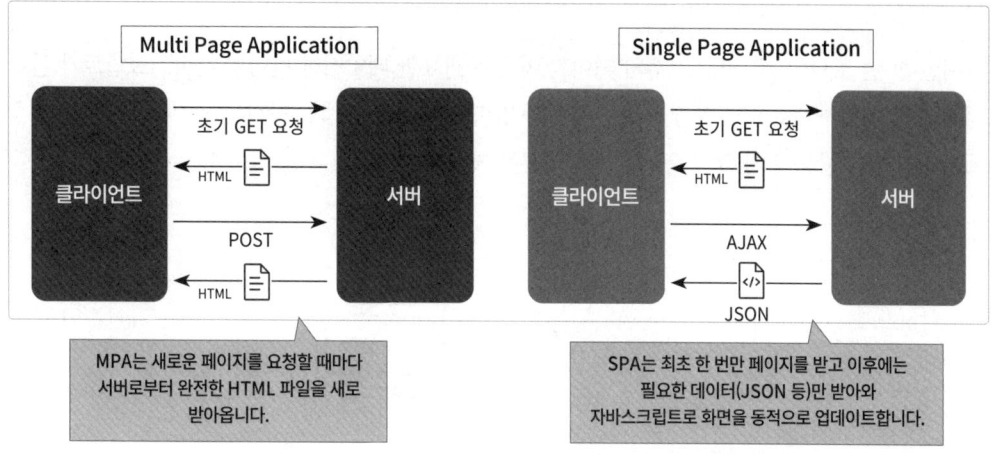

상태 관리(State Management)

웹 애플리케이션이 복잡해지면 관리해야 할 데이터, 즉 상태^{State}가 기하급수적으로 늘어납니다. 예를 들어 사용자의 로그인 여부, 장바구니에 담은 상품 목록, 다크 모드 설정, 현재 열려 있는 탭 정보 등이 모두 상태입니다. 초기에는 각 컴포넌트가 자신의 상태를 스스로 관리하지만 앱이 커지면 A 컴포넌트의 상태를 저 멀리 떨어진 Z 컴포넌트에서도 알아야 하는 상황이 생깁니다. 이때 중간에 있는 모든 컴포넌트를 거쳐 데이터를 일일이 전달하는 것은 매우 비효율적이고 코드를 복잡하게 만듭니다.

상태 관리는 이런 다양한 데이터들을 '중앙 데이터 관리소'와 같은 한 곳에 모아두고, 어떤 컴포넌트든 필요할 때 직접 접근해 가져다 쓰고 업데이트할 수 있도록 체계적으로 관리하는 방법을 말합니다. 이를 통해 데이터의 흐름을 명확하고 예측 가능하게 만들고, 코드가 거미줄처럼 얽히는 것을 막아 유지보수가 훨씬 용이해집니다. 리덕스^{Redux}, 주스탠드^{Zustand}, 리코일^{Recoil} 등이 이런 역할을 도와주는 유명한 상태 관리 라이브러리입니다.

CSR(Client-Side Rendering, 클라이언트 사이드 렌더링)

CSR는 클라이언트(사용자 브라우저) 측에서 화면을 그린다'는 뜻입니다. 사용자가 웹사이트에 접속하면, 서버는 거의 텅 빈 뼈대뿐인 HTML 파일과 화면을 그리는 상세한 설명서가 담긴 거대한 자바스크립트 파일을 보내줍니다. 그러면 클라이언트의 브라우저가 이 자바스크립트 파일을 모두 내려받고 실행시켜 비로소 화면에 제목, 본문, 이미지 등을 그려나갑니다. 그래서 첫 화면이 보이기까지 로딩 바를 보게 되는 등 시간이 조금 걸릴 수 있다는 단점이 있습니다.

하지만 한 번 로딩이 끝나면, 그 후의 페이지 이동은 필요한 데이터만 받아와 자바스크립트가 알아서 빠르게 처리하므로 SPA의 부드러운 사용자 경험을 구현하는 핵심 방식이 됩니다. 초기 로딩 후에는 서버에 부담을 주지 않고 풍부한 상호작용을 제공할 수 있습니다.

▼ CSR 전체 과정

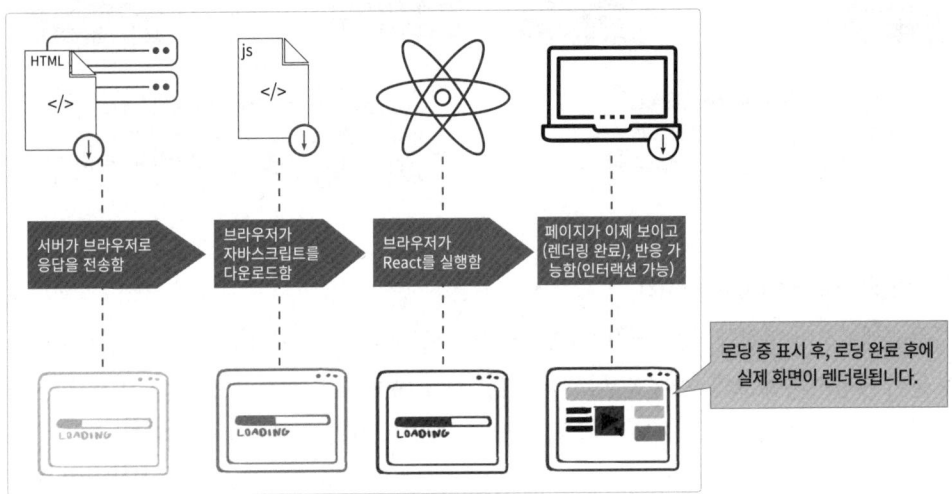

SSR(Server-Side Rendering, 서버 사이드 렌더링)

'서버 측에서 화면을 그린다'는 뜻으로, CSR과 반대되는 개념입니다. 사용자가 특정 페이지를 요청하면, 서버에서 해당 페이지에 필요한 모든 데이터를 반영하여 완전한 HTML 페이지를 미리 만들어보냅니다. 브라우저는 이 완성된 HTML을 받자마자 바로 화면에 보여줄 수 있으므로, 사용자는 콘텐츠를 매우 빠르게 볼 수 있습니다. 이는 첫 페이지 로딩 속도(TTV, Time To View)가 중요한 서비스나, 검색 엔진이 페이지의 콘텐츠를 쉽게 수집하고 분석해야 하는 검색 엔진 최적화SEO

가 필수적인 블로그, 뉴스, 이커머스 사이트에 매우 유리합니다. 다만, 사용자가 페이지를 요청할 때마다 서버가 매번 페이지를 만들어야 하므로 서버의 부담이 커질 수 있다는 특징이 있습니다. 리액트 기반의 Next.js는 바로 이 SSR을 효과적으로 지원하는 대표적인 프레임워크입니다.

▼ SSR 전체 과정

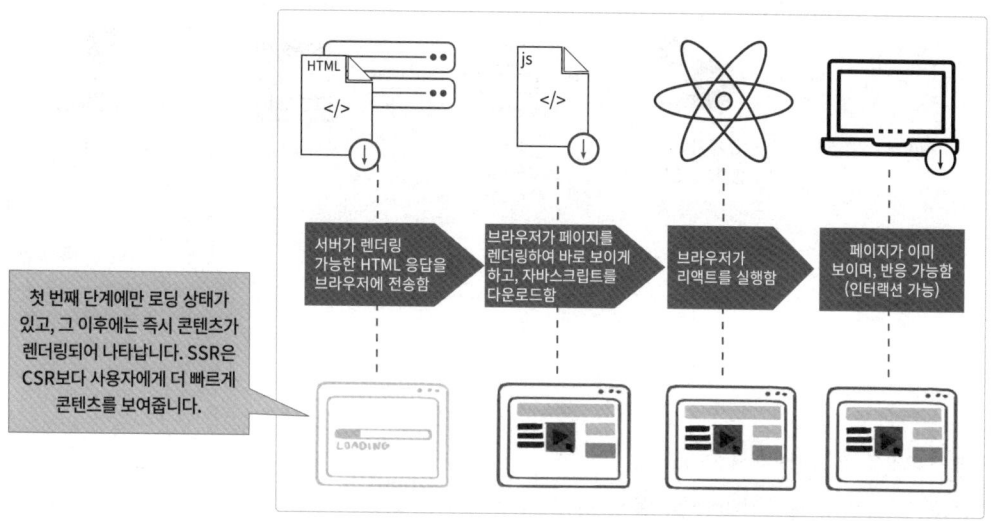

SSG(Static Site Generation, 정적 사이트 생성)

'미리 모든 페이지를 만들어둔다'는 개념입니다. SSR이 사용자가 요청할 때마다 서버에서 HTML을 생성하는 반면, SSG는 개발자가 웹사이트를 빌드(배포)하는 시점에 모든 가능한 페이지를 완전한 HTML 파일로 미리 만들어둡니다. 그리고 서버에는 이렇게 만든 파일들을 그냥 올려놓기만 합니다. 사용자가 페이지를 요청하면, 서버는 이미 만든 HTML 파일을 그대로 전달만 해주면 됩니다. 서버에서 추가적인 처리 과정이 전혀 없기 때문에 로딩 속도가 모든 방식 중에서 가장 빠릅니다. 내용이 자주 바뀌지 않는 기술 블로그, 회사 소개 페이지, 포트폴리오 사이트, API 문서 페이지 등에 매우 적합합니다. 하지만 데이터가 실시간으로 변하거나 사용자별로 다른 내용을 보여줘야 하는 페이지에는 적용하기 어렵다는 한계가 있습니다.

▼ SSG 전체 과정

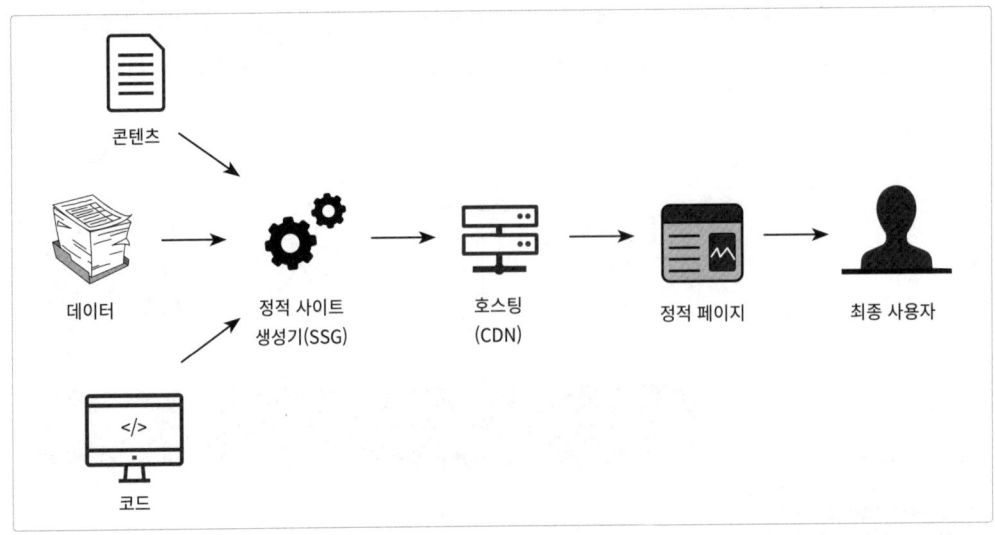

> **CSR, SSR, SSG은 어떻게 다를까요?**
>
> CSR은 밀키트(빈 HTML + 자바스크립트)를 받아서 집(브라우저)에서 직접 요리해 먹는 것에 비유할 수 있습니다. 재료 손질부터 해야 해서 첫 요리(초기 로딩)는 느리지만, 다음부터는 재료가 있어 빠르게 다른 요리를 할 수 있습니다. SSR은 배달 음식(완성된 HTML)을 주문하는 것으로 비유할 수 있습니다. 주문 즉시 요리가 시작되어 완성된 음식을 바로 받으므로 빠르고 편리합니다. 마지막으로 SSG는 편의점 도시락(미리 만든 HTML)을 사 오는 것에 비유할 수 있습니다. 이미 모든 게 완성되어 있어 그냥 가져오기만 하면 되므로 가장 빠릅니다.

학습 마무리

프론트엔드 개발자가 반드시 이해하고 있어야 할 웹의 기본 개념과 원리들을 살펴보았습니다. 웹이 동작하는 구조, HTML/CSS/자바스크립트의 역할, 렌더링 과정과 최적화 요소, 개발에 필요한 도구와 환경, 그리고 최신 트렌드까지 폭넓게 다루어보았습니다. 굉장히 많은 용어가 등장해서 정신이 없을 수도 있습니다. 하지만 첫술에 배부를 수 없는 법입니다. 처음은 간단히 이런 게 있구나 정도로만 훑고 지나가도 됩니다. 이 책을 모두 학습하고 나서 한 번 더 읽어보면 도움이 될 겁니다.

핵심 키워드

1 **웹 구조** : 웹은 클라이언트(브라우저)와 서버 간의 요청과 응답을 통해 작동합니다. 사용자가 어떤 페이지를 요청하면, 서버는 해당 정보를 응답으로 보내고, 브라우저는 그 내용을 화면에 렌더링합니다. 이때 HTTP 프로토콜과 상태 코드 등을 통해 통신이 이루어집니다.

2 **마크업과 스타일** : HTML은 웹페이지의 구조를 정의하는 마크업 언어이고, CSS는 이 구조에 스타일을 입히는 언어입니다. 시맨틱 태그를 사용하면 의미 있는 구조를 만들 수 있으며, 미디어 쿼리를 활용하면 다양한 화면 크기에 맞게 스타일을 조정할 수 있습니다.

3 **웹 접근성** : 모든 사용자가 불편 없이 웹을 사용할 수 있도록 돕는 것이 웹 접근성입니다. 시맨틱 태그, ARIA 속성, 키보드 내비게이션 지원, 색상 대비 확보 등을 통해 다양한 사용자 환경을 고려할 수 있습니다.

4 **렌더링** : 브라우저는 HTML과 CSS를 각각 DOM, CSSOM이라는 객체로 만들고, 이를 합쳐 렌더 트리를 구성한 뒤 화면에 그립니다. 이 과정을 이해하면 성능 최적화에 도움이 됩니다.

5 **SPA(Single Page Application, 싱글 페이지 애플리케이션)** : 한 번의 페이지 로딩으로 전체 애플리케이션을 구성하는 방식입니다. 화면 전환 시 전체 페이지를 새로고침하지 않고 필요한 데이터만 받아와 업데이트하므로 사용자 경험이 빠르고 부드럽습니다.

6 **상태 관리(State Management)** : 컴포넌트 간 데이터를 효과적으로 공유하기 위해 리덕스Redux, 주스탠드Zustand, Recoil 등과 같은 상태 관리 라이브러리를 사용합니다.

7 **CSR(Client-Side Rendering, 클라이언트 사이드 렌더링)** : 사용자의 브라우저에서 자바스크립트를 통해 화면을 렌더링하는 방식입니다. 초기에는 빈 HTML 페이지만 받고, 이후 자바스크립트가 실행되면서 동적으로 콘텐츠를 채워넣습니다. 리액트, Vue, 앵귤러Angular와 같은 대부분의 SPA 프레임워크가 이 방식을 사용합니다.

8 **SSR(Server-Side Rendering, 서버 사이드 렌더링)** : 서버에서 렌더링할 HTML을 모두 구성하여 클라이언트에 전달하는 방식입니다. 사용자는 완성된 형태의 페이지를 즉시 볼 수 있어 초기 로딩 속도가 빠르고 검색 엔진 최적화(SEO)에 유리합니다. 리액트 기반의 Next.js가 대표적인 SSR 지원 프레임워크입니다.

9 **SSG(Static Site Generation, 정적 사이트 생성)** : 빌드 시점에 모든 페이지를 미리 HTML 파일로 만들어두고, 요청 시 이 파일을 그대로 제공하는 방식입니다. 블로그나 문서 사이트처럼 내용 변경이 잦지 않은 곳에 적합하며, 로딩 속도가 매우 빠릅니다.

연습문제

1 웹은 어떤 구조로 작동하나요? 클라이언트와 무엇이 어떻게 작동하는지 간단히 설명해보세요.

2 다음 중 HTML과 CSS에 대한 설명으로 알맞은 것을 고르세요.

❶ HTML은 웹의 디자인을 위한 언어이고, CSS는 동작 처리를 위한 언어입니다.

❷ HTML은 웹 구조를 위한 언어이고, CSS는 스타일을 적용하는 언어입니다.

❸ HTML과 CSS는 모두 서버에서만 실행됩니다.

❹ CSS는 구조를 정의하는 언어이고, HTML은 색상을 설정하는 언어입니다.

3 웹 접근성을 높이기 위한 방법으로 적절하지 않은 것은 무엇인가요?

❶ 키보드만으로도 페이지를 탐색할 수 있도록 하기

❷ 시맨틱 태그 사용하기

❸ 색상 대비를 고려하지 않기

❹ ARIA 속성 활용하기

4 자바스크립트를 사용하여 구현할 수 있는 기능은 어떤 것인가요? 예를 하나 들어보세요.

5 브라우저가 HTML과 CSS를 받아서 화면에 그리는 과정을 무엇이라고 하나요? 이 과정을 이해하면 어떤 점에서 도움이 될까요?

6 다음 중 CSR(Client Side Rendering) 방식에 대한 설명으로 올바른 것은 무엇인가요?

❶ CSR은 서버에서 모든 HTML을 미리 만들어서 전달하는 방식입니다.

❷ CSR은 사용자가 요청할 때마다 페이지 전체를 다시 로드합니다.

❸ CSR은 브라우저가 자바스크립트로 페이지를 동적으로 구성하는 방식입니다.

❹ CSR은 웹 접근성을 높이기 위해 사용하는 기술입니다.

7 SSR(서버 사이드 렌더링)이 CSR(클라이언트 사이드 렌더링)에 비해 갖는 가장 큰 장점 두 가지는 무엇인가요?

1 **정답** 클라이언트(브라우저)와 서버가 요청과 응답을 통해 통신하며, 브라우저는 서버로부터 받은 정보를 화면에 렌더링합니다. 이때 HTTP 프로토콜이 사용됩니다.
2 **정답** ❷
3 **정답** ❸
4 **정답** 예 : 버튼 클릭 시 알림창 띄우기, 서버로부터 데이터 불러오기 등
5 **정답** 렌더링이라고 하며, 이를 이해하면 성능을 최적화하는 데 도움이 됩니다.
6 **정답** ❸
7 **정답** 초기 로딩 속도가 빠르다는 점과 검색 엔진 최적화(SEO)에 유리하다는 점입니다.

LEVEL 01

처음 만나는 리액트

학습 목표

리액트를 개발하는 데 필요한 기본 개발 환경을 준비합니다. 윈도우와 맥OS 환경에서 Node.js와 VSCode를 설치하고, 개발에 적합한 환경을 구성합니다. 비트(Vite)를 활용해 새로운 리액트 프로젝트를 생성하고, 프로젝트 구조를 살펴본 뒤 불필요한 요소를 정리합니다. 마지막으로 'React Developer Tools'를 설치해 리액트 애플리케이션을 더욱 편리하게 디버깅하고 분석할 수 있도록 합니다.

01장 리액트 개발 환경 준비하기
02장 리액트 프로젝트 생성하기

Chapter 01

리액트 개발 환경 준비하기

학습 목표

윈도우와 맥OS 각각에서 Node.js와 VSCode를 설치하여 리액트 개발 환경을 구성합니다. VSCode에서 작업 공간을 설정하고 필요한 확장 프로그램을 설치해 개발 편의성을 높입니다. 기본 터미널 설정, 탭 크기 조정, 자동 저장 기능 활성화 등 코딩 환경을 최적화하는 방법을 익힙니다.

핵심 키워드

Node.js | VSCode | 작업 공간 | 확장 프로그램 | 기본 터미널 변경 | 탭 크기 | 자동 저장

학습 코스

윈도우에 리액트 설정하기 → 맥OS에 리액트 설정하기 → VSCode 환경 설정하기

리액트 개발을 시작하려면 가장 먼저 설치해야 할 프로그램은 Node.js입니다. Node.js는 자바스크립트 런타임 환경으로써, 리액트 프로젝트 생성과 관리에 필수 요소입니다. 쉽게 말해서 리액트가 Node.js를 배경 삼아 동작한다고 생각하면 됩니다. 그리고 리액트 프로젝트는 NPM^{Node Package Manager}이라는 프로그램을 통해 생성하고 관리할 수 있습니다. NPM은 따로 설치할 필요 없이 Node.js를 설치하면 세트로 설치되는 프로그램입니다. NPM의 주 역할은 다음과 같습니다.

- 자바스크립트 모듈(패키지) 설치 및 관리
- 패키지 간 의존성 관리
- 프로젝트 빌드 및 실행 스크립트 관리

그럼 바로 Node.js 설치부터 해봅시다. 설치 방법은 윈도우, 맥OS를 순서로 설명합니다. 자신의 OS 환경에 맞는 설치를 진행하시기 바랍니다.

1.1 윈도우에 리액트 설정하기

Node.js와 코드 편집기인 VSCode를 순서대로 설치하겠습니다.

1.1.1 Node.js 설치하기

To do 01 Node.js 공식 사이트 nodejs.org에 접속하여 [Node.js 다운로드(LTS)] 버튼을 클릭해서 Node.js 설치 프로그램을 다운로드합니다.

> LTS는 'Long Term Support', 한글로 번역하면 '장기 지원 버전'이라고 합니다. 안정성이 검증되어 있어 프로덕션 환경에서도 안심하고 사용할 수 있습니다.

02 내려받은 설치 파일을 실행합니다. 설치 마법사가 시작되면 기본값으로 설치를 진행하세요.

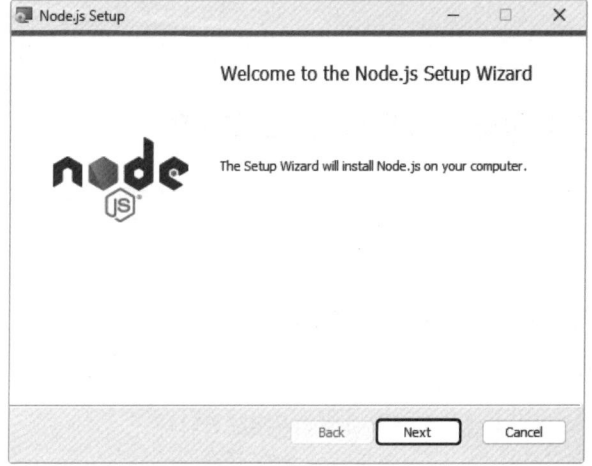

03 설치가 완료되면 확인을 위해 명령 프롬프트를 실행하고 다음 화면을 참고해서 node, npm의 설치 상태를 확인하세요. 버전이 제대로 표시되면 설치가 잘된 겁니다.

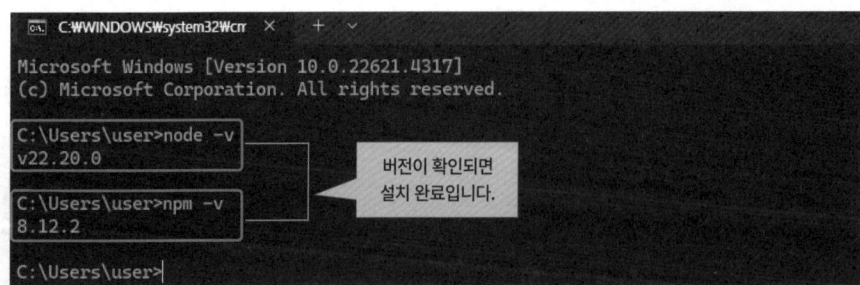

1.1.2 VSCode 설치하기

To do 01 VSCode 다운로드 페이지 code.visualstudio.com/download에 접속합니다. 윈도우에 맞는 버튼을 눌러 설치 파일을 내려받고 설치하세요.

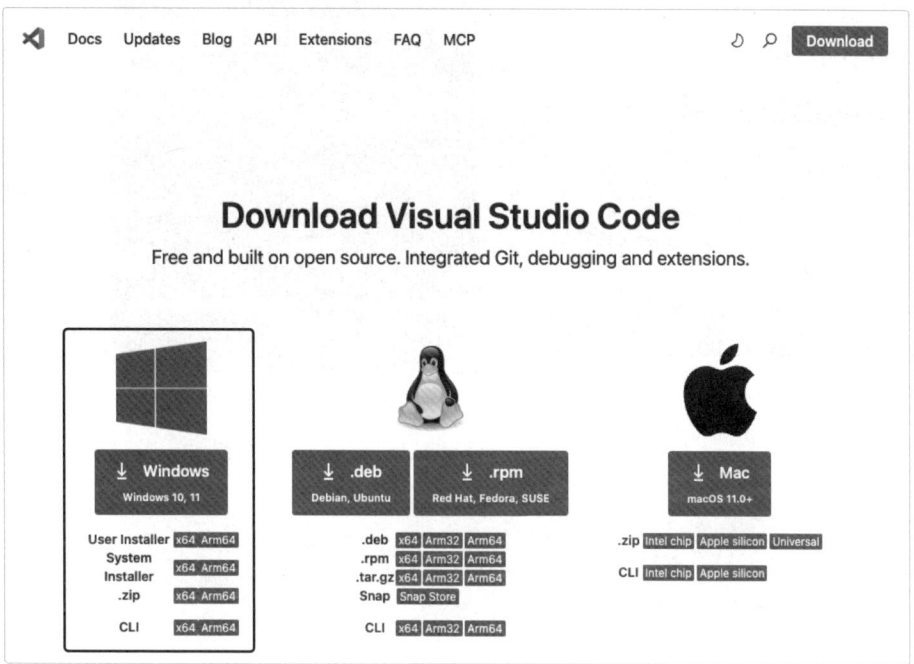

이로써 윈도우에서 Node.js와 VSCode 설치를 마쳤습니다. 이어서 **1.3절 'VSCode 환경 설정하기'**를 진행해주세요.

1.2 맥OS에 리액트 설정하기

Node.js와 코드 편집기인 VSCode를 순서대로 설치하겠습니다.

1.2.1 Node.js 설치하기

01 Node.js 공식 사이트 nodejs.org에 접속하여 [Node.js 다운로드(LTS)] 버튼을 클릭해서 Node.js 설치 프로그램을 다운로드합니다.

02 설치 파일을 실행해서 Node.js 설치를 마치세요.

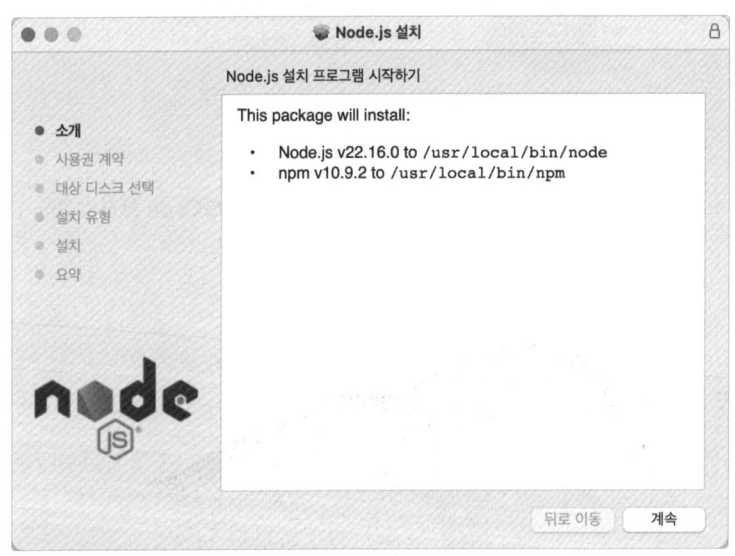

03 설치가 완료되면 확인을 위해 터미널을 실행하고 다음 화면을 참고해서 node, npm의 설치 상태를 확인하세요. 버전이 제대로 표시되면 설치가 잘된 겁니다.

```
% node -v
v22.16.0
% npm -v
10.9.2
```

1.2.2 VSCode 설치하고 프로젝트 폴더 설정하기

To do **01** VSCode 다운로드 페이지 https://code.visualstudio.com에 접속합니다. [Download for macOS] 버튼을 눌러 설치 파일을 내려받고 설치하세요.

02 다운로드된 .zip 파일 더블클릭 → Visual Studio Code.app 생성합니다.

03 Visual Studio Code.app를 애플리케이션 폴더로 드래그하면 설치됩니다.

1.3 VSCode 환경 설정하기

리액트 개발 환경을 준비하기 위해, VSCode의 작업 공간을 설정하고, 확장 프로그램을 설치하고, 몇몇 설정값을 수정하겠습니다. 이 책은 모두 이 과정을 마쳤다고 가정하고 실습하므로 반드시 동일하게 설정하기 바랍니다.

1.3.1 VSCode에서 작업 공간 설정하기

To do 01 VSCode를 실행하고 리액트 프로젝트를 생성할 작업 공간을 설정하겠습니다. 왼쪽 아이콘 중 🗐를 선택 후 [Open Folder]를 클릭합니다.

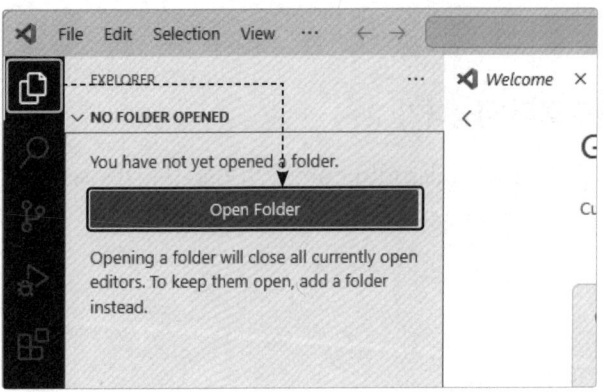

02 폴더 선택 창이 나오면 Workspaces로 이동한 후 ReactStudy 디렉터리를 생성한 다음 [폴더 선택]을 누릅니다.

> 만약 "Do you trust the authors .."라는 메세지가 나오면 체크박스에 체크한 후 "Yes, I trust the authors" 버튼을 눌러주세요.

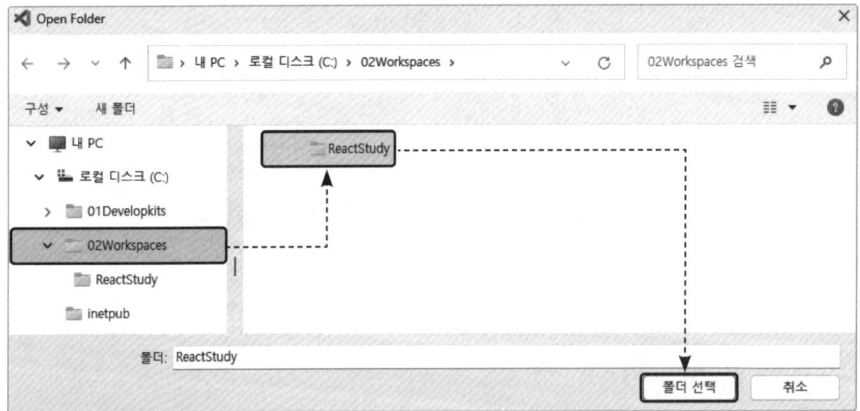

03 그러면 작업 공간을 선택한 채로 VSCode 화면이 새로 열립니다. 이제 앞으로 여기서 리액트 프로젝트를 생성하고, 코드를 작성하며 실습하겠습니다.

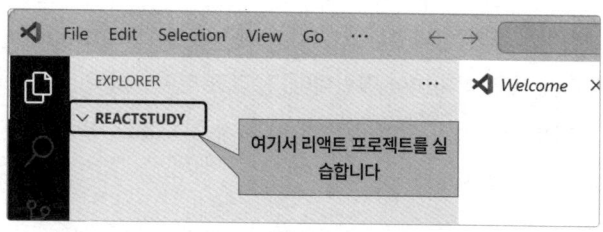

1.3.2 확장 프로그램 설치하기

VSCode는 확장 프로그램을 통해 다양한 기능을 추가할 수 있으며, 개발 효율을 높이는 데 큰 도움이 됩니다. 실제로 리액트 개발에서 자주 사용하는 확장 프로그램 몇 가지를 소개합니다.

- **TabOut** : 중괄호나 큰따옴표를 [tab]를 눌러 빠져나옵니다.
- **Auto Rename Tag** : HTML 작성 시 시작 태그 하나만 수정하면 종료 태그까지 수정합니다.
- **JavaScript(ES6) Code Snippets** : 자바스크립트 코드 조각에 대한 스니펫을 제공합니다.
- **ESLint** : 자바스크립트의 코드를 분석해 문제점을 찾고 고쳐줍니다.
- **Preview on Web Server** : 개발 중인 웹페이지(HTML, CSS, 자바스크립트 파일 등)를 별도의 웹 서버를 실행하여 웹브라우저에서 미리 볼 수 있도록 하는 도구입니다.

01 확장 프로그램 설치 방법을 안내하기 위해 하나만 설치하겠습니다. 확장 프로그램을 설치하려면 ❶ 왼쪽의 아이콘을 눌러 ❷ 프로그램을 검색한 다음 ❸ [Install]을 누르면 됩니다. 이런 방식으로 확장 프로그램을 모두 설치하기 바랍니다.

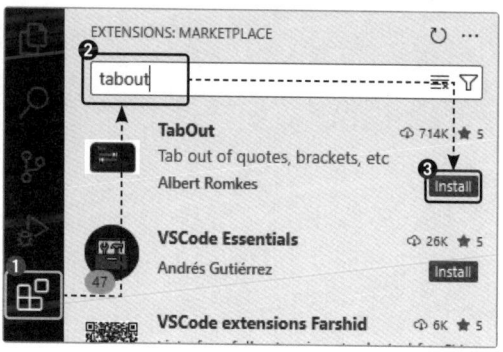

1.3.3 기본 터미널 변경하기 : 윈도우

이번 설정은 윈도우만 진행합니다. 맥OS 사용자는 건너뛰어주세요.

To do **01** VSCode에서 통합 터미널의 기본 터미널 옵션을 변경하겠습니다. 메뉴에서 [Terminal → New Terminal]을 클릭하면 화면 아래에 새 통합 터미널이 열립니다. 그리고 터미널의 오른쪽 위를 보면 기본 터미널이 파워셸입니다. 파워셸로 설정이 되어 있으면 이후 자주 사용할 명령어 중 하나인 npm을 인식하지 못해 오류가 발생할 수 있습니다.

> 통합 터미널을 여는 단축키는 `Ctrl + Shift + ` ` 입니다.

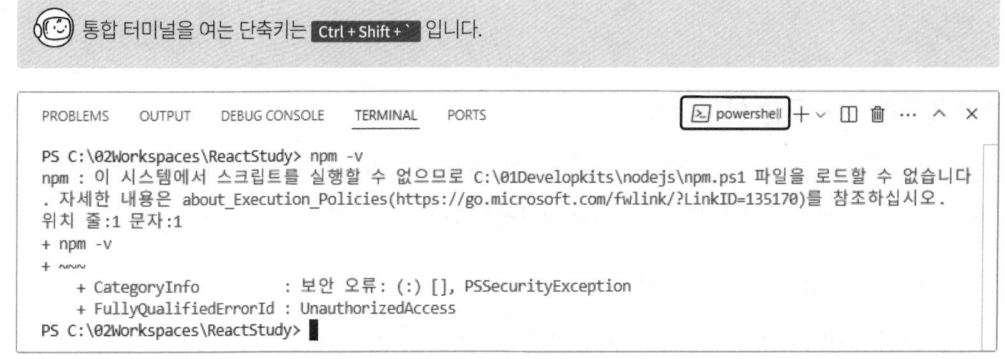

02 이를 해결하기 위해 윈도우에서 주로 사용하는 명령 프롬프트를 기본 터미널로 설정하겠습니다. [메뉴 → Preferences → Settings]로 들어갑니다.

> 설정을 여는 단축키는 `Ctrl +,` 입니다.

03 그런 다음 검색어로 'shell window'를 입력하면 Terminal 항목이 보입니다. 드롭다운에서 [Command Prompt]를 선택하면 기본 터미널 설정을 완료합니다.

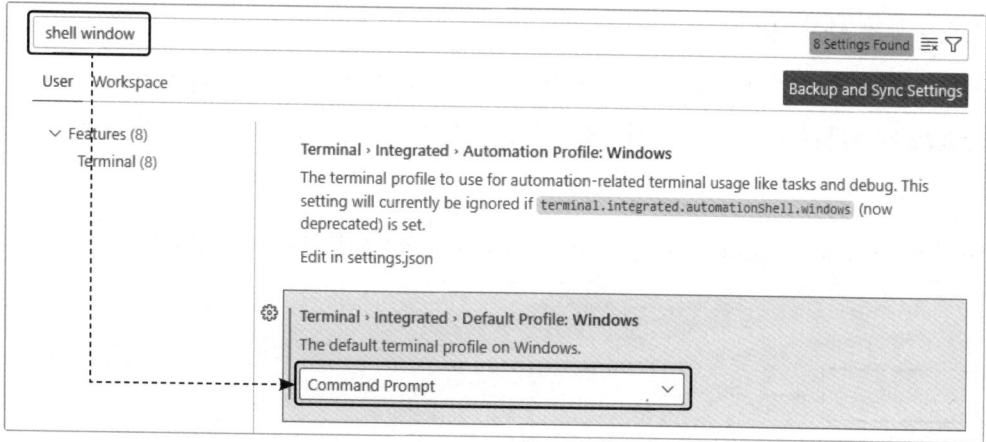

04 다시 통합 터미널을 열어보세요. 그러면 명령 프롬프트가 열립니다. 그리고 터미널의 경로도 앞에서 지정했던 Workspaces\ReactStudy인 것을 확인할 수 있습니다.

1.3.4 코드 입력 시 탭 크기 4에서 2로 변경하기

VSCode에서 리액트 애플리케이션을 개발하다 보면 화면을 구성하는 코드가 복잡해짐에 따라 들여쓰기가 점점 깊어지는 경우가 많습니다. 이 경우 기본 설정인 탭 크기 4는 코드의 가독성을 떨어뜨릴 수 있습니다. 따라서 탭 크기는 2로 설정하는 게 좋습니다.

To do 01 ❶ 설정에서 'tab'을 검색히고 Editor:Tab Size 항목을 찾습니다. ❷ 입력값에 4가 입력되어 있을 겁니다. 이 값을 2로 수정한 후 Enter 를 눌러 설정을 마칩니다.

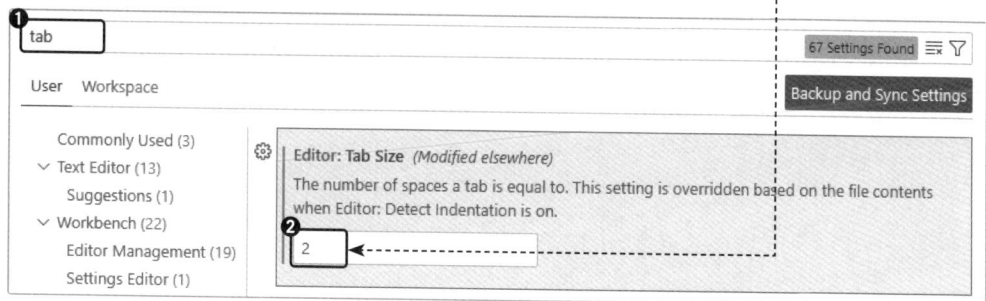

1.3.5 자동 저장 켜기

리액트 프로젝트는 여러 파일을 동시에 작성하거나 수정할 수 있습니다. 그러다 보면 파일을 매번 Ctrl+S 를 눌러 저장하는 것이 번거로울 수 있습니다. 이럴 때는 자동 저장 기능을 설정해두면 매우 편리합니다.

To do 01 [메뉴 → File → Auto Save]를 클릭하여 자동 저장 설정을 토글할 수 있습니다.

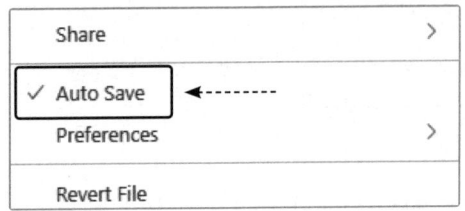

지금까지 개발 환경 설정을 진행했습니다. 이제 본격적인 실습입니다! 다음 장에서는 리액트 프로젝트를 생성하겠습니다.

Chapter 02

리액트 프로젝트 생성하기

학습 목표

비트(Vite)를 사용해 리액트 프로젝트를 생성합니다. 생성된 프로젝트의 구조를 분석해보고, 불필요한 파일과 코드를 삭제해서 개발에 최적화된 상태로 정리하겠습니다. 리액트 컴포넌트를 확인하고 디버깅하기 위한 'React Developer Tools'를 설치하겠습니다.

핵심 키워드

`Vite` `리액트 프로젝트 생성` `프로젝트 정리` `불필요한 파일 삭제`
`React Developer Tools` `크롬 확장 프로그램`

학습 코스

Vite로 프로젝트 생성하기 → 프로젝트 정리하기 → 리액트 개발을 위한 크롬 확장 프로그램 설치

본격적으로 리액트 애플리케이션 개발에 사용할 프로젝트를 생성하겠습니다. 프로젝트 생성 도구로는 빠르게 개발 환경을 구축할 수 있는 비트^{Vite}를 사용하겠습니다. 비트로 프로젝트를 생성하면 기본적인 예제 코드나 설정 파일이 포함된 상태로 만들어집니다. 이런 코드를 그대로 두면 우리가 만들려고 하는 프로젝트의 구조와 맞지 않기 때문에, 불필요한 부분을 정리하고 기본형 프로젝트 구조로 다듬는 작업이 필요합니다. 또한 리액트 애플리케이션을 개발할 때 상태나 전체적인 구조를 쉽게 확인하기 위해 'React Developer Tools'라는 크롬 확장 프로그램도 설치하겠습니다. 이 도구는 리액트 개발에 매우 유용하므로 꼭 설치해두시는 것을 추천합니다.

이제 리액트 개발을 위한 첫걸음을 함께 시작하겠습니다.

2.1 비트로 프로젝트 생성하기

비트는 웹 개발을 위해 설계된 차세대 프론트엔드 빌드 도구입니다. 비트의 주요 특징은 다음과 같습니다.

- **빠른 개발 환경** : 변경된 파일만 즉각적으로 업데이트(Hot Module Replacement, HMR)하여 개발 속도를 높여줍니다.
- **간편한 설정** : 기본 설정만으로도 대부분의 프로젝트를 시작할 수 있을 만큼 직관적입니다.
- **다양한 프레임워크 지원** : 리액트뿐만 아니라 뷰, 스벨트 등 여러 프레임워크를 위한 플러그인을 제공합니다.

To do 01 비트로 리액트 프로젝트를 생성하기 위해 VSCode에서 터미널을 실행한 후 **npm create vite@latest hello-react-project** 명령어를 입력 후 Enter 를 누르세요. 이때 프로젝트명이 React로 시작하지 않도록 주의하세요.

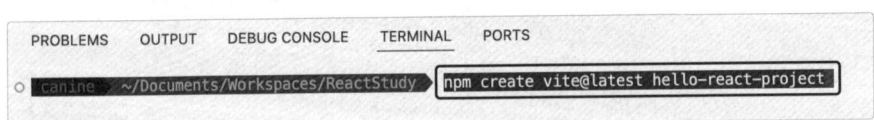

02 그러면 프레임워크 선택 메뉴가 나타납니다. 방향키를 눌러서 메뉴로 이동한 다음 Enter 를 눌러 메뉴를 결정하세요. 선택해야 할 메뉴는 다음과 같습니다.

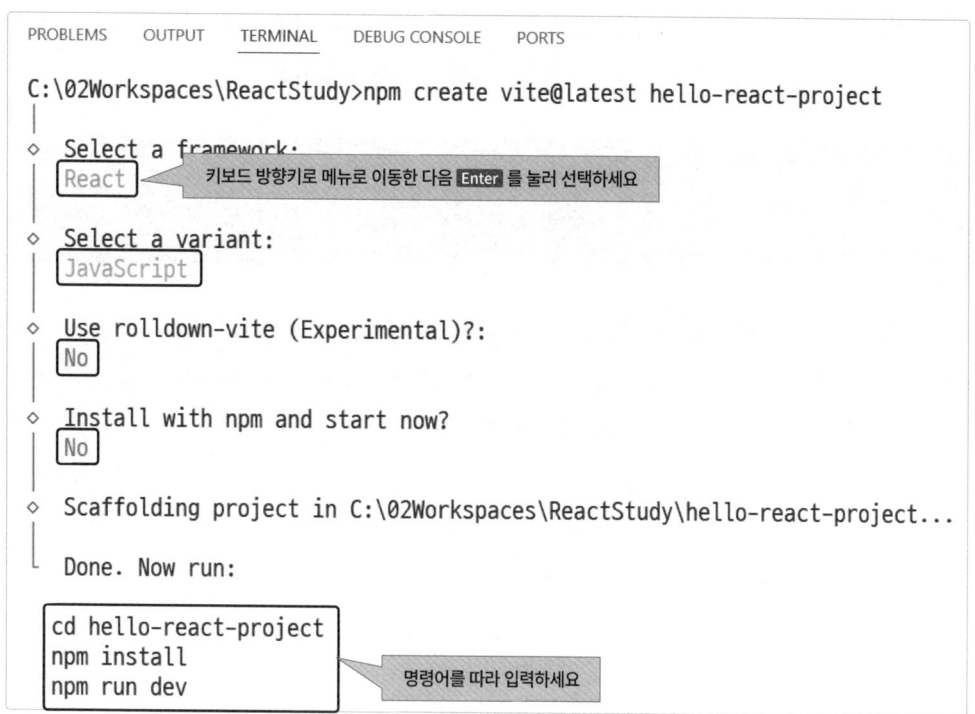

비트로 리액트 프로젝트를 생성할 때 터미널에는 다음과 같은 선택 문구가 나타납니다. 각 항목의 의미를 간단히 정리하면 다음과 같습니다.

1 **Select a framework** : 어떤 프레임워크로 프로젝트를 생성할지 선택하는 단계입니다. 리액트뿐 아니라 Vue, 스벨트 등 다양한 옵션이 있습니다.

2 **Select a variant** : 선택한 프레임워크 안에서도 변형^{Variant}을 선택할 수 있습니다. 리액트의 경우 자바스크립트 또는 타입스크립트 등의 버전 중에서 선택할 수 있습니다.

3 **Use rolldown-vite (experimental)?** : 실험적으로 제공되는 새로운 빌드 시스템(번들러)인 Rolldown을 사용할지 여부를 묻는 질문입니다. 현재는 테스트 단계이므로 No를 선택하는 것을 권장합니다.

4 **Install with npm and start now?** : 프로젝트 생성 후 필요한 의존성을 바로 설치하고 실행까지 진행할지 묻는 단계입니다. 우리는 학습을 위해 No를 선택하겠습니다.

이 내용은 집필 시점인 2025년 9월 기준의 선택 항목입니다. 추후 비트의 업데이트에 따라 항목이 달라질 수 있으니 참고해주세요.

03 메뉴를 다 선택하면 'Done. Now run...'과 같은 안내 문구가 나옵니다. 이 문구대로 프로젝트 디렉터리를 이동한 다음 의존성 설치를 마치고 서버를 실행해봅시다.

```
ReactStudy> cd hello-react-project  ← 프로젝트 디렉터리로 이동
ReactStudy\hello-react-project> npm install  ← 의존성 설치(node_modules 하위에 설치됨)
ReactStudy\hello-react-project> npm run dev  ← 프로젝트 실행
```

04 서버를 실행하면 VITE 버전 이름과 함께 서버의 실행 상황을 알려줍니다. 현재는 로컬 서버를 실행한 것이므로 로컬 서버의 주소를 알려주네요. 주소를 웹브라우저에 입력하거나 [Ctrl + 마우스 왼쪽 클릭]을 눌러 로컬 서버로 구동한 결과를 확인해보세요.

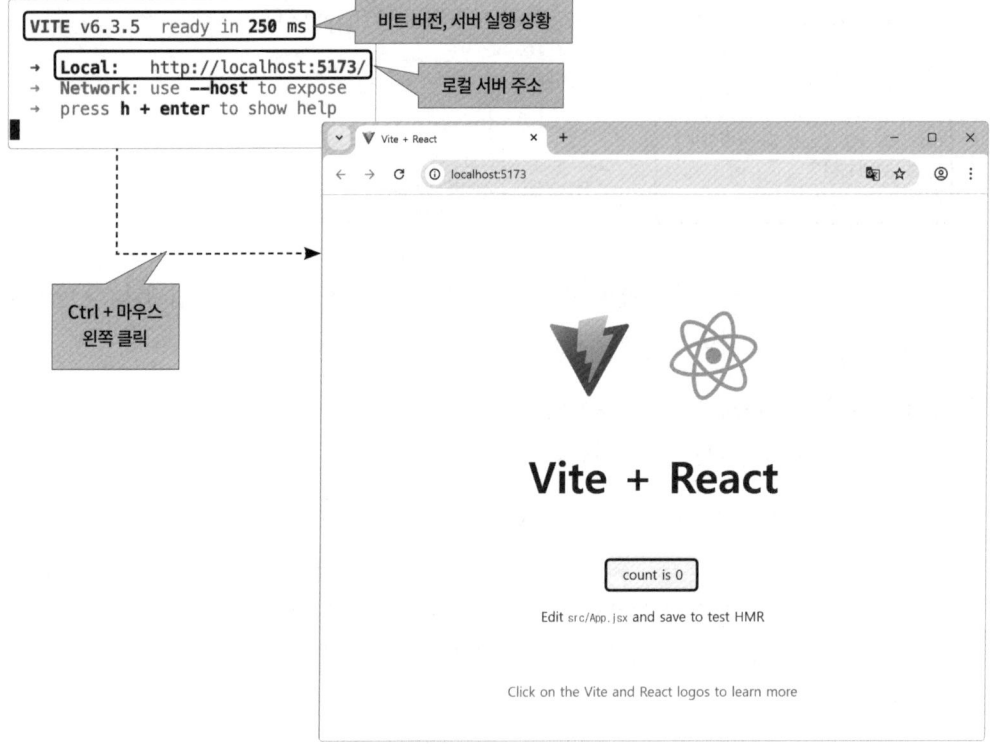

결과 화면을 보면 [count is 0] 버튼이 보입니다. 이 버튼을 누르면 숫자가 1씩 증가합니다. 그리고 그 아래에는 'Edit src/App.jsx and save to test HMR'라는 문구가 있습니다. 이는 'App.jsx를 수정한 후 저장하면 HMR이 동작한다'고 안내하는 내용입니다. 이는 핫 모듈 교체Hot module replacement, HMR에 대한 것으로, 쉽게 말해 소스를 수정하면 변경한 모듈만 실시간으로 업데이트하여 화면에 바로 보여준다는 뜻입니다.

2.2 프로젝트 정리하기

비트로 만든 프로젝트에는 우리가 활용하지 않을 폴더나 파일 또는 코드가 미리 작성되어 있습니다. 그래서 프로젝트를 정리하여 깔끔한 기본형으로 만들겠습니다.

참고로 여기서 말씀드리는 기본형이라는 표현은 공식적인 용어는 아닙니다. 비트로 생성한 초기 프로젝트에 포함된 불필요한 파일이나 코드를 제거한 상태를 이 책에서는 기본형이라고 표현하겠습니다. 따라서 독자 여러분도 프로젝트를 생성하면 기본형을 만들어놓고 개발을 시작한다고 이해하면 됩니다.

To do 01 비트로 만든 프로젝트의 구조는 다음과 같을 겁니다. 각 폴더와 파일의 역할에 대해 미리 설명해두겠습니다. 지금은 잘 이해가 되지 않겠지만 한 번 읽어보고 넘어가기 바랍니다.

```
REACTSTUDY/
├── hello-react-project/
│   ├── node_modules/ → npm install 명령어로 설치한 의존성 파일을 모은 폴더
│   ├── public/ → 이미지, 자바스크립트 파일, HTML 파일과 같은 정적 파일을 모은 폴더
│   │   └── vite.svg
│   ├── src/ → 애플리케이션의 전반적인 기능과 스타일 구현을 위한 폴더
│   │   ├── assets/
│   │   │   └── react.svg
│   │   ├── App.css → app 컴포넌트의 스타일 정의 파일
│   │   ├── App.jsx → app 컴포넌트, 최상위 컴포넌트로 대문 역할을 함
│   │   ├── index.css → 전역 스타일 정의 파일
│   │   └── main.jsx → 애플리케이션의 자바스크립트 진입점이 되는 파일
│   ├── .gitignore
│   ├── eslint.config.js → 코드 품질과 스타일을 유지하기 위한 규칙 정의 파일
│   ├── index.html → 애플리케이션의 대문 역할을 하는 파일
│   ├── package-lock.json → 패키지 의존성 버전과 트리 구조를 기록하는 파일
│   ├── package.json → 프로젝트의 메타데이터와 의존성 정보를 담고 있는 파일
│   ├── README.md
│   └── vite.config.js → 비트 설정을 정의하는 핵심 파일, 커스터마이징 가능
```

02 프로젝트 메타데이터와 의존성 정보를 담고 있는 package.json 파일도 열어봅시다.

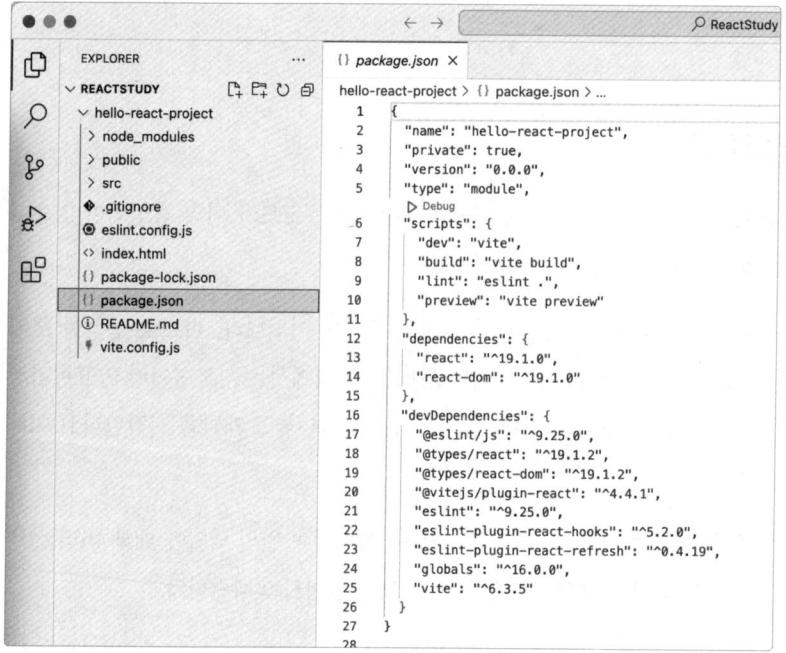

각 항목의 의미는 다음과 같습니다. 이 내용도 아직은 크게 다가오지는 않겠지만 미리 눈으로 보고 넘어갑시다.

- **name** : 프로젝트명(또는 패키지 이름)
- **scripts** : 자주 사용하는 명령어 미리 정의
- **dependencies** : 애플리케이션의 런타임 시 필요한 의존성 정의
- **devDependencies** : 개발 시점에 필요한 의존성 정의

03 이제 파일을 정리합시다. 가장 먼저 정리할 파일은 App.css와 App.jsx입니다. ❶ App.css는 파일 자체를 삭제하고, ❷ App.jsx는 다음 코드를 참고하여 기본 컴포넌트의 틀만 남깁니다.

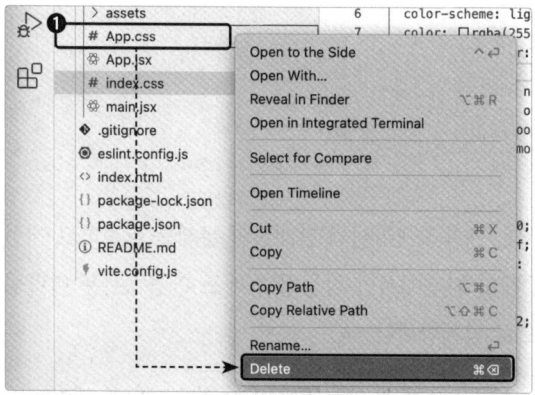

```
function App() {
  return (<>
    <h2>React 기본형</h2>
  </>)
}
export default App
```
App.jsx

04 다음은 index.css, main.jsx입니다. ❶ index.css는 코드만 모두 삭제하고 파일은 남겨둡니다.

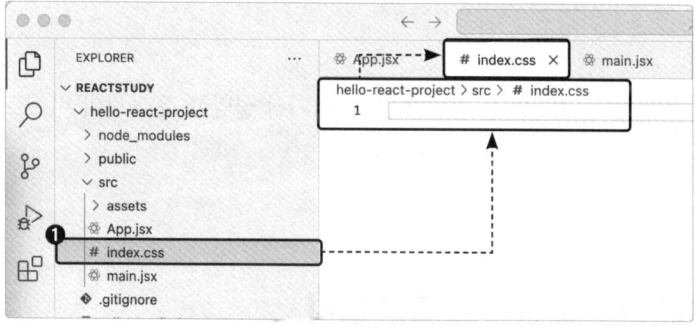

❷ main.jsx는 다음 코드를 참고하여 StrictMode만 삭제합니다.

```
import { StrictMode } from 'react'
import { createRoot } from 'react-dom/client'
import './index.css'
import App from './App.jsx'
createRoot(document.getElementById('root')).render(
```
main.jsx

```
  <StrictMode>
    <App />
  </StrictMode>,
)
```

여기서 지운 StrictMode는 엄격 검사 모드인데, 애플리케이션의 잠재적인 문제를 발견하고 개선하기 위해 사용하는 일종의 코드 도구입니다. 개발 환경에서만 작동하며 배포 환경에서는 비활성화되는데요, 학습 시에는 필요한 도구가 아니므로 삭제합니다.

05 핫 모듈 교체가 적용되고 있으므로 코드를 수정하고 다시 웹브라우저로 로컬 서버를 열어보면 화면이 다음과 같이 변경되어 있을 겁니다.

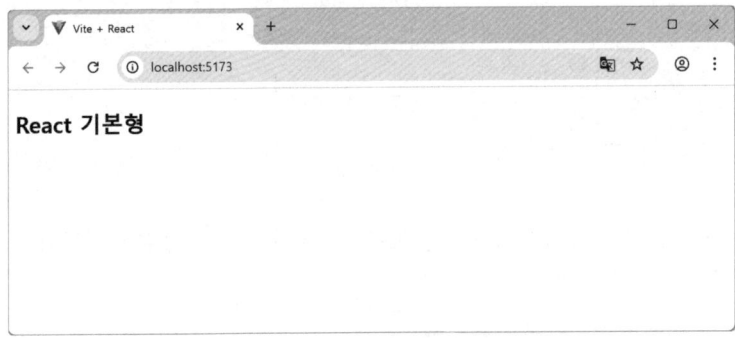

이후 모든 장에서 새로운 프로젝트를 생성하게 될 겁니다. 그럼 여기서 설명한 것과 같이 비트로 프로젝트를 생성한 후 기본형을 만들고 코드를 작성하면 됩니다.

2.3 리액트 개발을 위한 크롬 확장 프로그램 설치

'React Developer Tools'는 컴포넌트 구조 파악, 상태 및 프롭스 추적, 성능 분석 기능 등을 제공해 리액트 개발을 훨씬 수월하게 만들어주는 필수 도구입니다. 이 확장 프로그램을 설치하고 이번 절을 마무리하겠습니다.

> 컴포넌트, 프롭스, 상태와 같은 용어가 처음 등장했습니다. 이런 용어들은 **LEVEL 02 '리액트의 기초 다지기'**에서 설명할 내용이므로 지금은 한 번 읽어보고 넘어가도 좋습니다.

To do **01** 앞서 실행한 크롬 웹브라우저에서 F12 을 눌러 개발자 도구를 열어보면 다음과 같은 메시지를 볼 수 있습니다. 메시지의 의미는 'React DevTools를 내려받으라는 것'입니다.

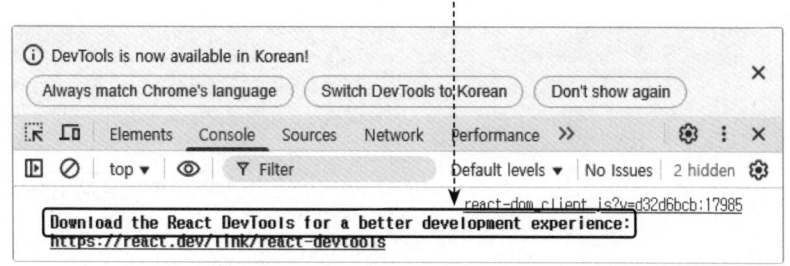

02 구글에 'Chrome 웹 스토어'를 검색해서 Chrome 웹 스토어 페이지로 이동한 다음 'react'를 검색합니다. 여기서 나오는 'React Developer Tools'를 [❶ Chrome에 추가 → ❷ 확장 프로그램 추가를 눌러 설치하세요.

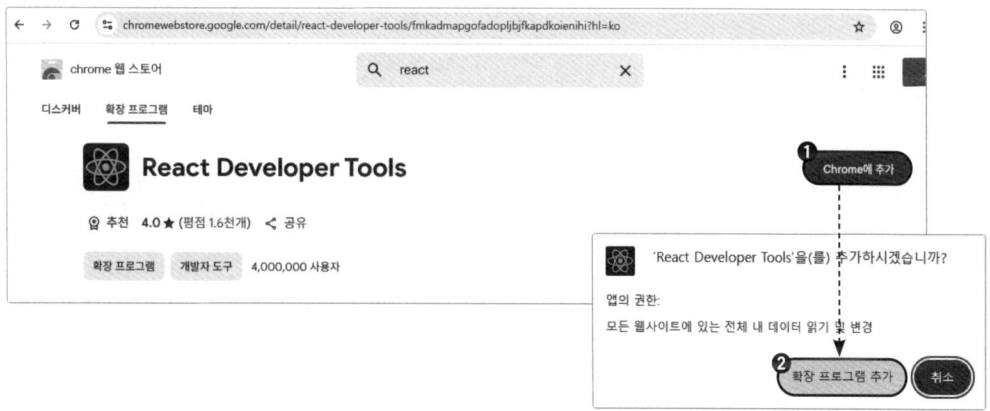

03 설치 후에는 크롬 웹브라우저를 종료하거나 [새로고침]을 누르세요. 브라우저를 종료했다면, 로컬 서버에 접속한 상태에서 ❶ 크롬 웹브라우저를 실행한 다음 F12 를 눌러 개발자 도구를 엽니다. 개발자 도구 메뉴바 오른쪽에 있는 ❷ [》)]를 클릭하면 메뉴에 [Components]와 [Profiler]가 추가되었습니다.

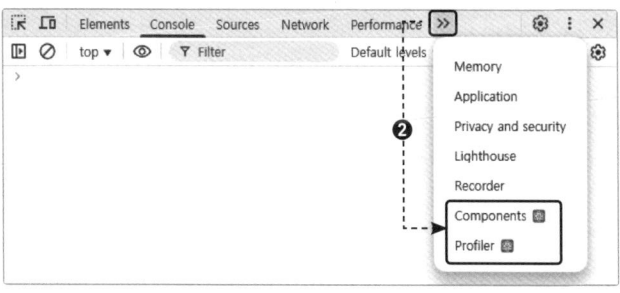

04 로컬 서버에 접속한 상태에서 [Components]를 눌러보면 현재 실행된 리액트 앱의 컴포넌트 정보를 볼 수 있습니다.

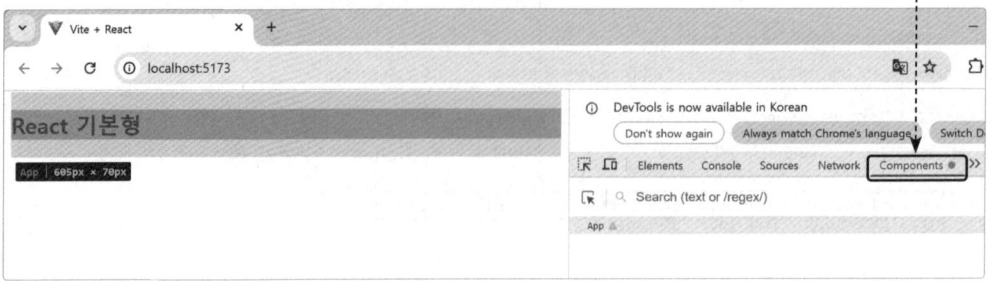

지금까지 리액트 개발을 위한 프로젝트를 준비하고, 디버깅을 위한 확장 프로그램을 설치했습니다.

학습 마무리

이번 장에서는 리액트 애플리케이션을 개발하기 위한 첫걸음을 함께해보았습니다. 비트를 사용하여 리액트 프로젝트를 빠르게 생성하는 방법을 배웠습니다. 그다음은 생성된 프로젝트 안에 포함된 불필요한 코드나 파일을 정리하여 우리가 앞으로 개발에 사용할 기본형 프로젝트를 만들어보았습니다. 마지막으로, 리액트 개발을 더 편리하게 도와주는 크롬 확장 프로그램인 'React Developer Tools'를 설치해보았습니다. 이렇게 리액트 개발을 위한 준비가 모두 완료되었습니다.

핵심 키워드

1. **비트** : 웹 개발을 위해 설계된 차세대 프론트엔드 빌드 도구입니다. 리액트뿐만 아니라 다양한 프론트엔드 프레임워크 기반의 프로젝트를 빠르게 생성할 수 있습니다.
2. **HMR(Hot Module Replacement)** : 코드 수정 시 전체 페이지를 새로고침하지 않고, 변경된 파일만 즉시 반영하여 개발 속도를 높여 주는 기능입니다.
3. **NPM(Node Package Manager)** : 리액트 프로젝트를 생성하거나 다양한 패키지를 설치, 관리하는 데 사용되는 도구입니다.
4. **React Developer Tools** : 브라우저 확장 프로그램으로, 리액트 컴포넌트 구조를 시각적으로 확인하고, 상태 및 프롭스 추적, 성능 분석 등을 통해 리액트 개발을 훨씬 수월하게 도와주는 필수 도구입니다.

▼ 연습 문제 정답 및 해설(연습 문제는 066쪽에 있어요)

1. **정답** ❸
2. **정답** 숫자를 카운팅하는 예제 파일, 기본 CSS 파일, 설정 파일 등이 포함되어 있습니다. 이런 파일들은 프로젝트를 빠르게 실행해볼 수 있도록 기본적으로 제공됩니다.
3. **정답** App.css 파일 삭제, index.css의 내용 삭제, main.jsx의 StrictMode 코드 삭제, App.jsx는 컴포넌트의 기본틀만 남기고 다른 코드 삭제
4. **정답** ❷
5. **정답**
   - 컴포넌트의 구조를 시각적으로 확인할 수 있습니다.
   - 각 컴포넌트의 상태와 프롭스를 실시간으로 확인할 수 있습니다.
   - 리렌더링 상황이나 성능 상태를 확인할 수 있습니다.

연습문제

1 비트는 어떤 용도로 사용하는 도구인가요?

  ❶ 데이터베이스 관리 도구

  ❷ 서버 관리 도구

  ❸ 프론트엔드 개발을 위한 빌드 도구

  ❹ 리액트 상태 관리 도구

2 비트로 리액트 프로젝트를 생성하면 어떤 코드나 파일들이 기본으로 포함되어 있나요? 간단히 설명해보세요.

3 비트로 생성한 프로젝트에서 불필요한 코드나 파일을 제거하여 기본형을 만드는 절차를 간단히 설명해보세요.

4 HMR(Hot Module Replacement)의 역할은 무엇인가요?

  ❶ 코드를 수정할 때마다 수동으로 새로고침해야 한다.

  ❷ 변경된 부분만 빠르게 반영하여 개발 효율을 높인다.

  ❸ 배포 파일을 압축하는 기능이다.

  ❹ 보안 관련 설정을 관리하는 기능이다.

5 React Developer Tools 확장 프로그램은 리액트 개발 시 어떤 점에서 유용한가요? 두 가지 이상 적어보세요.

LEVEL 02

리액트의 기초 배우기

학습 목표

리액트의 기초 문법을 학습하여 간단한 웹 애플리케이션을 만들겠습니다. 리액트의 기본 구조를 만드는 컴포넌트(component)를 이해하고, 프롭스(props)와 상태(state)를 활용해 동적인 UI를 구현하는 방법을 배웁니다. 또한 이벤트 처리, 모듈화, 스타일링, 폼 데이터 전송 등을 통해 리액트의 핵심 기능을 익히고, 이를 실무에 적용할 수 있는 기초를 다집니다.

- **03장** 리액트 컴포넌트
- **04장** 프롭스
- **05장** 리액트 이벤트 처리
- **06장** 컴포넌트 모듈화
- **07장** 상태
- **08장** 스타일과 이미지
- **09장** 폼값 전송
- **10장** 얕은 비교
- **11장** 라우터
- **12장** 생명주기

Chapter 03

리액트 컴포넌트

학습 목표

리액트 애플리케이션의 기본 단위인 컴포넌트를 이해합니다. 함수형 컴포넌트를 작성하는 방법과 JSX 문법을 활용해 UI를 구성하는 방법을 익힙니다. 여러 개의 컴포넌트를 조합해 화면을 구성하고 재사용성을 높이는 구조를 학습합니다.

핵심 키워드

컴포넌트 | 함수형 컴포넌트 | JSX | UI구성

학습 코스

리액트 컴포넌트 알아보기 → 컴포넌트 구조 살펴보기 → JSX란 무엇인가 → 컴포넌트 표시 방법 → 프로젝트 생성 및 HTML로 기초 화면 구성 → 리액트 컴포넌트로 교체 → 컴포넌트 작성

3.1 리액트 컴포넌트 알아보기

리액트에서 컴포넌트component는 화면을 구성하는 최소 단위를 말합니다. 각 컴포넌트는 자신만의 상태state를 가질 수 있으며, 이를 통해 데이터를 관리하고 동적인 UI를 구성합니다. 역할은 UI를 기능별로 캡슐화하여 코드의 유지보수성과 재사용성을 높이는 겁니다. 즉, 컴포넌트는 독립적으로 작동하고 렌더링되는 앱의 조각들입니다.

▼ 리액트 데이터 흐름

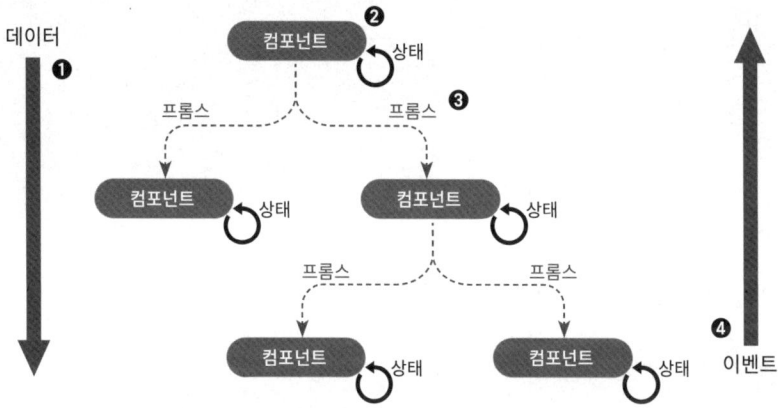

앞의 그림은 리액트에서 컴포넌트 간의 데이터 흐름을 설명한 겁니다. 각 컴포넌트는 자신만의 ❶ 상태를 가지게 됩니다(상태는 7장에서 다룹니다). 이 상태가 변하면 화면은 새롭게 렌더링되면서 변경됩니다. 데이터의 전달은 ❷ 프롭스를 사용합니다(프롭스는 4장에서 다룹니다). ❸ 탑-다운 방식으로 부모가 자식에게만 전달할 수 있습니다. 만약 자식이 부모쪽으로 데이터를 전달하고 싶다면 ❹ 이벤트를 사용해야 합니다.

이 부분은 LEVEL 2에서 학습할 핵심 내용입니다. 따라서 무슨 말인지 이해하지 못하더라도 걱정 말고 차근차근 학습을 진행하면 됩니다.

컴포넌트를 현실 세계에 있는 물건에 비유하자면 레고 블록과 비슷합니다. 컴포넌트를 하나 만들어두고 반복해서 쌓거나, 다른 컴포넌트와 조합해서 화면을 만드는 모습이 레고 블록으로 어떤 형태를 만드는 모습과 비슷하거든요. 레고 블록으로 원하는 모양을 쉽게 만들 수 있는 것처럼 리액트 컴포넌트가 있으면 화면을 쉽게 만들 수 있습니다.

그럼 리액트 컴포넌트는 어떻게 생겼고, 어떻게 만들어야 하는지 알아볼까요?

3.2 컴포넌트 구조 살펴보기

리액트에서 컴포넌트를 만드는 방법은 클래스형과 함수형 2가지 형태가 있습니다. 하지만 현재는 함수형 컴포넌트가 표준이 되었습니다. 따라서 여기서는 함수형 컴포넌트로만 컴포넌트 구조를 살펴보고 설명합니다. 함수형 컴포넌트를 만드는 방법은 간단합니다. 함수 반환값으로 HTML 태그를 사용하면 됩니다.

```
function MyComponent(){
  return (
    <div>
      출력할 UI
    </div>
  )
}
```

이때 화살표 함수로 컴포넌트를 만들 수도 있습니다.

```
const MyComponent = () => {
  return (
    <div>
      출력할 UI
    </div>
  )
}
```

이때 주의할 점이 하나 있다면 반환값인 HTML의 최상위 요소는 반드시 하나여야 한다는 겁니다. 예를 들어 다음과 같이 컴포넌트를 구성하면 오류가 발생합니다.

```
function MyComponent() {
  return (
    <div>출력할 UI 01</div>
    <div>출력할 UI 02</div>
  )
}
```

왜냐하면 반환값에 쓰이는 요소가 2개의 블록으로 구성되어 있기 때문입니다. 만약 div 요소 2개를 반환하고 싶다면 다음과 같이 해야 합니다.

```
function MyComponent() {
  return (<>
    <div>출력할 UI 01</div>
    <div>출력할 UI 02</div>
  </>)
}
```

코드에서 보이듯 2개의 요소를 감싸려면 빈 형태의 태그 ⟨⟩, ⟨/⟩를 사용해야 합니다. 이때 ⟨⟩, ⟨/⟩를 리액트 프래그먼트라고 부릅니다. 리액트 프래그먼트는 여러 JSX 요소를 하나의 부모 요소로 감싼 후 반환하는 리액트 전용 태그라고 생각하면 됩니다. 물론 ⟨div⟩ 태그나 ⟨span⟩ 태그로 묶어도 됩니다. 하지만 별 뜻 없이 묶는 태그로 사용하기에는 CSS의 영향을 받을 수 있으므로 리액트 프래그먼트가 훨씬 좋습니다.

3.3 JSX란 무엇인가요?

JSX^{JavaScript XML}는 자바스크립트 안에서 HTML과 유사한 코드를 사용하는 확장 문법입니다. 예를 들면 **const element = <h1>Hello, world!</h1>;**와 같이 HTML처럼 보이는 코드를 자바스크립트 안에 작성할 수 있습니다. 다음 표를 보시죠.

JSX 없이 리액트에서 h1 태그 사용 예	JSX 사용 예
``var element = React.createElement("h1", {
className: "greeting"
}, "Hello, React");```	```const element = (
<h1 className="greeting">
Hello, React
</h1>
);```

⟨h1⟩ 태그를 JSX 없이 표현하려면 React.createElement( ) 함수를 사용해야 합니다. 그리고 class 속성 부여를 위해 객체를 사용해야 하죠. 이 방식은 복잡한 UI를 구성하기에 가독성이 떨어지고 비효율적입니다. 하지만 JSX를 사용하면 자바스크립트 코드를 쓰면서도 자연스럽게 HTML을

쓸 수 있습니다. 불필요한 함수나 속성을 쓸 필요가 없으니 코드의 가독성, 코드 작성의 편의성이 높습니다. 그래서 리액트에서는 JSX로 UI를 작성합니다. JSX 문법은 다음과 같은 특징이 있습니다.

1 JSX 코드는 반드시 하나의 최상위 요소로 감싸야 합니다.
2 XML 문법을 따르므로 여는 태그와 닫는 태그가 모두 필요합니다.
3 〈br〉, 〈input〉 같은 태그는 반드시 self-closing 형식으로 작성해야 합니다.
   - 예 : 〈br /〉, 〈input /〉
4 일부 속성은 자바스크립트와의 충돌을 피하기 위해 다른 이름을 사용합니다.
   - 예 : class → className
   - 예 : for → htmlFor
5 이벤트 핸들러 속성은 카멜 케이스 형식으로 작성해야 합니다.
   - 예 : onclick → onClick
   - 예 : onchange → onChange

JSX 문법을 사용하고 연습하는 과정은 이후 실습을 통해 자연스럽게 하겠습니다. 지금은 그냥 '이런 규칙이 있구나~'하면서 눈에 익히고 넘어가기 바랍니다.

3.4 컴포넌트는 어떻게 표시해야 할까?

이렇게 만든 컴포넌트를 화면에 표시할 때는 함수의 이름을 HTML 태그처럼 작성해서 다른 컴포넌트의 반환값으로 삽입해주면 됩니다. 예를 들어 앞에서 만든 MyComponent는 다음 두 가지 방식으로 표시할 수 있습니다.

컴포넌트 하위에 자식 컴포넌트를 추가할 때	컴포넌트 하위에 자식 요소가 없을 때(셀프 클로징 방식)

``
function App() {
  return (
    <>
      <MyComponent>
        <자식 컴포넌트...>
      </MyComponent>
    </>
  );
}
``
	``
	function App() {
	  return (
	    <MyComponent />
	  );
	}
	``

이때 두 가지 방식의 표현 방법이 있는 이유는 MyComponent가 감싸는 다른 컴포넌트, 즉 자식 컴포넌트의 여부 때문입니다. 자식 컴포넌트를 감쌀 필요가 없다면 오른쪽 방식을 사용하면 됩니다. 물론 자식 컴포넌트가 없어도 왼쪽의 방식을 사용할 수 있지만 눈으로 보기에 확실한 의도가 보이는 오른쪽을 활용하는 편이 낫습니다. 코드의 구조를 해석하자면 App 컴포넌트 하위에 MyComponent가 있는 상태입니다. 이때 App 컴포넌트는 리액트에서 가장 상위에 위치하는 기본 컴포넌트입니다. 앞으로 여러분이 작성할 컴포넌트들은 모두 App 컴포넌트 하위에 위치할 겁니다.

그럼 지금부터 리액트의 기본이 되는 컴포넌트를 작성하겠습니다. 다만 본격적인 컴포넌트를 작성하기 전에 전통적인 방식인 HTML로 화면을 제작한 후 리액트 컴포넌트로 개선하면서 컴포넌트가 어떤 장점을 가지고 있는지 알아보겠습니다. 프로젝트의 진행 절차는 다음과 같습니다.

진행 절차

1 비트를 이용한 프로젝트 생성 및 기본형 만들기
2 게시판 UI를 HTML로 작성하기
3 리액트 컴포넌트로 교체하기

3.5 프로젝트 생성 및 HTML로 기초 화면 구성하기

To do 01 새로운 프로젝트를 생성하겠습니다. **2장 '리액트 프로젝트 생성하기'**를 참고하여 npm create vite@latest 명령어로 비트 프로젝트를 생성하고, 기본형을 만들어주세요. 프로젝트명은 react01-basic으로 지어주세요.

02 public 폴더 하위에 skin_basic.html 파일을 만들어주세요.

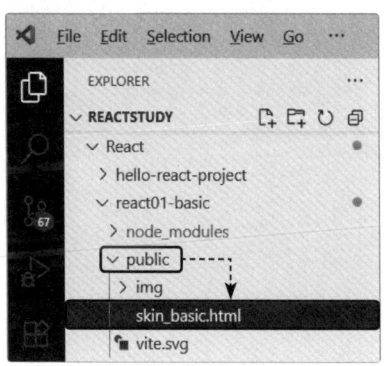

03 프론트엔드와 백엔드 기본 기술을 간단한 게시판의 형태로 표현하는 HTML 코드를 작성해봅시다. ⟨ol⟩, ⟨ul⟩ 태그로 간단한 리스트를 만들었습니다.

> VSCode에서 HTML 기본 템플릿을 생성하는 방법은 다음과 같습니다.
> **1** VS Code에서 .html 확장자 파일을 새로 만듭니다.
> **2** 파일 최상단(빈 줄)에 ! 를 입력합니다.
> **3** Tab (또는 일부 환경에서는 Enter) 키를 누르면 기본 HTML5 템플릿이 자동으로 완성됩니다.
> 이 기능은 VS Code에 기본 포함된 Emmet 덕분에 가능한 것이고, Emmet이 활성화되어 있어야 합니다.

public/skin_basic.html
```html
<!DOCTYPE html>
<html lang="en">
  <head>
    <meta charset="UTF-8" />
    <meta name="viewport" content="width=device-width, initial-scale=1.0" />
    <title>Basic UI</title>
  </head>
  <body>
    <h2>React-기본</h2>
    <ol>
      <li>프론트엔드</li>
      <ul>
        <li>HTML5</li>
        <li>CSS3</li>
        <li>Javascript</li>
        <li>jQuery</li>
      </ul>
      <li>백엔드</li>
      <ul>
        <li>Java</li>
        <li>Oracle</li>
        <li>JSP</li>
        <li>Spring Boot</li>
      </ul>
    </ol>
    <form>
      <select name="gubun">
        <option value="front">프론트엔드</option>
```

```html
      <option value="back">백엔드</option>
    </select>
    <input type="text" name="title" />
    <input type="submit" value="추가" />
  </form>
 </body>
</html>
```

04 작성한 파일이 원하는 대로 렌더링되는지 확인하려면 앞에서 설치한 확장 도구 [vscode-preview-server]를 활용하면 됩니다. 마우스 오른쪽 클릭을 한 다음 [vscode-preview-server: Launch on browser]를 누르세요.

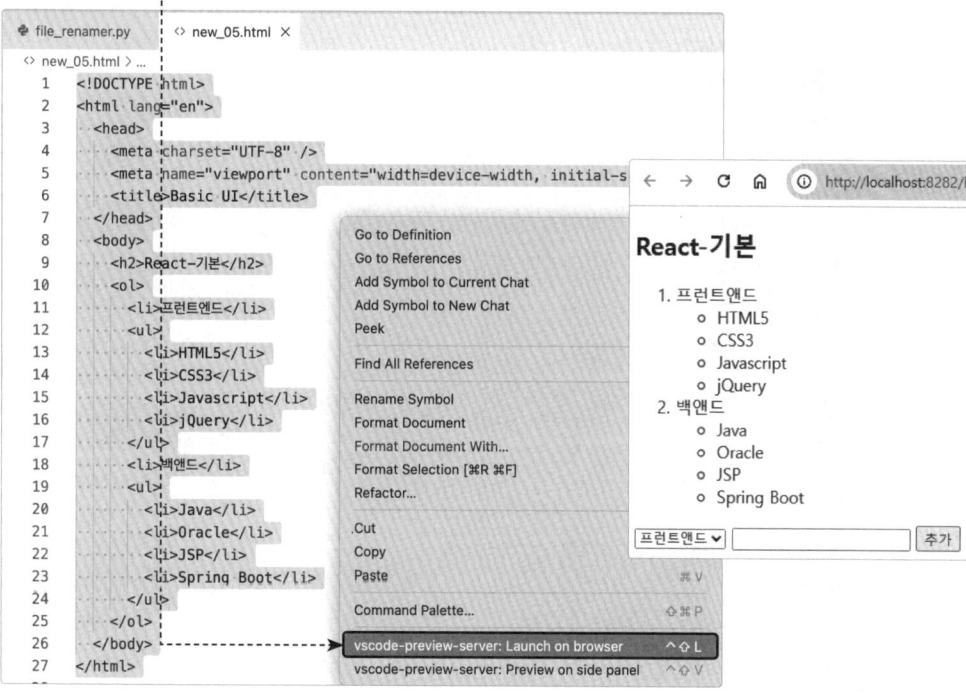

Chapter 03 리액트 컴포넌트　　**075**

3.6 리액트 컴포넌트로 교체하기

To do 01 HTML로 만든 화면을 리액트 컴포넌트로 교체하겠습니다. App.jsx에 HTML로 만든 코드 중 body 태그 안에 있는 요소들만 그대로 복사하여 return문에 붙여넣기만 하면 됩니다.

ReactStudy/react01-basic/src/App-01basic.jsx

```jsx
function App() {
  return (
    <>
      <h2>React-기본</h2>
      <ol>
        <li>프론트엔드</li>
        <ul>
          <li>HTML5</li>
          <li>CSS3</li>
          <li>Javascript</li>
          <li>jQuery</li>
        </ul>
        <li>백엔드</li>
        <ul>
          <li>Java</li>
          <li>Oracle</li>
          <li>JSP</li>
          <li>Spring Boot</li>
        </ul>
      </ol>
      <form>
        <select name="gubun">
          <option value="front">프론트엔드</option>
          <option value="back">백엔드</option>
        </select>
        <input type="text" name="title" />
        <input type="submit" value="추가" />
      </form>
    </>
  );
}
export default App;
```

02 이제 수정한 코드를 확인하기 위해 리액트 서버를 구동합니다. ❶ [Terminal → New Terminal]을 눌러서 통합 터미널을 열고 **npm run dev** 명령어를 입력하여 리액트 서버를 구동하세요. 이때 **npm run dev** 명령어를 실행할 때의 폴더 위치가 react01-basic인지 확인하세요. 만약 아니라면 cd 명령어를 이용하여 폴더 위치를 react01-basic으로 이동한 후 **npm run dev** 명령어를 실행해야 합니다. 명령어 실행 후 ❷ local에 있는 주소를 웹브라우저에 입력하면 화면을 볼 수 있습니다.

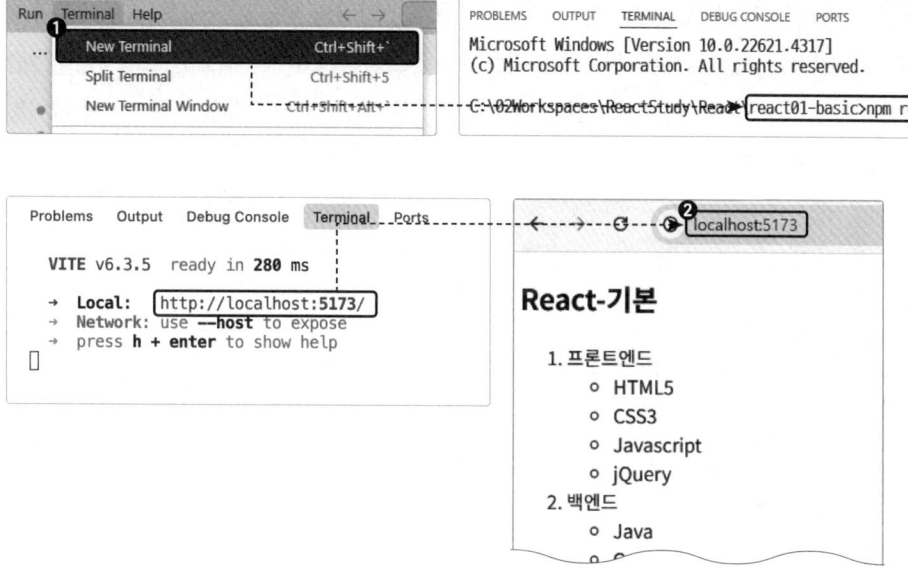

03 이제 작성한 App.jsx 파일을 복사한 뒤 이름을 App-01basic.jsx로 변경합니다. 백업한 파일은 뒤에서 재사용할 예정입니다.

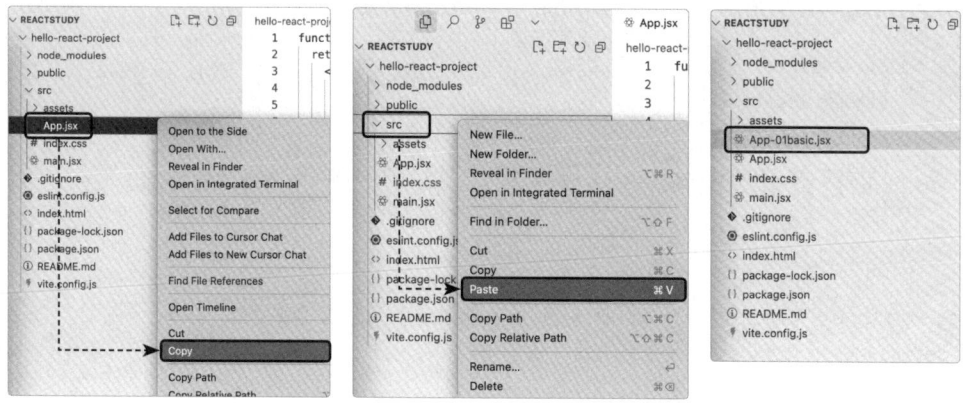

Chapter 03 리액트 컴포넌트 **077**

HTML로 기본 화면을 만들고 이것을 컴포넌트화했습니다. 아직은 컴포넌트가 왜 좋은지, 왜 써야 하는지 아무런 느낌이 오지 않을 겁니다. 학습을 계속 진행하면서 컴포넌트를 사용했을 때 어떤 장점들이 있는지 차차 알아봅시다.

3.7 컴포넌트 작성해보기

To do 01 이제 컴포넌트를 본격적으로 작성해봅시다. 컴포넌트당 하나의 파일로 작성하는 것이 암묵적인 룰이지만 여기서는 App.jsx 파일에 App 컴포넌트를 포함하여 4개의 컴포넌트를 작성하겠습니다. 컴포넌트를 작성할 때는 함수를 만들고 반환값에 기존에 작성했던 파일을 복사하여 붙여넣는 방식으로 작성하면 됩니다.

```jsx
                                      ReactStudy/react01-basic/src/App-02component.jsx
function FrontComp() { // ❶ 일반 함수 형식으로 작성한 컴포넌트
  return (<>
    <li>프론트엔드</li>
    <ul>
      <li>HTML5</li>
      <li>CSS3</li>
      <li>Javascript</li>
      <li>jQuery</li>
    </ul>
  </>)
}
const BackComp = () => { // ❷ 화살표 함수 형식으로 작성한 컴포넌트
  return (<>
    <li>백엔드</li>
    <ul>
      <li>Java</li>
      <li>Oracle</li>
      <li>JSP</li>
      <li>Spring Boot</li>
    </ul>
  </>)
}
let FormComp = function() { // ❸ 익명 함수 형식으로 작성한 컴포넌트
  return (<>
```

```
      <form>
        <select name="gubun">
          <option value="front">프론트엔드</option>
          <option value="back">백엔드</option>
        </select>
        <input type="text" name="title" />
        <input type="submit" value="추가" />
      </form>
    </>);
}
function App() { // ❹ 최상위 컴포넌트
  return (<>
    <div>
      <h2>React - Component</h2>
      <ol> // ❺ 컴포넌트 삽입
        <FrontComp></FrontComp>
        <BackComp />
      </ol>
      <FormComp />
    </div>
  </>)
}
export default App
```

❶ FrontComp 컴포넌트는 일반 함수 형식으로 작성했습니다.

❷ BackComp 컴포넌트는 화살표 함수 형식으로 작성했습니다.

❸ FormComp 컴포넌트는 익명 함수 형식으로 작성했습니다.

❹ App 컴포넌트에 ❶, ❷, ❸ 에서 작성한 3개의 컴포넌트를 삽입합니다.

❺ 앞에서 설명한 대로 컴포넌트를 삽입할 때는 HTML 태그 형식으로 작성하고 여는 태그와 닫는 태그 방식 또는 셀프 클로징 방식으로 작성하면 됩니다.

화면 자체는 HTML로 작성했을 때와 전혀 달라진 것이 없습니다. 하지만 화면을 컴포넌트화했기 때문에 이제는 재사용이라는 이점이 생겼습니다.

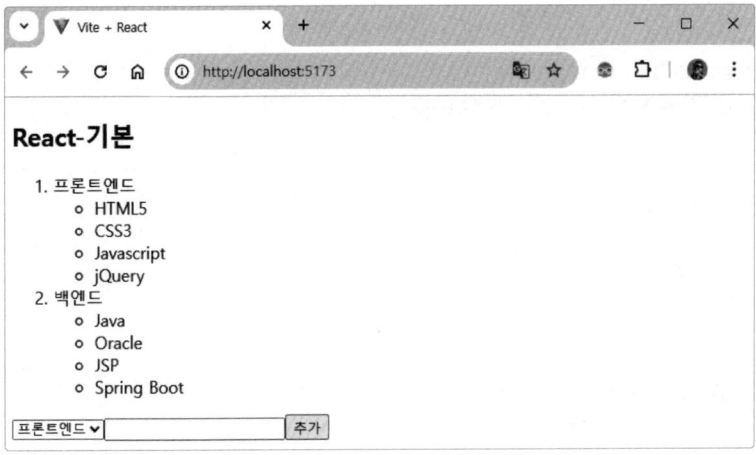

02 컴포넌트의 재사용이란 무엇일까요? 과정 **01**에서 작성한 코드의 function App( ) { ... }에서 〈FrontComp〉와 〈BackComp〉 등을 반환하고 있습니다. 여기서 BackComp를 한 번 더 사용하기만 하면 같은 컴포넌트를 화면에 한 번 더 추가할 수 있습니다. 코드를 그렇게 수정하겠습니다.

```
                                    ReactStudy/react01-basic/src/App-02component.jsx
...생략...
function App() {
  return (
    <>
      <div>
        <h2>React - Component</h2>
        <ol>
          <FrontComp></FrontComp>
          <BackComp />
          <BackComp />  // ❶ 재활용한 컴포넌트
        </ol>
        <FormComp />
      </div>
    </>
  );
}
export default App;
```

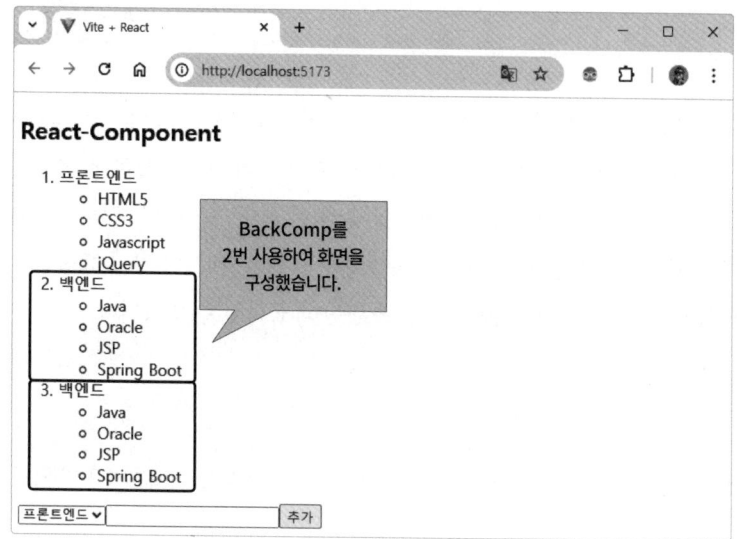

결과를 보면 BackComp 컴포넌트를 App 컴포넌트에서 2번 사용하여 화면을 구성했습니다. HTML로 이렇게 화면을 구성하려면 같은 코드를 2번 작성해야 하지만 이제는 그럴 필요가 없는 겁니다. 컴포넌트를 재사용은 이렇게 같은 구성의 화면을 여러 번 반복할 때 매우 유용합니다.

03 이제 작성한 App.jsx 파일을 복사한 뒤 이름을 App-02component.jsx로 변경합니다. 이후 실습들도 한 차례 실습을 마친 뒤에 참고 파일 이름을 보고 백업하세요.

> **실습을 마친 후 App.jsx를 백업하는 이유**
>
> 실습을 위해 비트로 프로젝트를 생성한 후, App.jsx 파일에서 코드를 작성합니다. 하나의 예제를 마친 뒤 다음 예제를 진행하려면 기존 내용을 모두 삭제하고 새로 작성해야 하는데, 이는 리액트 프로젝트에서 App.jsx가 항상 실행의 출발점이 되기 때문입니다.
>
> 따라서 이전에 작성한 실습 내용을 보관하려면 App.jsx를 백업해두는 것이 좋습니다. 그러면 필요할 때 언제든 이전 코드를 참고하거나 재사용할 수 있습니다.
>
> 앞으로 04장부터 10장까지의 실습은 다음과 같은 방식으로 진행해주세요. 이전 장에서 작성했던 App.jsx의 내용을 삭제한 후 새 예제 코드를 작성합니다. 예제를 완성하고 실행 결과를 확인했다면, App.jsx 파일을 복사한 후 파일명을 변경해서 백업하면 됩니다.
>
> 11장에서는 react-router-dom을 이용해 라우팅 처리를 배우게 됩니다. 이 시점부터는 예제별로 별도의 파일을 만들어 관리하게 되므로, 더 이상 App.jsx를 따로 백업하지 않아도 됩니다.

학습 마무리

컴포넌트는 화면을 구성하는 기본 단위입니다. 하나의 컴포넌트는 화면의 특정 부분을 담당하며, 필요에 따라 여러 개의 컴포넌트를 조합할 수 있습니다. 컴포넌트는 JSX라는 문법으로 작성합니다. JSX를 사용하면 HTML과 비슷한 방식으로 코드를 작성할 수 있어 화면 구조를 더 직관적으로 표현할 수 있습니다. 이렇게 만든 컴포넌트를 화면에 렌더링할 때는 HTML 태그와 같이 표현합니다. 컴포넌트의 구조와 역할을 이해하면 리액트 개발의 기본을 탄탄하게 다질 수 있습니다.

핵심 키워드

1. **컴포넌트(Component)** : 화면을 구성하는 독립적인 코드 블록으로, 재사용 가능한 UI 단위입니다.
2. **JSX** : HTML과 비슷한 형태로 컴포넌트를 작성하는 리액트의 특별한 문법입니다.
3. **컴포넌트 렌더링** : 컴포넌트를 화면에 렌더링할 때는 JSX 안에서 HTML 태그처럼 컴포넌트를 표시합니다.
4. **기본 컴포넌트 작성법** : 기존 HTML 코드를 JSX 문법에 맞게 수정하여 리액트 컴포넌트로 변환합니다. 현재는 함수형이 표준이므로 function 키워드 또는 화살표 함수로 만들 수 있습니다.

▼ 연습 문제 정답 및 해설(연습 문제는 083쪽에 있어요)

1 정답 ❷
2 정답 ❸
3 정답 <컴포넌트명 /> 형태로 사용합니다. Ex) <Welcome />, <Header />
4 정답
```
function Welcome() {
  return (
    <>
      <h1>환영합니다!</h1>
      <p>리액트 프로젝트에 오신 것을 환영합니다.</p>
    </>
  );
}
```
5 정답
```
const MyComponent = () => {
  return <div>Hello</div>;
};
```

연습문제

1 리액트에서 컴포넌트는 어떤 역할을 하나요?

　❶ 데이터베이스를 관리하는 역할

　❷ 화면을 구성하는 기본 단위

　❸ 서버를 실행하는 역할

　❹ 스타일을 적용하는 도구

2 JSX는 무엇이며, 어떤 특징이 있나요? 올바른 설명을 고르세요.

　❶ 순수 HTML 문법으로 작성된다.

　❷ 리액트 컴포넌트를 CSS처럼 꾸며주는 도구이다.

　❸ 리액트 컴포넌트를 HTML과 비슷한 문법으로 작성하는 문법이다.

　❹ 서버 사이드 렌더링을 위한 전용 문법이다.

3 컴포넌트를 화면에 표시할 때 JSX 안에서 어떻게 사용하나요? 간단히 예시를 적어보세요.

4 다음 HTML 코드를 리액트 컴포넌트 형태로 변환해보세요. 단 function 키워드를 사용해야 합니다.

```
<h1>환영합니다!</h1>
<p>리액트 프로젝트에 오신 것을 환영합니다.</p>
```

5 함수형 컴포넌트의 기본 형태를 화살표 함수로 작성해보세요.

Chapter 04

프롭스

학습 목표

프롭스(props)의 개념과 역할을 이해합니다. 부모 컴포넌트에서 자식 컴포넌트로 데이터와 함수를 전달하는 방법을 익힙니다. 프롭스를 활용해 컴포넌트를 동적으로 구성하고, 불변성 원칙을 지키며 데이터를 다루는 방법을 배웁니다.

핵심 키워드

`프롭스` `데이터전달` `부모자식관계` `불변성` `동적UI`

학습 코스

프롭스 알아보기 → 프롭스 사용해보기 → 프롭스 여러 개 사용해보기

4.1 프롭스 알아보기

그런데 컴포넌트를 단순히 재사용하는 것만으로는 부족합니다. 구성은 같지만 데이터가 다른 경우는 어떻게 해야 할까요? 예를 들어 여러분이 자주 사용하는 SNS 서비스는 화면의 구성은 같지만 내용이 다릅니다.

화면의 형태는 반복되고, 그 안의 값만 바꿀 수 있으면 앞에서 이야기한 컴포넌트의 재사용이 더욱 유용하겠네요. 바로 그럴 때 프롭스를 사용합니다. 프롭스는 컴포넌트 사이에서 데이터를 전달하기 위한 객체입니다.

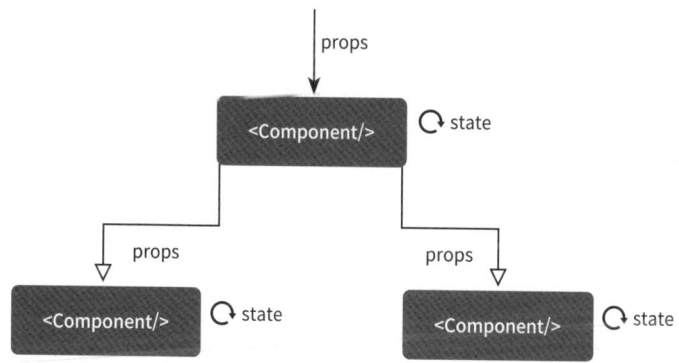

앞의 그림은 부모-자식 컴포넌트가 프롭스를 통해 데이터를 전달하는 방식을 설명하고 있습니다. 화살표를 보면 부모가 자식 쪽으로 데이터를 전달하고 있습니다.

프롭스는 다음과 같은 특징을 가집니다.

1 프롭스는 객체입니다.
2 부모 컴포넌트가 자식 컴포넌트로 데이터를 전달할 때 프롭스를 사용합니다.
3 프롭스에는 값, 배열, 객체, 함수 등 다양한 데이터를 담아 전달할 수 있습니다.
4 프롭스는 읽기 전용입니다. 따라서 부모 컴포넌트에서만 값을 수정하거나 조작할 수 있고, 자식 컴포넌트에서는 프롭스를 수정할 수 없습니다.

> 프롭스가 읽기 전용인 이유는 자식 컴포넌트에서 값을 변경하면 부모 컴포넌트는 변경된 값을 알 수 없기 때문입니다. 자식 컴포넌트에서 값을 변경할 수 있으려면 다른 방법을 사용해야 하는데 지금은 프롭스에 집중합시다.

다음은 App 컴포넌트(부모)에서 MyComponent(자식)로 프롭스를 전달하는 모습입니다. 프롭스의 이름은 부모 컴포넌트에서 정하는데 HTML의 속성과 비슷하게 사용합니다. 여기서는 myData로 프롭스 이름을 지어 사용했습니다. 프롭스의 흐름을 보면 App 컴포넌트에서 MyComponent()를 그릴 때 myData라는 속성에 값을 { "프롭스데이터" }와 같은 형태로 문자열을 담아 MyComponent() 함수의 매개변수 props로 보내고 있습니다.

```
1  function MyComponent(props) {
2    return (<>
3      <div>
4        {props.myData}
5      </div>
6    </>);
7  }
8  function App() {
9    return (<>
10     <div>
11       <MyComponent myData={"프롭스데이터"} />
12     </div>
13   </>);
14 }
```

그러면 MyComponent에서는 프롭스를 props라는 매개변수로 받을 수 있습니다. 이것을 props.myData와 같은 형태로 사용하는 것이죠. 프롭스의 흐름이 잘 이해되었기 바랍니다.

4.2 프롭스 사용해보기

To do 01 프롭스의 흐름이 이해가 되었다면 다음 코드를 작성해서 프롭스와 컴포넌트의 재사용성의 장점을 종합하여 느껴봅시다. App.jsx를 다음과 같이 수정해보세요. FormComp 컴포넌트는 프롭스 예제에서 필요하지 않아 코드를 제거했습니다.

```jsx
// ReactStudy/react01-basic/src/App-03props-1.jsx
function FrontComp(props) { // ❶ props 객체를 통해 한 번에 받기
  const liRows = [];
  // ❷ 배열 크기만큼 반복해서 <li> 태그 추가
  for(let i=0 ; i<props.propData1.length ; i++){
    liRows.push(
      <li key={i}>{props.propData1[i]}</li> // 중복되지 않는 key prop 추가
    );
  }
  return (<>
    <li>{props.frTitle}</li> // ❸ 타이틀 출력
    <ul>
      {liRows} // ❹ 앞에서 생성한 값을 UI에 추가
    </ul>
  </>);
}
// ❺ props 객체를 구조분해하여 필요한 것만 추출
const BackComp = ({propData2, baTitle}) => {
  const liRows = [];
  let keyCnt=0;
  for(let row of propData2){ // ❻ for ~ of문으로 반복해서 <li> 태그 추가
    liRows.push(
      <li key={keyCnt++}>{row}</li> // 중복되지 않는 key prop 추가
    );
  }
  return (<>
    <li>{baTitle}</li> // ❼ 타이틀 출력
    <ul>
      {liRows} // ❽ 앞에서 생성한 값을 UI에 추가
    </ul>
  </>);
}
function App() {
```

```
    // ❾ 데이터를 배열로 선언
    const frontData = ['HTML5', 'CSS3', 'Javascript', 'jQuery'];
    const backData = ['Java', 'Oracle', 'JSP', 'Spring Boot'];
    return (<>
      <div>
        <h2>React-Props</h2>
        <ol> // ❿ UI에 추가한 후 자식 컴포넌트로 데이터를 프롭스로 전달
          <FrontComp propData1={frontData} frTitle="프론트엔드"></FrontComp>
          <BackComp propData2={backData} baTitle="백엔드"/>
        </ol>
      </div>
    </>)
}
export default App
```

❶ 매개변수 props 객체를 통해 모든 프롭스를 한꺼번에 받습니다. 이렇게 받은 값은 'props.프롭스명'의 형태로 사용할 수 있습니다.

❷ propData1은 배열이므로 반복문을 통해 반복할 수 있습니다. 일반 for문으로 빈 배열에 〈li〉 태그를 생성하여 순서대로 추가합니다. 이는 push() 함수를 통해 처리할 수 있습니다.

❸ frTitle은 문자열입니다. props 객체를 통해 타이틀을 출력합니다.

❹에서는 ❷에서 생성한 값을 UI에 추가합니다.

❺ props 객체를 함수의 매개변수에서 바로 구조분해하여 필요한 프롭스만 직접 추출하는 방식을 사용합니다. {프롭스명} 형식으로 필요한 프롭스만 받을 수 있습니다.

❻ for ~ of문을 사용해서 〈li〉 태그를 생성한 후 순서대로 추가합니다.

❼ 구조 분해하여 받은 값이므로 프롭스명을 그대로 사용해서 출력합니다.

❽에서는 ❻에서 생성한 값을 UI에 추가합니다.

❾ 프론트엔드와 백엔드 컴포넌트에서 사용할 데이터를 배열로 선언합니다.

❿ UI에 추가하고 자식 컴포넌트로 각 데이터를 프롭스로 전달합니다.

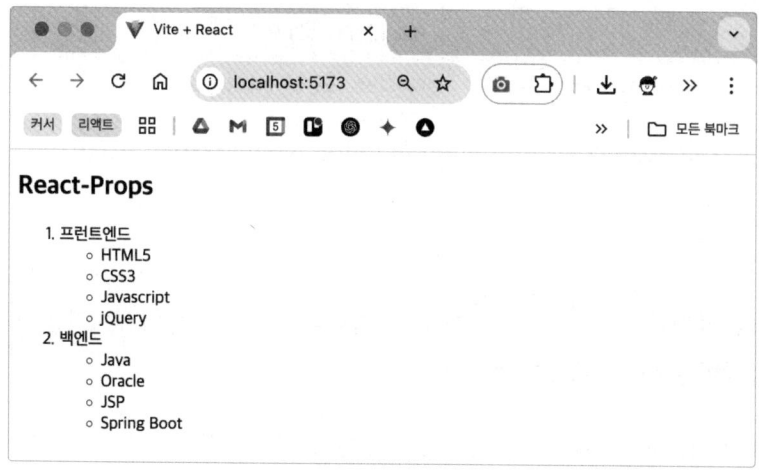

결과를 보면 제목이 변경된 것 말고는 크게 달라진 내용이 없는 것 같습니다. 하지만 프론트엔드 항목과 백엔드 항목에 전달하는 값을 배열로 정의하여 프롭스로 전달 후 이를 반복문으로 출력한다는 점이 달라졌습니다. App 컴포넌트에서 frontData, backData 변수에 문자열값을 추가하면 다음과 같이 화면 구성이 달라질 겁니다. 각 배열에 ❶ 'React추가', ❷ 'NextJs추가' 문구를 추가해보세요.

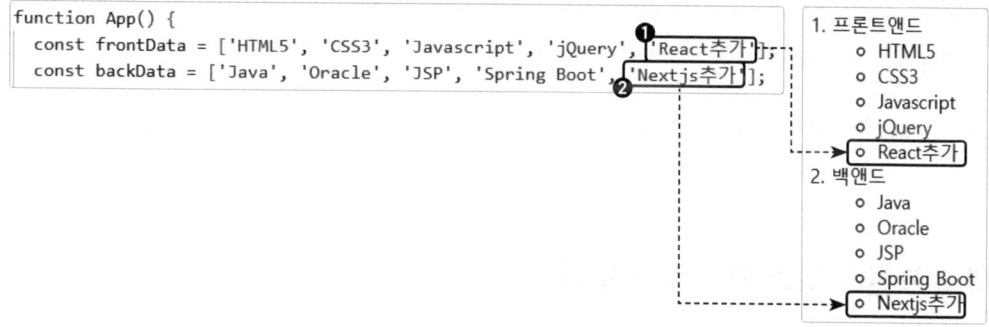

이렇게 프롭스를 활용하면 간단히 데이터만 추가하는 것으로도 화면 구성을 쉽게 바꿀 수 있습니다.

4.2.1 반복되는 요소에 중복되지 않는 key prop 추가하기

앞에서 살펴본 두 컴포넌트에는 아래 표와 같이 〈li〉 태그를 반복해서 출력하는 부분이 있습니다.

FrontComp 컴포넌트	BackComp 컴포넌트
```for(let i = 0; i < props.propData1.length; i++) { liRows.push(<li key={i}>{props.propData1[i]} </li>);}```	```for(let row of propData2) { liRows.push(<li key={keyCnt++}>{row}</li>);}```

그런데 둘 다 동일하게 **key={값}**과 같이 프롭스가 추가되어 있습니다. 큰 의미가 없어 보이지만, 이 부분을 제거하면 다음과 같이 콘솔에서 에러가 발생합니다.

```
▶ Each child in a list should have a unique    @react-refresh:228
  "key" prop.
  Check the render method of `BackComp`. See
  https://react.dev/link/warning-keys for more information.
```

에러 내용을 직역하면 "리스트 안의 각 자식 요소는 고유unique한 'key' prop을 가져야 한다"라는 의미입니다.

이는 리액트가 리스트를 렌더링할 때 각 항목을 고유하게 식별하려면 key prop이 필수이기 때문입니다. key가 없으면 리액트는 어떤 항목이 변경되었는지 파악하기 위해 모든 요소를 일일이 비교해야 하므로, 렌더링 시 성능이 떨어지게 됩니다.

key prop에 부여하는 값은 게시글의 일련번호와 같이 중복되지 않는 데이터를 사용하면 됩니다.

4.3 프롭스 여러 개 사용해보기

To do 01 앞에서는 프롭스 하나를 전달하여 받는 방법을 공부했습니다. 프롭스를 2개 이상 쓰려면 어떻게 해야 할까요? 프롭스가 2개 이상이 되면 다음과 같이 부모 컴포넌트에서 전달한 프롭스의 값을 자식 컴포넌트에서 사용할 수 있습니다. App.jsx에 새 컴포넌트인 MyComponent를 만들고 App 컴포넌트에서 여러 개의 프롭스를 전달하는 코드를 작성해봅시다.

```
                                    ReactStudy/react01-basic/src/App-03props-2.jsx
function MyComponent(props) {
  return (<>
    <h2>props 객체 사용</h2>
```

```
      <p>
        {props.p1}, {props.p2}, {props.p3}, {props.p4}
      </p>
    </>)
}
function App() {
  return (<>
    <MyComponent p1={'HTML5'} p2={'CSS3'} p3={'Javascript'} p4={'jQuery'} />
  </>)
}
```

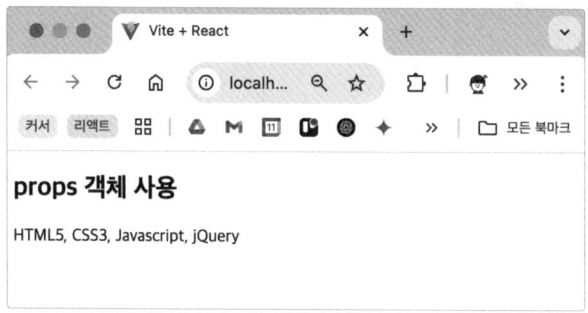

코드와 화면을 함께 봅시다. 코드에서는 부모 컴포넌트에서 전달한 프롭스 p1, p2, p3, p4를 자식 컴포넌트에서 props.p1, props.p2, props.p3, props.p4와 같이 사용하고 있습니다. 이렇게 하면 프롭스를 자식 컴포넌트에서 한꺼번에 받아 사용할 수 있어 좋기는 하지만 프롭스를 사용할 때마다 props.p1, props.p2와 같이 props를 반복하여 사용해야 하는 단점이 있습니다. 이를 개선하는 방법이 구조 분해 할당입니다.

4.3.1 구조 분해 할당으로 프롭스 여러 개 사용해보기

To do **01** 다음은 구조 분해 할당으로 프롭스를 사용한 예입니다. MyComponent의 매개변수에 구조 분해 할당을 적용하여 프롭스의 사용을 더 간결하게 만들었습니다.

ReactStudy/react01-basic/src/App-03props-3.jsx
```
function MyComponent({p1, p2, p3, p4}) {
  return (<>
    <h2>props 구조분해할당</h2>
    <p>
```

```
      {p1}, {p2}, {p3}, {p4}
    </p>
  </>)
}
function App() {
  return (<>
    <MyComponent p1={'HTML5'} p2={'CSS3'} p3={'Javascript'} p4={'jQuery'} />
  </>)
}
```

그림을 보면 자식 컴포넌트에서 프롭스를 사용할 때 props.p1와 같은 표현 없이 바로 p1, p2와 같이 사용하고 있습니다. 자식 컴포넌트에서 매개변수로 프롭스를 받을 때 {p1, p2, ...}와 같이 구조 분해 할당을 사용했기 때문에 가능한 일입니다.

02 이렇게 구조 분해 할당을 하면 프롭스 객체를 함수의 매개변수에서 바로 구조 분해하여 추출할 수 있고, 별도의 키워드 없이 프롭스를 사용할 수 있습니다. 만약 프롭스 전체가 아닌 일부만 사용하고 싶다면 일부만 분해해도 됩니다. 다음과 같이 p1, p3만 골라 분해해도 됩니다.

ReactStudy/react01-basic/src/App-03props-4.jsx

```
function MyComponent({p1, p3}) {
  return (<>
    <h2>프롭스 구조분해할당</h2>
    <p>
      {p1}, {p3}
    </p>
  </>)
}
```

```
function App() {
  return (<>
    <MyComponent p1={'HTML5'} p2={'CSS3'} p3={'Javascript'} p4={'jQuery'} />
  </>)
}
```

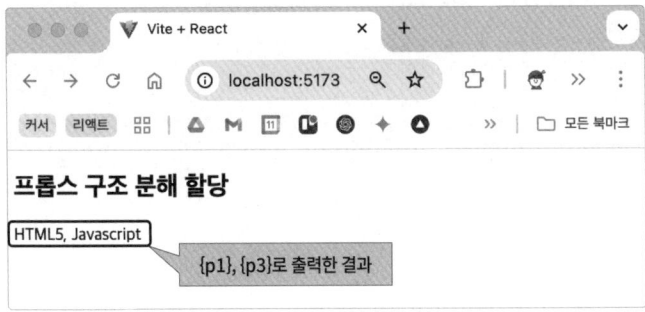

이제 프롭스 실습은 끝났습니다. 프롭스는 리액트의 기본 개념이므로 그만큼 자주 사용할 예정입니다. 개념이 헷갈리거나 잘 이해가 되지 않는다면 반드시 한 번 더 공부하고 다음으로 넘어가기 바랍니다.

프롭스에 빨간 줄이 나타났어요!

프롭스 예제를 실습하다 보면 실행은 정상적으로 되지만 다음과 같이 오류 표시가 나타나는 경우가 있습니다.

```
function FrontComp(props) {
  const liRows = [];
  for(let i=0 ; i<props.propData1.length ; i++){
                    'propData1' is missing in props validation eslint(react/prop-types)
                    View Problem (Alt+F8)    Quick Fix... (Ctrl+.)
    liRows.push(
      <li key={i}>{props.propData1[1]}</li>
    );
  }
```

이는 VSCode의 ESLint가 프롭스를 제대로 인식하지 못하여 발생하는 오류입니다. 코드 자체의 문제가 아닌 코드를 검토하는 ESLint라는 도구의 오류인 것이죠. 만약 빨간 줄이 걸리면 프로젝트 폴더에 있는 eslint.config.js 파일을 열고 rules 항목에 "react/prop-types": "off"를 추가해주면 됩니다.

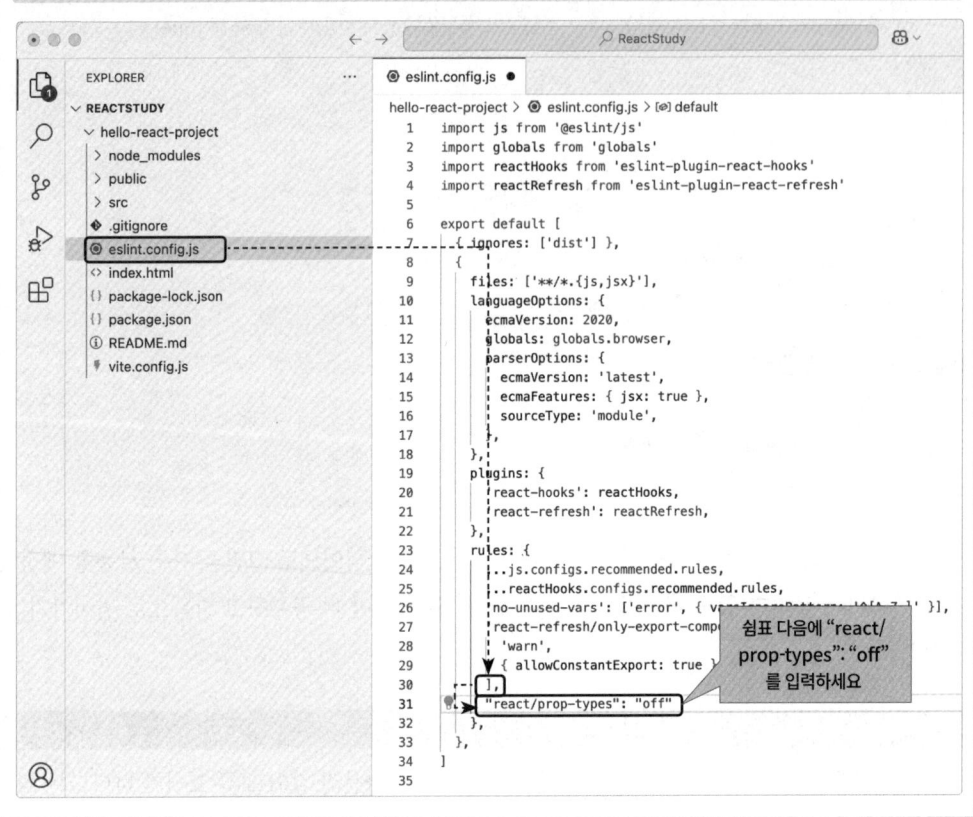

학습 마무리

컴포넌트 간에 데이터를 주고받을 때는 프롭스를 사용합니다. 프롭스는 부모 컴포넌트가 자식 컴포넌트에게 값을 전달할 때 사용하는데, 문자열, 배열, 함수 등 다양한 형태의 데이터를 전달할 수 있습니다. 프롭스를 받는 방법에는 두 가지가 있습니다.

- 첫째, props라는 매개변수를 통해 통째로 받아서 사용하는 방법
- 둘째, 필요한 값만 구조 분해 할당을 통해 꺼내서 사용하는 방법

프롭스를 잘 활용하면 컴포넌트 간의 데이터 전달이 명확해지고, 코드도 훨씬 효율적으로 관리할 수 있습니다.

프롭스로 배열을 전달한 후 목록 형태로 여러 개의 데이터를 화면에 출력할 때는 반드시 중복되지 않는 key prop을 설정해야 합니다. key값이 없으면 React는 어떤 항목이 변경되었는지 정확히 알지 못해, 모든 요소를 일일이 비교하고 이로 인해 렌더링 성능이 떨어지기 때문입니다.

핵심 키워드

1. **프롭스(props)** : 부모 컴포넌트가 자식 컴포넌트에게 값을 전달할 때 사용하는 속성입니다.
2. **구조 분해 할당(Destructuring Assignment)** : 프롭스를 더 간결하게 받아서 사용하는 자바스크립트 문법입니다.
3. **key prop** : 반복되는 요소 각각을 구분하기 위해 사용하는 고유 값입니다.

연습문제

1 프롭스(props)의 가장 기본적인 역할은 무엇인가요?

　❶ 자식 컴포넌트가 부모 컴포넌트에게 데이터를 전달하는 것

　❷ 부모 컴포넌트가 자식 컴포넌트에게 데이터를 전달하는 것

　❸ 서버로부터 데이터를 받아오는 것

　❹ 리액트 프로젝트를 실행하는 것

2 반복되는 요소를 렌더링할 때 꼭 사용해야 하는 prop의 이름은 무엇인가요? 한 단어로 쓰세요.

3 다음 코드에서 구조 분해 할당을 사용하여 name과 age를 출력하는 방식으로 수정해보세요.

```
function UserInfo(props) {
    return <p>{props.name}, {props.age}</p>;
}
```

4 컴포넌트로 프롭스를 전달하는 올바른 방법은 무엇인가요?

❶〈Greeting message="안녕하세요" /〉

❷〈Greeting props="안녕하세요" /〉

❸〈Greeting 안녕하세요 /〉

❹〈Greeting {message} /〉

5 프롭스를 사용하면 어떤 점이 좋은가요? 두 가지 이상 간단히 적어보세요.

1 정답 ❷
2 정답 key
3 정답
```
function UserInfo({ name, age }) {
    return <p>{name}, {age}</p>;
}
```
4 정답 ❶
5 정답 • 컴포넌트를 재사용할 수 있습니다.
• 전달하는 값만 바꾸면 다양한 화면을 만들 수 있습니다.
• 컴포넌트 간 데이터 흐름이 명확해집니다.

Chapter 05

리액트 이벤트 처리

학습 목표

리액트에서 이벤트를 처리하는 방식과 문법을 이해합니다. onClick, onChange 등 주요 이벤트 핸들러를 작성하고, 매개변수를 전달하는 방법을 익힙니다. 이벤트 객체를 활용해 사용자의 입력과 상호작용을 처리하는 방법을 학습합니다.

핵심 키워드

`이벤트` `onClick` `이벤트 핸들러` `매개변수전달`

학습 코스

리액트 이벤트 처리 알아보기 → 이벤트 핸들러 onClick에 함수 전달하기 → 이벤트 처리시 차이점

5.1 리액트 이벤트 처리 알아보기

이번에는 이벤트 처리를 알아보겠습니다. 리액트에서 이벤트는 버튼 클릭, 키 입력, 마우스 이동과 같은 사용자 인터랙션이 발생했을 때 이벤트 핸들러로 전달됩니다. 이 과정에서 리액트는 브라우저의 기본 이벤트를 그대로 사용하지 않고, 합성 이벤트 Synthetic Event라는 객체를 생성하여 핸들러 함수로 전달합니다. 이벤트 핸들러 함수를 실행하고, 그 내부에서 필요한 경우 상태 state를 업데이트합니다. 상태가 변경되면 리액트는 변경된 내용을 반영하기 위해 컴포넌트를 리렌더링합니다.

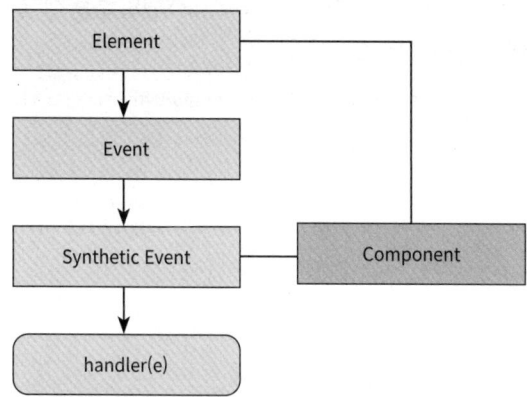

리액트는 HTML에서 이벤트를 처리하는 방법과 유사한 처리 방식을 사용하지만 몇 가지 중요한 차이점이 있습니다.

1 이벤트 핸들러의 이름을 카멜 케이스로 작성해야 합니다.
   - 예를 들어 클릭 이벤트를 사용하려면 HTML에서는 onclick 속성을 사용합니다. 하지만 리액트에서는 이 표기를 onClick과 같이 카멜 케이스로 작성해야 합니다.
2 이벤트 핸들러로 함수를 전달하여 이벤트 처리를 합니다.
   - 이렇게 해야 자식 컴포넌트가 이벤트로 처리한 데이터를 부모 컴포넌트로 전달할 수 있습니다.
3 모든 브라우저에서 일관된 이벤트 처리를 위해 합성 이벤트 객체 SyntheticEvent를 제공합니다.
   - 이 객체를 통해 페이지 이동과 같은 기본 동작 방지를 할 수 있습니다.
   - 이벤트가 발생한 DOM 요소 참조를 할 수 있습니다.

리액트의 이벤트 처리에는 규칙이 꽤 많아서 각 항목이 생소할 겁니다. 예제를 통해 각 항목을 자세히 알아볼까요?

5.2 이벤트 핸들러 onClick에 함수 전달하기

To do 01 onClick을 사용하겠습니다. App.jsx를 다음과 같이 수정합니다. 먼저 FrontComp 컴포넌트를 수정해봅니다. FrontComp 컴포넌트에 이벤트 핸들러로 onClick을 사용했고, 클릭 시 실행할 함수 onMyEvent1()을 프롭스로 전달받아 실행하도록 했습니다.

```jsx
                                        ReactStudy/react01-basic/src/App-04event-1.jsx
function FrontComp(props) {
  // ❶ props를 통해 전달한 프롭스를 한꺼번에 받음
  return (<>
    {/* ❷ <a> 태그에 onClick 이벤트 핸들러 사용, 클릭 시 프롭스로 받은 onMyEvent1() 함수 실행 */}
    <li><a href='/' onClick={()=>{
      props.onMyEvent1();
    }}>프론트엔드</a></li>
    <ul>
      <li>HTML5</li>
      <li>CSS3</li>
      <li>Javascript</li>
      <li>jQuery</li>
    </ul>
  </>)
}
function App() {
  return (<>
    <h2>React-Event</h2>
    <ol>
      // ❸ 프롭스 onMyEvent1에 이름 없는 화살표 함수를 전달
      <FrontComp onMyEvent1={()=>{
        alert('프론트엔드 클릭됨(부모전달)');
      }}></FrontComp>
    </ol>
  </>)
}
export default App
```

코드를 실행하면 FrontComp를 화면에 렌더링합니다. 이때 〈a〉 태그로 감싼 '프론트엔드'를 클릭하면 알림창이 표시됩니다.

❶ props 객체를 통해 FrontComp 컴포넌트에서 보내는 프롭스 onMyEvent1을 받습니다. props 객체로 프롭스를 한꺼번에 받을 수 있으므로 프롭스를 추가하거나 삭제해도 코드를 변경할 필요가 없습니다.

❷ 〈a〉 태그에 onClick 이벤트 핸들러를 추가했습니다. 프롭스로 받은 함수 onMyEvent1( )을 호출합니다. [프론트엔드]를 누르면 알림창이 나타나는데, 지금은 onMyEvent1( )을 호출할 때의 onClick 이벤트 핸들러에서 별도의 이벤트 차단을 처리하지 않습니다. 그래서 알림창을 닫으면 화면이 깜빡거립니다.

❸ onMyEvent1 프롭스에 클릭 이벤트를 처리할 화살표 함수를 전달했습니다.

02 이번에는 BackComp에 같은 방식으로 onMyEvent2 프롭스에 화살표 함수를 전달하되, 화살표 함수에 매개변수를 추가하겠습니다. 그리고 프롭스를 받는 방식에 구조 분해 할당도 사용하겠습니다. FrontComp와 어떤 방식이 달라졌는지 확인하면서 코드를 다음과 같이 수정하세요.

```
                                        ReactStudy/react01-basic/src/App-04event-2.jsx
function FrontComp(props) { ...생략... }
const BackComp = ({onMyEvent2}) => {
  // ❶ 화살표 함수 사용, 구조 분해 할당으로 프롭스 받기
  return (<>
    <li><a href="/" onClick={(event)=>{
      // ❷ event 객체를 매개변수로 받아서 기본 동작 방지
      event.preventDefault();
      onMyEvent2('백엔드 클릭됨(자식전달)');
    }}>백엔드</a></li>
    <ul>
      <li>Java</li>
```

```
      <li>Oracle</li>
      <li>JSP</li>
      <li>Spring Boot</li>
    </ul>
  </>)
}
function App() {
  return (<>
    <h2>React-Event</h2>
    <ol>
      <FrontComp
        ...생략...
      }}></FrontComp>
      <BackComp onMyEvent2={(msg)=>{
        // ❸ 자식 컴포넌트에서 호출될 이벤트 핸들러 (매개변수 있음)
        alert(msg);
      }}/>
    </ol>
  </>)
}
export default App;
```

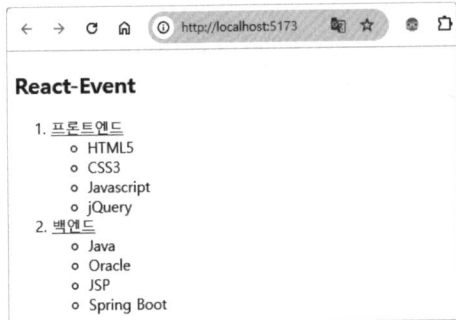
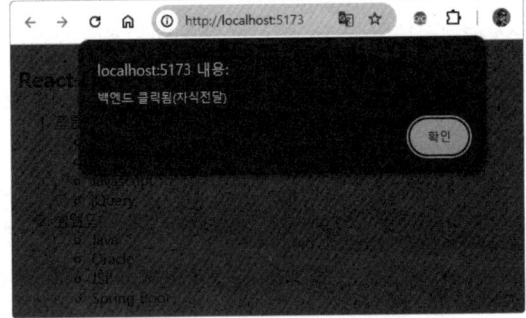

코드 실행 후 결과를 보면 FrontComp 컴포넌트의 실행 결과와 다르지 않습니다. 하지만 내부적으로 알림창에 나타나는 문자열을 처리하는 방식이 다릅니다. 다음 설명을 통해 무엇이 다른지 알아봅시다.

❶ 구조 분해 할당으로 프롭스를 받아 처리했습니다.

❷ onClick 이벤트 핸들러에서 SyntheticEvent 객체(event)를 통해 preventDefault( ) 함수를 호출하여 〈a〉 태그를 클릭할 때 일어나는 기본 동작인 '화면 이동'을 차단했습니다. 이렇게 해야 화면 깜빡임을 방지할 수 있습니다. 그리고 FrontComp에서는 프롭스에 함수를 전달할 때 alert("프론트엔드 클릭")과 같이 알림창에 출력할 문자열을 포함한 alert( ) 함수를 사용했지만 ❸ BackComp에서는 반대로 프롭스에 함수를 전달할 때는 알림창에 출력할 문자열을 보내지 않고, BackComp에서 이벤트를 처리할 때 프롭스로 받은 함수를 실행하면서 출력할 문자열을 인수로 전달했습니다. 이렇게 하면 자식 컴포넌트에서 부모 컴포넌트로 데이터를 보낼 수 있습니다.

5.3 FrontComp, BackComp에서 무엇이 달랐을까?

앞에서 실습한 FrontComp, BackComp는 프롭스의 흐름에 집중하여 봐야 하는 코드입니다. 프롭스는 기본적으로 부모 컴포넌트에서 자식 컴포넌트 방향으로 전달합니다.

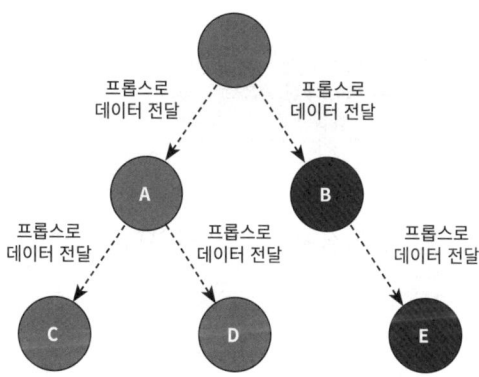

이런 방식을 탑-다운 방식이라고 합니다. 탑-다운 방식으로 데이터를 보내는 리액트의 규칙 안에서는 자식 컴포넌트가 부모 컴포넌트로 데이터를 보낼 수 없습니다. 하지만 이벤트를 활용하면 자식 컴포넌트에서 부모 컴포넌트로 데이터를 보낼 수 있습니다. 앞에서 작성한 BackComp 컴포넌트의 사용 방식을 다시 한번 살펴봅시다.

```
function App() {
  return (<>
    <h2>React-Event</h2>
    <ol>
      <FrontComp onMyEvent1={()=>{
        alert('프론트엔드 클릭됨(부모전달)');
      }}></FrontComp>
      <BackComp onMyEvent2={(msg)=>{
        alert(msg);
      }}/>
    </ol>
  </>)
}
```

- App 컴포넌트(부모)에서 BackComp(자식) 컴포넌트를 그립니다.
- App 컴포넌트에서 onMyEvent2로 데이터를 흘려보내지 않습니다.

그림을 보면 App 컴포넌트에서 BackComp 컴포넌트를 그릴 때 onMyEvent2 프롭스의 함수의 msg 매개변수로 데이터를 흘려보내지 않습니다. 데이터는 클릭 이벤트가 발생했을 때 onMyEvent2() 함수를 호출하면서 올려보냅니다.

```
const BackComp = ({onMyEvent
  return (<>
    <li><a href="/" onClick={(event)=>{
      event.preventDefault();
      onMyEvent2('백엔드 클릭됨(자식전달)');
    }}>백엔드</a></li>
```

- 클릭 이벤트가 발생하면...
- onMyEvent2() 함수를 호출하면서 문자열을 App 컴포넌트 쪽으로 올려보냅니다.

이렇게 이벤트 처리 함수를 호출하는 시점에 데이터를 보내면 자식 컴포넌트에서 부모 컴포넌트로 데이터를 올려보낼 수 있는 겁니다.

5.3.1 태그의 이벤트 처리 시 기본 동작을 차단하는 preventDefault( ) 함수

두 컴포넌트의 또 다른 점은 알림창을 띄울 때 화면의 깜빡임 유무입니다. FrontComp 컴포넌트에서 띄우는 알림창은 화면이 깜빡이고, BackComp 컴포넌트에서 띄우는 알림창은 화면이 깜빡이지 않습니다. 그 이유는 이벤트 처리를 할 때 event.preventDefault( ) 함수를 실행했기 때문입니다. preventDefault( ) 함수는 이벤트 처리를 할 때의 태그의 기본 동작을 차단합니다. 여기서는 <a> 태그에서 클릭 이벤트를 처리하는데, <a> 태그는 클릭 시 화면을 이동하게 됩니다. 화면 이동 시 특별히 이동할 위치를 지정하지 않으면 새로고침을 하게 되어 화면이 깜빡이게 됩니다. 이럴 때 event.preventDefault( )로 <a> 태그의 기본 동작을 차단하면 이동을 하지 않으므로 깜빡거리지 않는 겁니다.

학습 마무리

리액트에서 이벤트 처리는 HTML과 비슷하지만 리액트만의 규칙이 있습니다. 우선, 이벤트 핸들러는 카멜 케이스[1]로 작성해야 합니다. 예를 들어 클릭 이벤트는 HTML에서는 onclick이라고 쓰지만, 리액트에서는 onClick으로 작성합니다.

또한 브라우저마다 다른 이벤트 동작을 통일하기 위해 리액트는 자체적으로 SyntheticEvent(합성 이벤트 객체)를 제공합니다. 이 객체를 통해 기본 동작을 차단하거나, 이벤트가 발생한 요소를 확인할 수 있습니다. 그리고 리액트의 기본 규칙상 데이터는 부모에서 자식 방향으로만 전달되지만, 이벤트를 활용하면 자식 컴포넌트에서 부모 컴포넌트로 데이터를 전달할 수 있습니다. 이렇게 하면 컴포넌트 간에 더 유연하게 상호작용할 수 있습니다. 이벤트 처리는 처음에는 생소할 수 있지만, 규칙을 잘 이해하면 컴포넌트 간의 동작을 자유롭게 제어할 수 있습니다.

핵심 키워드

1. **이벤트 핸들러(Event Handler)** : 브라우저가 이벤트를 감지한 후, 실행할 동작을 정의한 함수입니다. 개발자는 이벤트가 발생했을 때 실행할 함수를 미리 등록해두고, 브라우저와 리액트가 이벤트를 전달하면 이 함수가 실행됩니다.
2. **카멜 케이스(CamelCase)** : 리액트에서는 이벤트 이름을 소문자와 대문자를 섞어서 작성합니다(예 : onClick, onChange 등).
3. **SyntheticEvent(합성 이벤트 객체)** : 리액트가 브라우저마다 다른 이벤트 동작을 통일하기 위해 제공하는 객체입니다.
4. **preventDefault( )** : 이벤트의 기본 동작을 막는 함수입니다. 예 : 링크 클릭 시 페이지 이동 방지
5. **부모 컴포넌트로 데이터 전달하기** : 자식 컴포넌트가 이벤트를 통해 부모에게 데이터를 전달할 수 있습니다.

---

1 **Camel Case** : 여러 단어를 붙여 쓰되 첫 단어는 소문자, 이후 단어의 첫 글자는 대문자로 표기하는 방식. 예: camelCase

연습문제

1 리액트에서 클릭 이벤트를 처리할 때 올바른 속성 이름은 무엇인가요?

❶ onclick

❷ onClick

❸ OnClick

❹ clickEvent

2 리액트에서 제공하는 합성 이벤트 객체의 이름은 무엇인가요? 한 단어로 쓰세요.

3 이벤트 핸들러로 실행할 코드를 바로 작성하는 것이 아니라 함수를 전달하는 이유는 무엇인가요? 간단히 설명해보세요.

4 preventDefault() 함수는 어떤 역할을 하나요?

❶ 데이터를 암호화하는 역할

❷ 이벤트 발생 후 페이지를 자동으로 새로고침하는 역할

❸ 이벤트의 기본 동작을 차단하는 역할

❹ 부모 컴포넌트에 데이터를 자동으로 전달하는 역할

5 리액트에서는 기본적으로 데이터가 어느 방향으로 전달되나요?

❶ 자식 → 부모

❷ 부모 → 자식

❸ 컴포넌트 간 자유롭게 이동

❹ 서버 → 컴포넌트

1 **정답** ❷
2 **정답** SyntheticEvent
3 **정답** 이벤트가 발생했을 때만 함수를 실행하기 위해서입니다. 함수를 전달하지 않고 바로 실행하면 컴포넌트가 렌더링 될 때마다 실행되기 때문입니다.
4 **정답** ❸
5 **정답** ❷

Chapter 06

컴포넌트 모듈화

학습 목표

반복되는 UI 요소를 모듈화하여 코드의 재사용성과 유지보수성을 높입니다. 컴포넌트를 별도의 파일로 분리하고 import/export 문법으로 관리하는 방법을 익힙니다. 프로젝트 구조를 체계적으로 설계하여 확장 가능한 코드를 작성합니다.

핵심 키워드

`모듈화` `재사용성` `유지보수성` `import` `export`

학습 코스

컴포넌트 모듈화의 필요성 → export default로 컴포넌트 내보내기 → import로 컴포넌트 가져오기

6.1 컴포넌트 모듈화의 필요성

지금까지는 App.jsx에 모든 컴포넌트를 정의했습니다. 코드가 짧고 간단하면 이렇게 코드를 작성하는 것이 큰 문제가 되지는 않습니다. 하지만 화면이 점점 복잡해지고 필요한 코드가 많아지면 어떻게 될까요? 아마도 관리가 힘들게 될 겁니다. 그럴 때 필요한 것이 모듈화입니다. 모듈화는 컴포넌트들을 별도의 파일로 정의하고 관리하는 것을 말합니다.

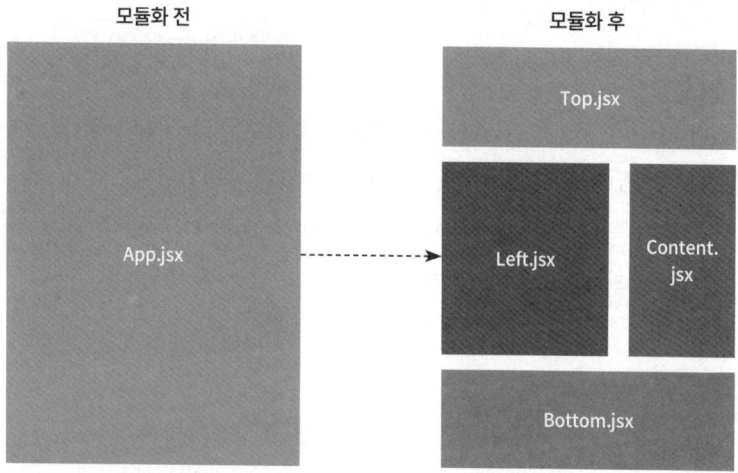

좌측과 같이 App.jsx에 모든 컴포넌트를 한꺼번에 작성한다면 코드가 방대해지고, 차후 관리가 어렵습니다. 이런 때에는 우측과 같이 용도별로 컴포넌트를 모듈화하는 것이 좋습니다. 그러면 항목별로 관리하거나 재사용할 수 있으므로 훨씬 더 효율적입니다.

모듈화를 통해 얻을 수 있는 장점은 다음과 같습니다.

- 다른 파일이나 프로젝트에서 쉽게 재사용할 수 있습니다.
- 가독성 및 유지보수가 용이해집니다.
- 모듈화된 컴포넌트를 독립적으로 작업할 수 있으므로 협업에 유리해집니다.

6.2 export default로 컴포넌트 내보내기

To do 01 프로젝트 [src] 폴더 하위에 [components] 폴더를 만드세요. 그런 다음 [components] 폴더에 FrontComp.jsx 파일과 BackComp.jsx 파일을 만드세요.

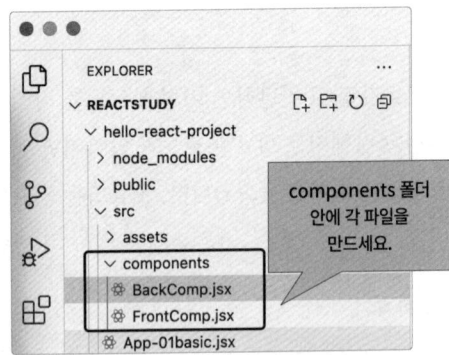

components 폴더 안에 각 파일을 만드세요.

02 이제 App.jsx에 작성했던 FrontComp, BackComp 컴포넌트 함수를 잘라 각 파일에 붙여 넣고 코드를 조금 수정하겠습니다. FrontComp 컴포넌트를 다음과 같이 수정합니다.

ReactStudy/react01-basic/src/components/FrontComp.jsx

```jsx
// ❶ 함수형 컴포넌트를 선언함과 동시에 export default로 내보내기 설정
export default function FrontComp() {
  return (<>
    <li>프론트엔드</li>
    <ul>
      <li>HTML5</li>
      <li>CSS3</li>
      <li>Javascript</li>
      <li>jQuery</li>
    </ul>
  </>
  )
}
```

❶ 모듈화한 컴포넌트는 다른 컴포넌트에서 사용할 때 임포트해야 합니다. 함수형 컴포넌트를 선언할 때는 마지막 줄에 export default로 내보내기를 선언하는 것이 일반적이지만 이렇게 선언과 동시에 내보내기를 할 수도 있습니다.

03 계속해서 BackComp를 모듈화해봅시다. 여기서는 화살표 함수를 이용해서 모듈화해봅니다.

ReactStudy/react01-basic/src/components/BackComp.jsx

```jsx
const BackComp = ({onMyEvent2}) => {
  return (<>
    <li><a href="/" onClick={(event)=>{
      event.preventDefault();
```

```
      onMyEvent2('백엔드 클릭됨(자식전달)');
    }}>백엔드</a></li>
    <ul>
      <li>Java</li>
      <li>Oracle</li>
      <li>JSP</li>
      <li>Spring Boot</li>
    </ul>
  </>)
}
// ❶ 화살표 함수는 변수에 담아서 선언하고 변수를 export default로 내보냄
export default BackComp;
```

❶ 화살표 함수로 선언한 컴포넌트는 변수에 담아 마지막에 내보내야 합니다. 내보낼 때 기본 컴포넌트를 설정하기 위해 export default를 작성했습니다. 화살표 함수냐 아니냐에 차이가 있을 뿐 실제 동작은 FrontComp와 같습니다.

6.3 import로 컴포넌트 가져오기

모듈화한 컴포넌트를 사용할 때는 import로 가져와야 합니다. App 컴포넌트에서 FrontComp, BackComp 컴포넌트를 가져와야 하므로 App 컴포넌트를 정리하겠습니다.

To do 01 FrontComp, BackComp 컴포넌트를 App 컴포넌트에서 임포트합니다.

ReactStudy/react01-basic/src/App-05module.jsx
```
import FrontComp from "./components/FrontComp"; // ❶
import BackComp from "./components/BackComp"; // ❷
function App() {
 return (<>
    <h2>React-Modules</h2>
    <ol>
      <FrontComp onMyEvent1={()=>{
        alert('프론트엔드 클릭됨(부모전달)');
      }}></FrontComp>
      <BackComp onMyEvent2={(msg)=>{
        alert(msg);
```

```
      }}/>
    </ol>
  </>
}
export default App; // ❸ App도 export default
```

❶ ~ ❷ 앞에서 모듈화한 컴포넌트를 임포트합니다. 컴포넌트를 import할 때는 import 컴포넌트 명 from 경로와 같이 작성합니다.

❸ 모듈화를 공부하니 눈에 들어오는 코드입니다. App.jsx 파일에서도 기본으로 내보내는 모듈이 App입니다. 그래서 여기에도 export default가 있습니다. 실제로 App 컴포넌트는 main.jsx에서 임포트합니다.

이렇게 모듈화까지 진행했습니다. 앞으로는 컴포넌트를 만들 때는 1개의 파일로 모듈화하여 관리하고, 참고 파일 이름을 대신해 OOO 컴포넌트라고 부르겠습니다.

학습 마무리

리액트 프로젝트가 커질수록 컴포넌트 개수도 많아지고 코드도 점점 길어지게 됩니다. 모든 코드를 하나의 파일에 작성하면 처음에는 괜찮지만, 나중에는 관리가 어려워집니다. 그래서 리액트에서는 컴포넌트마다 별도의 파일로 분리하여 관리하는 방식을 사용합니다. 이렇게 코드를 분리하는 것을 모듈화라고 합니다.

모듈화의 장점은 다음과 같습니다.

- 컴포넌트를 다른 파일이나 프로젝트에서도 쉽게 재사용할 수 있습니다.
- 코드의 가독성과 유지보수성이 좋아집니다.
- 각 컴포넌트를 독립적으로 작업할 수 있어 여러 명이 협업할 때 유리합니다.

핵심 키워드

1. **모듈화(Module)** : 컴포넌트를 각 파일로 분리하여 관리하는 것. 유지보수와 협업에 유리합니다.
2. **export default** : 컴포넌트를 외부로 내보낼 때 사용하는 키워드입니다.
3. **import ~ from** : 다른 파일에서 내보낸 컴포넌트를 불러올 때 사용하는 키워드입니다.
4. **재사용성** : 모듈화를 통해 컴포넌트를 다른 곳에서도 다시 사용할 수 있습니다.

▼ 연습 문제 정답 및 해설(연습 문제는 114쪽에 있어요)

1. **정답** 코드가 너무 길어져서 관리가 어려워지고, 수정할 때 필요한 부분을 찾기 힘들어집니다. 다른 프로젝트에서 재사용하기 어렵습니다.
2. **정답** export default
3. **정답** import
4. **정답** ❸
5. **정답** Welcome.jsx ⇒ export default Welcome;
   App.jsx ⇒ import Welcome from './Welcome';

연습문제

1. 컴포넌트가 많아질 때 모든 코드를 하나의 파일에 작성하면 어떤 문제가 발생할 수 있나요? 두 가지 이상 간단히 적어보세요.

2. 컴포넌트를 다른 파일에서 사용할 수 있도록 내보낼 때 사용하는 키워드는 무엇인가요?

3. 다른 파일에서 컴포넌트를 불러올 때 사용하는 키워드는 무엇인가요?

4. 다음 중 모듈화를 통해 얻을 수 있는 장점으로 올바르지 않은 것은 무엇인가요?

   ❶ 코드 관리가 쉬워집니다.

   ❷ 컴포넌트를 재사용할 수 있습니다.

   ❸ 컴포넌트 수가 늘어나면 프로젝트 실행이 안 됩니다.

   ❹ 협업 시 나누어서 작업하기 좋습니다.

5. 다음 코드에서 컴포넌트를 내보내는 부분과 가져오는 부분을 완성해보세요.

   ```
   ch4Welcome.jsx
   function Welcome() {
     return <h2>환영합니다!</h2>;
   }
   // 여기에 컴포넌트를 내보내는 코드를 작성해보세요.
   파일2 : App.jsx
   // 여기에 Welcome 컴포넌트를 가져오는 코드를 작성해보세요.
   function App() {
     return <Welcome />;
   }
   ```

Chapter 07

상태

학습 목표

상태(state)의 개념과 필요성을 이해합니다. useState 훅을 사용해 컴포넌트 내부에서 상태를 관리하는 방법을 익힙니다. 상태 변화에 따라 컴포넌트가 다시 렌더링되는 과정을 학습합니다.

핵심 키워드

`상태` `상태 관리` `useState` `렌더링` `상태변화`

학습 코스

상태 알아보기 → 상태 사용해보기

7.1 상태 알아보기

상태state는 컴포넌트의 동적인 데이터를 관리하기 위한 객체입니다. 프롭스와의 차이점이 있다면 프롭스는 읽기 전용 데이터지만 상태는 변경할 수 있는 데이터라는 겁니다. 즉, 화면에서 변경의 여지가 있는 데이터는 프롭스가 아니라 상태를 사용해야 합니다. 상태는 컴포넌트에서 관리하는데, 컴포넌트 내의 상태가 변경되면 해당 컴포넌트를 자동으로 렌더링합니다.

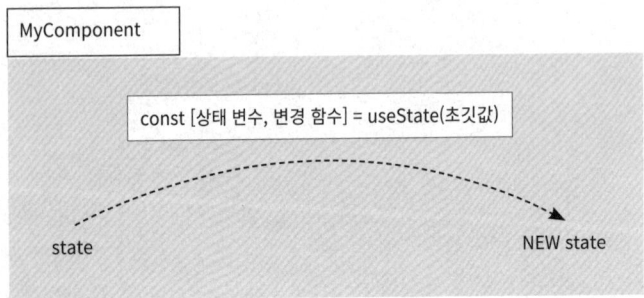

컴포넌트 정의 시 useState 훅을 통해 상태를 생성합니다. 상태 변수의 초깃값을 변경 함수를 실행해서 변경할 수 있습니다. 이때 컴포넌트는 새롭게 렌더링되고, 사용자는 UI의 변경을 확인할 수 있습니다.

7.2 상태 사용해보기

상태를 사용하려면 useState라는 훅을 도입해야 합니다. 어렵게 생각할 것 없이 변수를 선언하듯 상태를 선언하는 방식이라고 할 수 있습니다. 대신 상태는 '변경할 수 있는 데이터'라는 특징이 있어 상태를 변경할 함수를 짝으로 항상 설정해야 합니다. 다음은 훅을 선언하는 기본형입니다.

```
const [myState, setMyState] = useState(0);
```

- **myState** : 데이터를 품은 변수입니다.
- **setMyState** : 상태를 변경할 때 사용하는 함수입니다. 보통 함수 이름은 상태 변수와 짝을 지어 'set'으로 시작하는 이름을 짓습니다.
- **useState(0)** : 상태를 정의하면서 myState의 값을 0으로 초기화합니다. 상태 변수와 함수를

반환합니다.

To do 01 기본적인 사용법을 알았으니 코드를 작성하겠습니다. 모듈화한 컴포넌트에서 데이터를 부모 컴포넌트로 올려보내도록 코드를 정리하겠습니다. FrontComp 컴포넌트를 다음과 같이 수정하세요.

```jsx
// ReactStudy/react01-basic/src/components/FrontComp.jsx
export default function FrontComp(props) {
  return (<>
    <li><a href="/" onClick={(event)=>{
      event.preventDefault();
      props.onSetMode('front'); // ❶ 이벤트 처리 시 함수를 실행하며 "front"를 올려보냄
    }}>프론트엔드</a></li>
    <ul>
      <li>HTML5</li>
      <li>CSS3</li>
      <li>Javascript</li>
      <li>jQuery</li>
    </ul>
  </>)
}
```

코드는 크게 달라진 것이 없습니다. ❶ 에서 이벤트 처리 시 함수를 실행하여 문자열을 App 컴포넌트로 올려보냅니다.

02 이어서 BackComp 컴포넌트도 정리하겠습니다. 여기도 크게 달라지는 내용은 없습니다.

```jsx
// ReactStudy/react01-basic/src/components/BackComp.jsx
const BackComp = ({setMode}) => {
  return (<>
    <li><a href="/" onClick={(event)=>{
      event.preventDefault();
      setMode('back'); // ❶ 상태 변경 함수를 직접 호출
    }}>백엔드</a></li>
    <ul>
      <li>Java</li>
      <li>Oracle</li>
      <li>JSP</li>
      <li>Spring Boot</li>
    </ul>
```

```
    </>)
}
export default BackComp;
```

03 이제 상태를 사용할 차례입니다. App 컴포넌트에서 상태를 사용해서 mode의 값에 따라 FrontComp를 그릴지 BackComp를 그릴지, 아니면 둘 다 그릴지 결정하도록 코드를 수정하겠습니다. 코드가 길어 3번에 나눠서 작성하겠습니다.

ReactStudy/react01-basic/src/App-06state.jsx

```
import { useState } from 'react'; // ❶ useState 훅 사용을 위한 import
import FrontComp from './components/FrontComp';
import BackComp from './components/BackComp';
function App() {
  const [mode, setMode] = useState('both'); // ❷ useState를 통한 상태 변수 생성
  const handleSetMode = (mode) => { // ❸ 상태 변경을 위한 함수를 정의
    setMode(mode);
  };
  let contents = ''; // ❹ 컴포넌트 저장용 변수
  if(mode==='front'){
    // ❺ 상태의 값에 따라 분기하여 FrontComp, BackComp 그리기
    contents = <>
      <FrontComp onSetMode={(mode)=>{
        setMode(mode); // ❻ setMode로 mode값 변경
      }}></FrontComp>
    </>
  }
  ...생략...
```

❶, ❷ App 컴포넌트에서 상태를 사용하려면 useState 훅을 사용해야 한다고 했습니다. 따라서 useState를 임포트한 후 상태 변수를 생성합니다. 상태 변수명은 mode, 상태 변수를 변경하는 함수는 setMode, 초깃값은 "both"로 지정했습니다.

❸ 상태 변경을 위한 함수를 정의합니다. 매개변수 mode로 인수를 받아 상태를 변경합니다.

❹ 상태 변수인 mode의 값에 따라 분기하여 컴포넌트를 저장하는 contents 변수입니다.

❺ 문자열 "front", "back", "both"값에 따라 FrontComp, BackComp를 contents 변수에 저

장합니다.

- **"front"** : FrontComp만 저장합니다.
- **"back"** : BackComp만 저장합니다.
- **"both"** : FrontComp, BackComp를 한꺼번에 저장합니다.

❻ FrontComp 컴포넌트에서 이벤트가 발생하면 이벤트 처리 함수를 실행하여 mode 매개변수로 "front", "back", "both" 인수 중 하나를 받아 setMode로 상태 mode의 값을 변경합니다. 상태가 변경되면 화면을 다시 그리므로 이벤트 발생 후 조건에 따라 화면을 구성할 수 있습니다.

04 이제 BackComp 컴포넌트만 그리는 분기 코드를 완성합니다. 원리는 과정 **03**에서 작성한 코드와 동일하며 "back"인 경우 BackComp 컴포넌트만 그리도록 합니다.

```
...생략...                    ReactStudy/react01-basic/src/App-06state.jsx
else if(mode==='back'){
    contents = <>
      <BackComp setMode={setMode} />
    </>
}
...생략...
```

05 나머지 두 컴포넌트를 모두 그리는 분기 코드입니다.

```
...생략...                    ReactStudy/react01-basic/src/App-06state.jsx
else{
    contents = <>
      <FrontComp onSetMode={(mode)=>{
        handleSetMode(mode); // ❶ 상태 변경을 위한 함수 실행
      }}></FrontComp>
      <BackComp setMode={handleSetMode} /> // ❷ 상태 변경을 위한 함수 실행
    </>
}
return (<>
    <h2><a href="/" onClick={(event)=>{
      event.preventDefault();
      setMode('both'); // ❸ React-State라는 제목을 누르면 두 컴포넌트를 모두 그림
    }}>React-State</a></h2>
    <ol>
```

```
      {contents}
    </ol>
  </>)
}
export default App
```

❶ ~ ❷ 상태를 변경하는 handleSetMode( ) 함수를 실행합니다. 이처럼 별도의 함수를 정의한 후 실행할 수 있습니다.

❸ 화면에서 제목을 누르면 이벤트 처리 함수에 "both"를 전달하여 두 컴포넌트가 모두 그려지도록 합니다.

코드를 실행한 다음 제목 [React-State]를 누르면 두 컴포넌트를 모두 그리고, [프론트엔드], [백엔드]를 누르면 각각 FrontComp, BackComp 컴포넌트가 그려집니다.

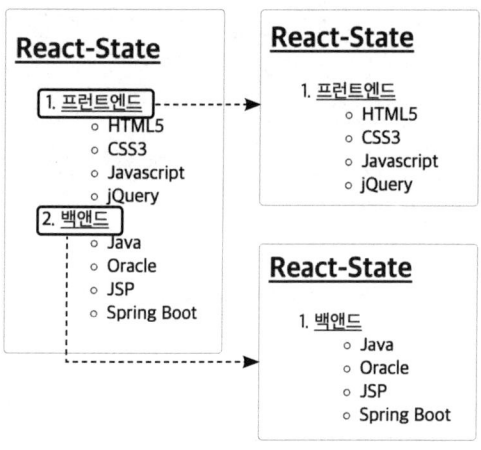

상태를 개발자 도구에서 확인해보세요

크롬 브라우저에서 F12 를 눌러 개발자 도구를 열고 [Components] 탭을 확인하면 상태의 변경을 시각적으로 볼 수 있습니다.

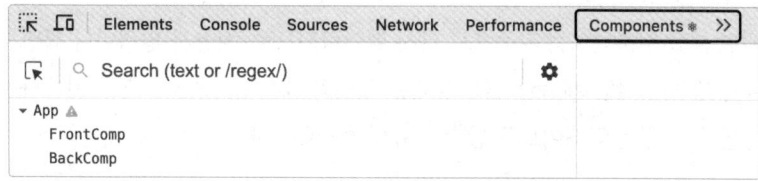

App 컴포넌트를 누른 상태에서 hooks의 State의 값이 어떻게 바뀌는지, 그리고 화면은 그에 따라 어떻게 바뀌는지 확인해보세요.

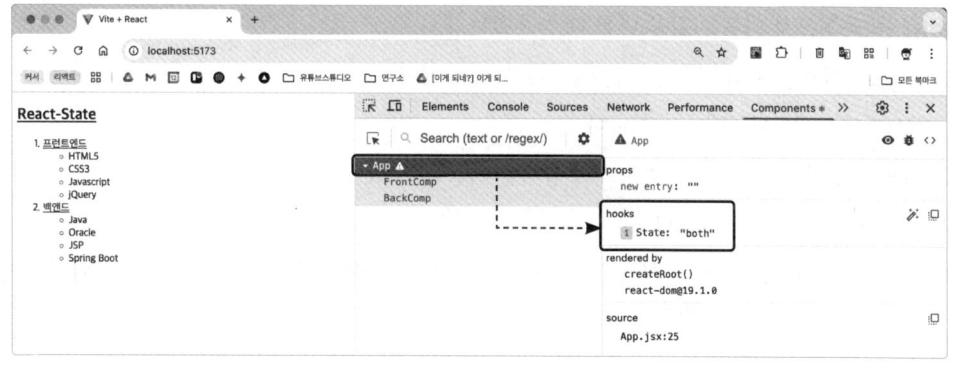

학습 마무리

상태는 컴포넌트의 동적인 데이터를 관리하기 위한 객체입니다. 프롭스는 외부에서 전달받는 변경 불가능한 데이터지만, 상태는 컴포넌트 내부에서 변경 가능한 데이터라는 점이 가장 큰 차이입니다. 또한 상태가 변경되면 해당 컴포넌트는 자동으로 다시 렌더링되므로, 사용자 입력이나 화면 상의 상태 변경을 처리하는 데 필수적인 개념입니다. 상태를 선언할 때는 useState 훅을 사용하며, 상태 변수와 그 값을 변경할 수 있는 업데이트용 함수를 함께 정의합니다.

핵심 키워드

1 **상태** : 컴포넌트 내부에서 관리되는 변경 가능한 데이터입니다. 사용자 입력이나 내부 상태 변화 등, 동적으로 바뀌는 값을 다룰 때 사용합니다.
2 **프롭스** : 컴포넌트 외부에서 전달받는 읽기 전용 데이터입니다. 부모 컴포넌트가 자식 컴포넌트에게 값을 넘겨줄 때 사용합니다.
3 **useState 훅** : 함수형 컴포넌트에서 상태를 사용하는 React의 내장 함수입니다. [변수, 변경 함수] 형태로 값을 설정합니다.
4 **컴포넌트 리렌더링** : 상태가 변경되면 해당 컴포넌트가 자동으로 다시 실행(render)되어 화면이 최신 상태로 갱신됩니다.

연습문제

1 상태(state)의 주된 역할은 무엇인가요?

　❶ 외부 컴포넌트로부터 데이터를 전달받기 위함

　❷ HTML을 작성하기 위함

　❸ 동적인 데이터를 관리하고, 변경 시 자동 렌더링되도록 하기 위함

　❹ 정적인 스타일을 적용하기 위함

2 상태를 선언할 때 사용하는 리액트의 훅 이름은 무엇인가요?

3 다음 중 프롭스(props)와 상태(state)의 차이점으로 올바른 설명은 무엇인가요?

　❶ 프롭스는 변경 가능하고 상태는 변경 불가능하다.

　❷ 둘 다 변경 가능하다.

　❸ 프롭스는 읽기 전용이고 상태는 변경 가능한 데이터이다.

　❹ 프롭스와 상태는 완전히 같은 개념이다.

연습문제

4 아래 중 상태가 필요한 상황으로 가장 적절한 것은 무엇인가요?

❶ 페이지 제목을 고정된 문자열로 표시할 때

❷ 사용자가 입력한 값을 실시간으로 화면에 보여줄 때

❸ 외부 서버로부터 데이터를 받아올 때

❹ CSS로 색상을 지정할 때

5 useState 훅을 사용할 때, 보통 어떤 두 가지를 함께 선언하나요?

1 **정답** ❸
2 **정답** useState
3 **정답** ❸
4 **정답** ❷
5 **정답** 상태 변수와 이를 변경하기 위한 함수(예 : count와 setCount)

Chapter 08

스타일과 이미지

학습 목표

컴포넌트에 스타일을 적용하는 다양한 방법을 학습하고, 각 방식의 장단점을 비교해봅니다. 또한 프로젝트에서 이미지를 불러오고 표시하는 방법을 익혀 HTML과는 다른 리액트의 자원 관리 방식을 이해합니다.

핵심 키워드

`스타일` `인라인스타일` `CSS파일` `이미지` `import`

학습 코스

리액트에서 스타일을 적용하는 방법 → 이미지를 삽입하는 방법 → CSS 파일 작성하기 → CSS와 이미지 적용하기

8.1 리액트에서 스타일을 적용하는 방법

우리가 만든 컴포넌트들은 HTML 태그를 통해 UI를 구성합니다. 이렇게 만든 UI에 스타일을 적용하려면 어떻게 해야 할까요? 리액트에서는 JSX 문법에 맞게 조금 다른 방식으로 CSS를 적용합니다. 리액트에서 스타일을 적용하는 방법은 크게 3가지입니다.

1 **인라인 방식** : style 속성을 이용합니다. 객체 형태로 스타일을 정의합니다.
2 **CSS 파일** : 전통적인 방법으로 CSS 파일을 생성한 후 컴포넌트에 적용합니다.
3 **다양한 스타일 라이브러리** : styled-components와 같이 자바스크립트 코드로 스타일을 작성하는 스타일 라이브러리를 사용할 수 있습니다.

스타일 라이브러리는 종류가 많아 책에서 다루기엔 어려움이 있으므로, 인라인 방식과 CSS 파일을 적용하는 방식만 알아보겠습니다.

8.2 이미지를 삽입하는 방법

리액트에서 이미지를 UI에 삽입하는 방법을 알아보겠습니다. 리액트도 HTML을 기반으로 하므로 기본적인 <img> 태그 사용법은 같습니다. 이 방식과 함께 이미지 파일 임포트 후 컴포넌트에 삽입하는 것도 살펴보겠습니다.

1 public 폴더 하위의 이미지 삽입하기
2 assets 폴더 하위의 이미지를 임포트 후 삽입하기
3 웹 URL을 이용해서 이미지 삽입하기

8.3 CSS 파일 작성하기

먼저 가장 간단한 방법인 CSS 파일로 스타일을 적용하겠습니다.

To do 01 이미 프로젝트 생성 후 내용만 지우고 파일은 남겨두었던 index.css 파일이 있습니다. 이 파일은 리액트 프로젝트 전체에 스타일을 적용하는 데 사용되며, main.jsx에 임포트되어 있습니다. 이 파일을 다음과 같이 수정합니다.

```css
css.backEnd {
  /* ❶ 백엔드 관련 요소 스타일링 */
  color: blue;
}
#backEndSub {
  /* ❷ 백엔드 하위 제목 스타일링 */
  font-weight: bold;
  font-size: 1.5em;
}
.warnings {
  /* 경고 메시지 스타일링 */
  color: white;
  background-color: red;
  font-size: 1.2em;
}
```

ReactStudy/react01-basic/src/index.css

8.4 CSS와 이미지 적용하기

02 사용할 이미지는 다음과 같이 public/img 폴더와 src/assets 폴더 하위에 저장해주세요.

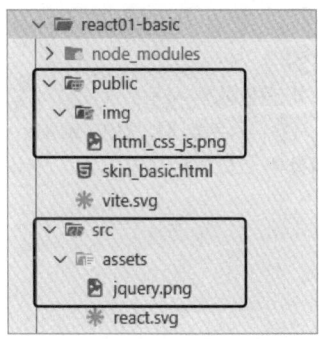

03 App.jsx는 앞에서 저장해두었던 App-01basic.jsx의 코드를 붙여넣은 후 다음과 같이 수정하겠습니다.

> 스타일을 적용하는 법을 설명하기 위한 예제에 상태 변경과 같은 복잡한 로직이 포함되어 있으면, 학습자들에게는 더 어렵고 복잡하게 느껴질 수 있으므로 간단한 설명을 위해 이렇게 작성했습니다.

ReactStudy/react01-basic/src/App-07style.jsx

```
import jqueryLogo from './assets/jquery.png'; // ❶ 이미지 임포트

function App() {
  const myStyle = { // ❷ 객체 형식으로 스타일 지정
    color: "white",
    backgroundColor: "DodgerBlue",
    padding: "10px",
    fontFamily: "Verdana"
  };
  const iWidth = {maxWidth:'300px'}; // ❸ 이미지의 가로 크기 지정
  return (<>
    <h2>React-Style</h2>
    <ol>
      <li style={{color : "red"}}>프론트엔드</li> // ❹ style 속성을 사용하는 인라인 방식
      <ul>
        // ❺ public 하위의 이미지 삽입
        <li><img src="/img/html_css_js.png" style={iWidth} /></li>
        <li><img src={jqueryLogo} style={iWidth} /></li> // ❻ 임포트한 이미지 삽입
        // ❼ 웹 URL을 이용한 이미지 삽입
        <li><img src="http://nakja.co.kr/images/reactjs.png" style={iWidth} /></li>
      </ul>
      // ❽ class 대신 className을 사용해서 스타일 지정
      <li className='backEnd'>백엔드</li>
      <ul>
        <li id='backEndSub'>Java</li> // ❾ id 속성은 HTML과 동일하게 사용
        <li class='warnings'>Oracle</li> // ❿ class 속성 사용 시 콘솔에서 경고 표시됨
        <li style={myStyle}>JSP</li> // ⓫ 객체 형식으로 지정한 스타일을 적용
        <li>Spring Boot</li>
      </ul>
    </ol>
  </>)
}

export default App
```

❶ 프로젝트의 src/assets 폴더에 있는 이미지를 임포트합니다.

❷ 객체 형식으로 스타일을 지정합니다. background-color와 같은 속성은 자바스크립트에서와

동일하게 하이픈을 제거하고, 하이픈 다음 단어의 첫 글자를 대문자로 작성합니다.

❸ 이미지의 가로 크기로 사용할 객체를 생성합니다.

❹ style 속성을 사용하는 인라인 방식입니다. 스타일은 객체 형식으로 작성해야 하므로 중괄호를 2개 겹쳐서 사용합니다.

❺ public 하위의 img 폴더에 있는 이미지를 UI에 삽입합니다.

❻에서는 ❶에서 임포트한 이미지를 UI에 삽입합니다.

❼ 웹 URL을 이용해서 이미지를 삽입합니다.

❽ class 선택자로 작성된 스타일을 적용할 때는 className 속성을 사용해야 합니다. 이 속성은 렌더링 시 자동으로 class로 변경됩니다.

❾ id 선택자는 HTML과 동일하게 사용하면 됩니다.

❿ 만약 HTML과 동일하게 class 속성으로 작성하면 에러가 나진 않지만 경고가 표시됩니다.

⓫에서는 ❷에서 객체 형식으로 작성한 스타일을 적용합니다.

실행 결과는 다음과 같습니다.

작성한 스타일대로 잘 적용되었습니다. Oracle 항목에도 스타일은 잘 적용되었지만 DevTools 에서 확인하면 다음과 같은 경고가 표시되는 것을 볼 수 있습니다.

```
⊗ ▼ Invalid DOM property `class`. Did you mean `className`?   App.jsx:23
  <li>
  App              @ App.jsx:23
  <App>
  (anonymous)      @ main.jsx:6
  Show ignore-listed frames
```

이와 같은 경고가 표시되는 이유는 class는 자바스크립트에서 이미 사용 중인 키워드이기 때문입니다. 따라서 이 속성은 className으로 작성하는 게 좋습니다.

학습 마무리

이번 장에서는 리액트에서 컴포넌트에 스타일을 적용하는 방법과 이미지를 다루는 방법을 함께 학습했습니다.

먼저 스타일에서는 두 가지 기본 방식을 익혔습니다. 하나는 JSX 코드 안에서 style 속성을 사용하여 객체 형태로 직접 스타일을 지정하는 인라인 방식이고, 다른 하나는 별도의 .css 파일을 작성하고 className 속성을 통해 적용하는 CSS 파일 방식입니다. 인라인 방식은 간단히 빠르게 스타일을 적용할 때 편리하고, CSS 파일 방식은 재사용성과 유지보수 측면에서 유리합니다. 이 외에도 styled-components 같은 다양한 스타일링 라이브러리가 있지만, 우선은 이 두 가지 방식을 충분히 익힌 후 필요할 때 확장하는 것이 좋습니다.

또한 이미지를 불러와 표시하는 방법도 살펴보았습니다. src/assets 폴더에 있는 이미지는 import문으로 가져와 〈img src={…} /〉 형태로 삽입하고, public/img 폴더의 이미지는 절대 경로(/img/…)로 참조합니다. 이와 달리 외부 URL을 사용하면 인터넷 상의 이미지를 직접 불러올 수도 있습니다. 불러온 이미지는 스타일 객체를 만들어 style 속성에 전달함으로써 크기나 레이아웃을 제어할 수 있습니다.

> **핵심 키워드**

1 **인라인 스타일** : **style={{ 속성: 값 }}** 형태로 작성합니다. 속성 이름은 카멜 표기법을 사용하며, 값은 문자열로 작성해야 합니다(예 : backgroundColor: 'blue').

2 **CSS 파일 방식** : .css 파일을 만들어 class 선택자나 id 선택자를 정의하고, JSX에서는 className이나 id를 이용해 해당 스타일을 적용합니다.

3 **className 속성** : HTML의 class 대신 JSX에서는 className을 사용해야 합니다. 이는 리액트가 class는 예약어로 사용하기 때문에 구분한 겁니다.

4 **스타일 속성명 변환** : CSS의 background-color처럼 하이픈(-)이 들어간 속성은 backgroundColor처럼 하이픈을 없애고 단어의 첫 글자를 대문자로 바꿔야 합니다.

5 **이미지 임포트** : import logo from './assets/logo.png'처럼 src 내부 파일을 자바스크립트 모듈로 불러와 사용합니다.

6 **public 폴더 사용** : public 디렉터리에 넣은 파일은 빌드 시 루트에 그대로 복사되며, ⟨img src="/img/photo.jpg" /⟩처럼 절대 경로로 접근합니다.

7 **외부 URL** : ⟨img src="https://example.com/pic.png" /⟩ 형태로 웹상의 이미지를 직접 로드할 수 있습니다.

연습문제

1. JSX에서 스타일을 적용할 때 사용하는 속성 이름으로 올바른 것은 무엇인가요?

   ❶ class   ❷ styleSheet

   ❸ className   ❹ cssClass

2. 다음 중 인라인 스타일의 올바른 작성 방법은 무엇인가요?

   ❶ style="color: red;"

   ❷ style={{ color: 'red' }}

   ❸ style: "color: red"

   ❹ style={ color: 'red' }

3. JSX 문법에서 CSS 속성 이름을 작성할 때 지켜야 할 규칙은 무엇인가요?

4. 다음 중 JSX에서 에러나 경고 없이 스타일을 적용하는 방법으로 적절하지 않은 것은 무엇인가요?

   ❶ className="box"

   ❷ id="main"

   ❸ class="item"

   ❹ style={{ marginTop: '10px' }}

5 리액트에서 스타일을 적용하는 방식으로 알맞지 않은 것을 고르세요.

❶ 인라인 스타일　　　　　　❷ 외부 CSS 파일

❸ 스타일 속성 직접 바인딩　　❹ 스타일 라이브러리

6 프로젝트 내부의 src/assets 폴더에 있는 이미지를 리액트 컴포넌트에서 사용하려면 어떤 방식을 사용해야 하나요?

❶ ⟨img src="/assets/logo.png" /⟩

❷ import logo from './assets/logo.png'

❸ ⟨img src="http://localhost/assets/logo.png" /⟩

❹ fetch('./assets/logo.png')

7 public/img 폴더에 있는 photo.jpg를 ⟨img⟩ 태그로 표시하려면 src 속성에 어떤 값을 써야 하나요?

---

1 정답 ❸
2 정답 ❷
3 정답 CSS 속성의 하이픈(-)을 제거하고, 두 번째 단어부터는 첫 글자를 대문자로 쓴다(예 : font-size → fontSize)
4 정답 ❸
5 정답 ❸
6 정답 ❸
7 정답 /img/photo.jpg

Chapter 09

폼값 전송

학습 목표
폼값을 전송하고 이를 처리하는 방법을 학습합니다. submit 이벤트 핸들러를 통해 폼값을 처리하고, 입력값을 통해 상태를 관리하고 활용하는 방법을 익혀봅니다.

핵심 키워드
폼 · submit 이벤트

학습 코스
데이터 입력을 위한 폼 작성 → 합성 이벤트 객체를 통해 폼값 받기

9.1 폼값 전송하기

새로운 게시물을 작성하거나, 로그인과 같은 업무를 처리할 때는 입력한 폼값을 서버로 전송해야 합니다. 이때 〈form〉 태그는 보통 다음과 같이 작성합니다.

```
<form name="폼의이름" method="전송 방식" action="전송할경로">
    <input type="submit" value="제출하기" >
</form>
```

submit 타입의 버튼을 누르면 action에 지정한 경로로 입력한 폼값을 전송합니다. React도 UI를 제작할 때는 HTML 태그를 사용하기 때문에 〈form〉 태그를 사용하는 것은 같습니다. 하지만 폼값을 처리할 때는 이벤트에서 언급했던 합성 이벤트 SyntheticEvent 객체를 사용하게 됩니다.

HTML에서 submit 이벤트는 폼값 전송을 위해 페이지 이동이 발생됩니다. 하지만 리액트에서는 이 기본 동작을 차단하는 것으로부터 시작합니다.

To do 01 skin_basic.html 파일의 하단에 있는 입력 폼 부분만 이용해서 WriteForm 컴포넌트를 만든 후 코드를 작성해주세요.

```
                                     ReactStudy/react01-basic/src/App-08form.jsx
import {useState} from 'react'; // ❶ 모듈 임포트

function WriteForm(props){
  return (<>
    <form onSubmit={(e)=>{ // ❷ 이벤트 핸들러에 함수 정의
      console.log("이벤트객체e", e);
      e.preventDefault(); // ❸ 기본 동작 차단
      let gubun = e.target.gubun.value; // ❹ target 속성으로 입력값 얻어오기
      let title = e.target.title.value;
      // ❺ 프롭스로 받은 함수를 통해 부모 컴포넌트로 값 전송
      props.writeAction(gubun, title);
    }}>
      <select name="gubun"> // ❻ 폼 구성
        <option value="front">프론트엔드</option>
        <option value="back">백엔드</option>
      </select>
      <input type="text" name="title" />
      <input type="submit" value="추가" />
```

```
      </form>
    </>)
}
function App() {
  const [message, setMessage] = useState('폼값 검증 진행 중'); // ❼ 상태 생성
  return (<>
    <div>
      <h2>React-Form</h2>
      <WriteForm writeAction={(gu, ti)=>{ // ❽ UI에 폼 추가 및 프롭스로 함수 전달
        console.log("Form값", gu, ti);
        if(gu!='' && ti!=''){ // ❾ 모든 값이 입력되었다면 상태 변경
          let frmValue = `검증 완료 폼값 : ${gu}, ${ti}`;
          setMessage(frmValue);
        }
        else{
          alert("빈 값 있음");
        }
      }}/>
      <pre>{message}</pre> // ❿ 메시지 출력
    </div>
  </>)
}

export default App
```

❶ 상태를 사용하기 위한 훅을 임포트합니다.

❷ submit 이벤트 핸들러에 폼값을 처리하는 함수를 정의합니다. 매개변수 e는 이벤트 발생 시 자동으로 전달되는 합성 이벤트^{SyntheticEvent} 객체를 전달받게 됩니다(**5.1절 '리액트 이벤트 처리 알아보기' 참조**) 이벤트 객체를 콘솔에 출력하면 엄청나게 많은 정보가 포함되어 있습니다(다음 페이지 그림 참조).

❸ submit 이벤트의 기본 동작을 차단합니다.

❹ 이벤트 객체의 target 속성으로 입력값을 얻어옵니다.

❺ 프롭스로 전달받은 함수를 호출하여 부모 컴포넌트로 폼값을 전송합니다.

❻ 〈select〉, 〈input〉 태그로 폼을 구성합니다.

❼ 상태를 생성합니다. 초깃값은 '폼값 검증 진행 중'입니다.

❽ WriteForm 컴포넌트를 UI에 추가하고, 프롭스로 폼값을 처리할 함수를 전달합니다.

❾ 2개의 폼값이 모두 입력되었다면 폼값으로 문자열을 생성한 후 상태를 변경합니다. 이때 UI는 새롭게 렌더링됩니다. 그렇지 않으면 경고창을 띄웁니다.

❿ 상태를 UI에 표시합니다.

onClick이나 onSubmit과 같은 이벤트 핸들러에서는 합성 이벤트SyntheticEvent 객체를 매개변수를 통해 전달받을 수 있습니다. 이 객체를 ❷콘솔에 출력해보면 매우 다양한 정보가 포함되어 있음을 알 수 있습니다. 예제에서는 ❹입력한 폼값을 얻어오는 부분이 있는데요, 직접 살펴보겠습니다.

▼ 합성 이벤트 객체의 target 속성으로 폼값 얻어오기

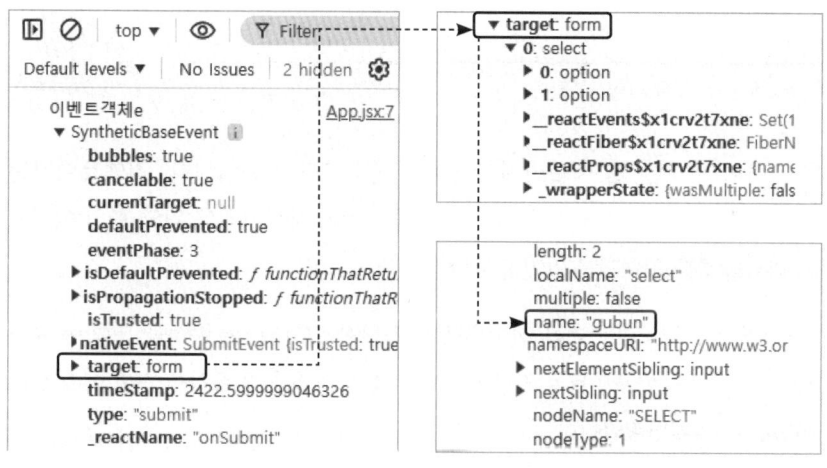

예제에서 e.target.gubun.value와 같이 입력값을 얻어올 수 있는 것은 합성 이벤트 객체 내부에 이와 같은 정보가 포함되어 있기 때문입니다.

02 실행 결과를 확인하겠습니다. 첫 실행에서는 폼값 검증 진행 중이 표시됩니다. 그리고 ❶ 인풋 상자에 내용을 입력한 후 ❷ [추가] 버튼을 누르면 그림과 같이 폼값 검증 완료로 변경되는 걸 확인할 수 있습니다.

만약 입력값 없이 추가 버튼을 누르면 경고창이 표시됩니다.

학습 마무리

폼을 이용한 사용자 입력 처리는 웹 애플리케이션에서 필수적인 기능입니다. 리액트에서는 HTML의 〈form〉 태그를 그대로 사용하지만 기본 동작인 페이지 새로고침을 막고 합성 이벤트(SyntheticEvent) 객체를 통해 입력값을 안전하게 다룹니다.

폼값을 전송하면 preventDefault()로 기본 전송 동작을 차단한 뒤, target 속성을 통해 폼 요소에 접근합니다. 최종적으로 부모 컴포넌트로 전달된 핸들러 함수를 호출해 폼값을 전송하고, 상태를 업데이트하여 화면을 다시 렌더링합니다.

핵심 키워드

1 **합성 이벤트(SyntheticEvent)** : 리액트가 모든 브라우저 이벤트를 추상화한 객체로, 일관된 인터페이스로 이벤트 정보를 제공합니다.

2 **preventDefault( )** : 이 함수를 호출하면 〈form〉의 기본 전송 동작(페이지 이동)을 막을 수 있습니다.

3 **onSubmit 핸들러** : 〈form onSubmit={handleSubmit}〉와 같이 폼 제출 이벤트를 처리하는 함수로, 이벤트 객체와 폼값을 다룹니다.

연습문제

1 리액트에서 ⟨form⟩의 기본 제출 동작을 막으려면 어떤 메서드를 호출해야 하나요?

❶ stopPropagation()   ❷ preventDefault()

❸ reset()   ❹ submit()

2 합성 이벤트(SyntheticEvent)는 어떤 장점을 제공하는지 간단히 설명하세요.

3 onSubmit 핸들러에 정의된 함수 handleSubmit(e)에서 e.target은 무엇을 가리키나요?

4 폼값을 부모 컴포넌트로 전달할 때 주로 사용하는 방법은 무엇인가요?

❶ 전역 변수를 이용한다.

❷ 프롭스(props)로 함수를 전달한다.

❸ 브라우저 로컬 스토리지에 저장한다.

❹ CSS 클래스를 통해 전달한다.

---

1 **정답** ❷
2 **정답** 리액트가 브라우저별 이벤트 차이를 추상화하여 일관된 방식으로 다룰 수 있도록 해줍니다.
3 **정답** 폼 요소의 루트(⟨form⟩) DOM 노드를 가리킵니다.
4 **정답** ❷

Chapter 10

얕은 비교

학습 목표

얕은 비교Shallow comparison의 개념과 동작 방식을 이해합니다. 리액트에서 렌더링 성능 최적화를 위해 얕은 비교가 어떻게 활용되는지 학습합니다. 상태 변수로 참조형 데이터를 사용할 때 주의할 점과 불변성 유지 방법을 익힙니다.

핵심 키워드

얕은비교 | Shallow comparison | 성능최적화 | 불변성 | 렌더링최적화

학습 코스

얕은 비교와 깊은 비교 알아보기 → 얕은 비교 실습하기

10.1 얕은 비교와 깊은 비교 알아보기

리액트에서는 상태가 참조형 데이터(객체, 배열)인 경우, 참조값이 변경되지 않으면 상태가 변경되었다고 인식하지 않습니다. 따라서 객체를 직접 수정한 후 상태를 변경하더라도 새롭게 렌더링이 되지 않습니다. 이는 리액트가 얕은 비교Shallow comparison를 사용해 상태의 변경 여부를 판단하기 때문입니다.

그럼 먼저 얕은 비교가 무엇인지 알아보겠습니다. 얕은 비교란 객체의 속성값 자체를 비교하지 않고, 객체의 참조값만 비교하는 방식입니다. 리액트가 이 방식을 사용하는 이유는 크게 2가지가 있습니다.

1 렌더링 최적화
2 일정한 성능 유지

객체의 모든 값을 비교하는 깊은 비교Deep comparison를 사용하면 성능 비용이 크고, 객체 크기가 커질수록 비교 연산이 느려집니다. 하지만 얕은 비교를 사용하면 객체 크기와 상관없이 일정한 성능을 유지할 수 있으므로 빠른 비교가 가능합니다.

비교 방식	설명	결과 예시
얕은 비교	객체의 **참조(메모리 주소)**를 비교	두 객체가 동일 참조여야 **true**
깊은 비교	객체의 **모든 속성과 값**을 재귀적으로 비교	속성과 값이 전부 일치해야 **true**

그럼 얕은 비교는 어떤 방식으로 객체의 변화를 감지하는지 알아보겠습니다. 다음 그림을 보시죠. 변수 a에 객체를 할당했습니다. 그리고 값을 2만큼 증가시킵니다. 객체 내부의 값은 변경되었지만 참조값은 변하지 않았습니다. 이 경우 리액트는 변화를 감지하지 못합니다.

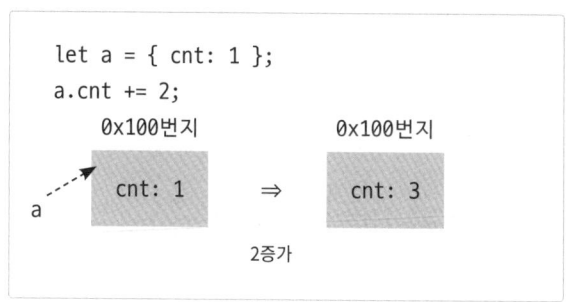

리액트가 객체의 변화를 감지하려면 참조값이 변해야 합니다. 따라서 다음 그림과 같이 객체의 복사본을 만들어 새로운 참조값을 할당받은 후 값을 변경하면 됩니다. 복사본을 만들 때는 주로 스프레드 연산자를 사용합니다.

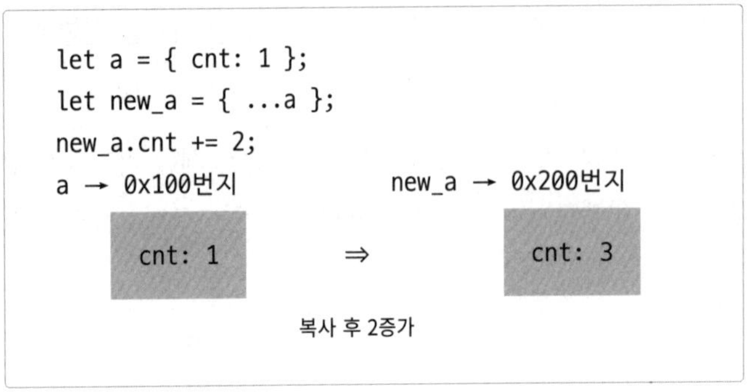

```
let a = { cnt: 1 };
let new_a = { ...a };
new_a.cnt += 2;
```

a → 0x100번지   new_a → 0x200번지

cnt: 1   ⇒   cnt: 3

복사 후 2증가

10.2 얕은 비교 실습하기

To do 01 그림 예제를 통해 확인하겠습니다. App-01basic.jsx 파일의 내용을 그대로 복사붙여넣기한 후 작성해주세요. 기존과 조금 다른 부분은 컴포넌트를 만들 때 프론트엔드와 백엔드를 별도로 분리하지 않고, TopComp 컴포넌트 하나로 작성하는 겁니다.

ReactStudy/react01-basic/src/App-09ShallowComp.jsx
```jsx
import { useState } from 'react';

const TopComp = ({MyData}) => { // ❶ 컴포넌트 정의
  return (<>
    <ol>
      <li>프론트엔드</li>
      <ul> // ❷ 프론트엔드와 백엔드 목록 구성
        {MyData.front.map((item, i) => <li key={i}>{item}</li>)}
      </ul>
      <li>백엔드</li>
      <ul>
        {MyData.back.map((item, i) => <li key={i}>{item}</li>)}
      </ul>
    </ol>
  </>)
```

```
}
function App() {
  const [MyData, setMyData] = useState({ // ❸ 객체를 초깃값으로 상태 정의
    front: ['HTML5', 'CSS3', 'Javascript', 'jQuery'],
    back: ['Java', 'Oracle', 'JSP', 'Spring Boot'],
  });
  const addFront = () => { // ❹ front에 항목을 추가(리렌더링되지 않음)
    MyData.front.push('React');
    setMyData(MyData);
  }
  const addBack = () => {
    const newBack = [...MyData.back, 'Node.js']; // ❺ back의 복사본을 만든 후 추가
    // ❻ MyData의 복사본을 만든 후 변경(리렌더링됨)
    const newMyData = { ...MyData, back: newBack };
    setMyData(newMyData);
  }
  return (<>
    <h2>React-Shallow Comparison</h2>
    <TopComp MyData={MyData} /> // ❼ 컴포넌트를 UI에 추가하고 MyData를 프롭스로 전달
    <button type='button' onClick={addFront}>프론트추가</button> // ❽ 항목 추가 버튼
    <button type='button' onClick={addBack}>백엔드추가</button>
  </>)
}

export default App
```

❶ 컴포넌트를 정의합니다. 데이터는 MyData로 전달받습니다.

❷ 프론트엔드와 백엔드의 목록을 구성합니다. 고차 함수인 map( )을 이용해서 〈li〉를 반복 출력합니다.

❸ 데이터로 사용할 객체를 상태의 초깃값으로 설정합니다. key는 front와 back 2개의 항목으로 나누어 정의했습니다.

❹ front에 항목을 추가합니다. 상태 원본에 'React' 항목을 추가한 후 상태를 변경합니다. 하지만 이때는 객체의 참조값에는 변화가 없으므로 변화를 인식하지 못하여 리렌더링이 되지 않습니다.

❺ ...MyData.back으로 기존 배열의 복사본을 만든 후 'Node.js'를 추가합니다.

❻ MyData의 back 항목에 newBack을 추가합니다. 이때도 스프레드 연산자를 이용하게 되므로 객체의 복사본이 생성됩니다. 복사본을 통해 상태를 변경하므로 객체의 참조값은 변경되고, 화면은 리렌더링됩니다.

❼ TopComp를 UI에 추가하고 프롭스로 MyData를 전달합니다.

❽ 항목 추가를 위한 버튼입니다.

02 DevTools에서 Components를 함께 보면서 확인하겠습니다. 실행 초기 상태입니다. 프론트엔드와 백엔드는 각각 4개의 데이터로 구성되어 있습니다. 이 상태에서 [프론트엔드추가] 버튼을 먼저 눌러보겠습니다.

 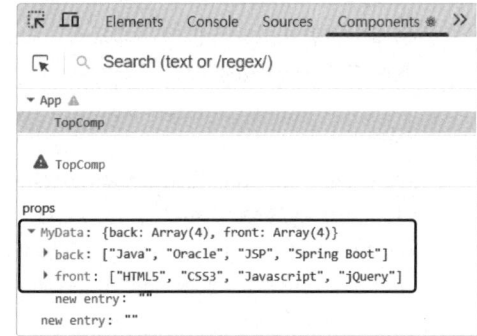

화면상에는 변화가 없을 겁니다. ❹에서 설명한 것과 같이 원본에 데이터를 추가하면 객체의 참조값에는 변화가 없어서 리액트는 변화를 인식하지 못합니다. 따라서 리렌더링은 되지 않게 됩니다.

03 다음에는 [백엔드추가] 버튼을 눌러보겠습니다. 그러면 React와 Node.js가 화면상에 추가된 걸 확인할 수 있습니다. 객체의 복사본을 만들어 데이터를 변경시키고, 이를 통해 상태를 업데이트하므로 리액트는 변화를 인식하여 리렌더링을 하게 됩니다.

리액트는 상태가 참조형 데이터(객체, 배열 등)인 때는 단순히 데이터를 변경해서는 안 되고, 복사본을 만들어 객체의 참조값의 변화를 주어야만 변화를 인식하고 새롭게 렌더링을 하게 됩니다. 이것은 리액트가 얕은 비교를 사용해 상태의 변경 여부를 판단하기 때문입니다.

학습 마무리

리액트는 상태 변수가 참조형 데이터인 경우 참조값이 바뀌지 않으면 변화가 없다고 간주하여 리렌더링이 되지 않습니다. 이 방식은 얕은 비교를 사용하기 때문인데, 객체의 모든 속성을 일일이 비교하는 깊은 비교에 비해 일정한 성능을 유지할 수 있어 렌더링 성능을 최적화할 수 있습니다.

따라서 객체나 배열을 업데이트할 때는 새로운 참조값을 가지도록 복사본을 만든 후 값을 변경해야 합니다. 주로 스프레드 연산자를 사용하여 이전 객체를 복사하고, 그 복사본에 변경 사항을 적용하는 방식으로 상태를 갱신합니다.

핵심 키워드

1 **얕은 비교(Shallow comparison)** : 객체의 실제 속성값이 아니라 참조값만 비교하는 방식으로, 참조값이 동일하면 변경되지 않은 것으로 간주합니다.
2 **깊은 비교(Deep comparison)** : 객체의 모든 속성을 일일이 비교하는 방법으로, 정확하지만 성능 비용이 큽니다.
3 **참조값(Reference)** : 자바스크립트에서 객체나 배열이 메모리 상에 저장된 고유 주소를 가리키는 값으로, 상태 변경 여부 판단의 기준이 됩니다.
4 **스프레드 연산자** : 기존 객체나 배열을 새로운 복사본으로 만들 때 사용하는 문법으로, 참조를 바꾼 상태에서 값을 업데이트할 수 있도록 도와줍니다.

연습문제

1 얕은 비교와 깊은 비교의 차이점을 간단히 설명하세요.

2 리액트가 상태 변경을 감지하려면 객체의 무엇이 바뀌어야 하나요?

   ❶ 모든 속성값

   ❷ 참조값

   ❸ 객체의 프로토타입

   ❹ 메서드 정의

3 다음 중 객체 상태를 올바르게 업데이트하는 방법으로 옳지 않은 것은 무엇인가요? 상태 변수는 다음과 같습니다.

```
const [user, setUser] = useState({ name: 'Lee', age: 30 });
```

   ❶ user.name = 'Kim'

   ❷ setUser({ ...user, name: 'Kim' })

   ❸ setUser(prev => ({ ...prev, name: 'Kim' }))

   ❹ setUser({ name: 'Kim', age: user.age })

4 스프레드 연산자를 사용하는 이유는 무엇인가요?

5 얕은 비교를 사용하는 주된 이유로 알맞은 것은 무엇인가요?

　❶ 코드 양을 줄이기 위해

　❷ 메모리 사용을 최소화하기 위해

　❸ 비교 연산 속도를 일정하게 유지하기 위해

　❹ 모든 브라우저에서 동일하게 동작하기 위해

1 **정답** 얕은 비교는 객체의 참조값만 비교하지만 깊은 비교는 객체의 모든 속성을 일일이 비교합니다.
2 **정답** ❷
3 **정답** ❶
4 **정답** 기존 객체나 배열을 새로운 참조값을 가진 복사본으로 만들어 리액트가 변화 감지를 하는 데 사용합니다.
5 **정답** ❸

Chapter 11

라우터

학습 목표

라우터는 여러 페이지를 가진 애플리케이션에서 사용자가 이동할 수 있도록 경로를 관리하는 기능입니다. 이를 위해 react-router-dom을 활용하여 각 페이지를 라우팅 처리하는 방법을 학습합니다. 화면 수가 많아지더라도 구조를 효율적으로 관리할 수 있는 방법을 익히고, 주요 라우터 컴포넌트와 훅의 사용법을 실습합니다. 이를 통해 실제 프로젝트에서 라우터를 적용하여 다양한 화면 전환을 구현할 수 있도록 합니다.

핵심 키워드

라우터 컴포넌트 : BrowserRouter, Routes, Route, Link, NavLink, Outlet
라우터 훅 : useLocation, useSearchParams

학습 코스

라우터 알아보기 → 프로젝트 생성 및 React Router DOM 설치하기 → 라우팅 처리해보기 → Outlet 컴포넌트 알아보기 → 라우터 훅 알아보기 → 라우터 훅 사용해보기

11.1 라우터 알아보기

지금까지는 현재 화면을 결정하기 위해 상태 변수를 만들고, if 조건문을 사용해 렌더링할 컴포넌트를 선택했습니다. 목록, 열람, 작성 화면 등을 조건에 따라 나누어 각 컴포넌트를 변수에 저장한 후 App 컴포넌트 내부에서 처리했죠. 이 방식은 간단한 애플리케이션에서는 유용할 수 있지만, 화면이 많아질수록 문제가 발생합니다. 조건문이 복잡해지고, App.jsx 크기가 점점 커지며 유지보수가 어려워지기 때문입니다. 또한 화면을 전환해도 URL의 변화가 없으므로 뒤로가기, 즐겨찾기 등의 기능을 사용할 수 없습니다.

그림을 보면 App 컴포넌트 내부에 목록(ArticleList), 작성(ArticleWrite), 열람(ArticleView) 컴포넌트가 조건문에 의해 렌더링되는 방식으로 구현되어 있습니다. 즉 모든 컴포넌트는 App에 포함되어 있는 형태입니다.

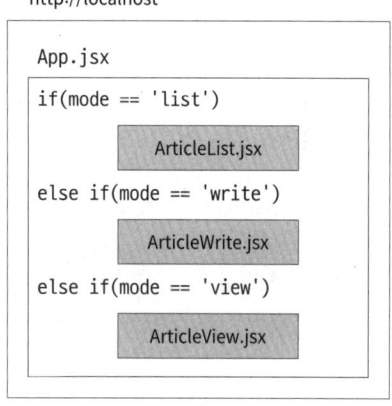

이런 문제들을 해결하기 위해 사용하는 것이 바로 라우터Router입니다. 라우터는 URL 경로에 따라 어떤 컴포넌트를 화면에 표시할지 결정하는 도구입니다. 우리가 일반적으로 사용하는 웹사이트처럼, URL이 /Home이면 Home 컴포넌트를, /About이면 About 컴포넌트를 보여주는 방식이죠.

다음 그림과 같이 리액트 애플리케이션에서 라우팅 처리를 해두면 각 요청에 따라 각각 다른 컴포넌트를 렌더링해서 UI에 표시해줍니다.

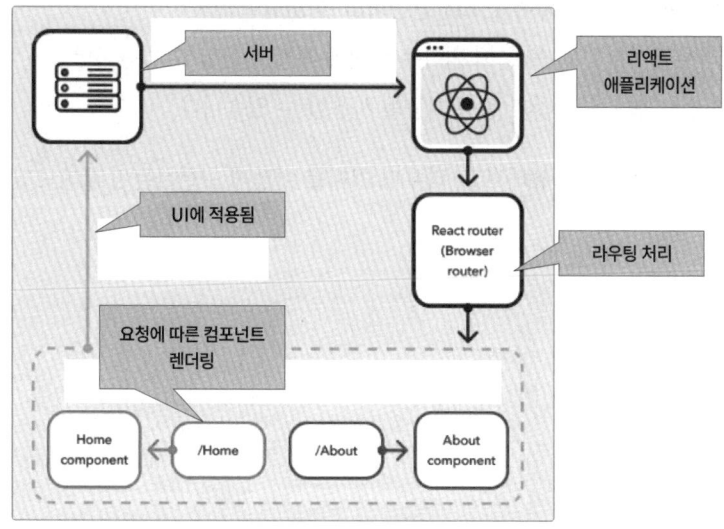

다음 그림을 보면 App 컴포넌트에는 라우팅 처리가 되어 있습니다.

- **목록** : /list → ArticleList 컴포넌트
- **작성** : /write → ArticleWrite 컴포넌트
- **열람** : /view → ArticleView 컴포넌트

각 요청 URL에 따라 라우팅 처리된 컴포넌트를 렌더링하는 방식입니다.

리액트에서는 이런 라우팅 처리를 위해 react-router-dom이라는 라이브러리를 사용합니다. 이를 통해 각 페이지별로 컴포넌트를 독립적으로 구성하고, URL 경로에 따라 자동으로 해당 컴포넌트를 렌더링할 수 있습니다.

라우터를 사용하면 다음과 같은 장점이 있습니다.

- **코드 분리** : 페이지별로 컴포넌트를 분리하여 구조를 단순화할 수 있습니다.
- **URL 관리** : 사용자가 브라우저에서 URL을 통해 원하는 화면에 직접 접근할 수 있습니다.
- **이력 관리** : 웹브라우저의 뒤로가기, 즐겨찾기 등의 기능을 사용할 수 있습니다.

다음 절에서는 라우터를 실제 프로젝트에 적용해보고, 라우팅 처리를 어떻게 구현하는지 살펴보겠습니다.

11.2 프로젝트 생성 및 React Router DOM 설치하기

To do **01** 먼저 프로젝트를 생성하겠습니다.

- **프로젝트명** : react02-router

```
ReactStudy> npm create vite@latest react02-router
```

02 프로젝트로 생성된 디렉터리로 이동한 후 애플리케이션 구동에 필요한 의존성을 설치해주세요.

```
ReactStudy\react02-router> npm install
```

03 설치가 완료되면 라우팅 처리를 위한 react-router-dom을 추가로 설치해야 합니다.

```
ReactStudy\react02-router> npm install react-router-dom
```

```
C:\02Workspaces\ReactStudy\React\react03-router>npm install react-router-dom

added 5 packages, and audited 158 packages in 2s

32 packages are looking for funding
  run `npm fund` for details

found 0 vulnerabilities
```

04 설치가 완료되면 프로젝트를 실행하고 기본형을 만들어주세요. 그 후 package.json을 열어보면 다음과 같이 dependencies 항목에 react-router-dom이 추가된 것을 확인할 수 있습니다.

```
12      "dependencies": {
13        "react": "^19.0.0",
14        "react-dom": "^19.0.0",
15        "react-router-dom": "^7.5.1"
16      },
```

05 프로젝트 실행 후 기본형으로 만들어주세요.

그럼 다음 절에서는 본격적으로 라우팅 처리를 위한 예제를 작성하겠습니다.

11.3 라우팅 처리해보기

앞서 라우터의 개념과 필요성을 살펴보았습니다. 이번 절에서는 react-router-dom을 활용해서 라우팅 처리를 하겠습니다. 먼저 형식부터 살펴보겠습니다.

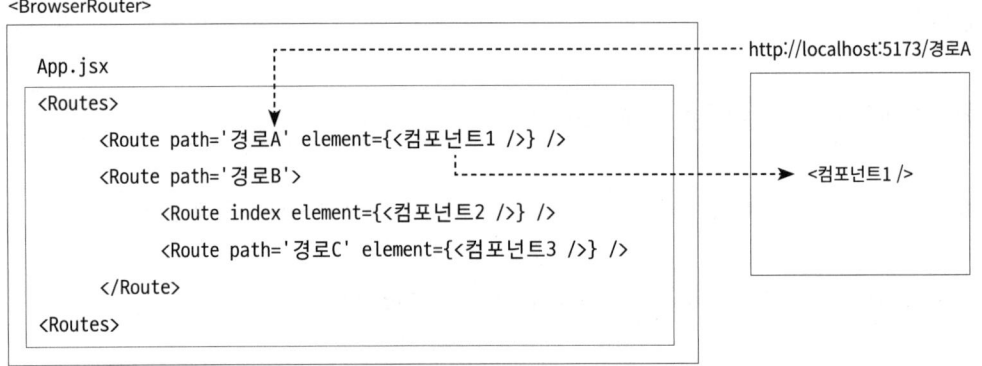

App.jsx는 리액트 애플리케이션에서 최상위 컴포넌트입니다. 라우팅 처리는 react-router-dom에서 제공하는 〈BrowserRouter〉 컴포넌트로 〈App〉 컴포넌트를 감싸는 것으로 시작합니다. 그리고 〈Routes〉 컴포넌트 하위로 〈Route〉 컴포넌트가 배치되는 형식입니다. 〈Route〉 컴포넌트를 보면 path, element가 프롭스로 지정되어 있습니다.

- **path** : 요청 URL을 지정합니다.
- **element** : path에서 지정된 요청이 들어오면 렌더링할 컴포넌트를 지정합니다.

앞의 그림에서는 총 3개의 요청 URL이 지정되어 있습니다.

- **/경로A** : 컴포넌트1을 렌더링합니다.
- **/경로B** : 컴포넌트2를 렌더링합니다. 하위 index로 지정된 요소입니다.
- **/경로B/경로C** : '경로C'는 단독으로 사용할 수 없고, 하위 경로 형태를 사용해서 접근합니다. 이를 중첩 라우팅 nested routing이라고 합니다.

그럼 지금부터 페이지를 하나씩 만들겠습니다. 이번에 구현할 예제는 다음과 같은 구성으로 이루어집니다.

- **Home** : 메인 페이지에 해당하는 컴포넌트
- **TopNavi** : 모든 페이지 상단에 고정적으로 표시되는 내비게이션 컴포넌트
- **NotFound** : 존재하지 않는 경로에 대한 예외 처리를 위한 컴포넌트
- **CommonLayout, LayoutIndex** : 중첩 라우팅과 Outlet 설명을 위한 컴포넌트

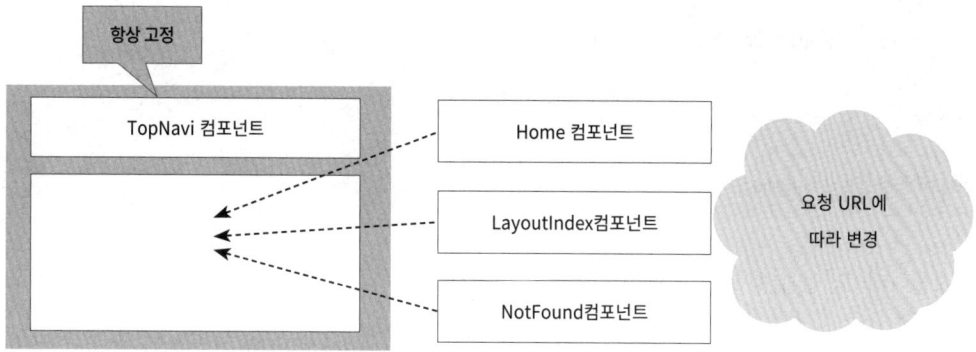

To do 01 제일 먼저 〈App〉 컴포넌트를 〈BrowserRouter〉로 감싸는 것부터 시작하겠습니다. 〈App〉 컴포넌트는 main.jsx에서 렌더링되므로 이 파일을 열어서 수정하면 됩니다.

ReactStudy\react02-router\src\main.jsx
```
import { createRoot } from 'react-dom/client'
import './index.css'
import App from './App.jsx'
import {BrowserRouter} from "react-router-dom" // ❶ BrowserRouter 임포트

createRoot(document.getElementById('root')).render(
  <BrowserRouter> // ❷ App컴포넌트 감싸기
    <App />
  </BrowserRouter>
)
```

❶ react-router-dom에서 BrowserRouter 컴포넌트를 임포트합니다.

❷ 라우팅 기능을 사용하려면 반드시 최상위 컴포넌트를 감싸주어야 합니다. 라우팅 처리를 위해 App 컴포넌트를 BrowserRouter로 감싸줍니다. 이렇게 하면 하위 모든 컴포넌트에서 Routes, Route, Link, NavLink 등 라우터 관련 컴포넌트들을 사용할 수 있습니다.

02 이어서 애플리케이션에서 첫 번째 화면을 담당할 컴포넌트를 만들겠습니다.

```
                                    ReactStudy\react02-router\src\components\Home.jsx
const Home = () => { // ❶ Home 컴포넌트 정의
  return (<>
    <h2>React Home</h2>
    <p>
      React Router에 대해 학습합니다.
    </p>
  </>);
}
export default Home;
```

❶ 애플리케이션을 실행하면 가장 먼저 렌더링되는 컴포넌트입니다. 가장 기본적인 골격만 가지고 있습니다.

03 리액트에서 react-router-dom을 사용해 앱 내 페이지 이동 링크를 정의한 내비게이션 컴포넌트를 구현하겠습니다.

```
                                    ReactStudy\react02-router\src\components\TopNavi.jsx
import {Link, NavLink} from 'react-router-dom'; // ❶ Link, NavLink 컴포넌트 임포트

const TopNavi = ()=>{
  return (
    <nav>
      <a href="/">Home</a>  // ❷ <a> 태그로 링크 걸기
      <NavLink to="/intro">인트로</NavLink>  // ❸ <NavLink> 컴포넌트로 링크 걸기
      <NavLink to="/intro/router">Router관련Hook</NavLink> 
      <Link to="/xyz">잘못된URL</Link>  // ❹ <Link> 컴포넌트로 링크 걸기
    </nav>
  );
}

export default TopNavi;
```

❶ react-router-dom에서 제공하는 Link, NavLink 컴포넌트를 임포트합니다.

❷ <a> 태그로 링크를 설정하면 클릭 시 브라우저가 새로고침되므로 화면의 깜빡임이 발생합니다.

❸ NavLink 컴포넌트는 〈a〉 태그처럼 링크를 생성하지만 브라우저의 기본 동작을 차단하여 전체 페이지의 리로드 없이 URL을 변경합니다. 또한 현재의 요청 URL과 일치할 경우 해당 요소에 class="active" 속성이 자동으로 추가됩니다.

❹ Link 컴포넌트도 NavLink와 마찬가지로 화면 전환이 깜빡임 없이 이루어지지만, active 클래스는 부여되지 않습니다.

HTML에서는 페이지 이동을 위한 링크를 추가할 때 주로 〈a〉 태그를 사용합니다. 하지만 〈a〉 태그를 사용하면 페이지 이동이 되면서 새로고침이 발생됩니다. react-router-dom에서 제공하는 〈NavLink〉와 〈Link〉 컴포넌트는 〈a〉 태그에 기본 동작을 방지하는 preventDefault()를 적용한 것과 같은 기능을 제공합니다.

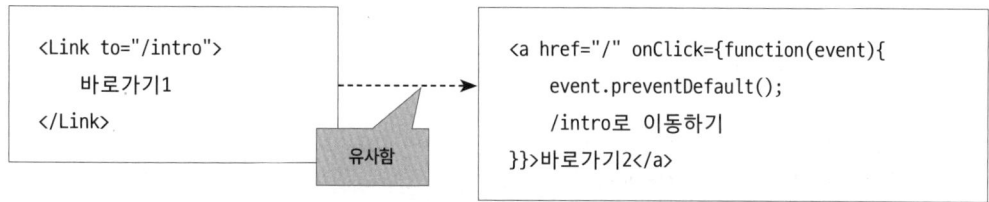

특히 〈NavLink〉의 경우 특별한 기능 하나를 더 제공합니다. 현재의 페이지와 요청 URL이 일치하면 해당 요소에 class="active" 속성을 자동으로 추가해줍니다(이 부분은 실행 화면을 보면서 설명해야 이해가 쉽습니다. 따라서 라우팅 처리를 완료하고 결과를 확인할 때 추가로 설명하겠습니다).

04 다음은 잘못된 URL로 접근했을 때 사용할 컴포넌트입니다. 라우팅 처리는 요청 URL을 설정하게 됩니다. 만약 잘못된 URL로 접근하면 화면에 아무것도 표시되지 않습니다. 이 경우 사용자는 어떤 문제가 발생했는지 알 수 없으므로 간단한 설명 페이지가 있으면 좋습니다.

```
ReactStudy\react02-router\src\components\NotFound.jsx
import {Link} from 'react-router-dom';

const NotFound = ()=>{
  return (
    <div>
      <h2>Not Found</h2>
      <p>
        페이지를 찾을 수 없습니다. ㅜㅜ <br/>
```

```
        <Link to='/'>Home</Link> // ❶ Home으로 바로가기 링크
      </p>
    </div>
  );
}

export default NotFound;
```

❶ 간단한 에러 메시지를 보여주고, 홈으로 돌아갈 수 있도록 Link 컴포넌트를 사용해 경로를 설정합니다.

05 다음은 App.jsx에서 라우팅 설정을 하겠습니다.

ReactStudy\react02-router\src\App.jsx

```
import {Routes, Route} from "react-router-dom"; // ❶ Routes, Route 컴포넌트 임포트

import Home from './components/Home'; // ❷ 작성한 컴포넌트 임포트
import TopNavi from './components/TopNavi';
import NotFound from './components/NotFound';

function App() {
  return (<>
    <TopNavi></TopNavi> // ❸ UI에 컴포넌트 추가
    <Routes> // ❹ 라우팅 처리를 위해 Routes 컴포넌트로 감싸기
      // ❺ 요청 URL이 /일 때 Home 컴포넌트 렌더링
      <Route path='/' element={<Home />} />
      // ❻ 정의되지 않은 모든 요청 URL에 대해 렌더링
      <Route path='*' element={<NotFound />} />
    </Routes>
  </>);
}

export default App;
```

❶ react-router-dom에서 Routes와 Route 컴포넌트를 임포트합니다.

❷ 앞에서 작성한 3개의 컴포넌트를 임포트합니다.

❸ TopNavi 컴포넌트는 모든 페이지 상단에 공통으로 표시됩니다. 라우트 외부에 위치해 있기 때문에 경로와 관계없이 항상 렌더링됩니다.

❹ Routes 컴포넌트는 여러 개의 Route를 묶는 컨테이너 역할을 합니다.

❺ / 경로에 접속하면 Home 컴포넌트를 렌더링합니다. 즉, 애플리케이션이 처음 실행되었을 때 표시되는 메인 페이지입니다.

❻ path='*'는 정의되지 않은 모든 경로를 의미합니다. 잘못된 URL로 접근했을 때 NotFound 컴포넌트를 렌더링해 사용자에게 안내 메시지를 보여줍니다.

06 실행된 화면을 확인하겠습니다. 최초 애플리케이션을 실행하면 다음과 같이 Home 화면이 나옵니다.

Home을 제외한 나머지 링크를 클릭하겠습니다. 현재는 Home 이외는 라우팅 처리가 되지 않았으므로 NotFound 화면이 나옵니다.

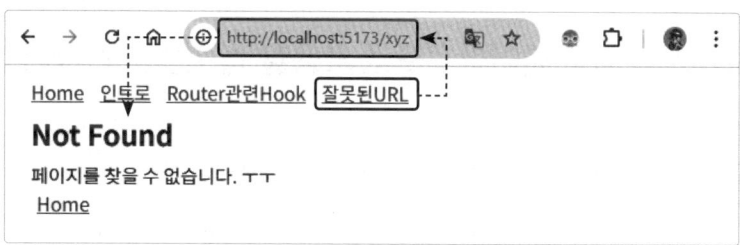

11.4 Outlet 컴포넌트 알아보기

앞 절에서는 기본적인 라우팅 처리를 해보았습니다. 이번에는 중첩 라우팅에서 자식 라우트를 렌더링할 위치를 지정하는 Outlet 컴포넌트를 알아보겠습니다. 먼저 다음과 같이 라우팅 설정을 했다고 가정하겠습니다.

```
App.jsx

<Routes>
    <Route path='상위경로' element={<공통컴포넌트 />} >
        <Route index element={<컴포넌트A />} />
        <Route path='하위경로' element={<컴포넌트B />} />
    </Route>
</Routes>
```

이 경우 〈공통컴포넌트〉를 제작할 때 〈Outlet /〉을 UI에 추가합니다. 그리고 자식 라우트로 설정된 〈컴포넌트A〉와 〈컴포넌트B〉는 부모 컴포넌트의 〈Outlet /〉 부분에 렌더링됩니다. 특히 하위경로가 별도로 없다면 index로 설정하면 됩니다.

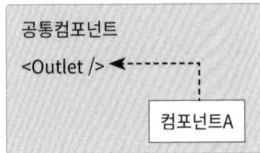

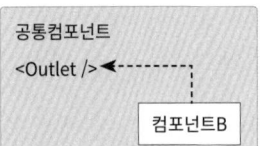

11.5 Outlet 컴포넌트로 공통 레이아웃으로 사용할 컴포넌트 만들기

그럼 공통으로 사용할 컴포넌트를 Outlet 컴포넌트를 이용해서 만들겠습니다. 그리고 Outlet이 있는 자리에 삽입할 컴포넌트도 만든 후 라우팅 처리를 하는 방법을 학습하겠습니다.

To do 01 그럼 중첩 라우팅에서 공통 레이아웃으로 사용할 컴포넌트를 만들겠습니다.

```
ReactStudy\react02-router\src\components\CommonLayout.jsx

import {Outlet} from "react-router-dom"; // ❶ Outlet 컴포넌트 임포트

const CommonLayout = () => {
  return (
    <div>
```

```
        <header style={{ background:'lightgray', padding:'10px' }}>
          Outlet 컴포넌트 알아보기
        </header>
        <article>
          <Outlet /> // ❷자식 컴포넌트가 렌더링될 위치를 Outlet으로 지정
        </article>
        <footer style={{ background:'lightgray', padding:'10px' }}>
          공통 레이아웃
        </footer>
      </div>
    );
};

export default CommonLayout;
```

❶ Outlet 컴포넌트를 react-router-dom에서 임포트합니다.

❷ 중첩 라우팅에서 자식 컴포넌트를 렌더링할 영역입니다. Route 설정에서 자식 컴포넌트로 지정된 내용이 이 위치에 출력됩니다.

02 다음은 CommonLayout의 자식으로 설정되는 컴포넌트입니다. 〈Outlet /〉 위치에 삽입되어 렌더링됩니다.

ReactStudy\react02-router\src\components\LayoutIndex.jsx
```
const LayoutIndex = () => {
  return (<>
    <h2>레이아웃 인덱스 페이지</h2>
    <ul>
      <li>Outlet 컴포넌트 위치에 출력됩니다.</li>
      <li>Route 설정 시 index로 지정합니다.</li>
    </ul>
  </>);
}

export default LayoutIndex;
```

03 확인을 위해 App.jsx에 2개의 컴포넌트를 추가하겠습니다.

```
                                              ReactStudy\react02-router\src\App.jsx
import {Routes, Route} from "react-router-dom";

import Home from './components/Home';
import TopNavi from './components/TopNavi';
import NotFound from './components/NotFound';
import CommonLayout from './components/CommonLayout'; // ❶ 임포트 구문 추가
// ❷ 자식 라우트로 설정한 컴포넌트 임포트
import LayoutIndex from './components/LayoutIndex';

function App() {
  return (<>
    <TopNavi></TopNavi>
    <Routes>
      <Route path='/' element={<Home />} />
      <Route path='/intro' element={<CommonLayout />}> // ❸ 공통으로 사용할 컴포넌트
        <Route index element={<LayoutIndex />} /> // ❹ 자식으로 삽입될 컴포넌트
      </Route>
      <Route path='*' element={<NotFound />} />
    </Routes>
  </>);
}

export default App;
```

❶ 공통 레이아웃으로 사용할 부모 컴포넌트를 임포트합니다.

❷ 자식 라우트로 설정한 컴포넌트를 임포트합니다.

❸ /intro 경로에 접속하면 CommonLayout 컴포넌트가 렌더링됩니다. 중첩 라우팅으로 자식 라우트를 포함하고 있으므로, CommonLayout 내부의 〈Outlet/〉 위치에 ❹ LayoutIndex 컴포넌트가 삽입되어 렌더링됩니다.

04 실행 화면을 보면서 확인하겠습니다. 인트로를 클릭하면 CommonLayout 내부에 Layout Index가 삽입되어 렌더링됩니다.

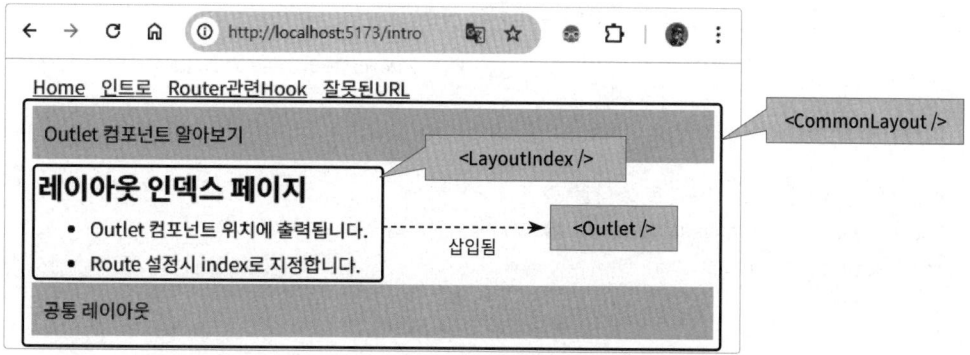

다음 절로 넘어가기 전에 하나 더 짚고 넘어가야 할 내용이 있습니다. 바로 Link와 NavLink 컴포넌트의 차이입니다.

TopNavi.jsx 예제에서 NavLink 컴포넌트를 사용하면 해당 링크가 현재의 페이지와 일치할 때 class="active" 속성이 자동으로 추가된다고 설명드렸습니다. 이 부분을 직접 개발자 도구(F12)를 통해 확인하겠습니다.

먼저 NavLink 컴포넌트를 사용한 '인트로'를 클릭해보세요. 그러면 〈a〉 태그 부분에 class="active"가 추가되는 것을 확인할 수 있습니다.

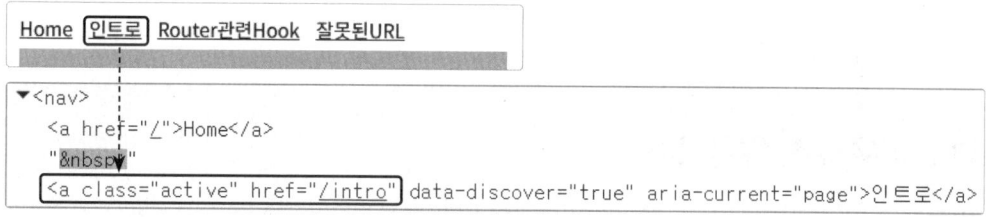

반면 Link 컴포넌트를 사용한 '잘못된URL'을 클릭하면 class="active" 속성이 부여되지 않습니다.

```
    <a href="/xyz" data-discover="true">잘못된URL</a>
    " "
</nav>
```

이처럼 NavLink는 현재 활성화된 경로를 기준으로 active 클래스를 자동으로 부여해주므로, 이를 활용하면 간단한 메뉴 강조 효과를 줄 수 있습니다.

05 index.css 파일에 다음과 같은 스타일을 추가하겠습니다.

```
                                          ReactStudy\react02-router\src\index.css
*{
  margin: 5px;
}
.active{ // ❶ 클래스 선택자로 스타일 정의
  background-color: aquamarine; // ❷ 배경색, 글자의 두께와 색깔 지정
  font-weight: bold;
  color: red;
}
```

❶ 클래스 선택자selector를 이용해서 active 속성을 정의합니다.

❷ 배경색, 글자의 두께와 색깔을 지정합니다.

06 그럼 다시 화면을 확인하겠습니다. 인트로 링크를 클릭해보세요. 다음과 같이 배경색이 적용된 걸 확인할 수 있습니다.

```
Home  인트로  Router관련Hook  잘못된URL
Outlet 컴포넌트 알아보기
```

11.6 라우터 훅 알아보기

이번에는 react-router-dom에서 제공하는 훅Hook을 알아보겠습니다. 웹 애플리케이션에 라우팅을 적용하여 구현하다 보면 현재 URL 정보나 쿼리스트링Query String을 확인하거나 수정해야 할 때가 있습니다. 이때 useLocation과 useSearchParams 훅을 사용하면 간편하게 처리할 수 있습니다.

- **useLocation**
  - 현재 페이지의 전체 URL 정보를 가져올 수 있는 훅입니다.
  - pathname(현재경로), search(쿼리스트링) 등의 정보를 얻을 수 있습니다.
  - 단, 쿼리스트링은 문자열 형태로만 제공되며, 항목별로 자동 파싱하는 기능은 지원하지 않습니다.

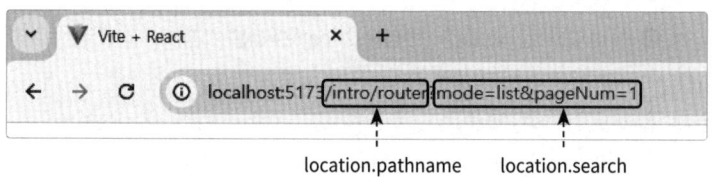

location.pathname   location.search

- **useSearchParams**
  - 현재 페이지의 쿼리스트링을 개별 항목별로 쉽게 가져오거나 수정할 수 있는 훅입니다.
  - 다양한 검색 조건, 필터링 기능 등을 구현할 때 유용하며, 쿼리스트링 값을 읽고 추가하거나 삭제할 수 있습니다.

쿼리스트링 정보를 얻기   쿼리스트링 변경을   useSearchParams
위한 변수명   위한 함수   훅 선언

11.7 라우터 훅 사용해보기

react-router-dom에서 제공하는 useLocation과 useSearchParams 훅을 활용하여 URL과 쿼리스트링을 다루는 예제를 만들어보겠습니다. 현재 페이지의 경로와 쿼리스트링 값을 읽어오고, 버튼 클릭을 통해 쿼리스트링을 동적으로 변경하는 기능까지 직접 구현해보겠습니다.

To do 01 그럼 각 훅을 사용하는 방법을 예제를 통해 알아보겠습니다.

ReactStudy\react02-router\src\components\RouterHooks.jsx

```jsx
import {useLocation, useSearchParams} from "react-router-dom"; // ❶ 라우터 훅 임포트

const RouterHooks = ()=>{
  const location = useLocation(); // ❷ useLocation 훅 선언
  // ❸ useSearchParams 훅 선언
  const [searchParams, setSearchParams] = useSearchParams();
  const mode = searchParams.get('mode'); // ❹ 쿼리스트링으로 전달되는 파라미터를 얻어옴
  const pageNum = searchParams.get('pageNum');

  const changeMode = () => { // ❺ mode의 값을 변경하는 함수 정의
    const nextMode = (mode==='list') ? 'view' : 'list';
```

```
    setSearchParams({ // ❻ 파라미터 중 mode는 변경하고 pageNum은 그대로 유지
      mode : nextMode,
      pageNum
    });
  }

  const nextPage = () => { // ❼ 페이지 번호를 증가시키는 함수 정의
    let pageTemp = (pageNum===null || isNaN(pageNum))
                 ? 1 : parseInt(pageNum) + 1;
    setSearchParams({ // ❽ mode의 값은 유지하고, pageNum의 값은 변경
      mode,
      pageNum : pageTemp
    });
  }
  const prevPage = () => { // ❾ 페이지 번호를 감소시키는 함수 정의
    let pageTemp = (pageNum===null || isNaN(pageNum))
                 ? 1 : parseInt(pageNum) - 1;
    setSearchParams({
      mode,
      pageNum : pageTemp
    });
  }

  return (<>
    <h2>라우터 관련 Hook</h2>
    <div>
      <ul>
        <li>URL : {location.pathname}</li> // ❿ 현재 페이지 경로와 쿼리스트링 전체 출력
        <li>쿼리스트링 : {location.search}</li>
        <li>mode : {mode}</li> // ⓫ 쿼리스트링에서 mode와 pageNum 출력
        <li>pageNum : {pageNum}</li>
      </ul>
      <button onClick={changeMode}>mode변경</button> // ⓬ 버튼 정의
      <button onClick={prevPage}>이전Page</button>
      <button onClick={nextPage}>다음Page</button>
    </div>
  </>);
}

export default RouterHooks;
```

❶ react-router-dom에서 useLocation, useSearchParams 훅을 임포트합니다.

❷ useLocation 훅으로 변수를 생성합니다.

❸ useSearchParams 훅으로 쿼리스트링을 다루기 위한 변수와 변경을 위한 함수를 생성합니다.

❹ 현재 페이지의 쿼리스트링에서 mode, pageNum값을 가져옵니다. 이때 get 함수를 사용합니다.

❺ mode의 값을 변경하는 함수를 선언합니다. 조건문을 통해 mode의 값을 view와 list로 토글합니다.

❻에서는 쿼리스트링 변경을 위해 ❸에서 생성한 함수를 호출합니다. 인수는 객체 형식으로 전달하여 mode값만 변경하고, pageNum은 그대로 유지합니다.

❼ nextPage() 함수는 pageNum을 증가시켜 페이지 번호를 변경합니다. pageNum이 없거나 유효하지 않으면 1로 설정하고, 그렇지 않으면 기존 값에 1을 더합니다.

❽ pageNum만 변경하고, mode는 그대로 유지합니다.

❾ prevPage() 함수는 pageNum을 감소시켜 이전 페이지로 이동합니다. nextPage() 함수와 기능적으로 같습니다.

❿ 현재 페이지의 경로와 쿼리스트링 전체를 출력합니다.

⓫ 쿼리스트링에서 mode와 pageNum 값을 개별적으로 출력합니다.

⓬ mode와 pageNum을 변경하기 위한 버튼입니다. 앞에서 정의한 함수를 호출합니다.

그럼 App.jsx에서 라우팅 처리된 부분에 컴포넌트를 추가한 후 실행 결과를 확인하겠습니다.

```
...상단 생략                                    ReactStudy\react02-router\src\App.jsx
import RouterHooks from './components/RouterHooks'; // ❶ 임포트 추가

function App() {
  return (<>
    <TopNavi></TopNavi>
    <Routes>
      <Route path='/' element={<Home></Home>} />
      <Route path='/intro' element={<CommonLayout />}>
        <Route index element={<LayoutIndex />} />
```

```
        <Route path="router" element={<RouterHooks />} /> // ❷ 컴포넌트 추가
      </Route>
      <Route path='*' element={<NotFound></NotFound>} />
    </Routes>
  </ />);
}

export default App;
```

❶ 컴포넌트를 임포트합니다.

❷ 중첩된 라우터 내부에 컴포넌트를 추가합니다. /intro/router 경로에서 렌더링될 때 CommonLayout 컴포넌트의 〈Outlet /〉 부분에서 보여집니다.

▼ 실행 결과

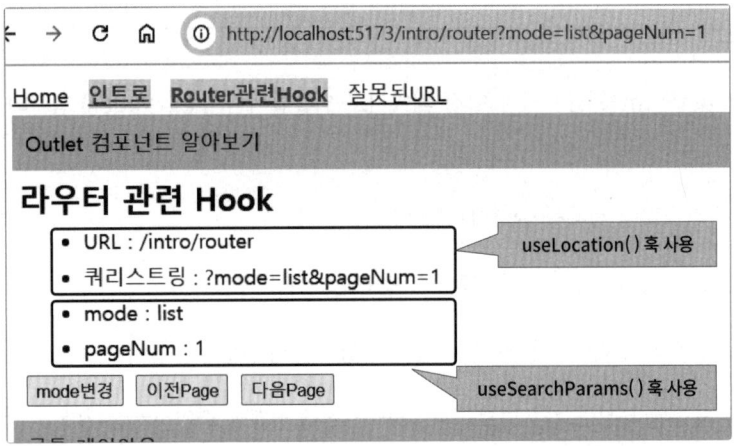

useLocation 훅을 통해 현재 페이지의 URL과 쿼리스트링을 얻어올 수 있습니다.

useSearchParams 훅을 통해 쿼리스트링의 개별 파라미터를 얻어오거나 조작할 수 있습니다.

- [mode변경] 버튼을 누르면 ?mode=list와 ?mode=view가 토글됩니다.
- [이전Page], [다음Page]를 누르면 pageNum이 1 증가하거나 1감소합니다.

이와 같이 쿼리스트링의 개별 파라미터를 쉽게 조작할 수 있습니다.

학습 마무리

여러 개의 화면으로 구성된 리액트 애플리케이션에서는 URL에 따라 다른 화면을 보여주는 라우팅 처리가 필요합니다. 이를 위해 react-router-dom 라이브러리를 사용하면 구조화된 라우팅 처리가 가능해지고, 코드도 더욱 깔끔하게 관리할 수 있습니다.

페이지 간 이동을 위해 Link나 NavLink 컴포넌트를 사용할 수 있고, 여러 중첩된 라우트를 구성할 때는 Outlet 컴포넌트를 활용할 수 있습니다. 또한 현재 위치 정보를 가져오거나, 주소창의 쿼리스트링을 통해 전달되는 파라미터를 쉽게 다루기 위해 useLocation이나 useSearchParams 같은 훅도 함께 사용할 수 있습니다.

이런 도구들을 적절히 조합하면, 다양한 경로에 따라 컴포넌트를 렌더링하고, 중첩된 UI도 자연스럽게 구성할 수 있습니다. 앞으로 실전 프로젝트를 할 때 꼭 필요한 개념이므로 확실히 이해하고 넘어가는 것이 중요합니다.

핵심 키워드

1. **BrowserRouter** : 라우터 기능을 사용하기 위해 전체 앱을 감싸는 컴포넌트입니다.
2. **Routes** : 여러 개의 Route를 감싸는 컴포넌트로, URL 경로에 따라 해당 컴포넌트를 렌더링 해줍니다.
3. **Route** : 특정 경로와 컴포넌트를 연결하는 역할의 컴포넌트입니다.
4. **Link** : 페이지 이동을 위한 컴포넌트로, 브라우저의 새로고침 없이 화면을 전환할 수 있습니다.
5. **NavLink** : Link와 비슷하지만 현재 경로에 따라 스타일을 다르게 적용할 수 있는 컴포넌트입니다.
6. **Outlet** : 중첩된 라우트를 표현할 때, 자식 컴포넌트가 렌더링될 위치를 지정하는 컴포넌트입니다.
7. **useLocation** : 현재 URL 정보를 객체로 받아올 수 있는 훅입니다.
8. **useSearchParams** : URL 쿼리스트링을 읽고 수정할 수 있는 훅입니다.

연습문제

1 react-router-dom에서 애플리케이션에 라우팅 기능을 적용하려면 가장 바깥을 어떤 컴포넌트로 감싸야 하나요?

2 다음 코드의 역할을 간단히 설명해보세요.

```
<Link to="/contact">연락처</Link>
```

3 현재 URL 경로(pathname 등)를 확인하고 싶을 때 사용할 수 있는 훅은 무엇인가요?

4 다음 중 중첩 라우트를 구성할 때 자식 컴포넌트가 표시될 위치를 지정하는 컴포넌트는 무엇인가요?

❶ Route ❷ NavLink

❸ Outlet ❹ BrowserRouter

5 NavLink 컴포넌트의 특징으로 알맞은 것을 고르세요.

❶ 외부 페이지로 이동할 수 있다.

❷ 현재 URL과 일치하면 자동으로 리로드된다.

❸ 활성화된 링크에 스타일을 다르게 줄 수 있다.

❹ 클릭할 때마다 useEffect가 무조건 실행된다.

6 다음 중 쿼리스트링을 읽거나 수정할 때 사용하는 훅은 무엇인가요?

❶ useEffect

❷ useSearchParams

❸ useQuery

❹ useHistory

1 **정답** BrowserRouter
2 **정답** 클릭 시 /contact 경로로 이동하며, 새로고침 없이 화면이 전환됩니다.
3 **정답** useLocation
4 **정답** ❸
5 **정답** ❸
6 **정답** ❷

Chapter 12

생명주기

학습 목표

리액트 컴포넌트의 생명주기를 이해하고, useEffect 훅을 활용하여 컴포넌트의 마운트, 업데이트, 언마운트 시점을 구분해 필요한 작업을 처리할 수 있습니다. 또한 fetch 함수를 사용하여 로컬 JSON 파일과 외부 API로부터 데이터를 비동기적으로 불러오는 방법을 익힙니다.

핵심 키워드

`생명주기`　`컴포넌트 마운트/업데이트/언마운트`　`useEffect`　`fetch`　`비동기 처리`

학습 코스

생명주기 알아보기 → 클래스형 컴포넌트에서의 생명주기 → 함수형 컴포넌트와 useEffect 훅 → 로컬 JSON 파일과 통신하기 → 외부 API 통신하기

12.1 생명주기 알아보기

리액트에서 컴포넌트는 화면에 나타나고, 업데이트되며, 사라지는 일련의 과정을 거칩니다. 이 과정을 컴포넌트의 생명주기Life Cycle라고 부릅니다. 생명주기는 마운트Mount, 업데이트Update, 언마운트Unmount 세 단계로 나눕니다.

❶ 마운트는 컴포넌트가 화면에 처음 나타나는 시점입니다. 이 과정에서 컴포넌트가 생성되어 웹브라우저의 DOM에 삽입됩니다. ❷ 업데이트는 컴포넌트의 상태state나 속성props이 변경되어 다시 렌더링되는 시점입니다. 기존에 렌더링된 결과를 새롭게 갱신하는 과정입니다. ❸ 언마운트는 컴포넌트가 더 이상 필요 없어서 화면에서 제거되는 시점입니다. 이때 리소스를 정리하거나 이벤트 리스너를 해제하는 등의 작업을 수행할 수 있습니다.

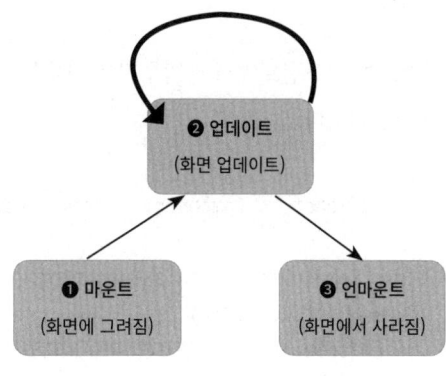

리액트 초창기에는 클래스형 컴포넌트를 주로 사용했으며, 전용 메서드를 사용해 생명주기를 관리했습니다. 이후 리액트 16.8 버전부터 훅이 도입되면서, 함수형 컴포넌트에서도 생명주기를 관리할 수 있게 되었습니다.

먼저 클래스형 컴포넌트에서 생명주기를 어떻게 관리했는지 살펴본 후 현재 널리 사용되는 함수형 컴포넌트 방식으로 넘어가겠습니다.

12.2 클래스형 컴포넌트에서의 생명주기

클래스형 컴포넌트에서는 컴포넌트의 생명주기에 맞춰 호출되는 특별한 함수를 제공했습니다. 이를 생명주기 함수라고 부릅니다.

대표적인 생명주기 함수는 다음과 같습니다.

- **componentDidMount( )** : 컴포넌트가 화면에 처음 렌더링된 후 호출됩니다. 주로 초기 데이터 로딩이나 외부 API 호출 같은 작업을 이 시점에 처리합니다.
- **componentDidUpdate(이전Props, 이전State)** : 컴포넌트가 업데이트된 직후 호출됩니다.

업데이트 이전과 이후의 props, state의 값을 비교하여 추가 작업을 할 때 사용합니다.
- **componentWillUnmount()** : 컴포넌트가 화면에서 제거되기 직전에 호출됩니다. 타이머를 정리하거나 이벤트 리스너를 해제하는 등 리소스 정리를 수행합니다.

이런 메서드 덕분에 개발자는 컴포넌트의 생성, 변경, 제거를 감지하여 필요한 작업을 할 수 있었습니다.

클래스형 컴포넌트에서 생명주기를 다루는 코드는 다음과 같습니다(이 예제는 구조만 살펴보고 넘어가면 됩니다).

```
import React, { Component } from 'react';

class SampleUser extends Component {
  componentDidMount() {
    console.log('컴포넌트가 마운트되었습니다.');
    // 여기에서 API 호출 등을 할 수 있습니다.
  }

  componentDidUpdate(prevProps, prevState) {
    console.log('컴포넌트가 업데이트되었습니다.');
    // 이전 props, state와 비교하여 추가 작업을 수행할 수 있습니다.
  }

  componentWillUnmount() {
    console.log('컴포넌트가 언마운트됩니다.');
    // 여기에서 타이머 정리나 이벤트 리스너 해제 작업을 수행할 수 있습니다.
  }

  render() {
    return <div>화면에 표시할 내용</div>;
  }
}

export default SampleUser ;
```

이처럼 클래스형 컴포넌트에서는 각 생명주기 함수를 명시적으로 정의하여 컴포넌트의 상태를 관리했습니다. 하지만 시간이 지나면서 훅이 등장했고, 함수형 컴포넌트가 리액트의 기본 포맷으로 자리 잡게 되었습니다. 이 변화에 따라 생명주기를 관리하는 방식도 자연스럽게 달라졌습니다.

다음 절에서는 함수형 컴포넌트에서 훅을 이용해 생명주기를 관리하는 방법을 알아보겠습니다.

12.3 함수형 컴포넌트와 useEffect 훅

함수형 컴포넌트는 원래 프롭스를 받아 화면에 렌더링하는 간단한 역할만 수행했습니다. 하지만 훅이 등장하면서 함수형 컴포넌트도 상태 관리와 생명주기 작업을 자유롭게 처리할 수 있게 되었습니다. 이 가운데 useEffect는 함수형 컴포넌트에서 생명주기 작업을 담당할 수 있도록 설계된 대표적인 훅입니다. 기본 형식은 다음과 같습니다.

```
useEffect( ( ) => {
    A. 컴포넌트가 마운트된 후 실행할 코드
    return ( ) => {
        B. 컴포넌트가 언마운트되기 직전에 실행할 코드
    }
},
[의존성배열] );
```

컴포넌트가 최초로 마운트되면 useEffect가 호출되어 A 영역이 실행됩니다. 그 후 useEffect의 재실행 여부는 의존성 배열에 의해 결정됩니다.

의존성 배열	코드	useEffect 실행 여부
생략	useEffect(() => { 실행문장; });	컴포넌트가 업데이트될 때마다 실행됩니다. 언마운트되기 직전 B 영역이 실행되고, 마운트 후 A 영역이 실행됩니다.
빈 배열 지정	useEffect(() => { 실행문장; }, [ ]);	최초 한 번만 실행되고 더 이상 실행되지 않습니다.
특정 변수 지정	useEffect(() => { 실행문장; }, [변수C]);	지정한 변수C의 값이 변경될 때만 실행됩니다. 언마운트되기 직전 B 영역이 실행되고, 마운트 후 A 영역이 실행됩니다.

그럼 A와 B 영역에서는 주로 어떤 작업을 하게 될까요?

- **A 영역** : 컴포넌트가 마운트된 직후 실행되는 부분입니다. 이곳에서는 주로 데이터 요청, 이벤트 등록, 타이머 설정, 상태 초기화 및 연산 처리 등의 작업을 수행합니다. 즉, 컴포넌트가 처음 준비되었을 때 필요한 초기 설정 작업을 담당합니다.
- **B 영역** : 컴포넌트가 언마운트되기 직전 실행되는 부분이며, 이곳에 작성된 코드를 클린업clean-up 함수라고 부릅니다. 주로 이벤트 리스너 해제, 타이머 정리, 구독 해지 등의 정리 작업을 수행하며, 이는 메모리 누수나 불필요한 동작을 방지하는 데 도움이 됩니다.

그럼 예제를 통해 더 자세히 살펴보겠습니다. **12장부터는 예제 작성 시 라우팅 처리를 기본으로 하겠습니다. 따라서 프로젝트 생성은 다음 단계를 따라주세요.**

프로젝트명 : react03-lifecycle
- 비트로 리액트 프로젝트 생성
- 프로젝트 폴더로 이동한 후 의존성 설치
- react-router-dom 설치
- 프로젝트 실행 및 기본형 만들기

To do **01** 라우팅 처리를 위해 App 컴포넌트를 BrowserRouter로 감싸는 작업부터 시작하겠습니다.

```
ReactStudy\react03-lifecycle\src\main.jsx
```

```jsx
import { createRoot } from 'react-dom/client'
import './index.css'
import App from './App.jsx'
import {BrowserRouter} from "react-router-dom"

createRoot(document.getElementById('root')).render(
  <BrowserRouter> // ❶ 라우팅 처리를 위해 App 컴포넌트 감싸기
    <App />
  </BrowserRouter>
)
```

❶ 라우팅 처리를 위해 〈BrowserRouter〉 컴포넌트로 〈App〉 컴포넌트를 감싸줍니다.

02 다음은 내비게이션으로 사용할 컴포넌트를 만들겠습니다.

ReactStudy\react03-lifecycle\src\components\TopNavi.jsx

```jsx
import {NavLink} from 'react-router-dom';

const TopNavi = ()=>{
  return (
    <nav> // ❶ 링크 설정
      <NavLink to="/">생명주기</NavLink> 
      <NavLink to="/local">내부통신</NavLink> 
      <NavLink to="/external">외부통신</NavLink>
    </nav>
  );
}

export default TopNavi;
```

❶ 12장에서 만들어볼 예제들의 링크를 모두 설정합니다.

03 다음은 Lifecycle 컴포넌트를 살펴보겠습니다. 버튼을 눌러 박스를 좌우로 이동시키는 간단한 애플리케이션을 만들어볼 텐데요, 이를 통해 컴포넌트가 마운트되거나 업데이트될 때 useEffect 가 어떻게 동작하는지를 확인해볼 수 있습니다.

ReactStudy\react03-lifecycle\src\components\Lifecycle.jsx

```jsx
import {useState, useEffect} from 'react'; // ❶ useState, useEffect 훅 임포트

function MoveBox(props){
  console.log('LifeCycle==>1.컴포넌트 실행( 함수 호출)'); // ❷ 첫 번째로 실행되는 코드

  // ❸ 박스 위치 설정을 위한 상태 생성
  const [position, setPosition] = useState(props.initPosition);
  const [leftCount, setLeftCount] = useState(1);
  const boxStyle = { // ❹ 박스의 스타일 지정
    backgroundColor: 'red', position: 'relative', textAlign: 'center',
    width: '100px', height: '100px', margin: '10px', lineHeight: '100px',
    left: `${position}px`
  };

  const moveLeft = () => { // ❺ 박스를 좌측으로 이동하는 함수
    setPosition(() => position - 20);
```

Chapter 12 생명주기　175

```
    setLeftCount(() => leftCount + 1);
  };
  const moveRight = () => { // ❺ 박스를 우측으로 이동하는 함수
    setPosition(() => position + 20);
  };

  useEffect(function(){ // ❻ useEffect 훅으로 렌더링된 후 실행할 코드 추가
  // 세 번째, 네 번째로 실행되는 코드
    console.log('useEffect 실행==>3.컴포넌트 마운트');
    return ()=>{
      console.log('useEffect 실행==>4.컴포넌트 언마운트');
    }
  // }); //1.의존성 배열 생략
  // }, []); //2.의존성 배열에 빈 배열 지정
  }, [leftCount]); //3.의존성 배열에 State 변수 할당

  console.log('return실행==>2.렌더링(return문))'); // ❼ 두 번째로 실행되는 코드
  return (
    <div>
      <h4> 함수형 컴포넌트의 생명주기</h4>
      <div style={boxStyle}>{leftCount}</div> // ❽ 박스와 좌우측 이동을 위한 버튼
      <input type='button' value="좌측이동" onClick={moveLeft} />
      <input type='button' value="우측이동" onClick={moveRight} />
    </div>
  );
}

function LifeCycle() {
  return (<>
    <h2>React Hook - useEffect</h2>
    <MoveBox initPosition={50} /> // ❾ 박스 컴포넌트를 UI에 추가
  </>);
}

export default LifeCycle;
```

❶ useState, useEffect를 임포트합니다.

❷ 생명주기의 **첫 번째** 부분으로 MoveBox 컴포넌트가 렌더링되려면 이 함수가 호출되어야 합니다.

❸ 박스의 초기 위치 설정을 위한 상태와 좌측으로 이동하는 횟수를 카운트하기 위한 상태를 생성합니다.

❹ 박스의 스타일을 설정하기 위한 객체입니다. 배경색, 가로, 세로 크기 등이 설정되어 있습니다. 특히 초기 위치인 left 속성은 상태인 position으로 설정되어 있습니다.

❺ 박스를 좌측, 우측으로 이동시키는 함수로 상태로 정의한 position을 증감시킵니다. 특히 좌측으로 이동할 때는 카운트를 1씩 증가시킵니다.

❻ useEffect는 컴포넌트가 렌더링된 후 실행됩니다. 생명주기에서는 **세 번째**, **네 번째**로 실행되는 부분입니다. 의존성 배열에 따라 재실행되는 것을 확인해보기 위해 주석 처리된 부분이 있습니다. App 컴포넌트 작성 후 더 자세히 설명하겠습니다.

❼ 함수형 컴포넌트에서 return문의 실행은 렌더링이 되는 것을 의미합니다. 따라서 생명주기에서는 **두 번째**로 실행됩니다.

❽ 박스를 좌우측으로 이동시키기 위한 버튼입니다.

❾ MoveBox 컴포넌트를 자식으로 추가하면서 초기 위칫값인 50을 프롭스로 전달합니다.

04 이제 실행을 위해 App 컴포넌트를 작성하겠습니다. 라우팅 처리를 위한 코드만 추가해주면 됩니다.

ReactStudy\react03-lifecycle\src\App.jsx
```jsx
import {Routes, Route} from "react-router-dom"; // ❶ 라우팅을 처리할 컴포넌트 임포트

// ❷ 상단 내비게이션 바 역할의 컴포넌트 임포트
import TopNavi from './components/TopNavi';
import Lifecycle from './components/Lifecycle';
// 다음 절에서 작성할 예제이므로 주석 처리
//import LocalJsonFetcher from './components/LocalJsonFetcher';
//import ExternalApiFetcher from './components/ExternalApiFetcher';

function App() {
  return (<>
    <TopNavi></TopNavi> // ❸ 내비게이션 역할의 컴포넌트
    <Routes>
      // ❹ 이 부분만 활성화, 아래 2개는 주석 처리
      <Route path='/' element={<Lifecycle />} />
```

```
      {/* <Route path='/local' element={<LocalJsonFetcher />} /> */}
      {/* <Route path='/external' element={<ExternalApiFetcher />} /> */}
    </Routes>
  </ />);
}

export default App;
```

❶ 라우팅 처리를 위한 임포트입니다.

❷ TopNavi 컴포넌트를 임포트합니다. LocalJsonFetcher, ExternalApiFetcher 컴포넌트는 작성 전이므로 주석 처리합니다.

❸ 내비게이션 역할의 컴포넌트입니다. 이 부분은 URL에 상관없이 항상 렌더링됩니다.

❹ 생명주기 확인을 위한 Lifecycle 컴포넌트만 활성화하고 나머지 2개의 컴포넌트는 주석으로 처리합니다.

작성을 완료했다면 실행하겠습니다. [좌측이동], [우측이동] 버튼을 눌러서 박스 움직임과 콘솔에 출력되는 내용을 확인해보시기 바랍니다.

[좌측이동] 버튼을 3번 누르면 박스 내부의 숫자가 그림과 같이 증가합니다. [우측이동]은 숫자 변경 없이 이동만 합니다.

▼ 실행 결과

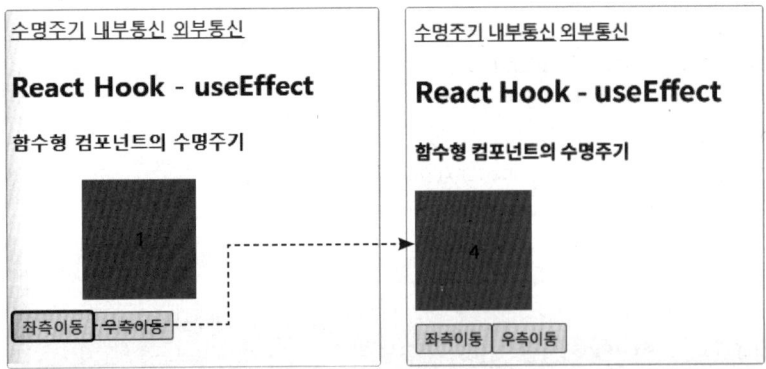

박스의 이동을 확인했다면, 의존성 배열에 지정한 값에 따라 useEffect가 재실행되는 부분을 확

인하겠습니다. Lifecycle.jsx 예제에는 1, 2, 3으로 주석 처리한 부분이 있었습니다.

```
useEffect(function(){
  console.log('useEffect실행==>3.컴포넌트 마운트');
  return ()=>{
    console.log('useEffect실행==>4.컴포넌트 언마운트');
  }
// }); //1.의존성 배열 생략
// }, []); //2.의존성 배열에 빈 배열 지정
}, [leftCount]); //3.의존성 배열에 State변수 할당
```

이 부분을 하나씩 활성화시켜가면서 확인하면 됩니다.

1 의존성 배열을 생략한 경우 : [좌측이동], [우측이동] 중 어떤 버튼을 눌러도 useEffect는 실행됩니다.

```
LifeCycle==>1.컴포넌트 실행(함수 호출)    Lifecycle.jsx:4
return실행==>2.렌더링(return문)           Lifecycle.jsx:33
useEffect실행==>3.컴포넌트 마운트          Lifecycle.jsx:24
LifeCycle==>1.컴포넌트 실행(함수 호출)    Lifecycle.jsx:4
return실행==>2.렌더링(return문)           Lifecycle.jsx:33
useEffect실행==>4.컴포넌트 언마운트        Lifecycle.jsx:26
useEffect실행==>3.컴포넌트 마운트          Lifecycle.jsx:24
```

2 의존성 배열에 빈 배열 지정한 경우 : useEffect는 최초 한 번만 실행되고, 이후에는 실행되지 않습니다.

```
LifeCycle==>1.컴포넌트 실행(함수 호출)    Lifecycle.jsx:4
return실행==>2.렌더링(return문)           Lifecycle.jsx:33
useEffect실행==>3.컴포넌트 마운트          Lifecycle.jsx:24
LifeCycle==>1.컴포넌트 실행(함수 호출)    Lifecycle.jsx:4
return실행==>2.렌더링(return문)           Lifecycle.jsx:33
```

3 의존성 배열에 State 변수를 할당한 경우 : leftCount를 할당했으므로 [좌측이동] 버튼을 누를 때만 useEffect가 실행됩니다. [우측이동] 버튼을 누를 때는 실행되지 않습니다.

```
LifeCycle==>1.컴포넌트 실행(함수 호출)      Lifecycle.jsx:4
return실행==>2.렌더링(return문))           Lifecycle.jsx:33
useEffect실행==>3.컴포넌트 마운트          Lifecycle.jsx:24
LifeCycle==>1.컴포넌트 실행(함수 호출)      Lifecycle.jsx:4
return실행==>2.렌더링(return문))           Lifecycle.jsx:33
useEffect실행==>4.컴포넌트 언마운트        Lifecycle.jsx:26
useEffect실행==>3.컴포넌트 마운트          Lifecycle.jsx:24
```

이와 같이 useEffect는 함수형 컴포넌트에서 생명주기 작업을 처리할 수 있게 해줍니다. 다음 절에서는 useEffect를 이용해서 로컬의 JSON 파일과 통신하는 예제를 만들겠습니다.

12.4 로컬 JSON 파일과 통신하기

리액트는 프론트엔드 라이브러리이기 때문에 자체적으로 서버 기능을 제공하지는 않습니다. 따라서 실제 웹 애플리케이션을 개발하려면 외부 서버 또는 파일과의 통신을 통해 데이터를 주고받는 로직이 필요합니다. 이때 리액트에서는 useEffect 훅을 사용하여 이런 비동기 작업을 처리합니다.

useEffect는 컴포넌트가 화면에 렌더링된 이후 실행되는 함수로, 서버 요청과 같이 시간이 소요되는 작업에 적합합니다. 초기 렌더링 시 화면을 먼저 보여준 다음, 필요한 데이터를 요청하고 응답을 받은 뒤 다시 렌더링하는 방식을 사용합니다. 이렇게 하면 서버 응답이 느릴 때에도 사용자에게 초기 화면이 먼저 표시되어 사용자 경험을 해치지 않게 됩니다.

이 절에서는 외부 서버 대신 프로젝트 내부에 있는 JSON 파일을 대상으로 통신하는 예제를 통해, useEffect와 비동기 데이터 처리 방식에 대해 실습하겠습니다.

To do **01** 먼저 데이터로 사용할 JSON 파일은 객체 배열로 정의합니다.

```
                                        ReactStudy\react03-lifecycle\public\json\myData.json
[
    {"num":1, "id":"yu", "name":"유비", "cell":"(02) 235-1111"},
    {"num":2, "id":"kwan", "name":"관우", "cell":"(051) 235-2222"},
    {"num":3, "id":"jang", "name":"장비", "cell":"(031) 235-3333"}
]
```

일련번호와 아이디 등으로 구성된 간단한 형식입니다.

02 상세내용으로 사용할 JSON 파일도 작성하겠습니다. 3개의 파일은 모두 같은 형식이므로 적절히 복사해서 작성해주세요.

ReactStudy\react03-lifecycle\public\json\dto1.json
```
{
    "num":1,
    "id":"yu",
    "name":"유비",
    "cell":"(02) 235-1111",
    "description":"유비는 삼국시대에서 중요한 지도자 중 하나로, 후한(漢) 왕조의 후손으로 자신을 가진 자로 주장하고, 후한의 부흥을 위해 노력했습니다."
}
```

ReactStudy\react03-lifecycle\public\json\dto2.json
```
{
    "num":2,
    "id":"kwan",
    "name":"관우",
    "cell":"(051) 235-2222",
    "description":"관우는 유비의 가장 친한 친구로, 붉은 얼굴과 의로운 성품으로 잘 알려져 있습니다."
}
```

ReactStudy\react03-lifecycle\public\json\dto3.json
```
{
    "num":3,
    "id":"jang",
    "name":"장비",
    "cell":"(031) 235-3333",
    "description":"장비는 무술에 뛰어나고 무모한 성격으로 유명하며, 세 형제 중에서 가장 격렬하고 화려한 전투를 벌였습니다."
}
```

03 데이터가 준비되었으니 통신을 위한 예제를 작성하겠습니다.

ReactStudy\react03-lifecycle\src\components\LocalJsonFetcher.jsx
```
import {useState, useEffect} from 'react';

const GlobalTop = (props) => { // ❶ 컴포넌트 정의
```

```jsx
    console.log('1.컴포넌트실행');
    const [myList, setMyList] = useState([]); // ❷ 데이터 저장을 위한 상태 생성
    useEffect(() => { // ❸ 컴포넌트 렌더링 후 실행할 코드 작성
      console.log('3.useEffect 실행');
      fetch('./json/myData.json') // ❹ 내부 JSON 파일을 GET 방식으로 요청해서 내용 읽기
        .then((result)=>{
          return result.json();
        })
        .then((json)=>{
          console.log(json);
          setMyList(json);
        });
    }, []);
    let listTag = myList.map((data) => { // ❺ 상태 변수를 통해 반복해서 목록 구성
      return (
        <li key={data.id}>
          <a href={data.id} data-id={data.num} onClick={(e)=>{
            e.preventDefault();
            props.myLinkClick(e.target.dataset.id);
          }}>{data.id}</a>
        </li>
      );
    });
    console.log('2.return실행(rendering)'); // ❻ 렌더링되는 시점을 콘솔에 출력
    return (
      <nav>
        <ul>
          {listTag}
        </ul>
      </nav>
    );
}
const ContentBody = (props)=>{ // ❼ 프롭스로 받은 데이터를 출력하는 컴포넌트
  return (
    <div>
      <h2>{props.myResult.name}</h2>
      <ul>
        <li>num : {props.myResult.num}</li>
        <li>id : {props.myResult.id}</li>
        <li>cell : {props.myResult.cell}</li>
```

```
        <li>description : {props.myResult.description}</li>
      </ul>
    </div>
  );
}
function LocalJsonFetcher() {
  const [myResult, setMyResult] = useState({}); // ❽ 상세내용 저장을 위한 상태
  return (<>
    <h2>내부 서버 통신</h2>
    // ❾ 목록 클릭 시 내용을 얻어오기 위한 함수를 프롭스로 전달
    <GlobalTop myLinkClick={(num)=>{
      console.log('클릭', num);
      // ❿ 일련번호 num에 해당하는 JSON 파일 요청 후 내용 얻어오기
      fetch('./json/dto'+num+'.json')
        .then((result)=>{
          return result.json();
        })
        .then((json)=>{
          setMyResult(json);
        });
    }}></GlobalTop>
    // ⓫ 내용을 출력하는 컴포넌트를 UI에 추가
    <ContentBody myResult={myResult}></ContentBody>
  </>);
}
export default LocalJsonFetcher;
```

❶ GlobalTop 컴포넌트는 JSON 파일을 읽은 후 목록으로 출력합니다.

❷ JSON 데이터를 저장할 상태를 생성합니다. 여기서 사용할 데이터는 객체 배열이므로 초깃값은 빈 배열로 설정했습니다.

❸ GlobalTop 컴포넌트가 1차 렌더링된 후 useEffect가 실행됩니다. 즉 목록이 빈 상태로 화면이 먼저 표시됩니다.

❹ fetch() 함수로 프로젝트 내부에 있는 JSON 파일을 비동기로 요청합니다. then절에서 응답을 받은 후 setMyList()를 호출하여 상태를 변경합니다. 이때 UI는 새롭게 렌더링되면서 응답받은 데이터를 목록으로 표시합니다.

❺ myList를 목록으로 표시하기 위해 map 함수로 반복하여 UI를 만듭니다. 목록을 클릭하면 상세내용이 표시되어야 하므로 a 태그로 링크를 추가합니다. 이 부분은 data-id와 dataset을 사용해서 링크를 설정합니다. data-id에 설정된 값은 게시물의 일련번호인 num이고, 이 값은 e.target.dataset.id로 얻어올 수 있습니다. 즉 링크 클릭 시 프롭스로 전달받은 함수 myLinkClick( )을 실행합니다. 이때 일련번호 num을 인수로 전달하게 됩니다.

❻ GlobalTop 컴포넌트가 1차 렌더링됩니다. 이때는 myList가 빈 배열인 상태이므로 목록은 표시되지 않습니다.

❼ ContentBody 컴포넌트를 정의합니다. 프롭스로 받은 데이터를 항목별로 출력합니다.

❽ 게시물의 상세내용을 저장할 상태를 생성합니다.

❾ GlobalTop 컴포넌트에서 목록을 클릭하면 일련번호에 해당하는 JSON 파일을 비동기로 요청해서 상세내용을 인출합니다.

❿ 만약 1번 게시물을 클릭했다면 dto1.json 파일을 요청한 후 응답받은 데이터로 상태를 변경합니다. 이때 리렌더링이 되면서 내용이 화면에 출력됩니다.

⓫에서는 ❽에서 선언한 상태를 프롭스로 전달합니다.

작성이 완료되었다면 실행하겠습니다. App.jsx에서 LocalJsonFetcher 컴포넌트 부분만 활성화하면 됩니다.

▼ 실행 결과

최초 실행 시에는 1차 렌더링이 완료된 후 useEffect가 호출되어 리렌더링이 되는 것을 볼 수 있습니다. 그럼 목록에서 yu를 클릭하겠습니다.

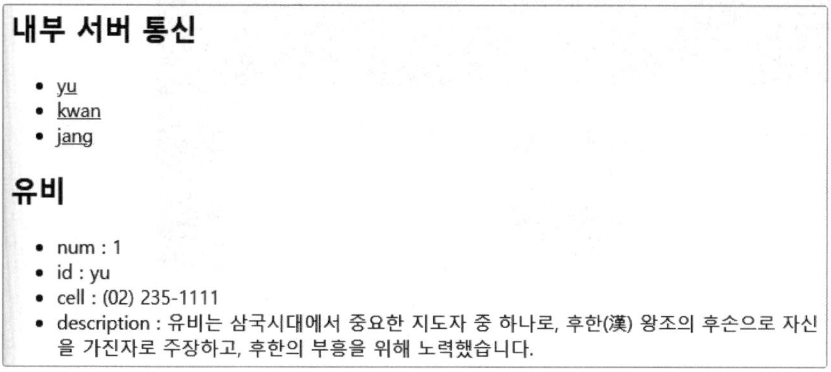

내부 서버 통신

- yu
- kwan
- jang

유비

- num : 1
- id : yu
- cell : (02) 235-1111
- description : 유비는 삼국시대에서 중요한 지도자 중 하나로, 후한(漢) 왕조의 후손으로 자신을 가진자로 주장하고, 후한의 부흥을 위해 노력했습니다.

그림과 같이 상세내용이 아래쪽에 표시됩니다. 다른 항목도 각각 클릭해서 확인해보세요.

12.5 외부 API 통신하기

앞선 절에서는 프로젝트 내부에 있는 JSON 파일을 대상으로 데이터를 요청하고 화면에 출력하는 방법을 실습해보았습니다. 이번 절에서는 한 단계 더 나아가, 외부 서버와의 통신을 통해 데이터를 가져오는 방법을 살펴보겠습니다. 실습에서는 https://randomuser.me라는 무료 API를 사용합니다. 이 API는 무작위로 생성된 사용자 정보를 JSON 형식으로 제공하는 서비스로 별도의 가입 절차 없이 간단히 사용할 수 있습니다.

이를 활용하여 외부 API로부터 사용자 정보를 가져오고 화면에 표시하는 애플리케이션을 만들겠습니다.

12.5.1 randomuser.me 살펴보기

randomuser.me는 도메인에서 알 수 있듯이 사용자의 정보를 랜덤하게 생성한 후 JSON으로 응답하는 무료 API 사이트입니다.

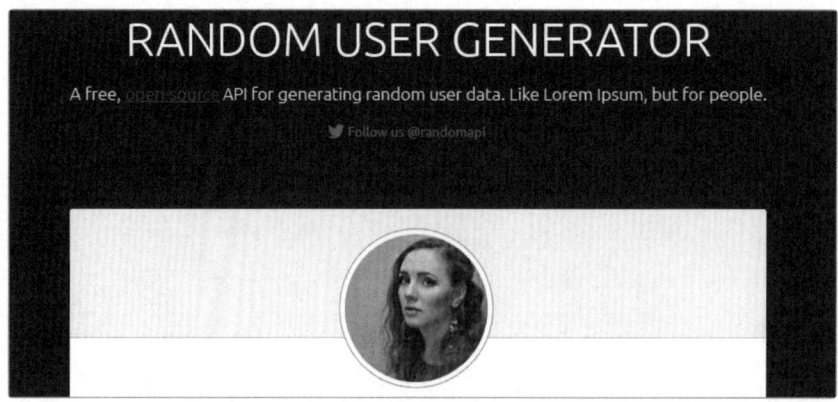

요청 URL은 https://api.randomuser.me/입니다. 응답된 JSON의 대략적인 포맷은 다음과 같습니다.

```
{"results": [ {
    "gender": "male",
    "name": {"title": "Mr","first": "Jesse","last": "Barnes"},
    "location": { …생략 },
    "email": "jesse.barnes@example.com",
    "login": {
       "uuid": "709a975f-49d1-4742-a43e-6acafe281db4",
       "username": "bluetiger484",
       "password": "cthulhu",
...생략...
```

별도의 파라미터 없이 요청하면 1개의 데이터를 반환합니다. 파라미터 results를 추가하면 원하는 개수를 지정할 수 있습니다.

To do 01 그럼 코드를 작성하겠습니다.

ReactStudy\react03-lifecycle\src\components\ExternalApiFetcher.jsx

```
import {useState, useEffect} from 'react';

function RandomUser(props){ // ❶ 컴포넌트 정의
  const [myJSON, setMyJSON] = useState({results:[]});
```

```
  useEffect(function(){
    fetch("https://api.randomuser.me?results=10") // ❷ 10개의 데이터 요청
      .then((result)=>{
        return result.json();
      })
      .then((json)=>{
        console.log(json);
        setMyJSON(json); // ❸ 반환받은 데이터로 상태 변경
      });
  }, []); // ❹ 의존성 배열은 빈 배열로 설정하여 딱 한 번만 실행

  let trTag = myJSON.results.map((data) => { // ❺ 화면에 출력할 <tr> 태그 구성
    return (
      <tr key={data.login.md5}>
        <td><img src={data.picture.thumbnail} alt={data.login.username} /></td>
        <td><a href='/' onClick={(e)=>{
            e.preventDefault();
            props.onProfile(data);
          }}>{data.login.username}</a>
        </td>
        <td>{data.name.title} {data.name.first} {data.name.last}</td>
        <td>{data.nat}</td>
        <td>{data.email}</td>
      </tr>
    );
  });
  return ( // ❻ UI 렌더링
    <div>
      <table border='1'>
        <thead>
          <tr>
            <th>사진</th><th>로그인</th><th>이름</th>
            <th>국가</th><th>Email</th>
          </tr>
        </thead>
        <tbody>{trTag}</tbody>
      </table>
    </div>
  );
}
```

```
function ExternalApiFetcher() {
  return (<>
    <h2>외부 서버 통신</h2>
    <RandomUser onProfile={(sData)=>{ // ❼ 사용자 정보 출력을 위한 함수를 프롭스로 전달
      console.log(sData);
      let info = `전화번호:${sData.cell} // ❽ 출력할 내용 구성
성별:${sData.gender}
username:${sData.login.username}
password:${sData.login.password}`;
      alert(info); // ❾ 경고창으로 내용 출력
    }}></RandomUser>
  </>);
}

export default ExternalApiFetcher;
```

❶ RandomUser 컴포넌트를 정의하고, 데이터로 사용할 상태를 생성합니다. 초깃값은 객체로 설정했습니다.

❷ randomuser.me로 데이터를 요청합니다. results 파라미터는 사용자 데이터 개수를 의미하므로 10개의 데이터를 JSON으로 반환합니다.

❸ 반환된 데이터를 통해 상태를 변경합니다.

❹ 의존성 배열은 빈 배열로 지정했습니다. 따라서 useEffect는 딱 한 번만 실행됩니다.

❺ 상태 변수를 통해 화면에 출력할 <tr>태그를 구성합니다. 이미지, 이름, 국가 등의 데이터가 포함됩니다. 특히 이름에는 <a>태그로 링크를 추가하여 클릭 시 onProfile()을 실행합니다.

❻ 렌더링할 UI입니다. 사진, 이름 등을 목록의 형태로 출력합니다.

❼ RandomUser 컴포넌트에서 목록을 클릭하면 사용자 정보를 경고창으로 표시하기 위한 함수를 프롭스로 전달합니다.

❽ 전화번호, 성별 등의 사용자 정보를 템플릿 리터럴을 통해 하나의 문자열로 저장합니다.

❾ 문자열을 경고창으로 표시합니다.

App.jsx에서 ExternalApiFetcher 컴포넌트 부분의 주석을 제거한 후 실행하겠습니다.

▼ 실행 결과

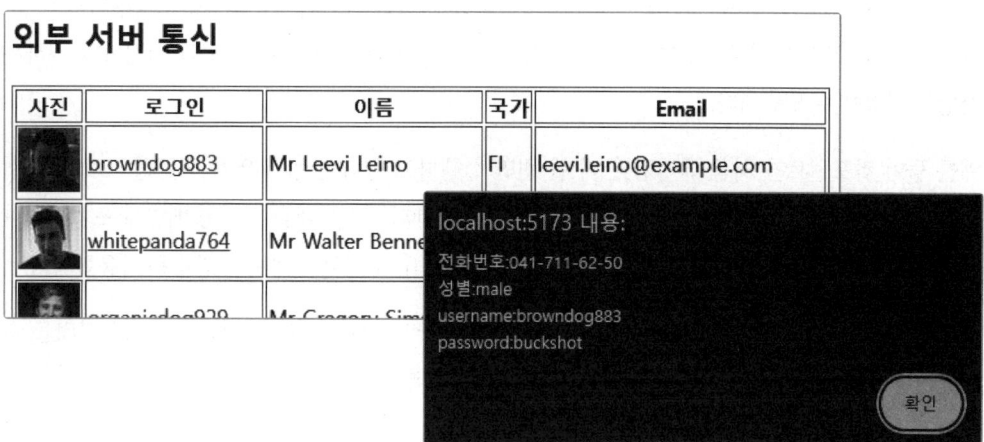

randomuser.me에서는 데이터를 요청할 때마다 랜덤한 결과를 반환하므로 실행할 때마다 결과는 달라집니다. 실행 후 로그인 정보를 클릭하면 경고창이 표시됩니다.

학습 마무리

리액트 컴포넌트는 화면에 나타나고 사라지는 일련의 과정을 가지며, 이 과정을 생명주기lifecycle라고 부릅니다. 함수형 컴포넌트에서는 useEffect 훅을 활용해 이 생명주기의 각 시점마다 원하는 작업을 실행할 수 있습니다.

예를 들어 컴포넌트가 처음 렌더링될 때 한 번만 실행하고 싶다면 빈 배열을 의존성으로 넣어 처리하며, 특정 상태가 바뀔 때마다 작업을 실행하고 싶을 때는 그 상태를 의존성 배열에 포함시킵니다. 컴포넌트가 사라질 때 클린업clean-up 작업에는 useEffect 내부에서 반환 함수를 사용합니다.

또한 fetch 함수를 사용하면 외부 API나 로컬 JSON 파일에서 데이터를 비동기적으로 가져올 수 있습니다. 이런 방식으로 컴포넌트가 마운트될 때 데이터를 불러와 화면에 표시하는 작업이 자연스럽게 구현됩니다. 실무에서 매우 자주 사용하는 패턴이므로 반복적으로 연습하며 익히는 것이 좋습니다.

핵심 키워드

1 **생명주기** : 컴포넌트가 생성되고 업데이트되며 사라지는 일련의 과정을 의미합니다.
2 **useEffect** : 함수형 컴포넌트에서 생명주기와 관련된 작업을 수행하는 React 훅입니다.
3 **의존성 배열** : useEffect의 실행 시점을 제어하는 배열로, 배열 안의 값이 변경될 때만 해당 함수가 다시 실행됩니다.
4 **clean-up 함수** : useEffect 내부에서 반환하는 함수로, 컴포넌트가 사라질 때 실행됩니다.
5 **fetch** : 브라우저에서 제공하는 비동기 통신 함수로, 외부 데이터(JSON 등)를 가져올 수 있습니다.

연습문제

1 함수형 컴포넌트에서 컴포넌트가 처음 마운트될 때 한 번만 작업을 실행하고 싶다면 useEffect 훅을 어떻게 사용해야 하나요?

2 다음 중 useEffect 훅의 실행 시점을 제어하는 요소는 무엇인가요?

　❶ 컴포넌트의 이름

　❷ fetch 함수 호출 여부

　❸ 의존성 배열

　❹ state의 초깃값

3 컴포넌트가 사라질 때 정리 작업을 하려면 useEffect 안에서 무엇을 반환해야 하나요?

　❶ 아무것도 반환하지 않아야 한다.

　❷ 문자열을 반환한다.

　❸ 정리 작업이 들어 있는 함수를 반환한다.

　❹ 숫자를 반환한다.

4 다음 중 외부 API로부터 데이터를 가져올 때 사용하는 함수는 무엇인가요?

　❶ require　　　　　❷ import

　❸ fetch　　　　　　❹ console.log

연습문제

5 useEffect(() => { console.log('Hello'); }, []); 이 코드는 언제 실행될까요?

　❶ 상태가 바뀔 때마다

　❷ props가 바뀔 때마다

　❸ 컴포넌트가 마운트될 때 단 한 번

　❹ 컴포넌트가 언마운트될 때마다

6 useEffect 훅 내부에서 상태를 변경하면 어떤 일이 발생하나요?

　❶ 오류가 발생한다.

　❷ 무한 루프가 발생할 수 있다.

　❸ 해당 상태는 즉시 초기화된다.

　❹ 그 상태는 변경되지 않는다.

1 **정답** useEffect(() => { ... }, []); 형식으로 빈 배열을 두 번째 인자로 전달합니다.
2 **정답** ❸
3 **정답** ❸
4 **정답** ❸
5 **정답** ❸
6 **정답** ❷

LEVEL 03

리액트 훅

학습 목표

리액트에는 다양한 훅이 있습니다. 이 파트에서는 리액트 훅의 개념과 활용 방법을 단계적으로 익힙니다. 성능 최적화, 상태 관리, 고급 기능 구현 등 실무에서 자주 마주치는 요구사항들을 훅을 통해 어떻게 해결할 수 있는지 살펴봅니다. 기초 훅부터 확장 훅까지 폭넓게 다루면서, 리액트 개발자로서의 실력을 한층 더 높이는 것이 목표입니다.

13장 성능 최적화를 위한 훅
14장 전역 상태 관리를 위한 훅
15장 고급 기능을 위한 확장 훅

Chapter 13

성능 최적화를 위한 훅

학습 목표

이 장에서는 컴포넌트의 불필요한 렌더링을 줄이고, 렌더링 성능을 개선하는 방법들을 배웁니다. useMemo, useCallback 등을 활용하여 함수나 값을 메모이제이션하고, useRef를 통해 DOM에 직접 접근하는 방법도 익힙니다. 또한 useId 훅을 사용하여 접근성 및 컴포넌트 간 고유 식별자 생성에 대해서도 알아봅니다.

핵심 키워드

`useRef` `useMemo` `useCallback` `useId` `메모이제이션`
`렌더링 최적화` `DOM 접근` `고유 ID`

학습 코스

프로젝트 생성 → useRef 훅 알아보기 → useMemo 훅 알아보기 → useCallback 훅 알아보기 → useId 훅 알아보기 리액트는 상태나 프롭스가 변경될 때 컴포넌트를 새롭게 렌더링하는 방식으로 동작합니다. 하지만 불필요한 렌더링이나 계산이 자주 발생할 경우 성능에 악영향을 줄 수 있습니다. 특히 컴포넌트가 커지거나 상태 변화가 복잡해질수록 이런 문제는 점점 더 두드러지게 나타납니다.

1절에서는 렌더링 횟수를 줄이고, 계산 또는 함수 생성을 최적화하여 애플리케이션의 성능을 높일 수 있는 훅에 대해 학습하겠습니다.

- **useRef** : 렌더링 없이 값이나 DOM 요소를 참조하거나 저장할 수 있습니다.
- **useMemo** : 연산 비용이 큰 값을 메모이제이션하여 불필요한 재계산을 방지합니다.
- **useCallback** : 함수를 메모이제이션하여 불필요한 함수 재생성을 방지합니다.
- **useId** : 클라이언트와 서버에서 일관된 고유 ID를 생성하여 접근성을 높여줍니다.

> 메모이제이션과 같은 생소한 용어에 대해서는 각 훅을 학습할 때 자세히 설명하겠습니다.

13.1 프로젝트 생성하기

프로젝트명 : react04-hook-optimization

- 비트로 리액트 프로젝트 생성
- 프로젝트 폴더로 이동한 후 의존성 설치
- react-router-dom 설치
- 프로젝트 실행 및 기본형 만들기

To do 01 기본적인 라우팅 처리부터 시작하겠습니다. 앞 장에서 했던 것과 같은 작업이므로 코드만 명시하겠습니다.

ReactStudy\react04-hook-optimization\src\main.jsx
```
import { createRoot } from 'react-dom/client'
import { BrowserRouter } from 'react-router-dom'
import './index.css'
import App from './App.jsx'

createRoot(document.getElementById('root')).render(
  <BrowserRouter>
```

```
    <App />
  </BrowserRouter>
)
```

02 다음은 내비게이션으로 사용할 컴포넌트입니다. 이번 장에서 학습할 모든 훅에 대해 링크를 정의했습니다.

ReactStudy\react04-hook-optimization\src\components\TopNavi.jsx

```
import {NavLink} from 'react-router-dom';

const TopNavi = () => {
  return (
    <nav>
      <NavLink to="/use-ref1">useRef1</NavLink> 
      <NavLink to="/use-ref2">useRef2</NavLink> 
      <NavLink to="/use-memo">useMemo</NavLink> 
      <NavLink to="/use-callback">useCallback</NavLink> 
      <NavLink to="/use-id">useId</NavLink> 
    </nav>
  );
}

export default TopNavi;
```

03 App 컴포넌트에서는 각 링크에 대한 라우팅 처리를 하겠습니다. 아직 작성되지 않은 컴포넌트는 주석으로 처리되어 있습니다. 이후 컴포넌트를 완성할 때마다 주석을 하나씩 해제해서 활성화시켜주세요.

ReactStudy\react04-hook-optimization\src\App.jsx

```
import { Routes, Route } from 'react-router-dom';

import TopNavi from './components/TopNavi';
// import UseRefExam1 from './components/UseRefExam1';
// import UseRefExam2 from './components/UseRefExam2';
// import UseMemoExam from './components/UseMemoExam';
// import UseCallbackExam from './components/UseCallbackExam';
// import UseIdExam from './components/UseIdExam';
```

```
function App() {
  return (<>
    <TopNavi></TopNavi>
    <Routes>
      {/* <Route path='/' element={<UseRefExam1 />} /> */}
      {/* <Route path='/use-ref1' element={<UseRefExam1 />} /> */}
      {/* <Route path='/use-ref2' element={<UseRefExam2 />} /> */}
      {/* <Route path='/use-memo' element={<UseMemoExam />} /> */}
      {/* <Route path='/use-callback' element={<UseCallbackExam />} /> */}
      {/* <Route path='/use-id' element={<UseIdExam />} /> */}
    </Routes>
  </>)
}

export default App
```

애플리케이션의 기본틀이 완성되었으니 지금부터 본격적으로 훅에 대한 예제를 작성하겠습니다.

13.2 useRef 훅 알아보기

useRef는 컴포넌트의 생명주기 내에서 값이 변경되지 않고 유지되는 참조값을 만들 때 사용하는 훅입니다. 즉 컴포넌트가 다시 렌더링되더라도 useRef로 생성한 값은 변하지 않고 유지됩니다.

▼ 형식

```
const refVal = useRef(초깃값);
```

useRef는 { current: 초깃값 } 형태의 객체를 반환합니다. 따라서 값은 refVal.current로 접근하거나 변경할 수 있습니다.

활용 방법은 다음과 같이 두 가지입니다.

첫 번째로 렌더링과 무관한 값 저장 및 유지에 활용할 수 있습니다. useState처럼 값을 저장할 수 있지만, 값이 바뀌어도 리렌더링이 발생하지 않습니다. 반대로 컴포넌트가 리렌더링되더라도 refVal.current에 저장된 값은 그대로 유지됩니다. 이런 특성 덕분에 렌더링과 무관한 임시 데이터나 이전 값을 저장하는 데 유용합니다.

```
const [stateNum, setStateNum] = useState(0);
setStateNum(1);
```
→ 값 변경 시 리렌더링됨

```
const refNum = useRef(0);
refNum.current = 1;
```
✗ 값 변경 시 리렌더링 안 됨

두 번째로는 DOM 요소에 접근 및 조작에 활용합니다. 자바스크립트의 getElementById()나 querySelector()처럼 DOM 요소에 접근할 수 있습니다. JSX 요소에 ref 속성으로 전달하면, 해당 DOM 요소가 ref.current에 연결됩니다. 따라서 폼 요소의 검증이나 포커스 이동과 같은 기능을 구현할 수 있습니다.

```
const inputRef = useRef();
<input type='text' ref={inputRef} />
```

```
const myFn = () => {
    inputRef.current.속성명 = 속성값;
}
```
<input> 요소에 접근

값을 저장하는 예제 만들기

To do 01 값을 저장하는 예제를 먼저 작성하겠습니다.

ReactStudy\react04-hook-optimization\src\components\UseRefExam1.jsx

```jsx
import { useState, useRef } from 'react';

const UseRefExam1 = () => {
  const [stateNum, setStateNum] = useState(0); // ❶ 상태 변수 생성
  const refNum = useRef(0); // ❷ Ref 변수 생성
  let myNum = 0; // ❸ 일반 변수 생성

  const plusState = () => { // ❹ 상태를 1 증가시키는 함수 정의
    setStateNum(stateNum + 1);
    console.log('State증가', stateNum);
  }
```

```
    const plusRef = () => { // ❺ Ref를 1 증가시키는 함수 정의
      refNum.current = refNum.current + 1;
      console.log('Ref증가', refNum.current);
    }
    const plusMyNum = () => { // ❻ 일반 변수를 1 증가시키는 함수 정의
      console.log('일반 변수증가', ++myNum);
    };

    return (<>
      <h2>useRef 사용하기1</h2>
      <div>
        <p>State : {stateNum}</p> // ❼ 변숫값 출력
        <p>Ref : {refNum.current}</p>
        <p>myNum : {myNum}</p>
        <button onClick={plusState}>State증가</button> // ❽ 버튼
        <button onClick={plusRef}>Ref증가</button>
        <button onClick={plusMyNum}>myNum증가</button>
      </div>
    </>);
}

export default UseRefExam1;
```

❶ 상태 변수를 생성합니다. 변수명은 stateNum, 초깃값은 0입니다.

❷ Ref 변수를 생성합니다. 이 변수는 객체를 반환하므로, 초깃값은 { current: 0 }입니다.

❸ 일반 변수를 0으로 초기화합니다. 이렇게 3가지의 변수를 생성했습니다.

❹ 상태를 1 증가시킵니다. 이 경우 리렌더링이 발생되어 변경된 상태가 화면에 반영됩니다.

❺ Ref 변수를 1 증가시키면 변경된 값이 콘솔에는 출력되지만 화면에는 표시되지 않습니다. Ref 변수는 값이 변화하더라도 리렌더링이 되지 않기 때문입니다.

❻ 일반 변수도 Ref 변수와 동일하게 값이 변화해도 화면에 표시되진 않습니다.

❼ 각 변수를 화면에 출력합니다.

❽ 각 변수를 1씩 증가시키는 버튼입니다. 눌렀을 때 정의된 함수를 호출합니다.

02 이제 실행을 해보아야 하니까 App.jsx에서 UseRefExam1 컴포넌트 부분의 주석을 해제해 주세요.

```
3   import TopNavi from './components/TopNavi';
4   import UseRefExam1 from './components/UseRefExam1';
5   // import UseRefExam2 from './components/UseRefExam2';
6   // import UseMemoExam from './components/UseMemoExam';
7   // import UseCallbackExam from './components/UseCallbackExam';
8   // import UseIdExam from './components/UseIdExam';
9
10  function App() {
11    return (<>
12      <TopNavi></TopNavi>
13      <Routes>
14        <Route path='/' element={<UseRefExam1 />} />
15        <Route path='/use-ref1' element={<UseRefExam1 />} />
16        {/* <Route path='/use-ref2' element={<UseRefExam2 />} /> */}
17        {/* <Route path='/use-memo' element={<UseMemoExam />} /> */}
18        {/* <Route path='/use-callback' element={<UseCallbackExam />} /> */}
19        {/* <Route path='/use-id' element={<UseIdExam />} /> */}
20      </Routes>
21    </>);
22  }
```

03 이 예제는 다음과 같은 순서로 실행해보시기 바랍니다.

- [State증가] 2번 클릭 → [Ref증가] 2번 클릭 → [myNum증가] 2번 클릭

▼ 실행 결과

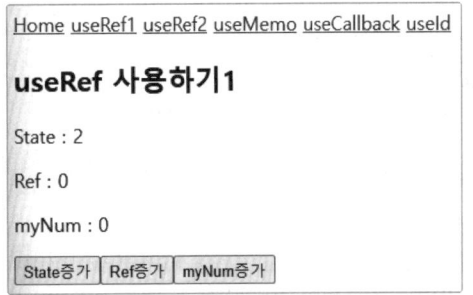

State는 버튼을 누를 때마다 리렌더링이 되므로 변화된 값이 화면에 표시됩니다. 하지만 Ref 변수와 일반 변수는 콘솔에서는 증가된 값을 확인할 수 있지만, 리렌더링이 되지 않으므로 화면에서는 확인할 수 없습니다.

04 그럼 이 상태에서 다음 실행을 계속 진행하겠습니다.

- [State증가] 클릭 → [Ref증가] 클릭 → [myNum증가] 클릭

▼ 실행 결과

```
useRef 사용하기1
State : 3
Ref : 2
myNum : 0
[State증가] [Ref증가] [myNum증가]
```

```
State증가 2        UseRefExam1.jsx:10
Ref증가 3          UseRefExam1.jsx:14
일반변수증가 1      UseRefExam1.jsx:17
```

[State증가] 버튼을 누르면 이제서야 Ref 변수의 값 2가 화면에 출력됩니다. 하지만 일반 변수는 0이 출력될 겁니다. 이유가 뭘까요?

이건 바로 함수형 컴포넌트의 동작 방식 때문입니다. 리렌더링이 된다는 것은 컴포넌트로 정의한 함수가 다시 실행되는 걸 의미합니다. 함수가 실행되면 내부의 코드도 재실행되어야 하므로, 일반 변수인 myNum은 0으로 초기화됩니다.

```
onst UseRefExam1 = () => {
    const [stateNum, setStateNum] = useState(0);  ◄----
    const refNum = useRef(0);  ◄------------------------  값 유지
    let myNum = 0;  ◄------- 초기화됨
    return (<>
    </>);
}
```
렌더링 시 모든 코드 실행됨

첫 번째 예제를 통해 설명한 세 가지의 변수의 특성을 정리하면 다음 표와 같습니다.

구분	useState	useRef	일반 변수
리렌더링 시	값이 유지됨	값이 유지됨	값이 초기화됨
값 변경시	리렌더링됨	리렌더링되지 않음	리렌더링되지 않음
용도	상태 관리	DOM 접근, 렌더링과 무관한 값 저장	함수 내부에서 임시로 사용하는 값

DOM 요소에 접근하는 예제 만들기

To do 01 두 번째는 DOM 요소에 접근하는 예제를 작성하겠습니다.

```jsx
// ReactStudy\react04-hook-optimization\src\components\UseRefExam2.jsx
import { useEffect, useRef } from 'react';

const UseRefExam2 = () => {
  const passRef1 = useRef(); // ❶ Ref 변수 생성
  const passRef2 = useRef();

  useEffect(() => { // ❷ 렌더링 후 패스워드1 입력 상자에 포커싱
    console.log('passRef', passRef1, passRef2);
    passRef1.current.focus();
  }, []);

  const checkPassword = () => { // ❸ 패스워드 검증 함수 정의
    // ❹ 빈 값 검증 및 포커싱
    if(!passRef1.current.value || passRef2.current.value==''){
      alert('비밀번호를 입력해주세요');
      passRef1.current.focus();
      return;
    }
    if(passRef1.current.value===passRef2.current.value){ // ❺ 패스워드 일치 여부 확인
      alert('비밀번호 확인이 완료되었습니다');
    }
    else{ // ❻ 패스워드가 일치하지 않는 경우 처리
      alert('비밀번호가 일치하지 않습니다.');
      passRef1.current.value = '';
      passRef2.current.value = '';
      passRef1.current.focus();
    }
  }

  return (<>
    <h2>useRef 사용하기2</h2>
    <form>
      // ❼ 패스워드 입력 상자
      패스워드1 : <input type='text' ref={passRef1} name='pass1' /> <br />
      패스워드2 : <input type='text' ref={passRef2} name='pass2' /> <br />
      // ❽ 검증 함수 실행
```

```
      <button type='button' onClick={checkPassword}>패스워드확인</button>
    </form>
  </>);
}

export default UseRefExam2;
```

❶ useRef로 변수를 생성합니다. 초깃값은 별도로 지정하지 않습니다.

❷ 컴포넌트가 처음 렌더링된 후 패스워드1 입력 상자에 포커스를 맞춥니다.

❸ 입력한 패스워드에 대해 검증하는 함수입니다.

❹ 두 입력값 중 하나라도 비어 있다면 경고창을 띄우고 포커스를 패스워드1로 이동합니다.

❺ 두 패스워드가 일치할 경우 확인 메시지를 띄웁니다.

❻ 일치하지 않을 경우 입력값을 모두 초기화하고 패스워드1로 포커스를 이동합니다.

❼ 패스워드 입력 상자를 정의합니다. 위에서 정의한 useRef 변수를 ref 속성으로 사용합니다.

❽ 버튼을 누르면 checkPassword() 함수를 호출하여 비밀번호를 검증합니다.

02 그럼 실행을 위해 App.jsx에서 UseRefExam2 컴포넌트 부분의 주석을 해제해주세요.

```
3   import TopNavi from './components/TopNavi';
4   import UseRefExam1 from './components/UseRefExam1';
5   import UseRefExam2 from './components/UseRefExam2';
6   // import UseMemoExam from './components/UseMemoExam';
7   // import UseCallbackExam from './components/UseCallbackExam';
8   // import UseIdExam from './components/UseIdExam';
9
10  function App() {
11    return (<>
12      <TopNavi></TopNavi>
13      <Routes>
14        <Route path='/' element={<UseRefExam1 />} />
15        <Route path='/use-ref1' element={<UseRefExam1 />} />
16        <Route path='/use-ref2' element={<UseRefExam2 />} />
17        {/* <Route path='/use-memo' element={<UseMemoExam />} /> */}
18        {/* <Route path='/use-callback' element={<UseCallbackExam />} /> */}
19        {/* <Route path='/use-id' element={<UseIdExam />} /> */}
20      </Routes>
21    </>)
22  }
```

▼ 실행 결과

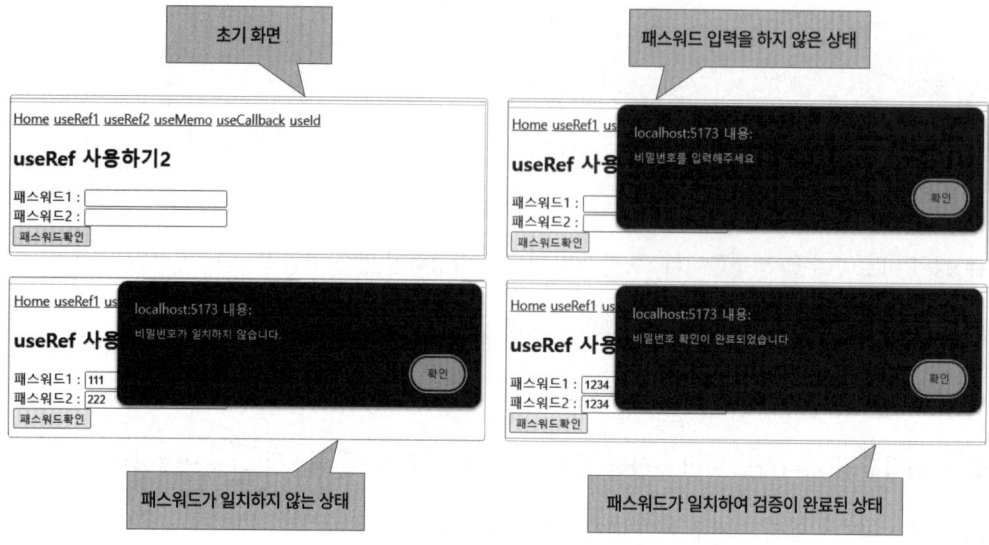

이와 같이 useRef를 사용하면 DOM 요소에 편리하게 접근할 수 있습니다.

13.3 useMemo 훅 알아보기

useMemo는 메모이제이션Memoization 기법을 활용하여, 계산 비용이 큰 연산의 결괏값을 메모리에 저장하여 재사용하도록 도와주는 훅입니다. 메모이제이션이란 컴퓨터 프로그램에서 같은 계산을 반복 수행할 경우, 그 계산 결과를 메모리에 저장해두고 재사용하는 기법을 말합니다. 이를 통해 컴포넌트가 다시 렌더링되더라도 같은 계산을 다시 수행하지 않기 때문에 애플리케이션의 성능을 최적화할 수 있습니다.

▼ 형식

```
const memoVal = useMemo(( ) => {
    return 메모이제이션될값;
}
, [의존성 배열] );
```

- 의존성 배열에 포함된 값이 변경될 때만 재실행되고, 변경되지 않으면 이전 결과를 그대로 반환합니다.

React 컴포넌트는 함수로 정의되어 있으므로, 렌더링될 때마다 함수가 다시 실행됩니다. 이때 함수 내부에 선언된 모든 변수와 연산은 매번 초기화 및 재실행되므로, 불필요한 연산이 반복될 수 있습니다.

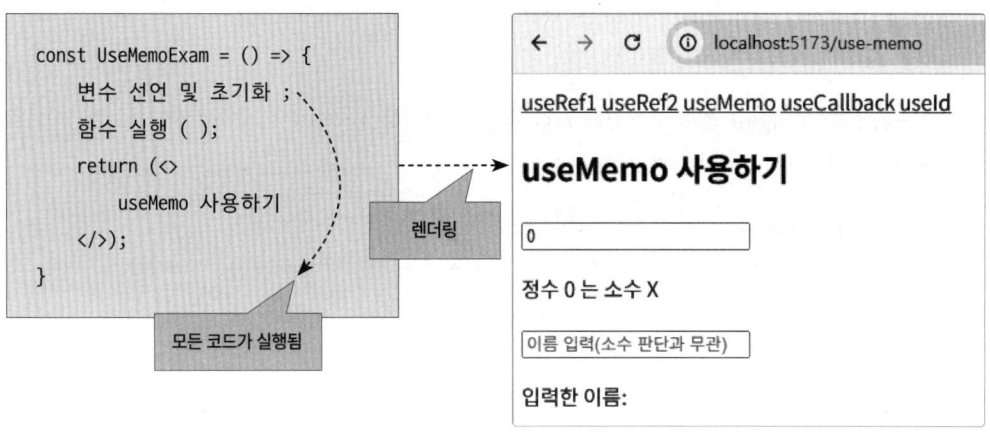

단순한 연산은 큰 문제가 되지 않지만, 복잡한 계산이나 대량의 데이터 처리처럼 시간이 많이 소요되는 연산이 반복되면 앱의 반응성이 떨어지고 성능 저하가 일어납니다. 이런 성능 문제를 해결하기 위해 useMemo 훅을 사용하면, 렌더링 시 특정 계산 결과를 메모리에 저장하고 재사용할 수 있습니다. 또한 의존성 배열에 포함된 값이 변경될 때만 재실행하도록 제한할 수 있습니다.

To do 01 그럼 예제를 통해 더 자세히 알아보겠습니다. 이번 예제는 입력한 숫자가 소수인지 판별하는 애플리케이션입니다. 또한 숫자 입력과는 별개로 이름을 입력하는 기능도 함께 넣어, useMemo 훅을 적용하기 전과 후의 성능 차이를 확인할 수 있도록 구성했습니다.

ReactStudy\react04-hook-optimization\src\components\UseMemoExam.jsx

```jsx
import { useState, useMemo } from 'react'; // ❶ 훅 임포트

const isPrime = (num) => { // ❷ 실행 시간이 많이 걸리는 작업을 수행하는 함수
  console.log('소수판단중..');
  for(let exCost=1 ; exCost<1234567890 ; exCost++){ // 12억 번 반복
    /* 실행 비용이 높은 연산으로 가정 */
  }
  if (num <= 1) return false; // ❸ 숫자가 소수인지 판단하는 로직
  for (let i = 2; i <= Math.sqrt(num); i++) {
    if (num % i === 0) return false;
  }
}
```

```
    return true;
};

const UseMemoExam = () => { // ❹ 컴포넌트 정의
  const [number, setNumber] = useState(0);
  const [text, setText] = useState('');

  // step1 ❺ useMemo 훅을 도입하기 전의 코드
  const checkPrime = isPrime(number);

  // step2 ❻ useMemo 훅을 도입한 후의 코드
  // const checkPrime = useMemo(() => isPrime(number), [number]);
  return (<>
    <h2>useMemo 사용하기</h2>

    // ❼ 입력 상자의 값이 변할 때마다 number의 상태가 변경되어 리렌더링됨
    <input type="number" value={number} placeholder="소수 판단할 숫자 입력"
      onChange={(e) => setNumber(parseInt(e.target.value))}
    />
    <p>정수 {number}는 {checkPrime ? '소수 O' : '소수 X'}</p> // ❽ 정수 출력

    // ❾ 텍스트를 입력할 때마다 상태가 변경되어 리렌더링됨
    <input type="text" value={text} placeholder="이름 입력(소수 판단과 무관)"
      onChange={(e) => setText(e.target.value)}
    />
    <p>입력한 이름: {text}</p> // ❿ 이름 출력
  </>);
};

export default UseMemoExam;
```

❶ useState, useMemo를 임포트합니다.

❷ 매개변수로 전달된 숫자가 소수인지 판단하는 함수를 정의합니다. 특히 이 함수는 실행 시간이 많이 걸리는 작업을 수행한다고 가정하기 위해 12억 번 정도 반복하는 for문을 추가했습니다.

❸ 이 부분부터는 num이 소수인지를 판단하는 로직입니다. 소수란 1과 자기 자신만을 약수로 가지는 1보다 큰 자연수입니다. 즉 1은 소수가 아니므로 false를 반환합니다.

❹ 컴포넌트를 위한 함수를 정의합니다. 상태 변수로는 number와 text 2개를 선언했습니다. 이 2개의 상태 변수는 아래 input 상자에서 값을 변경하게 됩니다.

❺ useMemo 훅을 도입하기 전의 코드입니다. isPrime( ) 함수를 실행한 후 반환값을 checkPrime에 대입합니다. 그럼 이 함수가 실행되는 시점은 언제일까요? 바로 UseMemoExam 컴포넌트가 렌더링될 때입니다. 따라서 text의 상태를 변경할 때도 이 함수를 실행하게 되므로 전체 성능에 영향을 미치게 됩니다.

❻ useMemo 훅을 도입한 코드입니다. isPrime( ) 함수의 반환값을 메모이제이션해서 checkPrime에 저장하고 있습니다. 의존성 배열에 지정한 변수 number의 값이 변경될 때만 새롭게 메모이제이션합니다. 즉 text의 상태를 변경할 때는 메모리에 저장된 기존의 값을 그대로 사용합니다.

❼ input의 스핀 버튼을 누를 때마다 number의 상태를 변경시켜줍니다. 상태가 변경될 때마다 리렌더링이 됩니다.

❽에서는 ❼에서 변경된 number를 출력합니다. 또한 checkPrime의 값에 따라 소수 인지 여부를 표시합니다.

❾ 텍스트를 입력하면 text의 상태를 변경합니다. 이때도 마찬가지로 리렌더링이 됩니다.

❿에서는 ❾에서 입력한 텍스트를 출력합니다.

02 그럼 실행을 위해 App.jsx에서 UseMemoExam 컴포넌트 부분의 주석을 해제해주세요.

```
3   import TopNavi from './components/TopNavi';
4   import UseRefExam1 from './components/UseRefExam1';
5   import UseRefExam2 from './components/UseRefExam2';
6   import UseMemoExam from './components/UseMemoExam';
7   // import UseCallbackExam from './components/UseCallbackExam';
8   // import UseIdExam from './components/UseIdExam';
9
10  function App() {
11    return (<>
12      <TopNavi></TopNavi>
13      <Routes>
14        <Route path='/' element={<UseRefExam1 />} />
15        <Route path='/use-ref1' element={<UseRefExam1 />} />
16        <Route path='/use-ref2' element={<UseRefExam2 />} />
17        <Route path='/use-memo' element={<UseMemoExam />} />
18        {/* <Route path='/use-callback' element={<UseCallbackExam />} /> */}
19        {/* <Route path='/use-id' element={<UseIdExam />} /> */}
20      </Routes>
21    </>)
22  }
```

03 그리고 ❺ 초기 버전(Step1) 코드를 활성화한 상태로 먼저 실행하겠습니다.

▼ 실행 결과

최초로 실행하면 콘솔에 '소수판단중'이 출력됩니다.

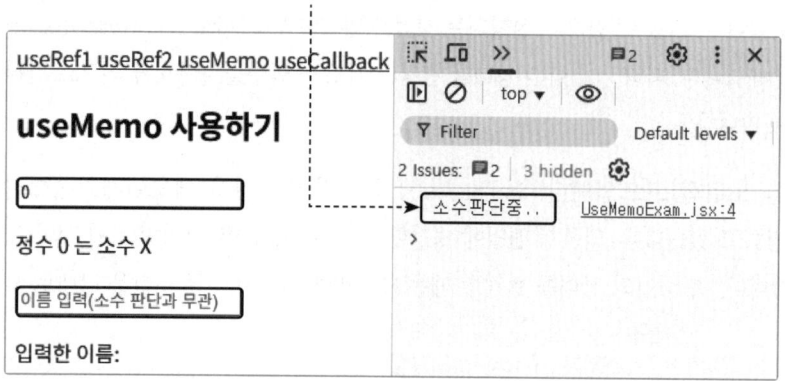

04 그럼 이번에는 스핀박스를 눌러 숫자를 증가시키고, 이름도 입력하겠습니다. 저는 ❶ 스핀박스를 3번 누르고, ❷ 이름은 '낙자'라고 입력했습니다.

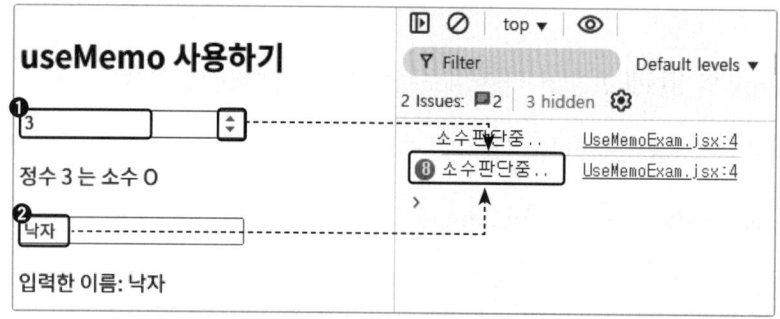

그랬더니 '소수판단중' 문구가 총 8번 출력되었습니다. 즉 number와 text의 상태가 변경될 때마다 리렌더링되어, isPrime() 함수가 실행된다는 것을 볼 수 있습니다. text는 number와는 아무런 상관이 없는데도 말이죠. 그리고 상태를 변경할 때마다 지연delay 현상이 발생될 겁니다. 리렌더링될 때마다 12억 번씩 반복되는 코드가 실행되기 때문입니다.

05 이번에는 ❺ Step1을 코드를 주석 처리하고, ❻ Step2를 활성화한 상태로 테스트하겠습니다. 코드를 수정한 후 F5(새로고침)를 눌러주세요.

▼ 실행 결과

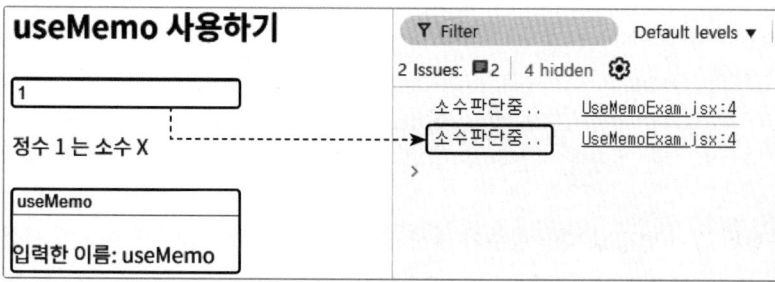

최초 실행 시에는 결과1과 같습니다. 최초로 렌더링될 때는 모든 컴포넌트 내부의 모든 코드가 실행되기 때문입니다. 이번에는 정수는 딱 한 번만 변경하고, 이름에는 'useMemo'라고 입력하겠습니다.

number의 상태가 변경될 때 한 번만 '소수판단중..'이 출력됩니다. 이와 상관없는 text의 상태를 변경할 때는 메모이제이션된 값을 사용하므로 isPrime()을 실행하지 않습니다.

따라서 텍스트 입력시에는 Step1에서와 같은 지연 현상은 발생하지 않으므로, 애플리케이션의 성능이 향상되었다고 볼 수 있습니다.

13.4 useCallback 훅 알아보기

앞에서 살펴본 useMemo는 계산 결과를 메모이제이션하여 렌더링 시 불필요한 연산을 줄이는 데 사용되었습니다. useCallback은 함수를 메모이제이션하여 불필요한 재생성을 막아 성능을 최적화하는 역할을 합니다. 주로 자식 컴포넌트에 콜백 함수를 프롭스로 전달할 때 사용됩니다. useMemo와 useCallback는 비슷한 목적을 가지고 있지만, useCallback는 '함수 자체'를 메모이제이션한다는 점이 다릅니다.

리액트 컴포넌트에서는 콜백 함수를 자식 컴포넌트에 프롭스로 전달하는 경우가 많은데, 이 함수가 매번 새로 생성되면 불필요한 리렌더링이 발생할 수 있습니다. 이런 상황을 방지하고 성능을 개선하기 위해 useCallback을 사용하는 겁니다.

▼ 형식

```
const memoVal = useCallback(( ) => {
    메모이제이션할 함수 내용;
}
, [의존성 배열] );
```

- 의존성 배열에 포함된 값이 변경될 때만 함수가 다시 생성되며, 변경되지 않으면 이전에 생성된 함수를 그대로 재사용합니다.

To do 01 이번 예제는 버튼을 눌러 박스 크기와 배경색을 변경하고, 숫자를 증가시키는 애플리케이션입니다. 특히 useCallback 훅을 적용하여 자식 컴포넌트에 전달되는 함수가 불필요하게 다시 생성되지 않도록 최적화하는 과정을 확인할 수 있습니다.

ReactStudy\react04-hook-optimization\src\components\UseCallbackExam.jsx

```jsx
import { useState, useEffect, useCallback } from 'react';

// ❶ DivBox컴포넌트 정의. 2개의 프롭스를 전달받음
const DivBox = ({ fnBoxStyle, numberVar }) => {
  // ❷ 컴포넌트에 적용할 스타일을 상태로 정의
  const [myStyle, setMyStyle] = useState({});
  // ❸ fnBoxStyle() 함수의 반환값으로 상태를 변경해서 DivBox 스타일 변경
  useEffect(() => {
    console.log('박스 스타일 변경');
    setMyStyle(fnBoxStyle());
  },
  [fnBoxStyle]);

  return <div style={myStyle}>{numberVar}</div> // ❹ UI 렌더링
}

const UseCallbackExam = () => {
  const [boxSize, setboxSize] = useState(100); // ❺ 상태 변수(박스 크기)
  const [boxColor, setboxColor] = useState(0); // 상태 변수(배경색 배열의 인덱스)
  const [number, setNumber] = useState(0); // 상태 변수(표시할 숫자)
  const colorArr = ['red', 'green', 'blue']; // ❻ 박스의 배경색으로 사용할 배열

  // step 1 ❼ useCallback 훅 적용 전의 코드
  const fnBoxStyle = () => {
```

```
    return {
      backgroundColor : `${colorArr[boxColor]}`,
      width : `${boxSize}px`, height : `${boxSize}px`,
      textAlign: 'center', lineHeight: `${boxSize}px`
    };
  }

  // step 2 ❽ useCallback 훅 적용 후의 코드
  // const fnBoxStyle = useCallback(() => {
  //   return {
  //     backgroundColor : `${colorArr[boxColor]}`,
  //     width : `${boxSize}px`, height : `${boxSize}px`,
  //     textAlign: 'center', lineHeight: `${boxSize}px`
  //   };
  // }, [boxSize, boxColor]);

  return (<>
    <h2>useCallback 사용하기</h2> // ❾ UI 렌더링
    <button onClick={() => setboxSize(boxSize+10)}>크기증가</button>
    <button onClick={() => setboxColor((boxColor+1)%3)}>컬러변경</button>
    <button onClick={() => setNumber((number+1))}>숫자변경</button>
    // ❿ 프롭스를 통해 함수와 상태 전달
    <DivBox fnBoxStyle={fnBoxStyle} numberVar={number} />
  </>);
}

export default UseCallbackExam;
```

❶ DivBox 컴포넌트는 fnBoxStyle() 함수와 numberVar값을 프롭스로 받아서, 박스 내부에 숫자를 표시하고 스타일을 적용합니다.

❷ DivBox에 적용할 스타일 객체를 상태로 선언합니다. 초깃값은 빈 객체입니다.

❸ fnBoxStyle() 함수가 변경될 때마다 실행되면서, 박스의 스타일을 변경합니다. 해당 함수가 반환하는 스타일 객체를 상태 변수인 myStyle에 저장합니다. fnBoxStyle()은 함수이므로 참조값이 바뀔 때 변경된 것으로 간주합니다.

❹ div에 myStyle을 통해 스타일을 적용하고, numberVar를 표시합니다.

❺ 박스 크기(boxSize), 배경색의 인덱스(boxColor), 표시할 숫자(number)를 각각 상태로 선언하고 초기화합니다.

❻ 박스의 배경색으로 사용할 문자열 배열입니다. ❺에서 선언한 boxColor값에 따라 'red', 'green', 'blue' 중 하나가 선택됩니다.

❼ 초기 버전(Step1)의 코드입니다. 렌더링될 때마다 fnBoxStyle() 함수가 새로 생성되므로, DivBox의 useEffect가 매번 실행되어 myStyle이 불필요하게 계속 변경됩니다. 따라서 앱의 성능 저하가 발생할 수 있습니다.

❽ 최적화 버전(Step2)의 코드입니다. fnBoxStyle 함수가 의존성 배열(boxSize, boxColor)이 변경될 때에만 새로 생성됩니다. number 변경처럼 관련 없는 상태 변경에는 fnBoxStyle이 재생성되지 않아 불필요한 스타일 변경이 방지됩니다.

❾ 박스 크기, 색상, 숫자를 각각 변경할 수 있는 버튼입니다. 버튼 클릭 시 해당 상태가 업데이트되며, 이로 인해 컴포넌트가 리렌더링됩니다.

❿ 자식 컴포넌트로 프롭스를 통해 fnBoxStyle() 함수와 number값을 전달합니다. 이때 fnBoxStyle()의 참조값이 바뀌면 자식 컴포넌트 내부의 useEffect가 실행됩니다.

❼번 초기 버전(Step1)을 조금 더 자세히 살펴보겠습니다. 설명을 보면 렌더링될 때마다 fnBoxStyle() 함수가 새로 생성된다는 말이 있습니다. 이건 무슨 뜻일까요? 이것을 이해하려면 자바스크립트의 자료형에 대해 잠시 설명을 해야 할 것 같습니다.

우선 자바스크립트의 자료형은 크게 다음 두 가지로 나눌 수 있습니다.

- **원시 타입(Primitive Type)** : 변수에 값 자체가 직접 저장됩니다.
    - **종류** : number, string, boolean, undefined 등
- **객체 타입(Reference Type)** : 값이 직접 저장되지 않고, 메모리의 참조값이 저장됩니다.
    - **예시** : object, array, function 등

다음 그림을 한 번 보시죠. 상태가 변경돼서 MyComponent가 리렌더링된다고 가정하겠습니다. 그림 변수 num은 원시 타입이므로 항상 10으로 초기화됩니다. 하지만 함수 fx는 객체 타입이므로 참조값이 할당됩니다. 이 참조값은 고정된 값이 아니라 실행할 때마다 새로운 값이 생성됩니다.

```
const MyComponent = () => {
  let num = 10;
  const fx = () => {
    함수의 실행부;
  }
}
```

따라서 fnBoxStyle() 함수가 새로 생성된다는 것은 새로운 참조값이 할당된다는 뜻입니다. 그러니 useEffect가 불필요하게 실행되어 앱의 성능을 저하시키게 됩니다.

그럼 실행을 위해 App.jsx에서 UseCallbackExam 컴포넌트 부분의 주석을 해제해주세요.

```
3   import TopNavi from './components/TopNavi';
4   import UseRefExam1 from './components/UseRefExam1';
5   import UseRefExam2 from './components/UseRefExam2';
6   import UseMemoExam from './components/UseMemoExam';
7   import UseCallbackExam from './components/UseCallbackExam';
8   // import UseIdExam from './components/UseIdExam';
9
10  function App() {
11    return (<>
12      <TopNavi></TopNavi>
13      <Routes>
14        <Route path='/' element={<UseRefExam1 />} />
15        <Route path='/use-ref1' element={<UseRefExam1 />} />
16        <Route path='/use-ref2' element={<UseRefExam2 />} />
17        <Route path='/use-memo' element={<UseMemoExam />} />
18        <Route path='/use-callback' element={<UseCallbackExam />} />
19        {/* <Route path='/use-id' element={<UseIdExam />} /> */}
20      </Routes>
21    </>)
22  }
```

02 초기 버전(Step1) 코드를 활성화한 상태로 먼저 실행하겠습니다.

▼ 실행 결과

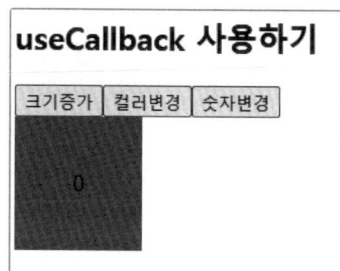

실행 후 [크기증가], [컬러변경], [숫자변경] 버튼을 차례대로 눌러보세요. 어떤 버튼을 누르든 박스 스타일 변경이 콘솔에 출력됩니다. 즉, 실제 박스 스타일에 변화가 없는 숫자 변경에서도 fnBoxStyle() 함수가 새로 생성되었기 때문에 useEffect()가 실행된 겁니다. 이처럼 불필요한 함수 생성으로 인해, 컴포넌트가 매번 리렌더링되는 문제가 발생합니다.

03 이번에는 초기 코드(Step1)를 주석 처리하고, 최적화된 코드(Step2)를 활성화한 상태로 실행 하겠습니다.

▼ 실행 결과

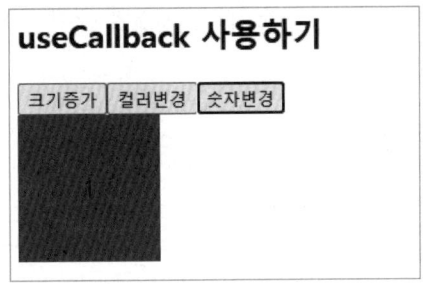

useCallback() 훅을 사용하면서 의존성 배열에 boxSize, boxColor를 명시했으므로, 이 두 값이 바뀔 때만 fnBoxStyle() 함수가 새로 생성됩니다. 즉 [크기증가], [컬러변경] 버튼을 누르면 fnBoxStyle()이 갱신되므로 useEffect()가 실행됩니다. 반면 [숫자변경] 버튼을 누를 때는 fnBoxStyle()이 바뀌지 않으므로 useEffect()는 실행되지 않습니다. 결과적으로 함수가 메모이제이션되어 불필요한 리렌더링을 방지하여 앱의 성능을 최적화할 수 있습니다.

13.5 useId 훅 알아보기

useId는 컴포넌트 내부에서 고유한 ID를 자동으로 생성하는 훅입니다. 주로 〈label〉과 〈input〉을 연결하거나, 접근성을 위한 DOM 요소의 id 속성을 지정할 때 유용하게 사용할 수 있습니다.

▼ 형식

```
const myId = useId();
```

생성 시 인자를 따로 전달할 필요는 없습니다. 호출할 때마다 :r0:, :r1:과 같은 형식의 고유한 문자열 ID가 순차적으로 생성됩니다. 같은 컴포넌트가 여러 번 렌더링되더라도 각각 고유한 ID가 부여되고, 리렌더링되더라도 유지됩니다.

To do 01 이번 예제는 회원 정보를 입력하는 폼을 제작하는 애플리케이션입니다. useId 훅을 사용하여 각 입력 요소에 고유한 아이디를 부여하고, 라벨과 입력 상자가 올바르게 연결되도록 처리하는 과정을 확인할 수 있습니다.

```jsx
// ReactStudy\react04-hook-optimization\src\components\UseIdExam.jsx
import { useId, useEffect } from "react";

// ❶ 컴포넌트 정의. 3개의 프롭스 받음
const InputField = ({ label, name, autoFocus = false }) => {
  const id = useId(); // ❷ useId로 고유한 아이디 생성

  useEffect(() => { // ❸ autoFocus가 true인 경우 입력 상자로 포커스 이동
    if (autoFocus) {
      document.getElementById(id).focus();
    }
  }, []);

  return (<> // ❹ 앞에서 생성한 아이디를 입력 상자에 적용
    <label htmlFor={id}>{label}</label>
    <input type="text" id={id} name={name} />
  </>);
};

const MyForm = () => { // ❺ 회원 정보 입력 폼으로 구성된 컴포넌트 정의
  const commonId = useId();

  return (
    <div>
      // ❻ InputField 컴포넌트로 입력 상자 정의
      <InputField label="아이디" name="id" autoFocus /><br />
      <InputField label="이름" name="name" /><br />
      성별
      // ❼ 라디오의 경우 접미사를 붙여서 적용
      <input type="radio" id={`${commonId}-gender1`} name="gender" />
      <label htmlFor={`${commonId}-gender1`}>남자</label>
      <input type="radio" id={`${commonId}-gender2`} name="gender" />
```

```
      <label htmlFor={`${commonId}-gender2`}>여자</label>
    </div>
  );
};

const UseIdExam = () => {
  return (<>
    <h2>useId() 사용하기</h2>
    <MyForm /> // ❽ 컴포넌트를 UI에 추가
  </>);
};

export default UseIdExam;
```

❶ input과 label을 조합한 입력 필드를 생성하기 위한 컴포넌트를 정의합니다. 라벨로 사용할 텍스트와 name 속성값, 자동 포커스 적용을 위한 값을 프롭스를 통해 전달받습니다.

❷ useId로 고유한 아이디를 생성합니다.

❸ 컴포넌트의 1차 렌더링이 끝난 후 내부의 코드를 실행합니다. autoFocus가 true라면 input 상자로 포커스가 이동되도록 처리했습니다.

❹ label의 htmlFor 속성값과 input의 id 속성값을 useId로 생성한 고유한 아이디로 연결합니다. 그러면 선택 영역이 넓어지므로 텍스트를 클릭해도 input 상자로 포커싱됩니다.

❺ 간단한 회원 정보 입력 폼을 컴포넌트로 만듭니다. 이 컴포넌트에서도 useId로 고유한 아이디를 생성했습니다.

❻ 아이디와 이름을 InputField 컴포넌트로 추가합니다. 특히 autoFocus를 아이디 입력 상자에 부여했으므로 실행되었을 때 포커스를 얻게 됩니다. 상황에 따라 얼마든지 추가해서 적용할 수 있습니다.

❼ 입력 상자가 라디오일 때에는 보통 2개 이상의 항목을 사용하게 됩니다. 이 경우 개수만큼 useId를 추가할 필요 없이 접미사를 추가하여 적용할 수 있습니다.

❽ MyForm 컴포넌트를 추가해줍니다.

02 실행을 위해 App.jsx에서 UseIdExam 컴포넌트 부분의 주석을 해제해주세요.

```
3   import TopNavi from './components/TopNavi';
4   import UseRefExam1 from './components/UseRefExam1';
5   import UseRefExam2 from './components/UseRefExam2';
6   import UseMemoExam from './components/UseMemoExam';
7   import UseCallbackExam from './components/UseCallbackExam';
8   import UseIdExam from './components/UseIdExam';
9
10  function App() {
11    return (<>
12      <TopNavi></TopNavi>
13      <Routes>
14        <Route path='/' element={<UseRefExam1 />} />
15        <Route path='/use-ref1' element={<UseRefExam1 />} />
16        <Route path='/use-ref2' element={<UseRefExam2 />} />
17        <Route path='/use-memo' element={<UseMemoExam />} />
18        <Route path='/use-callback' element={<UseCallbackExam />} />
19        <Route path='/use-id' element={<UseIdExam />} />
20      </Routes>
21    </>)
22  }
```

> 다음 장부터 작성되는 모든 예제에 라우팅을 적용하여 작성합니다. App.jsx에는 해당 장에서 학습할 코드를 미리 작성한 후 주석으로 처리해둡니다. 예제별로 컴포넌트가 완성되면 import와 <Route>의 주석을 해제한 후 실행을 확인해주면 됩니다.

▼ 실행 결과

실행한 후 개발자 도구의 Elements 탭을 열어서 렌더링된 요소들을 확인하겠습니다.

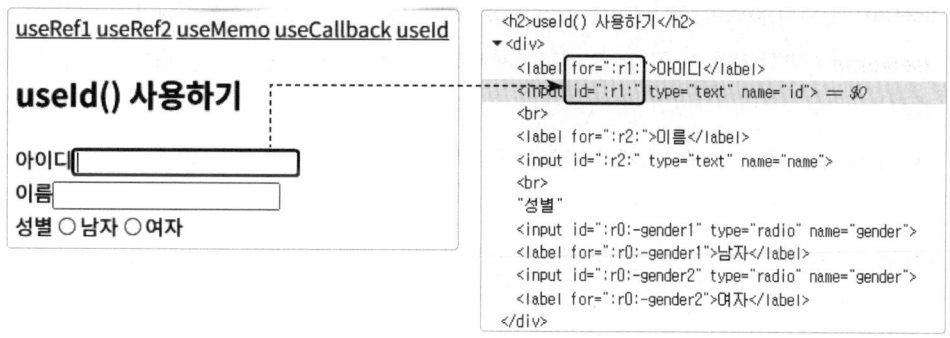

InputField 컴포넌트는 아이디와 이름에 각각 사용되었는데 생성된 아이디를 보면 서로 다른 걸 확인할 수 있습니다. 성별을 표현하는 라디오에도 고유한 아이디가 생성되었습니다.

> **알려드려요!!** 리액트 최신 버전에서는 useId를 통해 생성되는 아이디가 «r1» 와 같이 이중꺽쇄 기호로 변경되었습니다. 사용법이나 개념에는 전혀 변화가 없습니다.

학습 마무리

리액트는 상태나 프롭스가 변경되면 컴포넌트를 다시 렌더링합니다. 하지만 모든 렌더링이 꼭 필요한 것은 아니며, 연산이 무겁거나 같은 함수를 반복 생성하는 경우 성능 저하로 이어질 수 있습니다. 이런 상황을 방지하기 위해 리액트는 성능을 최적화할 수 있는 여러 가지 훅을 제공합니다.

useRef는 렌더링 없이 값을 저장하거나 DOM을 참조할 수 있고, useMemo와 useCallback은 연산 결과나 함수를 메모이제이션하여 불필요한 재계산이나 재생성을 막아줍니다. 또한 useId는 클라이언트와 서버에서 같은 고유 ID를 제공하여 접근성과 일관성을 높여줍니다.

이런 훅들은 하나하나의 사용법도 중요하지만 언제 사용하는 것이 적절한가를 파악하는 것이 더욱 중요합니다. 실제 프로젝트에서 불필요한 렌더링이 발생하는 지점을 잘 파악하고, 적절한 훅을 사용하여 성능을 개선해보세요.

핵심 키워드

1 **useRef** : 렌더링 없이 값이나 DOM 요소를 참조하거나 저장할 수 있는 훅입니다.
2 **useMemo** : 연산 비용이 큰 값을 메모이제이션하여 렌더링 시 불필요한 재계산을 방지합니다.
3 **useCallback** : 함수를 메모이제이션하여 매 렌더링 시 같은 함수를 새로 생성하지 않도록 합니다.
4 **useId** : 고유한 ID를 생성해 클라이언트와 서버가 같은 마크업 구조를 가질 수 있도록 도와줍니다.

연습문제

1 다음 중 렌더링 없이 DOM 요소나 값을 참조하는 훅은 무엇인가요?

　❶ useMemo　　　❷ useCallback

　❸ useRef　　　　❹ useId

2 연산 비용이 큰 계산 결과를 저장해두고, 의존성 값이 변경될 때만 다시 계산하도록 도와주는 훅은 무엇인가요?

　❶ useState　　　❷ useMemo

　❸ useEffect　　　❹ useId

3 useCallback 훅을 사용하는 주요 목적은 무엇인가요?

4 다음 중 서버와 클라이언트가 같은 고유 ID를 유지하기 위해 사용하는 훅은 무엇인가요?

　❶ useRef　　　　❷ useMemo

　❸ useId　　　　 ❹ useEffect

5 다음 중 useMemo와 useCallback의 공통된 특징은 무엇인가요?

　❶ 컴포넌트 내부에서만 사용할 수 없다.

　❷ 상태 관리를 위해 사용한다.

　❸ 렌더링을 강제로 막는다.

　❹ 메모이제이션을 통해 불필요한 연산을 줄인다.

연습문제

6 다음 코드 중 useRef를 사용하는 예로 적절한 것은 무엇인가요?

　❶ useRef를 이용해 input 엘리먼트에 포커스를 주는 경우

　❷ useRef를 이용해 상태를 변경하는 경우

　❸ useRef로 컴포넌트 전체를 리렌더링하는 경우

　❹ useRef로 함수를 동적으로 생성하는 경우

1 **정답** ❸
2 **정답** ❷
3 **정답** 같은 함수를 매번 새로 만들지 않도록 하여, 하위 컴포넌트의 불필요한 렌더링을 방지합니다.
4 **정답** ❸
5 **정답** ❹
6 **정답** ❶

Chapter 14

전역 상태 관리를 위한 훅

학습 목표

이 장에서는 컴포넌트 간의 상태를 공유하거나, 복잡한 상태 로직을 간결하게 구현하는 방법을 학습합니다. useReducer를 사용하여 복잡한 상태 전이 로직을 명확하게 구성하고, useContext를 활용해 전역 상태를 손쉽게 전달하는 패턴을 익히게 됩니다. 전역 상태 관리가 필요한 실제 사례들을 통해, 상태 설계의 감각도 함께 기를 수 있습니다.

핵심 키워드

`useReducer` `useContext` `상태 공유` `전역 상태` `컴포넌트 트리` `컴포넌트 통신`

학습 코스

프로젝트 생성 → useReducer 훅 알아보기 → useContext 훅 알아보기 리액트는 컴포넌트 단위로 상태를 관리하고 UI를 업데이트하는 구조를 가지고 있습니다. 하지만 컴포넌트가 많아지고 구조가 복잡해지면 상태를 전달하고 관리하는 과정에서 코드가 복잡해지고, 유지보수 또한 어려워질 수 있습니다.

이런 상황에서는 전역 상태 관리 개념을 도입함으로써 상태 관리를 더 효율적이고 체계적으로 구성할 수 있습니다.

이 장에서는 컴포넌트 트리 전체에 걸쳐 상태를 공유하고 관리하는 전역 상태 관리 훅들을 학습하겠습니다.

- **useReducer** : 복잡한 상태 로직을 명확하게 정의하고 관리하는 훅입니다. 상태 로직을 컴포넌트에서 분리시킬 수 있습니다.
- **useContext** : 컴포넌트 트리의 깊은 곳까지 상태를 전달하는 훅으로, 전역 상태를 쉽게 공유할 수 있습니다.

14.1 프로젝트 생성하기

프로젝트명 : react05-hook-global-state
- 비트로 리액트 프로젝트 생성
- 프로젝트 폴더로 이동한 후 의존성 설치
- react-router-dom 설치
- 프로젝트 실행 및 기본형 만들기

To do **01** 기본적인 라우팅 처리부터 만들겠습니다. 앞 장에서 했던 것과 같은 작업이므로 코드만 명시하겠습니다.

ReactStudy\react05-hook-global-state\src\main.jsx
```
import { createRoot } from 'react-dom/client'
import { BrowserRouter } from 'react-router-dom'
import './index.css'
import App from './App.jsx'

createRoot(document.getElementById('root')).render(
  <BrowserRouter>
```

```
      <App />
    </BrowserRouter>
)
```

02 내비게이션으로 사용할 컴포넌트를 만듭니다. 학습할 모든 훅에 대해 링크를 정의했습니다.

ReactStudy\react05-hook-global-state\src\components\TopNavi.jsx
```
import {NavLink} from 'react-router-dom';

const TopNavi = () => {
  return (
    <nav>
      <NavLink to="/use-reducer">useReducer</NavLink> 
      <NavLink to="/use-context">useContext</NavLink> 
    </nav>
  );
}

export default TopNavi;
```

03 App 컴포넌트에서는 각 링크에 대한 라우팅 처리를 하겠습니다. 아직 작성되지 않은 컴포넌트는 주석으로 처리해주세요. 이후 컴포넌트를 완성할 때마다 주석을 하나씩 해제하여 연결해주면 됩니다.

ReactStudy\react05-hook-global-state\src\App.jsx
```
import {Routes, Route} from "react-router-dom";

import TopNavi from './components/TopNavi';
// import UseReducerExam from './components/UseReducerExam';
// import UseContextExam from './components/UseContextExam';

function App() {
  return (<>
    <TopNavi></TopNavi>
    <Routes>
      {/* <Route path='/' element={<UseReducerExam />} /> */}
      {/* <Route path='/use-reducer' element={<UseReducerExam />} /> */}
      {/* <Route path='/use-context' element={<UseContextExam />} /> */}
```

```
    </Routes>
  </>)
}

export default App
```

애플리케이션의 기본틀이 완성되었으니 지금부터 전역상태 관리를 위한 훅에 대한 예제를 작성하 겠습니다.

14.2 useReducer 훅 알아보기

앞에서 우리는 useState를 사용하여 컴포넌트 내부의 상태를 관리해왔습니다. useState는 간단한 상탯값을 다루거나, 입력 폼과 같이 개별 값이 독립적으로 변하는 때에 유용합니다. 하지만 상태의 구조가 복잡해지고, 여러 값이 함께 변화해야 할 때는 useState만으로는 코드가 복잡해지고 유지보수가 어려워질 수 있습니다. 이럴 때 사용할 수 있는 또 다른 리액트 훅이 바로 useReducer입니다.

useReducer는 상태state와 이를 변경하기 위한 리듀서reducer 함수를 분리하여 관리할 수 있게 해주며, 특히 액션action을 기반으로 상태를 변경하는 방식을 사용합니다. 이런 구조는 상태 관리가 명확하게 정의되어야 하는 중대형 애플리케이션에 유리합니다.

▼ 형식

```
const [state, dispatch] = useReducer(reducer, initialState);
```

- **state** : 상태 저장을 위한 변수
- **dispatch** : 상태를 변경할 때 호출하는 함수로 이 함수를 통해 action을 보냄
- **reducer** : 상태를 변경하기 위해 정의하는 함수
- **initialState** : 상태의 초깃값

리액트의 useReducer 훅에서 Dispatch → Reducer → State 업데이트로 이어지는 상태 관리 흐름은 다음과 같습니다.

Dispatch(Action) - - - -▶ Reducer(State, Action)
　　❷　　　　　❶　　　　　　　❸　　　　　　　┊
　　　　　　　　　　　　　　　　　　　　　　　　┊
　　　　　　　　　　　❹ 업데이트　　　▼
　　　　　　　　　　　　　　　State

❶ State 변경을 위한 Action을 객체로 정의합니다. ❷ Action을 인수로 Dispatch를 실행합니다. 그러면 ❸ Reducer() 함수가 호출되어 ❹ State를 변경하게 됩니다. 이때 Reducer() 함수의 매개변수는 다음과 같습니다.

- **첫 번째 매개변수** : 변경할 State의 현재 값
- **두 번째 매개변수** : State 변경을 위한 Action 객체

설명에서 보듯 useReducer에서 중요한 부분은 Dispatch의 실행이 Reducer 함수 호출로 이어진다는 점입니다. 인수로 전달된 Action을 분석하여 컴포넌트의 State를 변경합니다.

To do **01** 예제로 useReducer를 활용한 간단한 입출금 애플리케이션을 만들겠습니다. 사용자는 금액을 입력한 뒤 입금 또는 출금 버튼을 눌러 계좌 상태를 변경할 수 있습니다.

ReactStudy\react05-hook-global-state\src\components\UseReducerExam.jsx

```jsx
import { useReducer, useState } from 'react';

const bankReducer = (bankState, bankAction) => { // ❶ 리듀서 함수 정의
  console.log("리듀서호출", bankState, bankAction);
  switch (bankAction.mode){ // ❷ 매개변수로 받은 액션을 분석하여 상태 변경
    case 'diposit':
      return bankState + bankAction.amount;
    case 'withdraw':
      return bankState - bankAction.amount;
    default:
      return bankState;
  }
}

const UseReducerExam = () => {
  const [inputMoney, setInputMoney] = useState(0); // ❸ 입금액 변경을 위한 상태
  const [balance, bankDispatch] = useReducer(bankReducer, 0); // ❹ useReducer 선언
  return (<>
```

```
      <h2>UseReducer 사용하기</h2>
      <p>잔고 : {balance}원</p> // ❺ 잔고 출력
        <input type="number" value={inputMoney} step={1000} // ❻ 입출금 금액 상태 변경
          onChange={(e) => {
            setInputMoney(parseInt(e.target.value));
          }
        } />
        // ❼ 입금 버튼을 누르면 bankDispatch() 함수 호출
        <button type='button' onClick={() => {
          bankDispatch({mode:'diposit', amount:inputMoney});
        }}>입금</button>
        <button type='button' onClick={() => { // ❽ 출금도 입금과 동일
          bankDispatch({mode:'withdraw', amount:inputMoney});
        }}>출금</button>
    </>);
}

export default UseReducerExam;
```

❶ 리듀서 함수를 정의합니다. 매개변수로 현재의 상태와, 상태 변경을 위한 액션을 전달받습니다. 콘솔에 매개변수로 전달받은 State와 Action을 출력합니다.

❷ 액션을 분석하는 로직입니다. 입금(diposit), 출금(withdraw)을 판단하여 금액을 합산하거나 차감합니다.

❸ 입금할 금액 변경을 위한 상태를 선언합니다.

❹ useReducer를 선언합니다. 변수명은 balance, 디스패치는 bankDispatch, 리듀서 함수는 bankReducer, 초깃값은 0으로 설정했습니다. 즉 잔고는 0으로 초기화하고, 입출금을 위해 bankDispatch를 실행하면 bankReducer가 호출되어 잔고에 합산되거나 차감되는 구조입니다.

❺ 잔고를 출력합니다.

❻ 입출금을 위한 금액을 증감시키면 상태로 선언한 inputMoney가 변경됩니다.

❼ [입금] 버튼을 누르면 디스패치를 실행합니다. 리듀서 함수 호출 시 전달되는 액션 객체는 {mode : '입금 or 출금', amount : 금액}과 같이 정의했습니다.

❽ [출금] 버튼도 [입금] 버튼과 같습니다.

02 App.jsx에서 UseReducerExam 컴포넌트의 주석을 해제한 후 확인하겠습니다.

▼ 실행 결과

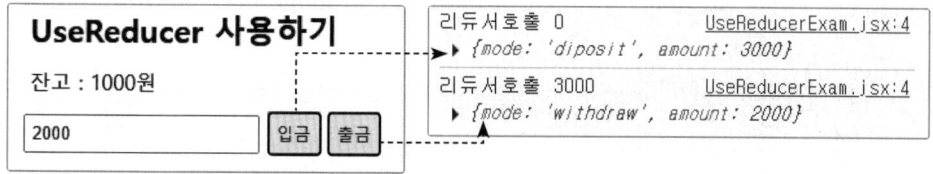

스핀 버튼으로 입출금 금액을 설정할 수 있습니다. 위 실행 결과는 3,000원을 입금한 후 2,000원을 출금한 결과입니다. 리듀서가 호출되면서 설정한 금액만큼 변경되는 걸 확인할 수 있습니다.

14.3 useContext 훅 알아보기

리액트 애플리케이션에서는 컴포넌트 간에 데이터를 전달할 일이 자주 발생합니다. 보통은 부모에서 자식으로 프롭스를 전달하는 방식으로 데이터를 전달하지만 컴포넌트 트리 구조가 깊어질수록 프롭스를 계속 전달해야 하는 번거로움이 생기게 됩니다. 이를 프롭 드릴링 prop drilling이라고 합니다.

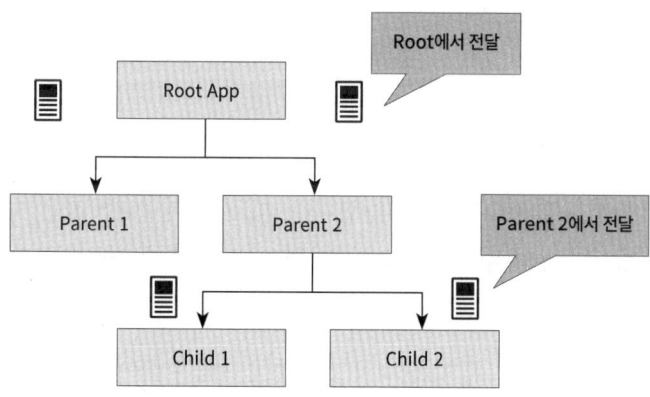

이런 문제를 해결하기 위해 React는 Context API를 제공합니다. Context를 사용하면 컴포넌트 트리의 깊은 곳에서도 중간 단계를 거치지 않고 필요한 데이터에 접근할 수 있습니다. 그리고 이 Context를 함수형 컴포넌트에서 쉽게 사용하는 훅이 바로 useContext입니다.

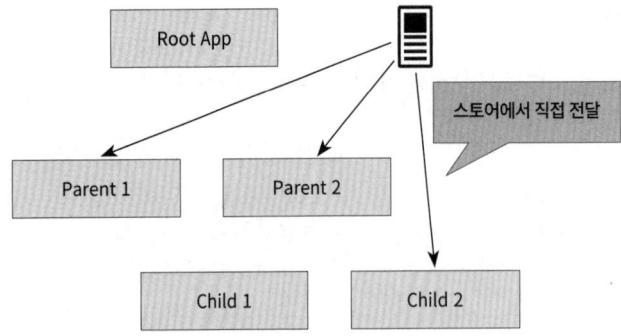

useContext의 생성 절차를 알아보겠습니다.

Context로 사용할 객체를 먼저 생성합니다.

```
export const MyContext = createContext();
```

생성된 Context 객체를 통해 Provider를 생성합니다.

```
export const MyProvider = ({ children }) => {
  return (<>
    <MyContext.Provider value={ 자식컴포넌트로 전달할 변수나 함수 }>
      {children}
    </MyContext.Provider>
  </>);
};
```

Provider는 상태를 공유할 자식 컴포넌트를 감싸주는 역할을 합니다. value로 전달되는 값은 자식 컴포넌트 전체에서 사용할 수 있습니다. 일반적인 프롭스와 같이 배열, 객체, 함수 등을 사용할 수 있습니다.

{children}은 자식 컴포넌트를 의미하는데, 설정에 따라 여러 개의 컴포넌트가 들어올 수 있습니다.

> 여기서 사용된 children은 부모 컴포넌트가 감싸고 있는 자식 컴포넌트를 의미하는 리액트의 특별한 속성(props)입니다. 이 속성은 리액트에서 제공되는 것이므로 이름 자체를 변경할 수 없습니다.

마지막으로 상태를 공유할 자식 컴포넌트는 다음과 같이 감싸주면 됩니다.

```
const UseContextExam = () => {
  return (<>
    <MyProvider>
      <자식컴포넌트1 />
      <자식컴포넌트2 />
    </MyProvider>
  </>);
}
```

이렇게 하면 준비는 끝났습니다.

자식 컴포넌트에서 value를 통해 공유된 값을 사용하려면 다음과 같이 하면 됩니다.

```
const { 상탯값, 함수, 배열, 객체 등 } = useContext(MyContext);
```

앞에서 생성했던 Context 객체를 인수로 useContext() 훅을 사용하면 value를 통해 전달되었던 상탯값이나 함수 등을 가져와서 사용할 수 있습니다.

그럼 예제를 통해 더 자세히 알아보겠습니다.

To do 01 먼저 컨텍스트로 사용할 컴포넌트를 제작하겠습니다.

ReactStudy\react05-hook-global-state\src\contexts\ThemeContext.jsx
```
import { createContext, useState } from 'react'; // ❶ 전역 상태 관리를 위한
createContext 훅 임포트

export const ThemeContext = createContext(); // ❷ 상태 공유를 위한 컨텍스트 생성

export const ThemeProvider = ({ children }) => { // ❸ 프로바이더 컴포넌트 정의
  const [isDark, setIsDark] = useState(false); // ❹ 테마 상태 저장을 위한 상태
  // ❹ 테마의 상태를 반전하기 위한 함수 정의
  const toggleTheme = () => setIsDark(prev => !prev);
  return (<>
    // ❺ 프로바이더로 하위 모든 컴포넌트 감싸기
    <ThemeContext.Provider value={{ isDark, toggleTheme }}>
      {children}
```

```
    </ThemeContext.Provider>
  </>);
};
```

❶ 전역 상태를 만들기 위한 컨텍스트를 생성할 때 사용하는 createContext 훅은 임포트합니다.

❷ 테마의 상태를 공유하기 위한 컨텍스트를 생성합니다. 이 컨텍스트를 통해 하위 컴포넌트에서는 프롭스 없이도 상태를 사용할 수 있습니다.

❸ 컨텍스트를 제공하는 프로바이더 컴포넌트를 정의합니다. 매개변수로 사용된 { children }은 ThemeProvider로 감싸는 하위 컴포넌트 전체를 의미하는 프롭(prop) 입니다.

```
<ThemeProvider value=공유할값>
  <App1 />
  <App2 />
  <App3 />
</ThemeProvider>
```

- 만약 이와 같이 사용했다면 App1~3 모두가 children에 해당하고, value에 설정한 값을 하위 모든 컴포넌트가 공유하게 됩니다.

❹ 테마 상태를 저장할 상태를 생성합니다. 그리고 테마를 반전하는 toggleTheme 함수를 정의했습니다.

❺ ThemeContext.Provider를 사용해서 isDark와 toggleTheme 함수를 하위 컴포넌트에 전달합니다. 앞서 설명한 것과 같이 {children}은 프로바이더가 감싸는 하위의 모든 컴포넌트를 의미합니다.

02 테마 전환 버튼을 누르면 배경을 흰색과 검은색으로 변경하는 애플리케이션입니다.

ReactStudy\react05-hook-global-state\src\contexts\ThemedBox.jsx

```jsx
import { useContext } from 'react';
import { ThemeContext } from './ThemeContext'; // ❶ 앞에서 만든 ThemeContext 임포트

const ThemedBox = () => {
  const { isDark } = useContext(ThemeContext); // ❷ ThemeContext에서 isDark만 가져옴
```

```
    const boxStyle = { // ❸ 박스에 적용할 스타일 정의
      padding: '20px',
      marginTop: '10px',
      backgroundColor: isDark ? '#333' : '#eee',
      color: isDark ? '#fff' : '#000',
      textAlign: 'center'
    };

    return (<>
      <div style={boxStyle}> // ❹ 박스에 스타일 적용
        현재 테마: {isDark ? '다크모드' : '라이트모드'}
      </div>
    </>);
};

export default ThemedBox;
```

❶ 앞서 만든 ThemeContext를 임포트합니다.

❷ ThemeContext가 제공하는 값 중 isDark만 가져옵니다. 이 값을 통해 다크모드인지 여부를 확인할 수 있습니다.

❸ 박스에 적용할 스타일을 정의합니다. 특히 배경색(backgroundColor)과 글자색(color)은 isDark에 따라 다른 값으로 적용합니다.

❹ div 박스에 스타일을 적용합니다. isDark에 따라 각 모드를 출력합니다.

03 이제 앞서 작성한 컨텍스트를 적용하겠습니다.

ReactStudy\react05-hook-global-state\src\components\UseContextExam.jsx
```
import { useContext } from 'react';
import { ThemeProvider, ThemeContext } from '../contexts/ThemeContext';
// ❶ 프로바이더, 컨텍스트, 컴포넌트 임포트
import ThemedBox from '../contexts/ThemedBox';

const ThemeToggleButton = () => { // ❷ 테마 변경을 위한 버튼 컴포넌트를 정의
  const { toggleTheme } = useContext(ThemeContext);
  return <button onClick={toggleTheme}>테마 전환</button>;
};
```

```
const UseContextExam = () => {
  return (<>
    <h2>useContext 사용하기</h2>
    <ThemeProvider> // ❸ ThemeProvider로 하위 컴포넌트 감싸기
      <ThemeToggleButton />
      <ThemedBox />
    </ThemeProvider>
  </>);
}

export default UseContextExam;
```

❶ 프로바이더와 컨텍스트, ThemedBox 컴포넌트까지 임포트합니다.

❷ 테마 변경을 위한 버튼 컴포넌트를 정의합니다. ThemeContext에서 toggleTheme 함수를 얻어와서 버튼에 추가해줍니다.

❸ ThemeProvider로 하위 컴포넌트를 감싸줍니다. 그러면 ThemeToggleButton, ThemedBox 컴포넌트가 앞에서 설명했던 children로 적용됩니다.

04 실행을 위해 App.jsx에서 UseContextExam 컴포넌트 주석을 해제한 후 실행 화면을 확인하겠습니다.

테마전환 버튼을 눌러보면 다크모드와 라이트모드가 토글되면서 화면에 적용될 겁니다.

▼ 실행 결과

ThemeProvider를 통해 공유된 isDark(상탯값), toggleTheme(함수)를 ThemedBox, ThemeToggleButton 컴포넌트에서 사용할 수 있게 됩니다. 프롭스를 통해 각 컴포넌트로 개별적으로 전달하지 않아도 되므로 편의성이 증가하게 됩니다.

학습 마무리

리액트에서 상태는 기본적으로 개별 컴포넌트 안에서 관리됩니다. 하지만 컴포넌트 구조가 깊어지거나 여러 곳에서 같은 상태를 공유해야 할 때, 상태를 일일이 전달하는 방식은 유지보수가 어렵고 비효율적일 수 있습니다. 이런 상황에서는 전역 상태 관리 개념이 필요하며, 리액트에서는 이를 위해 useReducer와 useContext 같은 훅을 사용할 수 있습니다.

useReducer는 복잡한 상태를 액션 중심으로 명확하게 관리할 수 있게 해주며, 상태 업데이트 로직을 컴포넌트 바깥으로 분리할 수 있다는 점에서 코드의 가독성과 유지보수성을 높여줍니다. useContext는 컴포넌트 트리 전체에 걸쳐 상태를 전달할 수 있게 해주며, (깊은 컴포넌트로 프롭스를 계속 전달하는 문제) 프롭 드릴링 props drilling을 해결해줍니다.

이 두 훅을 함께 사용하면, 프로젝트 전반에 걸쳐 효율적이고 일관성 있는 상태 관리 구조를 설계할 수 있습니다.

핵심 키워드

1 **useReducer** : 상태를 액션 기반으로 관리하며, 복잡한 상태 로직을 컴포넌트 외부로 분리할 수 있는 훅입니다.
2 **useContext** : 컴포넌트 트리에서 깊은 곳까지 상태나 데이터를 전달할 수 있는 훅입니다. 전역 상태를 구성할 때 유용합니다.
3 **전역 상태(global state)** : 여러 컴포넌트에서 함께 사용하는 상태로, 상위 컴포넌트에서 하위 컴포넌트로 일일이 전달하지 않고도 공유할 수 있는 구조입니다.

연습문제

1 다음 중 useReducer 훅의 주요 특징으로 올바른 것은 무엇인가요?

　❶ 컴포넌트의 렌더링을 중단시킨다.

　❷ 상태 로직을 컴포넌트 외부에서 정의할 수 있다.

　❸ 비동기 처리를 자동으로 수행한다.

　❹ 렌더링 없이 값을 저장할 수 있다.

2 useContext 훅은 어떤 상황에서 사용하는 것이 적절한가요?

3 다음 중 여러 컴포넌트에서 같은 상태를 공유해야 할 때 가장 적절한 훅 조합은 무엇인가요?

　❶ useRef + useMemo

　❷ useReducer + useCallback

　❸ useReducer + useContext

　❹ useState + useEffect

4 useContext 훅을 사용할 때 반드시 함께 작성해야 하는 요소는 무엇인가요?

　❶ 이벤트 핸들러 함수

　❷ Context 객체

　❸ DOM 요소 참조

　❹ CSS 스타일 객체

5 useReducer 훅은 어떤 자료구조를 통해 상태를 업데이트하나요?

　❶ 배열　　　　　　　　❷ 클래스

　❸ 액션 객체　　　　　　❹ 문자열

1　**정답** ❷
2　**정답** 컴포넌트 트리에서 깊은 하위 컴포넌트로 상태나 데이터를 전달해야 할 때 사용합니다.
3　**정답** ❸
4　**정답** ❷
5　**정답** ❸

Chapter 15

고급 기능을 위한 확장 훅

학습 목표

이 장에서는 리액트 19에서 정식 도입된 확장 훅들을 중심으로 학습합니다. useOptimistic을 통해 낙관적 UI 업데이트를 구현하고, useActionState와 useFormStatus를 활용해 폼의 상태나 비동기 작업 흐름을 더 유연하게 제어하는 방법을 익힙니다. 더 나은 사용자 경험을 제공하기 위한 고급 기능 구현 능력을 키우는 것이 이 장의 핵심 목표입니다.

핵심 키워드

`useOptimistic` `useActionState` `useFormStatus` `낙관적 업데이트` `폼 상태` `비동기 처리` `사용자 경험(UX)`

학습 코스

useOptimistic 훅 알아보기 → useActionState 훅 알아보기 → useFormStatus 훅 알아보기

리액트는 기본적인 상태 관리와 성능 최적화 외에도, 사용자 경험을 향상시키기 위한 다양한 고급 기능을 지원합니다. 특히 폼 처리나 UI 전환과 같이 사용자의 인터랙션(상호작용)에 민감한 영역에서는 더 정교한 상태 제어가 필요합니다. 이런 상황을 위해 React는 몇 가지 특화된 훅들을 제공하고 있습니다.

- **useOptimistic** : 사용자의 액션에 대해 낙관적인 UI 피드백을 먼저 제공할 수 있도록 도와줍니다.
- **useFormStatus** : 폼의 제출 진행 상태를 추적할 수 있게 해줍니다.
- **useActionState** : 폼 액션 실행 결과를 상태로 관리할 수 있도록 해줍니다.

이 훅들은 리액트 19에서 정식 도입된 기능으로, 고급 사용자 경험을 구현할 때 매우 유용하게 사용됩니다. 이제 각 훅이 어떤 상황에서 필요하며, 어떻게 사용하는지 구체적으로 살펴보겠습니다.

> 인터랙션(Interaction)이란 사용자가 웹 애플리케이션과 직접 상호작용하는 행위를 의미합니다. 예를 들어 버튼을 클릭하거나, 텍스트 입력창에 글자를 입력하는 등의 행동을 인터랙션이라고 합니다.

> 공식 문서에서는 '확장 훅(extended hooks)'이라는 용어를 명시적으로 사용하지는 않습니다. 다만, 이 책에서는 고급 기능을 다룬다는 점에 초점을 맞추어 '확장 훅'이라고 명시하겠습니다.

15.1 프로젝트 생성하기

프로젝트명 : react06-hook-enhanced

- 비트로 리액트 프로젝트 생성
- 프로젝트 폴더로 이동한 후 의존성 설치
- react-router-dom 설치
- 프로젝트 실행 및 기본형 만들기
- **main.jsx** : 〈BrowserRouter〉 컴포넌트로 〈App /〉 감싸기

To do **01** 내비게이션으로 사용할 컴포넌트를 구현합니다. 이번 실습에서 학습할 모든 훅에 대해 링크를 정의했습니다.

ReactStudy\react06-hook-enhanced\src\components\TopNavi.jsx
```jsx
import {NavLink} from 'react-router-dom';

const TopNavi = () => {
  return (
    <nav>
      <NavLink to="/use-optimistic">useOptimistic</NavLink> 
      <NavLink to="/use-action-state">useActionState</NavLink> 
      <NavLink to="/use-form-status">useFormStatus</NavLink> 
    </nav>
  );
}

export default TopNavi;
```

02 App 컴포넌트에서는 각 링크에 대한 라우팅 처리를 하겠습니다. 아직 작성되지 않은 컴포넌트는 주석으로 처리해주세요. 이후 컴포넌트를 완성할 때마다 주석을 하나씩 해제하여 연결해주면 됩니다.

ReactStudy\react06-hook-enhanced\src\App.jsx
```jsx
import {Routes, Route} from "react-router-dom";
import TopNavi from './components/TopNavi';
// import UseOptimisticExam from './components/UseOptimisticExam';
// import UseFormStatusExam from './components/UseFormStatusExam';
// import UseActionStateExam from './components/UseActionStateExam';

function App() {
  return (<>
    <TopNavi></TopNavi>
    <Routes>
      {/* <Route path='/' element={<UseOptimisticExam/>} /> */}
      {/* <Route path='/use-optimistic' element={<UseOptimisticExam />} /> */}
      {/* <Route path='/use-action-state' element={<UseActionStateExam />} /> */}
      {/* <Route path='/use-form-status' element={<UseFormStatusExam />} /> */}
    </Routes>
  </>)
```

```
}
export default App
```

애플리케이션의 기본틀이 완성되었습니다. 고급 기능을 위한 확장 훅에 대해 자세히 살펴보겠습니다.

15.2 useOptimistic 훅 알아보기

useOptimistic은 네트워크 요청 등 비동기 작업이 완료되기 전에 사용자 인터페이스를 미리 업데이트하는 낙관적 업데이트(Optimistic UI)를 구현할 수 있게 해줍니다. 이 훅을 사용하면 서버 응답을 기다리지 않고 사용자에게 즉각적인 피드백을 제공할 수 있어, 앱의 반응성과 사용자 경험을 크게 향상시킬 수 있습니다.

주요 특징

- 네트워크 요청이 진행 중일 때, 실제 상태와는 별도로 낙관적 상태를 관리하여 UI를 즉시 업데이트할 수 있습니다.
- 예로 사용자가 메시지를 전송할 때, 서버 응답전에 메시지가 즉시 UI에 보이도록 구현할 수 있습니다.
- 실제 서버 응답 결과에 따라 낙관적 상태를 확정하거나 롤백할 수 있습니다.

useOptimistic 훅은 리액트 19에서 정식 도입되었습니다.

▼ 형식

```
const [optimisticState, addOptimistic] = useOptimistic(state, updateFn)
```

매개변수

- **state** : 현재 상태의 초깃값
- **updateFn(currentState, optimisticValue)** : 낙관적 업데이트가 필요할 때 호출되는 함수
  - **currentState** : 현재 상태
  - **optimisticValue** : 낙관적으로 적용할 값

반환값 : 새로운 상태(복사본)

- **optimisticState** : 실제 상태와 낙관적 상태를 병합한 결과. UI에서 바로 사용하면 됨
- **addOptimistic(optimisticValue)** : 낙관적 업데이트를 트리거하는 함수. 이 함수를 호출하면 updateFn이 실행되어 optimisticState가 즉시 변경됨

> **To do** 01 그럼 예제를 작성하겠습니다. 메시지를 입력하면 서버로 전송하는 것으로 간주하여 낙관적 업데이트를 통해 메시지는 즉시 화면에 출력합니다. 실제 네트워크 요청처럼 보이기 위해 1초 후 서버가 응답하는 형식의 애플리케이션입니다.

ReactStudy\react06-hook-enhanced\src\components\UseOptimisticExam.jsx

```jsx
import { useOptimistic, useState, useRef } from "react";

// ❶ 메시지를 서버로 전송하는 것을 표현한 함수 정의
async function deliverMessage(message) {
 // 1초간 대기 후 반환
  await new Promise((res) => setTimeout(res, 1000));
  return message;
}

// ❷ 메시지 목록과 입력 폼을 렌더링하는 컴포넌트
function Thread({ messages, sendMessage }) {
  const formRef = useRef(); // ❸ 폼 초기화 용 변수

  async function formAction(formData) { // ❹ 폼 제출 시 실행되는 비동기 함수
    addOptimisticMessage(formData.get("message")); // ❺ 메시지를 UI에 즉시 추가
    formRef.current.reset();
    await sendMessage(formData); // ❻ 메시지를 서버로 전송
  }

  // ❼ useOptimistic 훅을 사용하여 낙관적 메시지 상태 정의
  const [optimisticMessages, addOptimisticMessage] = useOptimistic(
    messages,
    (state, newMessage) => [
      ...state,
      {
        text: newMessage,
        sending: true
      }
```

```
    ]
  );

  return (<>
    // ❽ 메시지 목록을 개수만큼 반복해서 렌더링
    {optimisticMessages.map((message, index) => (
      <div key={index}>
        {message.text}
        {!!message.sending && <small> (Sending...)</small>}
      </div>
    ))}
    <form action={formAction} ref={formRef}> // ❾ 새로운 메시지 입력을 위한 폼
      <input type="text" name="message" placeholder="메시지를 입력해주세요" />
      <button type="submit">Send</button>
    </form>
  </>);
}

const UseOptimisticExam = () => { // ❿ 컴포넌트 정의
  // 메시지는 상태를 통해 관리
  const [messages, setMessages] = useState([
    { text: "기본 메시지 입니다", sending: false, key: 1 }
  ]);

  async function sendMessage(formData) { // ⓫ 메시지 전송 함수 정의
    const sentMessage = await deliverMessage(formData.get("message"));
    setMessages((messages) => [...messages, { text: sentMessage }]);
  }

  return (
    <div>
      <h2>useOptimistic 사용하기</h2> // ⓬ 전체 화면 구성
      <Thread messages={messages} sendMessage={sendMessage} />
    </div>
  );
};

export default UseOptimisticExam;
```

❶ 메시지를 서버로 보내는 상황을 흉내낸 비동기 함수입니다. 실제 네트워크 요청처럼 보이도록 1초 후 전달받은 메시지를 반환합니다.

❷ 메시지 목록과 입력 폼을 렌더링하는 Thread 컴포넌트를 정의합니다.

❸ 폼 초기화를 위해 사용할 ref 변수를 생성합니다.

❹ 폼 제출 시 실행되는 비동기 함수입니다.

❺ 메시지를 UI에 즉시 추가하여 낙관적 업데이트를 수행합니다. React 18부터 지원되는 "Server Actions / Form Actions" 문법에서는, 폼의 action 속성에 함수를 넘기면 React가 해당 함수를 호출할 때 FormData 객체를 생성해서 첫 번째 인자로 넘겨줍니다. 이 객체를 통해 get 함수를 실행하면 폼값을 읽어올 수 있습니다.

❻ 메시지를 서버로 전송하는 것을 수행합니다(실제 서버와 연동되는 것은 아닙니다).

❼ useOptimistic 훅을 사용하여 낙관적 메시지 상태를 정의합니다. 기존 메시지 목록을 기반으로 새로운 메시지를 임시로 추가합니다. 다음은 useOptimistic 훅을 사용하여 낙관적 UI 업데이트를 구현할 때 필요한 핵심 요소(실제 상태, 낙관적 상태, 업데이트 함수)와 동작을 요약한 표입니다.

요소	설명
optimisticMessages	낙관적 업데이트가 반영된 상태로 UI에 즉시 보여줄 값을 지정
addOptimisticMessage	낙관적 항목을 UI에 추가하는 함수
messages	useState로 선언한 최초 메시지의 상태

(state, newMessage) => [
　...state,
　{
　　text: newMessage,
　　sending: true
　}
]
	addOptimisticMessage("안녕")과 같이 호출하면 이 함수가 실행되어 다음과 같이 항목 추가됨
	[
	　...기존 메시지,
	　{ text: "안녕", sending: true }
	]

❽ 메시지 목록을 렌더링합니다. 사용자가 메시지를 입력하면 낙관적 업데이트로 인해 즉시 화면에 표시됩니다. 앞부분에 사용된 !!은 불리언(Boolean)값으로 강제 변환하기 위한 코드입니다. 즉 !!message.sending이 true라면 〈small〉(Sending...)〈/small〉을 화면에 표시하라는 의미입니다.

❾ 새로운 메시지를 입력하기 위한 폼입니다.

❿ 전체 앱을 구성하는 UseOptimisticExam 컴포넌트입니다. 메시지의 상태는 객체 배열 형태로 useState를 통해 관리됩니다.

⓫ 메시지를 전송하여 서버 요청을 처리하는 함수입니다. 서버로 메시지를 전송한 후 1초 후 응답이 오면 상태를 업데이트합니다.

⓬ Thread 컴포넌트를 렌더링하여 메시지 목록과 입력 폼을 화면에 표시합니다.

02 실행을 위해 App.jsx에서 UseOptimisticExam 컴포넌트 부분의 주석을 해제해주세요.

▼ 실행 결과

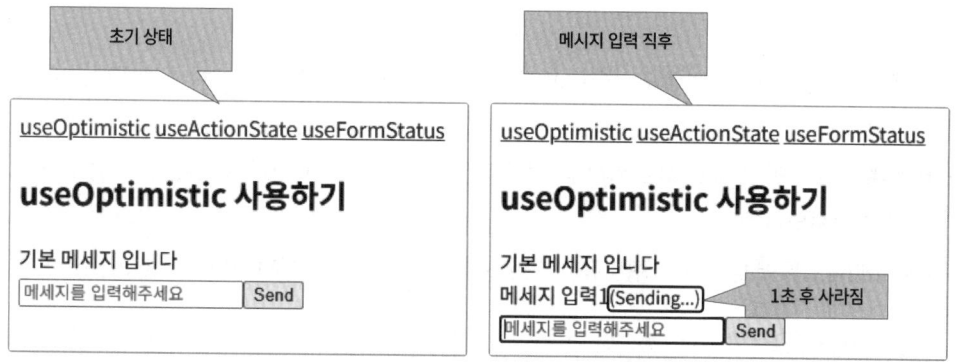

메시지를 입력하고 전송하면, 낙관적 업데이트에 의해 즉시 화면에 메시지가 표시되며, 1초 동안 (Sending...) 문구가 함께 나타납니다. 이후 서버 응답이 완료되면 (Sending...) 표시가 사라지고 최종 메시지만 남습니다.

15.3 useActionState 훅 알아보기

useActionState는 폼 액션의 결과를 기반으로 컴포넌트의 상태를 업데이트할 수 있게 해줍니다. 이 훅은 기존의 useState와 비슷하게 상태를 관리하지만 폼 제출(form action)과 직접적으로 연동되어 폼의 비동기 동작과 상태 관리를 간결하게 처리할 수 있습니다.

useActionState 훅은 React 19에서 정식 도입되었습니다.

▼ 형식

```
const [state, formAction, isPending] = useActionState(action, initialState,
ermalink)
```

매개변수
- **action** : 폼이 제출될 때 실행되는 함수. 첫 번째 인자로 이전 상태(previousState), 두 번째 인자로 FormData 객체를 받습니다.
- **initialState** : 상태의 초깃값
- **permalink(선택)** : 자바스크립트가 로드되기 전에 폼이 제출되면 이 URL로 브라우저가 이동합니다.

반환값
- **state** : 현재 상태. 첫 렌더링 시에는 initialState와 같고, 폼 제출 후에는 action이 반환한 값이 됩니다.
- **formAction** : 폼의 action prop이나 버튼의 formAction prop으로 전달할 수 있는 새로운 액션 함수입니다.
- **isPending** : 폼 액션이 대기 중(비동기 작업 진행 중)인지 여부를 나타내는 boolean값입니다.

To do 01 그럼 예제를 만들겠습니다. 로그인 폼에 아이디와 비번을 입력한 후 버튼을 누르면 로그인 성공 혹은 실패를 보여주는 애플리케이션입니다.

ReactStudy\react06-hook-enhanced\src\components\UseActionStateExam.jsx

```jsx
import { useActionState } from "react";

async function authLogin(prevState, formData) { // ❶ 로그인 처리를 위한 비동기 함수 정의
  console.log('prevState', prevState);
  const userid = formData.get('userid'); // ❷ 사용자가 입력한 폼값을 읽음
  const userpw = formData.get('userpw');

  await new Promise(resolve => { // ❸ 1초 지연을 위한 코드(서버의 응답 시간이라 가정)
    setTimeout(resolve, 1000);
  });

  if (userid === "nakja" && userpw === "1234") { // ❹ 로그인 여부에 따른 메시지 반환
    return "로그인 성공";
  }
```

```
  else {
    return "로그인 실패";
  }
}

const UseActionStateExam = () => {
  // ❺ useActionState 정의
  const [message, formAction, isPending] = useActionState(authLogin, null);
  return (<>
    <h2>useActionState 사용하기</h2>
    <form action={formAction}> // ❻ 폼 구성
      아이디 : <input type="text" name="userid" /> <br />
      비번 : <input type="text" name="userpw" /> <br />
      <button type="submit">로그인</button>
      {isPending ? "Loading..." : message} // ❼ 로그인 처리 중 로딩 메시지 출력
    </form>
  </>);
}

export default UseActionStateExam;
```

❶ 폼이 제출될 때 실행되는 비동기 액션 함수를 정의합니다. useActionState의 첫 번째 인수로 전달되어 사용됩니다. 매개변수 prevState는 이전 상태, formData는 제출된 form의 정보를 담고 있습니다.

❷ 사용자가 입력한 아이디, 비번을 읽어옵니다.

❸ 실제 로그인과 유사하게 1초 지연을 주는 테스트용 코드입니다.

❹ 로그인에 성공한 경우와 실패한 경우 각 메시지를 반환합니다.

❺ useActionState를 정의합니다.

변수명	설명	역할
message	authLogin 함수가 반환한 상탯값	로그인 결과 메시지 "로그인 성공" 또는 "로그인 실패" 저장
formAction	useActionState가 생성한 폼 액션 함수	<form action={formAction}>으로 설정해 폼 제출 동작 연결

변수명	설명	역할
isPending	액션 함수 실행 중 여부로 true 또는 false	로그인 처리 중인지를 나타냄. 로딩 상태를 표시하는 용도
authLogin	폼이 제출될 때 호출되는 비동기 함수	사용자가 입력한 데이터를 기반으로 로그인 검증 수행. 이전 상태(prevState), 제출된 form의 정보(formData)를 매개변수로 선언
null	상태의 초깃값	message의 초기 상태. 여기선 초기 메시지를 따로 설정하지 않음

❻ 폼 태그를 구성합니다. action 속성에는 useActionState 훅의 두 번째 반환값인 formAction이 지정되어 있습니다.

❼ isPending이 true면 로딩 메시지가 출력됩니다. false면 로그인 성공 혹은 실패가 출력됩니다.

02 App.jsx에서 UseActionStateExam 컴포넌트의 주석을 해제한 후 확인하겠습니다.

▼ 실행 결과

첫 실행 시에는 nakja/1234를 입력한 후 로그인 버튼을 눌러주세요. 두 번째는 다른 정보를 입력한 후 테스트해보세요. 그림은 로그인에 실패한 두 번째 경우의 결과 화면입니다.

콘솔에는 상태의 초깃값인 null이 먼저 출력되고, 로그인 성공이 두 번째로 출력됩니다.

15.4 useFormStatus 훅 알아보기

useFormStatus는 〈form〉 요소의 제출 상태를 감지할 수 있게 해주며, 폼이 제출 중인지 여부에 따라 버튼을 비활성화하거나, 로딩 메시지를 표시하는 등 사용자 경험을 개선하는 데 활용할 수 있습니다.

부모 〈form〉의 상태를 컨텍스트를 통해 하위 컴포넌트에 전달하는 방식으로 동작하기 때문에, 별도의 상태 관리나 props 전달 없이도 하위 컴포넌트에서 폼 상태에 접근할 수 있습니다. 단, 이 훅은 반드시 〈form〉 내부에서 호출되어야 하며, 해당 폼의 제출 상태에만 반응합니다.

useFormStatus 훅은 리액트 19에서 정식 도입되었습니다. 그리고 react가 아닌 react-dom 패키지에서 제공됩니다. 따라서 임포트에 주의해야 합니다.

▼ 형식

```
const { pending, data, method, action } = useFormStatus();
```

반환값

- **pending** : 현재 폼이 제출 중인지 확인하여 true/false를 반환
- **data** : 폼 제출시 전송되는 FormData 객체
- **method** : 폼 제출 방식('get' 또는 'post')을 나타냄
- **action** : 폼의 action 속성에 사용된 경로

To do 01 예제를 살펴보겠습니다. 이름을 입력하고 제출하면 잠시 후 완료 메시지를 띄워주는 애플리케이션입니다.

```
ReactStudy\react06-hook-enhanced\src\components\UseFormStatusExam.jsx
import { useState } from "react";
import { useFormStatus } from "react-dom";

async function submitForm(formData) { // ❶ 폼값 제출시 호출되는 비동기 함수 정의
  return new Promise((resolve) => {
    setTimeout(() => {
      resolve(`"${formData.get("name")}" 님의 요청이 완료되었습니다.`);
    }, 1000);
  });
}

const SubmitButton = () => { // ❷ 제출 버튼을 컴포넌트로 정의
  // ❸ useFormStatus 훅 정의
  const { pending, data, method, action } = useFormStatus();
  console.log('data', data);
  console.log('method', method);
```

```
    console.log('action', action);
    return (
      // ❹ 버튼 정의. 제출 상태에 따라 텍스트 변경됨
      <button type="submit" disabled={pending}>
        {pending ? "제출중..." : "제출"}
      </button>
    );
};

const UseFormStatusExam = () => {
  const [message, setMessage] = useState("");  // ❺ 제출 결과 메시지를 상태로 정의

  const handleSubmit = async (formData) => {  // ❻ <form>의 action속성에 연결함 함수 정의
    const result = await submitForm(formData);
    setMessage(result);
  };

  return (<>
    <h2>useFormStatus 사용하기</h2>
    <form action={handleSubmit}>  // ❼ <form> 정의
      <label>
        이름: <input type="text" name="name" required />
      </label>
      <SubmitButton />  // ❽ 제출 버튼을 컴포넌트로 추가
    </form>
    {message && <p>{message}</p>}  // ❾ 메시지 출력
  </>);
}

export default UseFormStatusExam;
```

❶ 사용자가 <form>을 제출했을 때 호출되는 비동기 함수를 정의합니다. formData는 <form> 내부에서 입력한 데이터를 담고 있습니다. 실제 서버와 유사하게 1초 지연을 준 뒤, 사용자가 입력한 "name" 값을 가져와 메시지를 반환합니다.

❷ 제출 버튼을 컴포넌트로 정의합니다.

❸ useFormStatus 훅을 사용해서 폼의 제출 상태를 가져옵니다. 각 반환값은 형식을 참고해주세요.

❹ 제출 버튼입니다. pending이 true이면(즉, 폼이 제출 중일 때) 버튼을 비활성화해서 중복 제출을 막습니다. 동시에 버튼 텍스트를 "제출중..."으로 변경합니다.

❺ 제출 결과 메시지를 화면에 출력하기 위해 상태를 선언합니다.

❻ 〈form〉의 action으로 연결된 함수로 폼이 제출되면 자동으로 formData 객체가 인자로 전달됩니다. 제출된 결과가 반환되면 상태를 변경하여 메시지를 화면에 리렌더링합니다.

❼ 〈form〉을 정의합니다. 하위에는 이름을 입력할 입력 상자가 있습니다. 입력은 필수사항입니다.

❽ 〈form〉 내부에서 동작하는 제출 버튼 컴포넌트를 추가합니다.

❾ 메시지가 존재할 때에만 렌더링합니다. 제출 성공 시 submitForm() 함수에서 반환된 "낙짜쌤 님의 요청이 완료되었습니다."와 같은 메시지가 표시됩니다.

02 실행을 위해 App.jsx에서 UseFormStatusExam 컴포넌트의 주석을 해제한 후 확인하겠습니다.

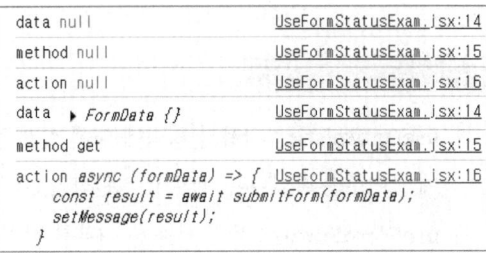

최초 실행 시에는 제출 전이므로 data, method, action이 모두 null이 출력됩니다. 이름을 "낙짜쌤"으로 입력한 후 제출을 누르면 해당 값들을 확인할 수 있습니다.

제출 버튼은 1초간 비활성 상태가 되었다가, 활성 상태로 변경됩니다. 그리고 요청이 완료되면 입력한 이름이 메시지로 출력됩니다.

학습 마무리

사용자 경험이 중요한 UI에서는 입력, 전환, 응답 같은 다양한 상호작용을 빠르고 자연스럽게 처리하는 것이 중요합니다. 리액트는 이런 고급 인터랙션을 더 쉽게 다룰 수 있도록 특화된 확장 훅들을 제공합니다.

useOptimistic 훅은 서버 응답을 기다리지 않고, 사용자의 기대 결과를 화면에 먼저 반영하는 훅입니다. 이로 인해 인터페이스가 빠르고 반응성 있게 느껴집니다. useFormStatus는 폼이 전송 중인지 아닌지를 감지할 수 있도록 해주며, 로딩 중임을 표시하거나 버튼을 비활성화하는 등 사용자에게 적절한 피드백을 줄 수 있게 도와줍니다. 또한 useActionState는 사용자의 폼 액션 처리 결과를 상태로 저장하고 관리할 수 있게 해주어, 에러 메시지 처리나 성공 여부에 따라 UI를 분기하는 데 유용합니다.

이런 확장 훅들은 특히 폼 처리나 전송, 서버 요청 후 응답까지의 흐름을 사용자 중심으로 개선하는 데 효과적인 도구들입니다.

핵심 키워드

1 **useOptimistic** : 사용자 입력에 대해 실제 결과를 기다리지 않고 예상되는 결과를 먼저 화면에 보여주는 훅입니다. 빠르고 직관적인 UI 경험을 만들 수 있습니다.
2 **useFormStatus** : 폼의 제출 중 여부를 감지해 로딩 상태를 UI에 반영하는 훅입니다.
3 **useActionState** : 폼 액션의 결과를 상태로 저장하여, 성공 또는 실패 여부에 따라 다른 UI를 보여줄 수 있도록 합니다.

연습문제

1 다음 중 사용자의 입력에 대해 서버 응답을 기다리지 않고, 먼저 UI에 반영하는 데 사용하는 훅은 무엇인가요?

  ❶ useEffect

  ❷ useOptimistic

  ❸ useFormStatus

  ❹ useCallback

2 useFormStatus 훅은 주로 어떤 기능을 구현할 때 사용하나요?

  ❶ 폼 필드 유효성 검사

  ❷ 폼 전송 결과 저장

  ❸ 폼이 제출 중인지 확인하여 로딩 UI를 표시

  ❹ 폼을 서버에 자동으로 제출

3 useActionState 훅을 사용할 때 어떤 값을 상태로 저장하나요?

연습문제

4 다음 중 useOptimistic 훅을 사용할 때 주의해야 할 점으로 올바른 것은 무엇인가요?

❶ 반드시 서버의 응답을 기다려야 한다.

❷ 항상 에러를 발생시킨다.

❸ 낙관적으로 반영한 값이 실제와 다를 수 있다.

❹ 리렌더링을 막기 위해 사용하는 훅이다.

5 useFormStatus 훅의 반환값 중 하나는 무엇인가요?

❶ isLoading

❷ isPending

❸ isSuccess

❹ isInput

1 **정답** ❷
2 **정답** ❸
3 **정답** 폼 액션 처리 결과(예 : 응답 데이터, 에러 메시지 등)를 상태로 저장합니다.
4 **정답** ❸
5 **정답** ❷

LEVEL 04
리액트 에코시스템

학습 목표

리액트는 사용자 인터페이스를 구축하는 데 초점을 맞춘 라이브러리이기 때문에, 실제 프로젝트를 진행할 때는 상태 관리, 라우팅, 서버 연동, 외부 서비스 활용과 같은 다양한 도구가 필요합니다.

이번 파트에서는 리액트와 결합하여 자주 사용되는 대표적인 도구와 서비스를 학습함으로써, 실무에서 확장성과 완성도를 갖춘 애플리케이션을 제작할 수 있는 역량을 기릅니다.

리덕스 툴킷을 통한 전역 상태 관리, 주스탠드를 활용한 간결한 상태 관리, 파이어베이스를 통한 클라우드 기반 서비스 연동을 다루며, 리액트 에코시스템의 핵심을 체계적으로 이해합니다.

16장 리덕스 툴킷
17장 주스탠드
18장 파이어베이스

Chapter 16

리덕스 툴킷

학습 목표

전역 상태 관리를 위한 도구로 리덕스 툴킷(Redux Toolkit)을 학습합니다. 리액트에서 상태를 프롭스로 전달하는 방식은 부모에서 자식으로만 데이터가 전달되기 때문에 자식 컴포넌트 간에는 직접적인 데이터 공유가 어렵다는 한계가 있습니다. 이런 문제를 해결하기 위해 리덕스 툴킷은 상태를 중앙에서 통합적으로 관리하는 스토어(store) 개념을 제공하며, 복잡한 설정 없이 간결하게 전역 상태를 관리할 수 있게 합니다. 또한 createSlice( ), configureStore( ) 등 간편한 API를 통해 상태 변경 로직을 쉽게 구현할 수 있게 해줍니다. 리덕스 툴킷의 핵심 개념을 이해하고, 이를 직접 코드로 구현하면서 리덕스 기반의 전역 상태 관리 방식을 체계적으로 학습하겠습니다.

핵심 키워드

전역 상태 관리   스토어(store)   슬라이스(slice)   액션 생성(action creator)
리듀서 함수(reducer function)   디스패치(dispatch)   전역상태구독(useSelector)

학습 코스

리덕스 툴킷 알아보기 → 리덕스 툴킷의 아키텍처 → 프로젝트 생성하기 → 리덕스 툴킷의 기본 사용법 익히기 → 할 일 관리 앱 만들기

16.1 리덕스 툴킷 알아보기

리액트 애플리케이션을 개발하다 보면 여러 컴포넌트에서 같은 상태를 공유해야 하는 경우가 자주 발생합니다. 이때 가장 기본적인 방법은 부모 컴포넌트에서 상태를 관리하고, 프롭스를 통해 자식 컴포넌트에 전달하는 방식입니다.

하지만 이 방법에는 다음과 같은 단점이 있습니다.

- 탑-다운 방식을 사용하므로 부모-자식 사이에서만 데이터를 전달할 수 있습니다.
- 자식 컴포넌트 사이에서는 직접적인 데이터 전달이 불가능합니다.
- 컴포넌트가 많아질수록 상태 관리는 복잡하고 어려워집니다.

이런 단점을 보완하기 위해 등장한 것이 리덕스입니다. 리덕스는 애플리케이션의 상태를 전역에서 일관되게 관리하는 자바스크립트 라이브러리입니다. 스토어를 통해 모든 상태를 한 곳에서 관리하며, 상태 변경 로직을 컴포넌트 외부의 별도 파일로 분리함으로써, 코드의 유지보수성과 재사용성이 높아집니다.

하지만 기존 리덕스는 액션 타입 정의, 액션 생성자, 리듀서 작성 등 많은 설정과 반복적인 코드(보일러 플레이트 코드)가 필요하다는 단점이 있었습니다. 이를 해결하기 위해 공식적으로 권장되는 방식이 바로 리덕스 툴킷입니다. 리덕스 툴킷은 리덕스의 핵심 개념은 유지하면서도 createSlice, configureStore 같은 API를 제공하여 복잡한 설정을 줄이고, 간결하면서도 효율적으로 상태 관리를 구현할 수 있도록 도와줍니다.

즉 리덕스 툴킷은 기존의 리덕스를 더 쉽고 빠르게 사용할 수 있도록 만든 업그레이드 버전이라고 생각하면 됩니다. 다음 그림은 리덕스 도입 전/후를 비교한 겁니다.

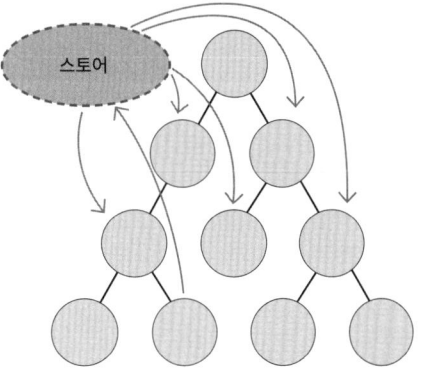

리덕스 도입 전에는 데이터 전달을 위해 연결된 컴포넌트를 일일이 거쳐야 합니다. 하지만 도입 후에는 스토어를 통해 자식과 자식 컴포넌트 간에 직접적인 데이터 전달이 가능해집니다.

16.2 리덕스 툴킷의 아키텍처

리덕스 툴킷은 상태 관리를 중앙에서 일관되게 처리하기 위해 명확한 아키텍처를 따릅니다. 이 구조는 상태state를 저장하는 스토어Store, 상태를 변경하기 위한 액션Action, 상태 변경 로직을 정의한 리듀서Reducer, 상태 변경을 요청하는 디스패치Dispatch, 그리고 상태 변화를 구독하는 서브스크라이브Subscribe로 구성됩니다.

스토어는 애플리케이션의 상태를 저장하는 핵심 공간입니다. 컴포넌트와는 독립적으로 존재하고, 필요한 시점에 접근하여 상태를 조회하거나 구독할 수 있습니다. configureStore() 함수를 사용해 스토어를 간편하게 생성할 수 있습니다. **슬라이스**는 상태와 상태 변경에 필요한 함수를 하나로 묶은 단위를 말합니다. createSlice() 함수를 통해 쉽게 만들 수 있고, 슬라이스 안에서는 액션 타입과 액션 생성자, 리듀서가 자동으로 생성되므로 개발자가 직접 작성할 필요가 없습니다.

액션은 상태 변경을 위해 필요한 정보를 담은 객체입니다. 슬라이스에서 자동으로 만들어지므로 별도로 액션 타입이나 생성자를 작성할 필요가 없습니다. **리듀서**는 현재 상태와 액션을 받아 새로운 상태를 만드는 순수 함수입니다. 슬라이스 내에 리듀서 함수들을 정의하여 상태 변경 로직을 작성합니다. **디스패치**는 액션을 스토어에 전달하여 리듀서를 호출하는 함수입니다. useDispatch 훅을 사용해 디스패치 함수를 쉽게 가져와 사용할 수 있습니다. 마지막으로 **구독**은 상태가 변경될 때마다 자동으로 컴포넌트를 다시 렌더링하기 위해 상태 변화를 감지합니다. useSelector 훅을 사용해 원하는 상탯값을 선택하고 구독할 수 있습니다.

화면 갱신 흐름은 다음과 같습니다.

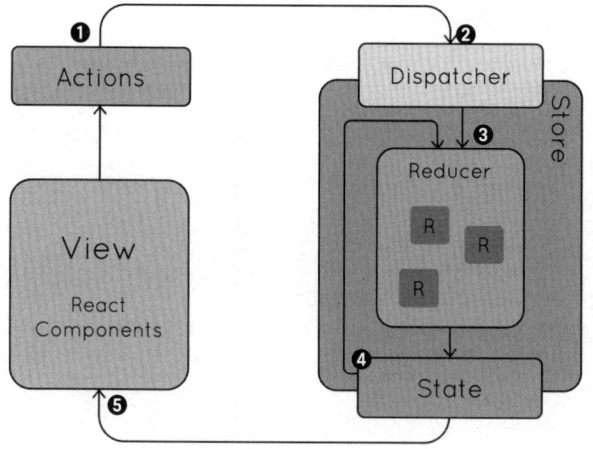

상태 변경을 위한 ❶ 액션을 준비한 후 ❷ 디스패치를 호출하면, 내부적으로 ❸ 리듀서가 호출됩니다. 리듀서는 액션을 분석한 후 상태를 변경하고, ❹ 새로운 상태를 반환하면 ❺ 컴포넌트는 리렌더링이 되면서 화면이 갱신됩니다.

16.3 프로젝트 생성하기

프로젝트는 이전 장과 동일하게 생성하되 추가로 react-redux, @reduxjs/toolkit 라이브러리를 설치해야 합니다.

프로젝트명 : react07-redux-toolkit
- 비트로 리액트 프로젝트 생성
- 프로젝트 폴더로 이동한 후 의존성 설치
- react-router-dom 설치
- react-redux, @reduxjs/toolkit 설치 ← 이 부분이 추가됩니다.
- 프로젝트 실행 및 기본형 만들기
- **main.jsx** : ⟨BrowserRouter⟩ 컴포넌트로 ⟨App /⟩ 감싸기

To do **01** 내비게이션으로 사용할 컴포넌트부터 만들겠습니다.

```
                                    ReactStudy\react07-redux-toolkit\src\components\TopNavi.jsx
import {NavLink} from 'react-router-dom';

const TopNavi = ()=>{
  return (
    <nav>
      <NavLink to="/ReduxBasicApp">기본사용법</NavLink> 
      <NavLink to="/TodoApp">할 일 관리</NavLink> 
    </nav>
  );
}

export default TopNavi;
```

02 App 컴포넌트에서는 각 링크에 대한 라우팅 처리를 하겠습니다. 아직 작성되지 않은 컴포넌트는 주석으로 처리해주세요. 이후 컴포넌트를 완성할 때마다 주석을 하나씩 해제하여 연결해주면 됩니다.

```
                                            ReactStudy\react07-redux-toolkit\src\App.jsx
import {Routes, Route} from "react-router-dom";
import TopNavi from './components/TopNavi';

// import { Provider as BasicProvider } from 'react-redux';
// import { store as basicStore } from './exam1/store';
// import ReduxBasicApp from './exam1/ReduxBasicApp';

// import { Provider as TodoProvider } from 'react-redux';
// import { store as todoStore } from './exam2/store';
// import TodoApp from './exam2/TodoApp';

function App() {
  return (<>
    <TopNavi></TopNavi>
    <Routes>
      {/* <Route path='/' element={<BasicProvider store={basicStore}>
                            <ReduxBasicApp /></BasicProvider>} /> */}
      {/* <Route path='/ReduxBasicApp' element={<BasicProvider
```

```
      store={basicStore}>
                                    <ReduxBasicApp /></BasicProvider>} /> */}
          {/* <Route path='/TodoApp' element={<TodoProvider store={todoStore}>
                                    <TodoApp /></TodoProvider>} /> */}
        </Routes>
      </>
  }

  export default App;
```

9장의 라우팅 처리에는 이전의 방식과 약간 다른 점이 있습니다. Route 컴포넌트의 element 속성에는 렌더링할 컴포넌트를 명시하는데, 이 예제에서는 해당 컴포넌트를 Provider로 감싸는 형태로 작성되어 있습니다.

일반적으로 리덕스 리덕스의 스토어는 애플리케이션 전체에서 하나만 사용하는 것이 권장됩니다. 하지만 이 책에서는 예제별로 상태 관리를 분리하여 학습 효과를 높이기 위해 스토어를 예제별로 따로 구성했습니다. 그에 따라 Provider도 예제마다 별도로 생성해야 했고, import 시 충돌을 피하기 위해 as 키워드를 사용해 별칭을 지정했습니다.

16.4 리덕스 툴킷의 기본 사용법 익히기

리덕스 툴킷의 핵심 기능을 이해하기 위한 가장 단순한 형태의 상태 관리 예제를 제작하겠습니다. 상탯값으로 숫자 하나만 관리하며, 증가, 감소, 리셋 기능을 제공하는 기본적인 카운터 앱입니다. 이 예제를 통해 학습할 내용은 다음과 같습니다.

- createSlice()를 사용한 슬라이스 객체 생성
- configureStore()로 스토어 구성
- useSelector()를 통해 상태 조회
- useDispatch()로 액션 디스패치

숫자를 증가, 감소, 리셋시키는 카운터 앱을 통해 리덕스 툴킷의 기본 사용법을 익히고, 이후 더 복잡한 상태 관리를 위한 기반을 다져보겠습니다. 그럼 예제를 단계별로 살펴보며 코드를 작성하겠습니다.

To do 01 슬라이스부터 작성하겠습니다.

```jsx
// ReactStudy\react07-redux-toolkit\src\exam1\counterSlice.jsx
import { createSlice } from '@reduxjs/toolkit'; // ❶ createSlice() 함수를 임포트

const counterSlice = createSlice({ // ❷ createSlice() 함수로 슬라이스 정의
  name: 'mycounter', // ❷ 슬라이스 이름
  initialState: { myValue: 0 }, // ❷ 상태의 초깃값
  reducers: { //❸ 상태 변경을 위한 리듀서 함수 정의(증가, 감소, 리셋)
    increment: (state) => {
      state.myValue += 1;
    },
    decrement: (state) => {
      state.myValue -= 1;
    },
    reset: (state) => {
      state.myValue = 0;
    }
  }
});

// ❹ 액션 생성 함수 익스포트
export const { increment, decrement, reset } = counterSlice.actions;
export default counterSlice.reducer; // ❺ 리듀서 함수 익스포트
```

❶ 리덕스 툴킷에서 제공하는 createSlice() 함수를 임포트합니다.

❷ createSlice() 함수를 호출하여 슬라이스(slice) 객체를 정의합니다. name속성은 슬라이스의 이름을 의미하고, initialState는 상태의 초깃값을 설정합니다. 이 객체는 내부에 리듀서와 액션을 포함되어 있습니다.

❸ 상태 변경을 위한 리듀서 함수를 정의합니다. 상탯값을 1 증가 혹은 감소시키거나 0으로 초기화하는 기능입니다.

❹ counterSlice.actions에서 액션 생성 함수들을 구조 분해하여 추출한 후 익스포트합니다. 이로 인해 increment(), decrement(), reset() 액션 생성 함수들을 다른 컴포넌트에서 쉽게 임포트할 수 있습니다.

❺ 슬라이스에서 생성된 리듀서 함수를 익스포트합니다. 다음 예제에서 스토어 제작 시 configureStore()에서 등록해주면 상태 관리가 가능해집니다.

02 슬라이스를 작성했다면 이를 기반으로 스토어를 생성할 수 있습니다.

ReactStudy\react07-redux-toolkit\src\exam1\store.jsx

```
import { configureStore } from '@reduxjs/toolkit'; // ❶ 스토어 생성 시 사용되는
configureStore 임포트
import counterReducer from './counterSlice'; // ❷ 슬라이스 임포트

export const store = configureStore({ // ❸ 스토어 생성 및 익스포트
  reducer: { // ❹ 상태 변경을 위한 리듀서 함수 등록
    myCounter: counterReducer,
  },
});
```

❶ 리덕스 툴킷에서 제공하는 configureStore() 함수를 임포트합니다. 이 함수는 전역 상태를 저장하고 관리하는 공간인 스토어를 생성할 때 사용합니다.

❷ 슬라이스에서 생성한 리듀서 함수를 counterReducer로 임포트합니다.

❸ 스토어를 생성 및 익스포트합니다.

❹ 상태 변경을 위한 리듀서 함수를 등록합니다. 즉 myCounter라는 이름으로 counterReducer를 등록해서 전역 상태를 관리하겠다는 의미입니다.

03 그럼 스토어를 이용해서 상태 관리를 하겠습니다.

ReactStudy\react07-redux-toolkit\src\exam1\ReduxBasicApp.jsx

```
// ❶ 리덕스에서 제공하는 2가지 훅 임포트
import { useSelector, useDispatch } from 'react-redux';
// ❷ 슬라이스에서 정의한 함수 임포트
import { increment, decrement, reset } from './counterSlice';

const ReduxBasicApp = () => {
  // ❸ 스토어에 등록된 상태 변수 가져오기
  const count = useSelector((nowState) => nowState.myCounter.myValue);
  const dispatch = useDispatch(); // ❹ 디스패치 가져오기
  return (<>
```

```
    <h2>Redux 기본사용법</h2>
    <h3>현재 값: {count}</h3>  // ❺ 현재 값 출력 및 버튼
    <button onClick={() => dispatch(increment())}>증가</button>
    <button onClick={() => dispatch(decrement())}>감소</button>
    <button onClick={() => dispatch(reset())}>리셋</button>
  </>);
};

export default ReduxBasicApp;
```

❶ 리덕스에서 제공하는 2가지 훅을 임포트합니다.

- **useSelector()** : 컴포넌트에서 스토어에 저장된 전역 상탯값을 읽어오기 위한 훅입니다.
- **useDispatch()** : 상태 변경 시 스토어에 액션을 전달하기 위한 훅입니다.

❷ 슬라이스에서 구조 분해해서 내보내기 한 함수들을 임포트합니다. 이 함수들은 dispatch()를 통해 호출할 수 있습니다.

❸ 스토어에 등록된 상태 변숫값을 선택해서 가져옵니다. 슬라이스에서 initialState에 설정한 myValue입니다.

❹ 상태 변경을 위한 액션을 실행할 때 사용하는 함수인 디스패치를 가져옵니다.

❺ 현재 값을 출력하고, 상태 변경을 위한 버튼에는 실행할 액션이 연결되어 있습니다.

04 App.jsx에서 BasicProvider, basicStore, ReduxBasicApp 부분의 주석을 해제한 후 확인하겠습니다.

▼ 실행 결과

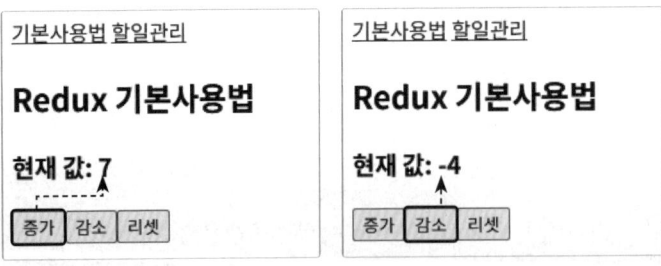

[증가], [감소], [리셋] 버튼을 각각 눌러보세요.

16.5 간단한 할 일 관리 앱 만들기

이번 절에서는 리덕스 툴킷을 활용하여 간단한 할 일 관리 앱을 만들겠습니다. 앞에서 리덕스 툴킷의 핵심 개념인 createSlice와 configureStore를 익혔다면, 이제는 실제 React 애플리케이션에 적용해볼 차례입니다.

우리가 만들 앱은 사용자가 텍스트를 입력하면 할 일 목록에 추가되고, 각 할 일을 클릭하면 완료 여부가 토글되며, 필요 시 삭제도 가능한 기본적인 기능을 갖춘 할 일 관리 프로그램입니다. 이 예제를 통해 다음과 같은 개념을 실제로 구현해보며 익힐 수 있습니다.

- createSlice()를 통한 상태 정의 및 리듀서 작성
- configureStore()를 이용한 스토어 생성 및 슬라이스 등록
- useSelector()와 useDispatch()를 활용한 컴포넌트 내 상태 조회 및 변경
- 액션과 payload의 관계 이해

리덕스 툴킷은 기존 리덕스 리덕스에 비해 코드가 훨씬 간결하고 명확하기 때문에, 이처럼 단순한 앱 구조에서도 상태 관리의 핵심 흐름을 쉽게 파악할 수 있습니다. 그럼 예제를 단계별로 살펴보며 코드를 작성하겠습니다.

To do 01 제일 먼저 슬라이스부터 살펴보겠습니다.

```
ReactStudy\react07-redux-toolkit\src\exam2\todoSlice.jsx
```

```jsx
import { createSlice } from '@reduxjs/toolkit';

let nextIdx = 2; // ❶ 할 일 추가 시 고유한 idx값을 부여하기 위한 변수 선언

const todoSlice = createSlice({ // ❷슬라이스 정의
  name: 'myTodos', // ❷ 슬라이스의 이름
  initialState: [ // ❷ 상태의 초깃값
    {idx: 1, contents: '리덕스툴킷공부', done: false }
  ],
  reducers: {
    addTodo: (prevState, action) => { // ❸ 할 일 추가 함수
      prevState.push({ idx: nextIdx++, contents: action.payload, done: false });
    },
    toggleTodo: (prevState, action) => { // ❹ 할 일 토글 함수
      const todoRow = prevState.find(t => t.idx === action.payload);
```

```
      if (todoRow) todoRow.done = !todoRow.done;
    },
    deleteTodo: (prevState, action) => { // ❺ 할 일 삭제 함수
      return prevState.filter(t => t.idx !== action.payload);
    },
  },
});

// ❻ 슬라이스에서 정의한 리듀서 함수명으로 액션 생성 함수 익스포트
export const { addTodo, toggleTodo, deleteTodo } = todoSlice.actions;
export default todoSlice.reducer; // ❼ 리듀서 익스포트
```

❶ 새로운 할 일을 추가할 때 고유한 idx값을 부여하기 위한 변수입니다. 초깃값이 1개 있으므로, 중복을 피하기 위해 nextIdx의 초깃값은 2로 설정합니다.

❷ 슬라이스를 정의합니다. 이 슬라이스의 이름은 'myTodos'이며, 초기 상태로는 '리덕스공부'가 포함된 배열을 설정합니다.

❸ 새로운 할 일을 추가하는 리듀서 함수입니다. 첫 번째 매개변수 prevState는 현재 상태인 할 일 목록 배열이며, 여기에 새로운 할 일을 객체 형태로 push()하여 추가합니다. 두 번째 매개변수 action은 전달된 액션 객체이고, action.payload에는 사용자가 입력한 내용이 담겨 있습니다.

❹ 할 일의 완료 상태를 토글하는 리듀서 함수입니다. action.payload에는 토글할 항목의 idx가 전달됩니다. 고차 함수 find()를 통해 해당 항목을 찾은 후 done을 반전시킵니다.

❺ 할 일을 삭제하는 리듀서 함수입니다. filter()를 통해 전달된 idx와 일치하지 않는 항목만 필터링합니다.

❻ 슬라이스에서 정의한 리듀서 함수명으로 액션 생성 함수를 자동으로 꺼내와서 익스포트합니다. 이 함수들은 dispatch()를 통해 호출할 수 있습니다.

❼ 리듀서를 익스포트합니다.

02 다음은 스토어를 생성합니다.

ReactStudy\react07-redux-toolkit\src\exam2\store.jsx

```jsx
// ❶ 스토어 생성을 위한 configureStore() 함수 임포트
import { configureStore } from '@reduxjs/toolkit';
import todoReducer from './todoSlice';

export const store = configureStore({ // ❷ 스토어 생성 및 리듀서로 todoReducer 등록
  reducer: {
    todos: todoReducer,
  },
});
```

❶ 스토어 생성을 위해 configureStore() 함수를 임포트합니다. 또한 슬라이스를 todoReducer로 임포트 했습니다.

❷ 스토어를 생성하고 리듀서로 todoReducer를 등록합니다. 등록한 todos를 통해 전역적인 상태 관리가 가능합니다.

03 이번에는 할 일 관리 UI를 제작하고 기능을 구현하겠습니다.

ReactStudy\react07-redux-toolkit\src\exam2\TodoApp.jsx

```jsx
import { useState } from 'react';
// ❶ useSelector(), useDispatch() 함수 임포트
import { useSelector, useDispatch } from 'react-redux';
// ❷ 슬라이스에서 상태 변경 함수 임포트
import { addTodo, toggleTodo, deleteTodo } from './todoSlice';

const TodoApp = () => {
  const [input, setInput] = useState(''); // ❸ 할 일 입력을 위한 상태 생성
  const todos = useSelector(nowState => nowState.todos); // ❹ todos 배열 얻어오기
  const dispatch = useDispatch(); // ❺ useDispatch를 호출하여 dispatch() 함수 얻어오기

  const handleAdd = () => { // ❻ 할 일 추가를 위한 함수 정의
    if (input.trim()) {
      dispatch(addTodo(input));
      setInput('');
    }
  };
```

```
  return (<>
    <h2>할 일 관리App</h2>
    // ❸ onChange 이벤트 핸들러에 변경 함수 연결
    <input value={input} onChange={e => setInput(e.target.value)}
      placeholder="할 일 입력" />
    // ❻ 할 일 추가를 위한 handleAdd() 함수 호출
    <button onClick={handleAdd}>추가</button>
    <ul>
      {todos.map(todoRow => ( // ❼ todos 배열에 등록된 할 일을 출력
        <li key={todoRow.id}>
          <span style={{ cursor: 'pointer',
              textDecoration: todoRow.done ? 'line-through' : 'none',
            }} // ❽ 할 일의 완료 상태에 따른 스타일 지정
            // ❾ 할 일의 내용 클릭 시 완료 상태 토글
            onClick={() => dispatch(toggleTodo(todoRow.idx))}>
            {todoRow.contents}
          </span>
          // ❿ 할 일 삭제
          <button onClick={() => dispatch(deleteTodo(todoRow.idx))}>삭제</button>
        </li>
      ))}
    </ul>
  </>);
};

export default TodoApp;
```

❶ react-redux로부터 useSelector(), useDispatch() 함수를 임포트합니다.

❷ 슬라이스로부터 3개의 상태 변경 함수를 임포트합니다. 각각 할 일 추가, 완료 여부 토글, 삭제 기능을 담당합니다.

❸ 할 일 입력을 위한 상태를 생성합니다. <input> 태그의 onChange 이벤트 핸들러에 상태 변경 함수를 연결해서 입력값을 변경합니다.

❹ useSelector()를 사용해서 todos 배열을 얻어옵니다. 이 배열은 현재 등록된 모든 할 일 목록을 나타냅니다.

❺ useDispatch()를 호출하여 dispatch() 함수를 얻습니다. 이 함수는 액션을 스토어에 전달할 때 사용됩니다.

❻ 할 일 추가를 위한 함수입니다. 입력한 값이 있으면 addTodo(input)를 인수로 디스패치를 호출합니다. 여기서 input은 사용자가 직접 입력한 값입니다. 즉 입력 내용을 전달하면 action.payload로 값을 받을 수 있습니다. 이후 입력 필드를 비웁니다.

❼ todos 배열에 등록된 할 일 개수만큼 반복해서 내용을 출력합니다.

❽ 할 일의 완료 상태에 따른 스타일을 지정합니다.

❾ 할 일의 내용을 클릭하면 toggleTodo()를 호출하여 완료 상태가 반전됩니다. 이때 idx값을 payload로 전달합니다.

❿ 삭제 버튼을 누르면 deleteTodo()를 호출하여 삭제 처리합니다. 이 또한 idx값을 payload로 전달하여 어떤 항목을 삭제할지 지정합니다.

앞서 언급만 했던 payload를 조금 더 자세히 알아보겠습니다. payload는 리덕스 리덕스에서 액션 객체^{action object} 안에 포함되어 전달되는 실제 데이터입니다.

```
const todoSlice = createSlice({
  reducers: {
    addTodo: (prevState, action) => {
      prevState.push({
        idx: nextIdx++,
        contents: action.payload,
        done: false
      });
    },
  },
});
```

```
const handleAdd = () => {
  if (input.trim()) {
    dispatch(addTodo(input));
    setInput('');
  }
};
<h2>할일관리App</h2>
<input value={input} onChange={e => setInput(e.target.value)}
```

앞의 그림에서 보면 새로운 할 일을 입력하면 addTodo의 인수로 즉시 적용됩니다. 할 일 추가를 위해 버튼을 누르면, 디스패치를 통해 addTodo를 호출하게 되는데 이때 입력된 값이 action 객체로 전달됩니다. 이 값을 action.payload로 가져와서 사용하는 겁니다. 하지만 우리는 payload라는 Key를 만든 적이 없는데 왜 이렇게 되는 것일까요? 그건 바로 리덕스 툴킷이 자동화해서 처리해주기 때문입니다.

예를 들어 dispatch(addTodo("React 공부"))와 같이 작성하면 다음과 같은 액션을 발생시키는 것과 같습니다.

```
{
  type: 'todos/addTodo',
  payload: 'React 공부'
}
```

04 그럼 실행 결과를 확인하겠습니다. App.jsx에서 TodoProvider, todoStore, TodoApp를 주석 해제해주세요.

▼ 실행 결과

 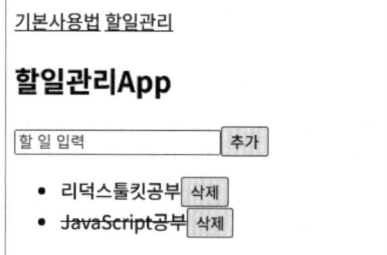

'리덕스툴킷공부'는 기본 데이터로 정의했습니다. 'JavaScript공부'를 추가한 후 항목을 클릭하면 완료 여부(가운데 줄)가 토글됩니다. [삭제] 버튼을 눌러 할 일을 삭제할 수 있습니다.

학습 마무리

리덕스 툴킷은 리액트 애플리케이션에서 전역 상태를 더 효율적으로 관리하기 위해 만든 공식 도구입니다. 상태를 한 곳에서 통합적으로 관리할 수 있는 스토어 구조를 기반으로 하며, 불변성 유지나 액션 타입 정의 같은 반복적인 작업을 자동화하여 코드량을 줄이고 가독성을 높여줍니다.

createSlice()는 리듀서와 액션을 한 번에 생성해주며, configureStore()는 미들웨어 설정이나 DevTools 연동을 손쉽게 해줍니다. 이런 구조 덕분에 복잡한 애플리케이션에서도 일관된 상태 관리가 가능해지고, 디버깅 또한 쉬워집니다.

실습으로 만든 간단한 할 일 관리 앱은 리덕스 툴킷의 기본 사용법과 상태 흐름을 이해하는 데 도움을 줍니다. 앞으로는 더 복잡한 앱에서도 이 구조를 확장해 사용할 수 있게 될 겁니다.

핵심 키워드

1. **리덕스 툴킷** : 리덕스 리덕스의 공식 툴킷으로, 전역 상태 관리를 쉽게 하는 도구입니다. 반복되는 설정을 줄이고 사용법을 단순화해줍니다.
2. **store** : 애플리케이션의 상태를 전역에서 관리하는 공간으로, configureStore()로 생성합니다.
3. **slice** : 상태 조각을 의미하며, createSlice()를 통해 리듀서와 액션 생성 코드를 함께 정의할 수 있습니다.
4. **reducer** : 상태를 변경하는 함수로, 액션에 따라 새로운 상태를 반환합니다.
5. **dispatch** : 액션을 발생시키는 함수로, 컴포넌트에서 특정 상태 변경을 요청할 때 사용합니다.
6. **useSelector** : 선역 상태를 컴포넌트에서 조회할 때 사용하는 리액드 훅입니다.

연습문제

1 리덕스 툴킷을 사용하면 어떤 장점이 있는가? 대표적인 두 가지를 서술해보세요.

2 다음 중 createSlice() 함수의 주요 역할로 적절하지 않은 것은 무엇인가요?

❶ 상태 초깃값 정의 ❷ 리듀서 함수 생성

❸ 액션 생성 ❹ 컴포넌트 렌더링

3 리덕스 툴킷에서 전역 상태를 조회할 때 사용하는 훅은 무엇인가요?

❶ useDispatch ❷ useEffect

❸ useSelector ❹ useContext

4 다음 코드 설명 중 옳지 않은 것은 무엇인가요?

```
const counterSlice = createSlice({
  name: 'counter',
  initialState: { value: 0 },
  reducers: {
    increment(state) {
      state.value += 1;
    }
  }
});
```

❶ counter라는 이름의 slice를 생성한다.

❷ 초기 상태는 value: 0으로 설정되어 있다.

❸ increment는 전역 상태를 직접 수정하는 함수다.

❹ 이 코드는 컴포넌트에서만 사용된다.

5 configureStore() 함수의 역할은 무엇인가요? 가장 적절한 설명을 고르세요.

❶ 컴포넌트 생명주기를 관리한다.

❷ 리덕스 리덕스 DevTools와 미들웨어를 설정한 store를 생성한다.

❸ 컴포넌트를 스타일링한다.

❹ 상태를 자동으로 초기화한다.

1 **정답** 반복되는 설정을 줄이고, 상태 관리 코드를 간결하게 작성할 수 있다. 또한 slice 단위로 액션과 리듀서를 한 번에 정의할 수 있어 유지보수가 편리하다.
2 **정답** ❹
3 **정답** ❸
4 **정답** ❹
5 **정답** ❷

Chapter 17

주스탠드

학습 목표

리액트 애플리케이션에서 전역 상태를 더 간단하게 관리할 수 있는 주스탠드(Zustand)를 학습합니다. 주스탠드의 개념과 주요 특징을 이해하고, 상태를 정의하고 사용하는 방법을 실습을 진행하며 익힙니다. 또한 앞에서 살펴본 리덕스 툴킷과 비교하여, 주스탠드가 제공하는 단순하고 직관적인 상태 관리 방식의 장점을 이해합니다.

핵심 키워드

전역 상태 관리 라이브러리 | 주스탠드 | Zustand | 상태 저장소 create | 상태 업데이트 set

학습 코스

주스탠드 알아보기 → 주스탠드 기본 사용법 → 간단한 출결 관리 앱

17.1 주스탠드 알아보기

주스탠드Zustand는 리액트 애플리케이션에서 전역 상태를 관리하는 상태 관리 라이브러리입니다. 단일 스토어에서 상태를 보관하고 컴포넌트는 훅으로 상태를 구독하며 set() 함수로 직접 값을 변경하는 방식으로 동작합니다. 독일어로 상태state라는 뜻의 이름을 가진 이 라이브러리는, 최소한의 API와 높은 유연성을 통해 복잡한 설정 없이도 전역 상태를 쉽게 다룰 수 있도록 설계되었습니다.

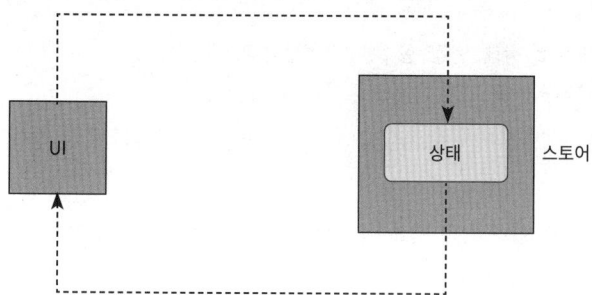

사용자가 UI에서 변경을 요청하면 그 요청은 스토어로 전달됩니다. 스토어는 상태를 어떻게 바꿀지 결정한 뒤 새로운 상태를 반환하고, UI는 그에 맞게 갱신된 화면을 다시 렌더링합니다.

주요특징은 다음과 같습니다.

- 보일러플레이트 코드가 거의 없어, 상태 관리를 위해 리듀서, 액션, 디스패치 등을 따로 작성할 필요가 없어 코드가 간결합니다.
- 리액트와 독립적으로 동작하므로, 상태를 컴포넌트 외부에 정의할 수 있어 재사용성과 테스트가 용이합니다.
- 상태 변경을 빠르게 감지하여 성능 저하 없이 동작합니다.
- 로깅[1], 상태 영속화[2], DevTools[3] 연동 등 다양한 미들웨어[4]를 통해 기능을 손쉽게 확장할 수 있습니다.

---

1 **logging**: 상태가 변경될 때마다 변경된 상태와 함께 어떤 액션이 호출되었는지 콘솔에 출력해줍니다. 이를 통해 디버깅이 쉬워지고, 예상치 못한 상태 변화도 추적할 수 있습니다.

2 **persist**: 애플리케이션을 새로고침하더라도 상태가 초기화되지 않도록, 브라우저의 로컬 스토리지에 상탯값을 저장하고 불러올 수 있도록 도와줍니다. 사용자가 추가한 데이터를 유지해야 하는 때에 유용하게 사용할 수 있습니다.

3 **Redux DevTools**: 크롬 확장 프로그램입니다. DevTools과 연동하여, 상태의 변화 과정을 시각적으로 확인할 수 있습니다. 각 액션의 이름을 설정해주면 언제 어떤 상태가 어떻게 바뀌었는지 단계별로 추적할 수 있어, 대규모 프로젝트에서도 매우 강력한 디버깅 도구가 됩니다.

4 **Middleware**: 상태의 변경 과정을 가로채거나 확장 기능(로깅, 상태 영속화 등)을 추가하는 중간층 함수를 말합니다.

▼ 기본 형식

```
// 상태 저장소 생성하기 : create() 함수를 통해 생성합니다.
const useZuStore = create(
  (set, get) => ({ // 매개변수로 set, get 함수를 가져옵니다.
    // 상태변수 정의
    상태변수1 : 초깃값1,
    상태변수2 : 초깃값2,

    // 상태 변경 함수 1 : set() 함수로 상태 변경 함수를 정의합니다.
    함수명1 : (매개변수) => set((state) => ({
      상태변수 : 변경할값
    })),

    // 상태 변경 함수 2 : get() 함수로 현재 상태 참조 후 set() 함수로 상태를 변경합니다.
    함수명2 : (매개변수) => {
      const 현재 값 = get().상태변수1;
      set({ 상태변수2 : 현재 값 + 매개변수 });
    },
  })
);

// 사용하기 : 상태 저장소에서 정의한 상태변수와 함수를 가져와서 사용할 수 있습니다.
const { 상태변수1, 상태변수2, 함수명1, 함수명2 } = useZuStore();
```

17.2 주스탠드 기본 사용법 익히기

주스탠드의 기본 사용법을 학습할 프로젝트를 생성하겠습니다. 이번에는 zustand 라이브러리를 추가로 설치해야 합니다.

프로젝트명 : react08-zustand

- 비트로 리액트 프로젝트 생성
- 프로젝트 폴더로 이동한 후 의존성 설치
- react-router-dom 설치

- zustand 설치 ← 이 부분이 추가됩니다.
- 프로젝트 실행 및 기본형 만들기
- **main.jsx** : 〈BrowserRouter〉 컴포넌트로 〈App /〉 감싸기

기본 사용법과 출결 관리 예제 2가지를 만듭니다. 먼저 기본 사용법 예제를 만들겠습니다.

To do 01 내비게이션으로 사용할 컴포넌트를 만듭니다.

```
ReactStudy\react08-zustand\src\components\TopNavi.jsx
import {NavLink} from 'react-router-dom';

const TopNavi = ()=>{
  return (
    <nav>
      <NavLink to="/ZustandBasicApp">기본 사용법</NavLink> 
      <NavLink to="/AttendanceApp">출결 관리</NavLink> 
    </nav>
  );
}

export default TopNavi;
```

02 App 컴포넌트에서는 각 링크에 대한 라우팅 처리를 하겠습니다. 아직 작성되지 않은 컴포넌트는 주석으로 처리해주세요. 이후 컴포넌트를 완성할 때마다 주석을 하나씩 해제하여 연결해주면 됩니다.

```
ReactStudy\react08-zustand\src\App.jsx
import {Routes, Route} from 'react-router-dom';
import TopNavi from './components/TopNavi';
// import ZustandBasicApp from './exam1/ZustandBasicApp';
// import AttendanceApp from './exam2/AttendanceApp';

function App() {
  return (<>
    <TopNavi></TopNavi>
    <Routes>
      {/* <Route path='/' element={<ZustandBasicApp />} /> */}
      {/* <Route path="/ZustandBasicApp" element={<ZustandBasicApp />} /> */}
```

```
    {/* <Route path="/AttendanceApp" element={<AttendanceApp />} /> */}
    </Routes>
  </>
 )
}

export default App;
```

기본적인 준비가 끝났으니 주스탠드 기본 사용법을 학습할 예제를 작성하겠습니다. 버튼을 누르면 카운트를 증가, 감소, 리셋시키는 간단한 앱입니다.

03 주스탠드의 create() 함수를 사용해서 상태 저장소부터 만들겠습니다.

ReactStudy\react08-zustand\src\exam1\useCounterStore.jsx

```
import { create } from "zustand"; // ❶ 상태 저장소를 생성하는 create() 함수 임포트

const useCounterStore = create((set, get) => ({ // ❷ 상태 저장소 생성
  count: 0, // ❸ 상태를 저장할 변수
  increment: () => { // ❹ 상태를 변경하기 위한 함수 정의(숫자 증가)
    const current = get().count; // ❺ get() 함수를 통해 현재 상댓값을 읽어옴
    if (current >= 10) {
      alert('최댓값은 10입니다');
      return;
    }
    set({ count: current + 1 }); // ❻ set() 함수를 통해 상태를 변경
  },
  decrement: () => { // ❼ 상태를 변경하기 위한 함수 정의(숫자 감소)
    const current = get().count;
    if (current <= 0){
      alert('최솟값은 0입니다');
      return;
    }
    set({ count: current - 1 });
  },
  reset: () => set({ count: 0 }) // ❽ 상태를 변경하기 위한 함수 정의(0으로 리셋)
}));

export default useCounterStore;
```

❶ 주스탠드에서 상태 저장소 생성을 위한 create() 함수를 임포트합니다.

❷ 상태 저장소를 생성합니다. create() 내부의 콜백 함수에서는 set과 get 2개의 매개변수를 사용할 수 있습니다.

- set은 상태를 업데이트할 때 사용하는 함수입니다.
- get은 현재의 상탯값을 읽어오는 함수입니다.

❸ 상태를 저장할 변수 count를 생성한 후 0으로 초기화합니다.

❹ 상태를 변경하는 함수를 정의하고 이름은 increment로 설정했습니다.

❺ get() 함수를 통해 현재 상탯값을 읽어서 current에 할당합니다. 그리고 만약 10 이상이 되면 경고창을 띄우고 함수의 실행을 중지합니다.

❻ set() 함수를 통해 상태를 변경할 수 있습니다. 현재의 상탯값을 저장한 current에 1을 더한 후 count에 적용합니다. 즉 상탯값을 1 증가시킵니다.

❼ 현재의 상탯값을 읽어온 후 1 감소시킵니다. 단 0 이하가 되면 경고창을 띄우고 함수의 실행을 중지합니다.

❽ 상탯값을 0으로 초기화합니다. 이때는 별도의 로직 없이 set() 함수를 직접 실행합니다.

04 숫자를 카운트하는 기능을 완성하겠습니다.

ReactStudy\react08-zustand\src\exam1\ZustandBasicApp.jsx

```jsx
import useCounterStore from "./useCounterStore"; // ❶ 주스탠드 상태 저장소 임포트

function ZustandBasicApp() {
  // ❷ useCounterStore()를 호출하여 변수와 함수를 모두 가져옴
  const { count, increment, decrement, reset } = useCounterStore();

  return (<>
    <h2>Zustand 기본 사용법</h2>
    <h3>현재 값: {count}</h3> // ❸ 상태변수 출력 및 버튼
    <button onClick={increment}>+1(증가)</button>
    <button onClick={decrement}>-1(감소)</button>
    <button onClick={reset}>초기화</button>
  </>)
```

```
}

export default ZustandBasicApp;
```

❶ 주스탠드 상태 저장소를 임포트합니다. 여기에는 1개의 상태변수와 3개의 상태 변경을 위한 함수가 포함되어 있습니다.

❷ useCounterStore()를 호출하여 변수와 함수를 모두 가져옵니다. 이때 전체가 필요한 것이 아니라면 선별해서 필요한 것만 가져올 수 있습니다.

❸ 상태변수 count를 화면에 출력합니다. 그리고 상태 변경을 위한 함수를 버튼에 각각 연결합니다.

05 App.jsx에서 ZustandBasicApp 부분의 주석을 해제한 후 결과를 확인하겠습니다.

각 버튼을 누르면 증가, 감소, 초기화를 위한 increment(), decrement(), reset() 함수를 호출해서 상태를 변경합니다.

▼ 실행 결과

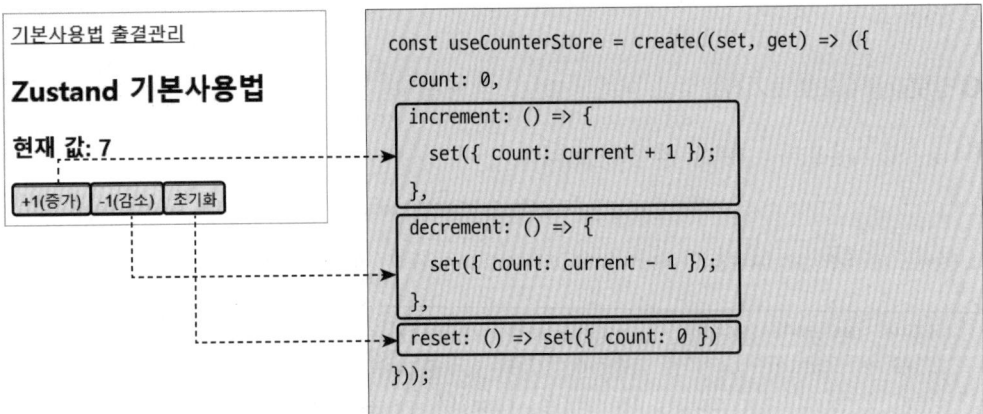

17.3 간단한 출결 관리 앱 만들기

주스탠드의 기본 사용법을 알아봤으니, 이를 응용해서 간단한 출결 관리 앱을 만들겠습니다. 학생을 추가 및 삭제할 수 있고, 이름을 클릭하면 출석 여부를 체크할 수 있습니다. 상단에는 총 학생

수가 출력되는 기능을 가지고 있습니다. 또한 미들웨어를 통해 로깅, 상태 영속화, DevTools 연동 기능도 추가하겠습니다.

코드를 작성하기 전에 형식부터 알아보겠습니다.

17.3.1 logger 미들웨어

logger는 상태가 변경될 때마다 이전 상태 → 액션 → 변경된 상태를 콘솔에 출력하는 미들웨어입니다. 디버깅 시 매우 유용하게 사용할 수 있습니다. logger는 미들웨어 함수의 형태로 create() 함수 외부에서 정의한 뒤, create(logger(…))와 같이 감싸는 방식으로 사용합니다.

```
// logger 함수 정의하기
const logger = (config) => (set, get, api) =>
  config(
    (...args) => {
      console.log('[Zustand 로그]', ...args);
      set(...args); // 원래의 상태 변경 로직 실행
    },
    get, api
  );
```

- **config( )** : create() 내부에 정의되는 상태를 변경하는 함수를 가리킵니다. 차후 logger() 함수로 내부 함수를 감싸서 사용하게 됩니다(아래 logger() 함수 적용하기 참조).
- **set( )** : 상태를 변경하는 함수입니다.
- **get( )** : 현재 상태를 조회하는 함수입니다.
- **api** : 주스탠드의 내부 store 객체로 setState(), getState(), subscribe(), destroy() 등의 함수를 포함하고 있습니다. 때에 따라 생략할 수 있지만, devtools나 persist와 같은 미들웨어를 함께 사용한다면 반드시 포함되어야 합니다.

위와 같이 logger 함수를 정의했다면 다음과 같이 적용할 수 있습니다.

```
// logger 함수 적용하기
const useStudentStore = create(
  logger(
```

```
      (set, get) => ({ ··· })
    )
);
```

devtools나 persist와 같은 미들웨어는 별도의 정의없이 내부 함수를 감싸기만 하면 사용할 수 있습니다. 이 부분은 예제를 보면서 설명하겠습니다.

To do 01 그럼 학생의 상태를 저장하고 변경하기 위한 상태 저장소를 작성하겠습니다.

ReactStudy\react08-zustand\src\exam2\useStudentStore.jsx

```jsx
import { create } from 'zustand'; // ❶ 상태 저장소를 생성하는 create() 함수 임포트
import { persist, devtools } from 'zustand/middleware'; // 미들웨어 임포트

// ❷ 미들웨어 형식에 맞춘 사용자정의 로깅 함수
const logger = (config) => (set, get, api) =>
  config(
    (...args) => { // ❸ set()이 호출될 때마다 로그를 출력하는 함수
      console.log('[Zustand 로그]', ...args);
      set(...args);
    },
    get, api // ❹ get과 api는 미들웨어가 가로채지 않고 그대로 넘김
  );

const useStudentStore = create( // ❺ 상태 저장소 생성 및 미들웨어 적용
  logger( // logger() 함수 시작
    devtools( // devtools() 시작
      persist( // persist() 시작
        (set) => ({
          // ❻ 초기 상태 정의
          students: [{ id: Date.now(), name: '성유겸', isHere: false }],
          count: 1,
          addStudent: (name) => // ❼ 학생 추가 함수
            set((state) => ({
              students: [...state.students, { id: Date.now(), name, isHere: false }],
              count: state.count + 1,
            }), false, 'addStudent'),
          deleteStudent: (id) => // ❽ 학생 삭제 함수
            set((state) => ({
              students: state.students.filter((student) => student.id !== id),
```

```
          count: state.count - 1,
        }), false, 'deleteStudent'),
      toggleAttendance: (id) => // ❾ 출석 상태 토글 함수
        set((state) => ({
          students: state.students.map((student) =>
            student.id === id ? { ...student, isHere: !student.isHere } : student
          ),
        }), false, 'toggleAttendance'),
    }),
    { name: 'student-storage', } // ❿ 로컬 스토리지에 상태 저장(persist 설정)
  ), // persist 끝
  { name: 'StudentStore' } // ⓫ Redux DevTools에 상태 저장소를 등록
 ) // devtools 끝
) // logger 끝
);

export default useStudentStore;
```

❶ 주스탠드에서 상태 저장소를 생성하는 create() 함수와 미들웨어인 persist, devtools를 임포트합니다.

- **persist** : 상태를 로컬 스토리지에 저장해서 새로고침해도 유지되도록 합니다.
- **devtools** : 확장 프로그램인 Redux DevTools와 연동 가능하게 하는 미들웨어입니다.

❷ 주스탠드 미들웨어 형식에 맞춘 사용자 정의 로깅 함수입니다. 내부적으로 set, get, api를 받아서 config() 함수(실제 상태 정의 함수)를 실행할 때, set() 호출을 가로채 로그를 출력하는 용도로 제작되었습니다.

❸ 이 부분은 set()이 호출될 때마다 로그를 출력합니다.

- **...args** : set() 함수에 전달된 모든 인자를 받아서, 그대로 원래 set() 함수에 전달합니다.

❹ get과 api는 미들웨어가 가로채지 않고 그대로 넘기는 것을 명시합니다.

❺ 상태 저장소 생성 시 logger → devtools → persist → 상태정의 순으로 미들웨어를 적용합니다. 주석으로 시작과 끝 부분을 명시해두었으니 참고 바랍니다.

❻ 초기 상태를 정의합니다.

- **students** : 출석부 배열입니다. 아이디, 이름, 출석 여부로 구성되어 있습니다.
- **count** : 학생 수입니다.

❼ addStudent() 함수는 이름을 인수로 받아 학생을 추가하고, 학생 수를 1 증가시킵니다. 정의된 형식은 (이름) => set(변경 함수, 전체교체여부, 액션명) 이와 같이 되어 있습니다.

- **변경 함수** : (state) => newState 형식의 함수로, 이전 상태를 바탕으로 새 상태를 반환합니다.
- **전체교체 여부** : 불리언 값으로 true면 상태를 전체 교체하고 false면 부분 병합을 실행합니다.
- **액션명** : devtools에 기록될 액션의 이름을 정의합니다. 여기서는 실행한 함수명을 지정했습니다.

❽ deleteStudent()는 인수로 전달된 id에 해당하는 학생을 삭제하고, 학생 수를 1 차감합니다.

❾ toggleAttendance()는 출석 상태를 표현한 isHere값을 반전해서 토글시킵니다.

❿ persist 설정입니다. { name: 'student-storage' }라는 설정은 웹브라우저의 로컬 스토리지에 'student-storage'라는 키로 상태를 저장한다는 의미입니다.

⓫ devtools 설정입니다. { name: 'StudentStore' }라는 설정은 Redux DevTools에 상태 저장소를 'StudentStore'라는 이름으로 등록합니다. DevTools에서 확인할 수 있습니다.

02 다음은 학생을 표현하기 위한 컴포넌트를 제작하겠습니다. 이름과 삭제 버튼으로 구성됩니다. 이름을 클릭하면 출석 여부 변경을 위해 텍스트의 가운데에 라인을 표시합니다. 삭제 버튼으로 정보를 삭제할 수 있습니다.

```
ReactStudy\react08-zustand\src\exam2\StudentUnit.jsx
// ❶ 학생 정보 저장할 상태 저장소 임포트
import useStudentStore from "./useStudentStore";

const StudentUnit = ({ id, name, isHere }) => { // ❷ 학생 컴포넌트 정의
  // ❸ 삭제와 출석 여부 토글을 위한 함수 가져오기
  const { deleteStudent, toggleAttendance } = useStudentStore();
  let nameStyle = { // ❹ 스타일 객체 생성
    textDecoration: isHere ? 'line-through' : 'none',
    color: isHere ? 'gray' : 'black',
    cursor : 'pointer'
```

```
  };
  return (
    <div>
      // ❺ 이름 출력. 클릭 시 출석 상태 토글됨
      <span style={nameStyle} onClick={() => toggleAttendance(id)} >
        {name}
      </span>
      <button onClick={() => { // ❻ 삭제 버튼
          if (window.confirm('삭제할까요?')) {
            deleteStudent(id);
          }
      }}>삭제</button>
    </div>
  );
};

export default StudentUnit;
```

❶ 학생 정보를 저장할 상태 저장소를 임포트합니다.

❷ 학생 컴포넌트를 정의합니다. 프롭스로는 id, name, isHere를 전달받습니다.

❸ useStudentStore()에서 삭제와 출석 여부 토글을 위한 함수만 가져옵니다.

❹ 출석 여부에 따라 적용할 스타일을 생성합니다. isHere의 값에 따라 다른 스타일이 적용되도록 삼항 연산자를 사용하고 있습니다.

❺ 학생의 이름을 출력합니다. 이름을 클릭하면 출석 여부를 토글하는 toggleAttendance()를 실행합니다.

❻ 삭제 버튼은 confirm으로 확인 후 deleteStudent()를 실행합니다.

03 앞에서 만든 상태 저장소와 학생 컴포넌트를 이용해서 출결 관리 앱을 완성하겠습니다.

ReactStudy\react08-zustand\src\zud02\AttendanceApp.jsx

```
import { useState } from 'react';
import useStudentStore from './useStudentStore';
import StudentUnit from './StudentUnit';
```

```
export default function AttendanceApp() {
  const [name, setName] = useState(''); // ❶ 이름을 입력할 상태 생성
  // ❷ 상태 저장소에서 상태변수와 함수 가져오기
  const { students, count, addStudent } = useStudentStore();
  return (<>
    <h2>출결 관리App</h2>
    <p>총학생 수: {count}</p> // ❸ 총 학생 수 출력
    <input type="text" placeholder="이름을 입력하세요" // ❹ 학생 이름 입력 상자
      value={name} onChange={(e) => setName(e.target.value)}
    />
    <button onClick={() => { // ❺ 학생 추가 버튼
      if (name.trim()) {
        addStudent(name);
        setName('');
      }
    }}>추가</button>
    <ol>
      // ❻ students 배열 크기만큼 StudentUnit 컴포넌트 렌더링
      {students.map((student) => (
        <StudentUnit key={student.id} {...student} />
      ))}
    </ol>
  </>);
}
```

❶ 이름 입력을 위한 상태를 생성합니다. 아래의 〈input〉 입력 상자에서 사용됩니다.

❷ useStudentStore()에서 2개의 상태변수와 학생을 추가하는 함수를 가져옵니다.

❸ 등록된 총 학생 수를 출력합니다.

❹는 ❶에서 선언한 상태와 연결되는 입력 상자입니다. onChange 이벤트 핸들러에서 setName()을 실행해서 입력값이 있을 때 상태를 변경합니다.

❺ 학생의 이름을 입력 후 추가하는 버튼입니다. trim()을 이용해서 빈 값인 경우 실행되지 않도록 처리했습니다. 추가 후에는 입력란을 비워줍니다.

❻ students 배열을 통해 반복해서 StudentUnit 컴포넌트를 렌더링합니다. 각 루프로 전달되는

student 객체를 스프레드 연산자로 펼쳐서 프롭스로 전달합니다. 그러면 3개의 모든 속성(id, name, isHere)을 전달하는 것과 같습니다.

04 실행 결과를 확인하기 전에 크롬 확장 프로그램인 Redux DevTools를 설치하겠습니다. "크롬 웹 스토어"를 검색해서 접속합니다.

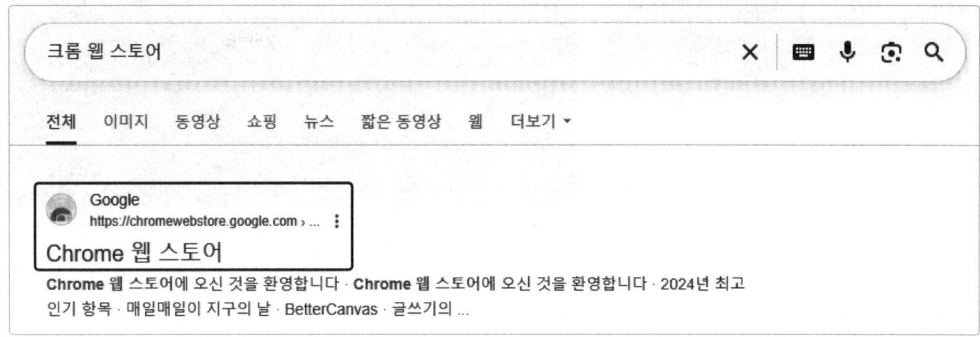

05 Redux DevTools를 검색한 후 [Chrome에 추가] 버튼을 눌러 설치합니다.

06 설치가 완료되었다면 App.jsx에서 AttendanceApp 부분의 주석을 해제한 후 출결 관리 앱을 실행하겠습니다. 최초 실행 시의 화면입니다. 크롬의 개발자 도구 → Application → 로컬 스토리지에서 확인하면 아직은 아무런 데이터도 저장되어 있지 않습니다.

▼ 실행 결과

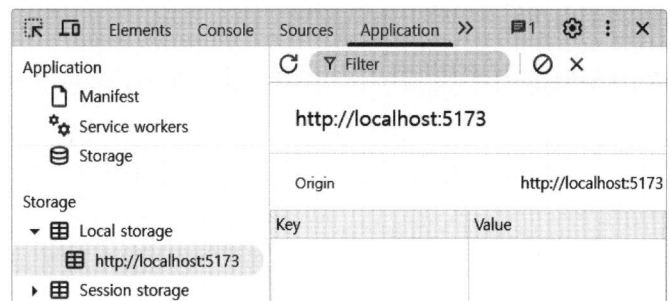

앞서 설치한 Redux DevTools는 확장 프로그램 아이콘을 눌러 실행할 수 있습니다. 아이콘이 항상 표시되게 우측의 ■ 핀 모양의 아이콘을 클릭해서 고정시켜주세요.

 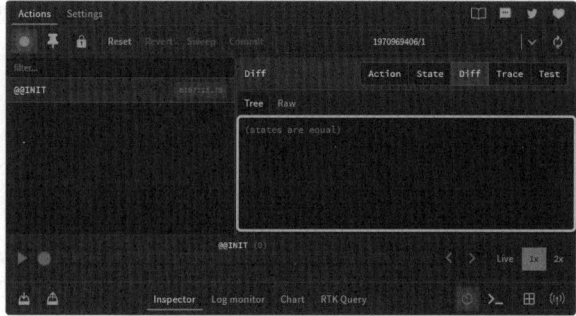

Redux DevTools에도 실행 초기에는 아무것도 저장되어 있지 않습니다. 그럼 학생 한 명을 추가하겠습니다. 저는 "김골든"이라고 입력하겠습니다.

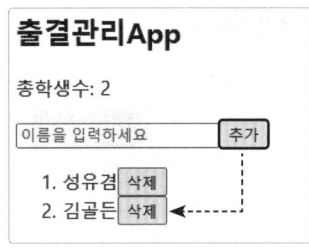 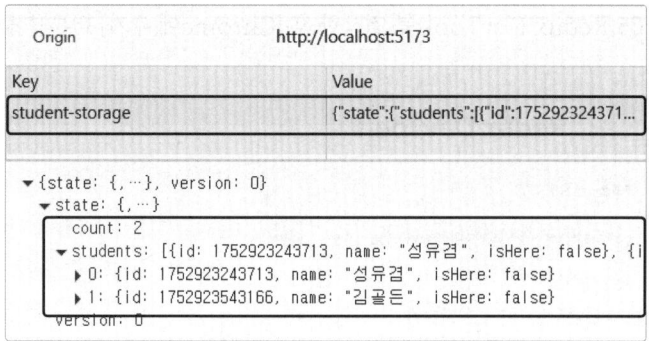

화면에는 총학생 수와 항목이 추가되었습니다. 그리고 로컬 스토리지를 보면 student-storage라는 데이터가 추가되었습니다. persist 항목에서 { name: 'student-storage' }로 설정했기 때문입니다. 로컬 스토리지에 저장되었으므로 F5(새로고침)을 하거나 웹브라우저를 종료한 후 새롭게 접속해도 입력된 데이터가 유지됩니다.

❶ Console을 보면 logger에서 설정했던 대로 ❷ "[Zustand 로그]"가 출력되어 있습니다.

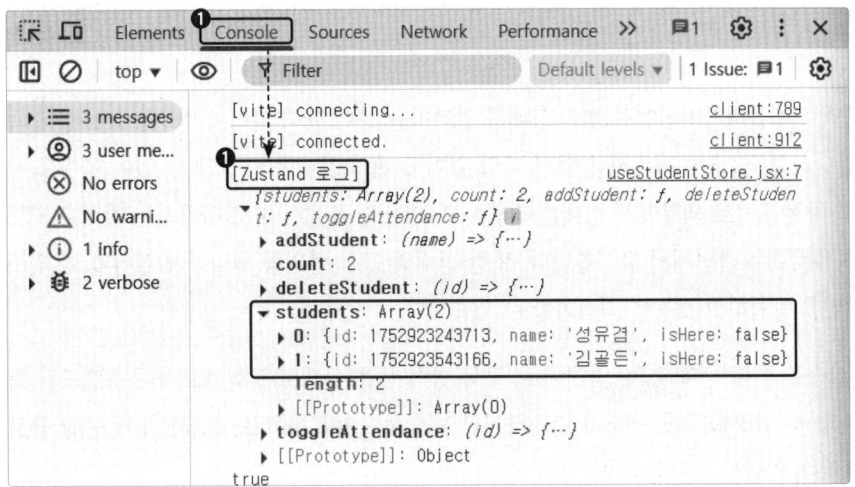

마지막으로 Redux DevTools을 확인하겠습니다. 추가된 항목을 확인할 수 있습니다. 표시된 버튼 외에도 ❶ Action, Diff 등을 차례대로 눌러보세요. 상태를 다양한 방식으로 보여줍니다. 그리고 아래쪽에 있는 ❷ Log monitor, Chart 등도 눌러서 확인해보세요.

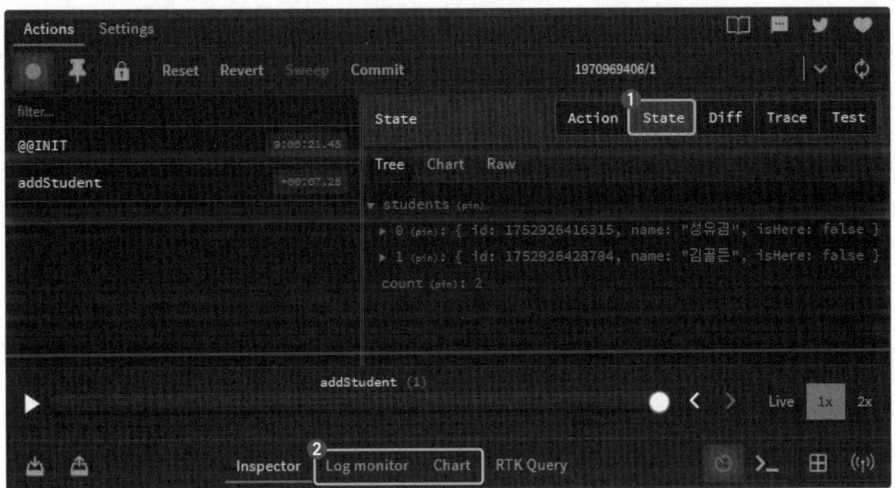

이렇게 출결 관리 앱을 통해 주스탠드 편의성과 미들웨어의 사용법까지 모두 익혀보았습니다.

Chapter 17 주스탠드 287

학습 마무리

주스탠드는 리액트 애플리케이션에서 전역 상태를 관리하는 상태 관리 라이브러리입니다. 상태 정의와 접근이 간단하고, 별도의 리듀서나 액션 타입 없이도 전역 상태를 구성할 수 있어 학습 곡선이 낮습니다. 특히 컴포넌트 외부에서 상태를 정의하고, 필요한 곳에서 바로 사용하는 방식은 코드의 재사용성과 유지보수 측면에서 유리합니다. 또한 상태의 구독 범위를 세밀하게 설정할 수 있어 불필요한 렌더링을 방지하고 성능을 최적화할 수 있습니다.

출결 관리 앱 실습을 통해 상태 정의, 업데이트, 구독 방식 등을 실제로 구현해보며 주스탠드의 특징을 직접 체감할 수 있었습니다. 구조가 단순하지만 확장성도 충분하므로, 소규모부터 중간 규모의 프로젝트에 특히 적합한 도구입니다.

핵심 키워드

1 **주스탠드** : 독일어로 '상태'를 뜻하며, 리액트에서 전역 상태를 쉽게 관리하는 상태 관리 라이브러리입니다.
2 **상태 저장소** : create 함수를 사용해 정의하며, 전역 상태와 이를 변경하는 함수들을 포함합니다.
3 **불변성 관리 없음** : 리덕스처럼 상태를 복사해 변경할 필요 없이, 상태를 직접 변경할 수 있습니다.
4 **구독 기반 상태 관리** : 필요한 상태만 선택적으로 구독할 수 있어, 렌더링 최적화에 유리합니다.
5 **미들웨어** : 로깅, 상태 영속화, DevTools 연동 등 기능을 손쉽게 확장할 수 있는 옵션입니다.

연습문제

1 주스탠드의 상태 저장소를 생성할 때 사용하는 함수는 무엇인가요?

　❶ useState　　　　❷ create

　❸ createStore　　　❹ useZustand

2 다음 중 주스탠드의 특징으로 적절하지 않은 것은 무엇인가요?

　❶ 액션과 리듀서를 따로 작성해야 한다.

　❷ 불필요한 보일러플레이트 코드가 없다.

　❸ 상태를 외부에서 정의할 수 있다.

　❹ 구독 기반 상태 관리를 지원한다.

3 상태 정의 예제를 참고하여, students 배열을 상태로 만들고, 여기에 학생을 추가하는 메서드 이름을 직접 지어 작성해보세요.

4 다음 코드에서 상태를 조회하는 데 사용된 훅은 무엇인가요?

```
const total = useStudentStore((state) => state.students.length);
```

　❶ useContext　　　❷ useStudentStore

　❸ useState　　　　❹ useStore

연습문제

5 주스탠드로 상태를 정의할 때 상태 변경 함수를 포함하는 방식은 어떤 구조인가요? 가장 적절한 것을 고르세요.

❶ useEffect 안에서 작성

❷ setState로 직접 작성

❸ 객체 형태로 상태와 함수를 함께 정의

❹ 외부 API에서 자동 생성됨

1 정답 ❷
2 정답 ❶
3 정답 addStudent (예 : addStudent: (name) => set(state => [...state.students, name]))
4 정답 ❷
5 정답 ❸

Chapter 18

파이어베이스

학습 목표

파이어베이스(Firebase)는 구글에서 제공하는 서버리스 백엔드 서비스로, 데이터베이스와 스토리지 등 다양한 기능을 손쉽게 활용할 수 있도록 지원합니다. 이 장에서는 리액트와 파이어베이스를 연동하는 방법을 학습하며, 파이어베이스에서 제공하는 대표적인 서비스 중 다음 3가지를 학습하겠습니다.

- Firestore를 활용하여 데이터를 생성, 조회, 수정, 삭제하는 기능을 구현해봅니다.
- Realtime Database를 사용하여 실시간으로 데이터가 반영되는 채팅 기능을 만들어봅니다.
- Storage를 이용해 이미지를 업로드하고 불러오는 방법을 배웁니다.

핵심 키워드

`Cloud Firestore` `Realtime Database` `Storage`

학습 코스

파이어베이스 알아보기 → 파이어베이스 시작하기 → 파이어스토어 데이터베이스 → 리얼타임 데이터베이스 → 스토리지

18.1 파이어베이스 알아보기

웹 애플리케이션을 개발하다 보면 데이터를 저장하거나, 사용자 간 실시간으로 정보를 주고받거나, 이미지를 비롯한 파일을 저장하는 기능이 필요해집니다. 이런 기능을 백엔드 없이도 간편하게 구현하는 서비스가 바로 파이어베이스^{Firebase}입니다.

파이어베이스는 구글에서 제공하는 BaaS$^{Backend\ as\ a\ Service}$ 플랫폼으로, 프론트엔드 개발자도 복잡한 서버 구축 없이 데이터베이스, 인증, 스토리지 등 다양한 기능을 쉽게 사용할 수 있도록 해줍니다.

이번 장에서는 파이어베이스의 주요 기능 중 다음 세 가지를 중심으로 예제를 만들어보며 학습하겠습니다.

- **클라우드 파이어스토어(Cloud Firestore)** : 문서 기반 NoSQL 데이터베이스입니다. 구조화된 데이터를 저장하고 관리할 수 있으므로, 간단한 CRUD 기능이 있는 게시판을 구현하겠습니다.
- **리얼타임 데이터베이스(Realtime Database)** : 데이터 변경 사항을 실시간으로 반영할 수 있는 NoSQL 데이터베이스입니다. 실시간 채팅 앱을 제작하겠습니다.
- **파이어베이스 스토리지(Firebase Storage)** : 이미지, 동영상, 파일 등을 저장하고 관리할 수 있는 스토리지입니다. 이미지 파일 업로드 기능을 구현하겠습니다.

파이어베이스의 가장 큰 장점은 별도의 백엔드 서버 없이도 상당히 풍부한 기능을 가진 웹 서비스를 만들 수 있다는 점입니다. 그럼 본격적으로 파이어베이스를 학습하겠습니다.

18.2 파이어베이스 시작하기

To do **01** 파이어베이스 공식 홈페이지에 접속합니다.

- https://firebase.google.com

02 우상단의 Go to console 혹은 화면 하단의 Get started in console 링크를 클릭합니다.

03 Firebase 프로젝트 시작하기를 클릭합니다.

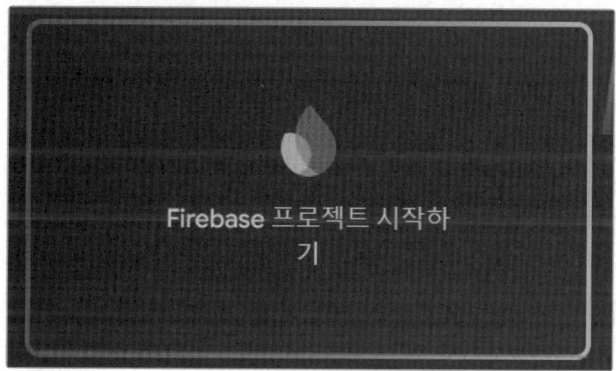

04 ❶ 프로젝트명을 "MyReactProject"로 입력합니다. 이 부분은 본인이 마음에 드는 이름을 사용해도 됩니다. 프로젝트명을 입력하면 바로 아랫부분에 "myreactproject-1adxy"와 같이 나오게 되는데 이는 같은 이름을 사용하더라도 프로젝트를 만들 수 있도록 프로젝트 고유 식별자가 자동으로 생성됩니다. ❷ 파이어베이스 라이선스에 동의를 체크한 후 계속을 클릭합니다.

05 이후에 다음과 같이 진행합니다.

1. 파이어베이스 프로젝트를 위한 AI 지원 → 계속 클릭
2. 파이어베이스 프로젝트를 위한 Google 애널리틱스 → 계속 클릭
3. Google 애널리틱스 구성 → 위치는 대한민국 선택 → Google 애널리틱스 라이선스에 동의 클릭
4. [프로젝트 만들기] 버튼을 클릭합니다.

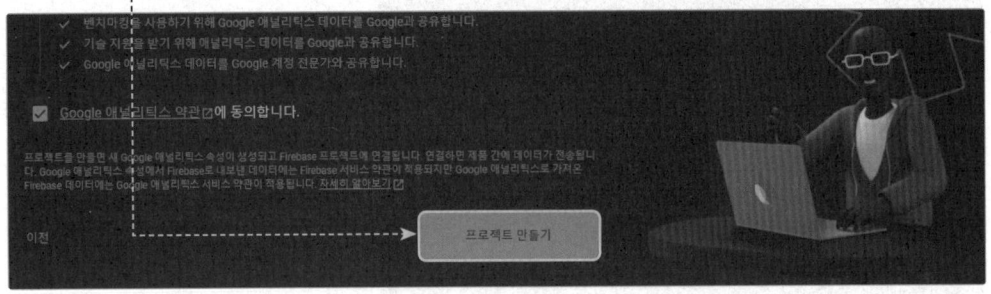

프로젝트 생성이 진행되고, 프로젝트 생성이 완료되면 계속 버튼을 클릭합니다. 그럼 생성한 프로젝트의 첫 화면으로 이동하게 됩니다.

06 프로젝트가 생성되면 다음 단계로 앱을 추가해야 합니다. [+ 앱 추가] 버튼을 누릅니다.

07 우리는 리액트로 웹 애플리케이션을 제작해볼 것이므로 █ 웹을 선택합니다.

08 "웹 앱에 Firebase 추가" 페이지로 이동합니다.

1 **앱 등록** : 앱의 닉네임을 입력합니다. 저는 ❶ MyReactApp이라고 입력하겠습니다. 아래의 파이어베이스 호스팅 부분에는 체크하지 않습니다. ❷ [앱 등록] 버튼을 눌러주세요.

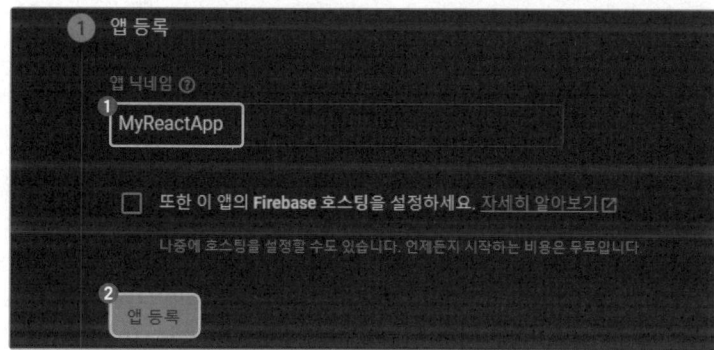

2 **Firebase SDK 추가** : 이 부분이 보이면 앱 등록은 완료된 겁니다. 아래에 보면 npm으로 firebase를 설치하는 방법과 Firebase JS SDK 정보가 출력됩니다. 이 부분은 별도로 저장해두시면 좋습니다. 저장하지 않더라도 차후 확인 가능합니다.

아래로 스크롤하면 [콘솔로 이동] 버튼이 있습니다. 눌러서 이동합니다. 그러면 아래와 같이 1개의 앱이 등록된 걸 확인할 수 있습니다.

18.3 파이어스토어 데이터베이스 사용해보기

파이어베이스에 앱 등록을 완료하였으니, 첫 번째로 파이어스토어 데이터베이스를 이용해서 간단한 회원관리 게시판을 만들어보겠습니다.

18.3.1 파이어스토어 데이터베이스 만들기

파이어스토어를 이용한 애플리케이션에 사용할 데이터베이스를 먼저 생성하겠습니다.

To do **01** 좌측의 제품 카테고리 중 빌드 하위에 ❶ Firestore Database를 클릭합니다. ❷ 데이터베이스 만들기를 클릭합니다.

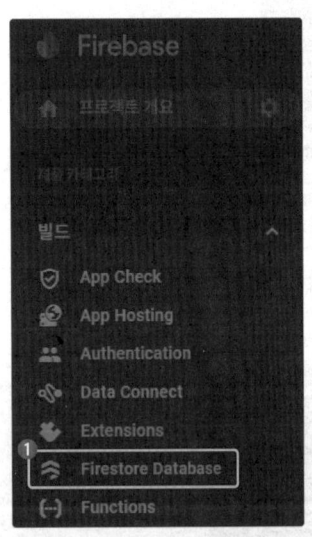

02 첫 번째로 데이터베이스ID와 위치 설정이 나옵니다. ❶ 데이터베이스ID는 (default)로 입력되어 있고 변경할 수 없게 되어 있습니다. ❷ 위치는 셀렉트박스를 클릭한 후 "asia-northeast3 (Seoul)"을 선택합니다. 데이터가 저장되는 위치를 선택하는 겁니다. ❸ [다음]을 누릅니다.

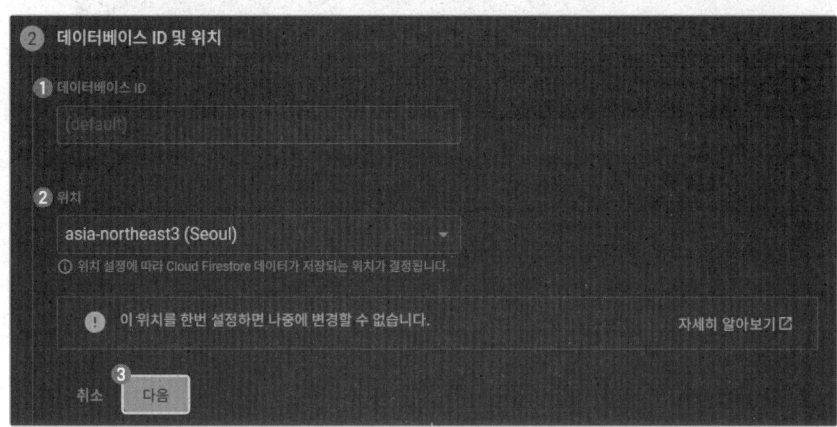

03 그러면 구성이 나옵니다. ❶ "테스트 모드에서 시작"을 선택 후 ❷ [만들기]를 클릭합니다. 그러면 신청일을 기준으로 한 달 후의 날짜로 지정됩니다. 이 날짜는 차후 변경할 수 있습니다.

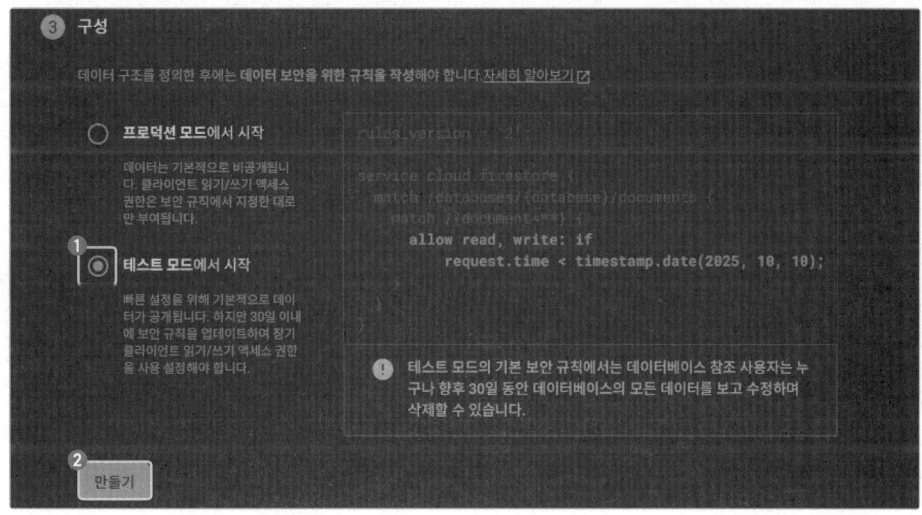

만들기를 누르면 새로운 데이터베이스가 생성됩니다. 좌측 부분을 보면 "컬렉션 시작"이 보이면 데이터베이스 생성에 성공한 겁니다.

> 파이어스토어의 데이터베이스는 컬렉션(Collection)과 문서(Document)라는 두 가지 기본 단위로 구성됩니다.
> - **컬렉션**: 여러 개의 문서를 모아 두는 일종의 컨테이너 역할을 합니다. 직접 데이터를 담는 것이 아니라, 문서들을 그룹화하여 구조를 형성합니다.
> - **문서**: 실제 데이터를 담는 단위로, JSON과 유사한 키값 쌍 형태의 필드를 가집니다.
>
> 하나의 컬렉션 안에는 여러 개의 문서를 저장할 수 있으며, 각 문서는 고유한 ID를 가집니다. 또한 문서 내부에는 또 다른 하위 컬렉션을 포함할 수 있어 계층적인 데이터 구조를 만들 수 있습니다.

18.3.2 프로젝트 생성 및 기본 설정

파이어스토어 데이터베이스가 준비되었으니 지금부터 게시판과 유사한 CRUD(입력, 조회, 수정, 삭제) 기능이 있는 애플리케이션을 만들겠습니다. 프로젝트를 다음과 같이 생성해주세요.

프로젝트명 : react09-firestore

- 비트로 리액트 프로젝트 생성
- 프로젝트 폴더로 이동한 후 의존성 설치
- react-router-dom 설치
- firebase 설치 ◁ 이 부분이 추가됩니다.
- 프로젝트 실행 및 기본형 만들기
- **main.jsx** : 〈BrowserRouter〉 컴포넌트로 〈App /〉 감싸기

To do **01** 파이어스토어 연결용 설정 파일을 만들겠습니다. 앞에서 발급받은 파이어베이스 SDK 정보를 입력해주면 됩니다. 파일명은 .env로 생성하면 됩니다.

> 리액트 프로젝트에서 .env 파일은 프로젝트 실행 환경에서 사용할 환경 변수(Environment Variables)를 정의해두는 설정 파일입니다. 특히 비트로 생성한 프로젝트에서는
> - .env 파일에 작성된 변수는 빌드 시점에 비트가 읽어와서 코드 안에서 사용할 수 있습니다.
> - 단 VITE_로 시작하는 변수명만 클라이언트 코드에서 접근할 수 있습니다.

발급받은 SDK 정보를 다음과 같이 작성하면 됩니다. 원래의 Key 앞에 접두사 'VITE_'를 추가해주세요.

ReactStudy\react09-firestore\.env
```
VITE_apiKey=AIza…
VITE_authDomain=myreact…
VITE_projectId=myreac…
VITE_storageBucket=myreact…
VITE_messagingSenderId=1009…
VITE_appId=1:100…:web:0496…
VITE_measurementId=G-HHE…
```

02 .env 파일에 파이어베이스 SDK 정보를 정의했다면, 이제 이 값을 불러와 실제로 파이어베이스와 연결하는 파일을 만들겠습니다.

ReactStudy\react09-firestore\src\firestoreConfig.jsx
```jsx
// ❶ 파이어베이스 초기화를 위한 함수 임포트
import { initializeApp } from "firebase/app";
// ❷ 파이어스토어 사용을 위한 함수 임포트
import { getFirestore } from "firebase/firestore";

const firebaseConfig = { // ❸ 파이어베이스 SDK 정보
  apiKey: import.meta.env.VITE_apiKey,
  authDomain: import.meta.env.VITE_authDomain,
  projectId: import.meta.env.VITE_projectId,
  storageBucket: import.meta.env.VITE_storageBucket,
  messagingSenderId: import.meta.env.VITE_messagingSenderId,
  appId: import.meta.env.VITE_appId,
  measurementId: import.meta.env.VITE_measurementId
};

const app = initializeApp(firebaseConfig); // ❹ 파이어베이스 앱 초기화
```

```
const firestore = getFirestore(app); // ❺ 파이어스토어 객체 얻어오기 및 익스포트
export { firestore };
```

❶ 파이어베이스 사용을 위해 앱 초기화를 위한 함수를 임포트합니다.

❷ 파이어스토어 사용을 위한 함수를 임포트합니다.

❸ SDK 정보를 담은 객체입니다. ❶에서 만든 .env 파일의 내용을 읽어와서 설정하고 있습니다.

❹ 파이어베이스 앱을 초기화 후 app 객체를 생성합니다.

❺ 파이어스토어 사용을 위해 객체를 얻어온 후 익스포트합니다.

03 공통 내비게이션으로 사용할 컴포넌트를 만들겠습니다.

ReactStudy\react09-firestore\src\components\TopNavi.jsx
```jsx
import {NavLink} from 'react-router-dom';

const TopNavi = () => {
  return (
    <nav>
      <NavLink to="/connect">연결확인</NavLink> 
      <NavLink to="/create">입력</NavLink> 
      <NavLink to="/read">목록</NavLink> 
    </nav>
  );
}
export default TopNavi;
```

04 라우팅 처리를 하겠습니다. 아직 작성하지 않은 부분은 주석으로 처리해주세요.

ReactStudy\react09-firestore\src\App.jsx
```jsx
import {Routes, Route} from "react-router-dom";

import TopNavi from './components/TopNavi';
// import FireConnect from "./firestores/FireConnect";
// import FireCreate from "./firestores/FireCreate";
// import FireRead from "./firestores/FireRead";
// import FireUpdate from "./firestores/FireUpdate";
```

```
function App() {
  return (<>
    <TopNavi></TopNavi>
    <Routes>
      {/* <Route path='/' element={<FireConnect/>} /> */}
      {/* <Route path='/connect' element={<FireConnect />} /> */}
      {/* <Route path='/create' element={<FireCreate />} /> */}
      {/* <Route path='/read' element={<FireRead />} /> */}
      {/* <Route path='/update/:userid' element={<FireUpdate />} /> */}
    </Routes>
  </>)
}

export default App
```

수정을 위한 FireUpdate 컴포넌트의 라우팅 처리는 다음과 같이 중첩 라우팅Nested Routing을 통해 경로를 계층적으로 정의할 수도 있습니다.

```
<Route path="/update">
  <Route path=":userid" element={<FireUpdate />} />
</Route>
```

경로 뒷부분의 :userid는 파라미터로, 수정할 사용자의 아이디입니다. 만약 "/update/nakja"라는 URL이 요청된다면, nakja가 수정할 아이디가 됩니다. 이 부분은 useParams() 훅을 이용해서 읽어올 수 있습니다.

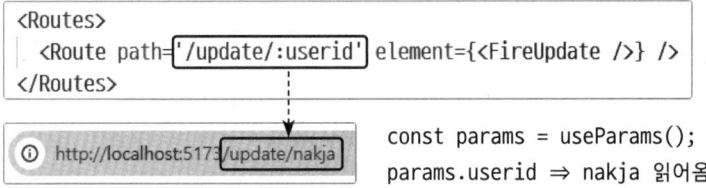

```
const params = useParams();
params.userid ⇒ nakja 읽어옴
```

18.3.3 연결 및 입력 테스트

To do 01 그럼 본격적으로 연결 및 입력 테스트를 위한 컴포넌트를 작성하겠습니다.

ReactStudy\react09-firestore\src\firestores\FireConnect.jsx

```jsx
// ❶ 파이어스토어 사용을 위한 객체와 함수 임포트
import { firestore } from '../firestoreConfig';
import { doc, setDoc, getDoc } from "firebase/firestore";

const FireConnect = () => {
  console.log("firestore", firestore);

  const addMessage = async () => { // ❷ 문서 추가를 위한 함수 선언
    // ❸ setDoc() 함수로 새로운 문서 추가
    await setDoc(doc(firestore, "React", "Firebase"), {
      category : "파이어스토어",
      book : "React로 개발자되기",
      Publisher : '골든래빗',
    });
    console.log("입력성공");
  }

  const getMessage = async () => {
    const docRef = doc(firestore, "React", "Firebase"); // ❹ 문서의 참조값을 읽어옴
    const docSnap = await getDoc(docRef); // ❺ 참조값을 인수로 문서를 읽어옴
    if (docSnap.exists()) { // ❻ 문서가 존재하면 콘솔에 출력
      console.log("문서:", docSnap.data());
    }
    else {
      console.log("문서가 없습니다.");
    }
  }

  return (<>
    <h2>Firestore - 연결</h2> // ❼ 입력과 읽기를 위한 함수 호출
    <input type='button' value='입력Test' onClick={addMessage} />
    <input type='button' value='읽기Test' onClick={getMessage} />
  </>);
}

export default FireConnect;
```

❶ 파이어스토어 사용을 위한 객체와 함수를 임포트합니다.

❷ 문서 추가를 위한 함수를 선언합니다. 파이어스토어는 주로 async~await를 통해 비동기 방식으로 통신합니다.

❸ setDoc() 함수로 새로운 문서를 추가합니다. 형식은 다음과 같습니다.

```
await setDoc(doc(firestore, 컬렉션명, 문서명), {
    추가할 데이터를 객체 형식으로 표현
});
```

즉 컬렉션명으로 React, 문서명으로 Firebase를 설정했습니다. 파이어베이스는 컬렉션 하위에 여러 개의 문서를 저장할 수 있습니다. 문서에 추가하는 데이터는 JS 객체 형식으로 표현하면 됩니다. 추가할 데이터를 Key, Value 형식으로 자유롭게 작성할 수 있습니다.

❹ 문서의 참조값을 읽어옵니다. 이를 위해 컬렉션명과 문서명을 인수로 전달합니다.

❺ 참조값을 인수로 getDoc() 함수를 실행하면 문서를 읽을 수 있습니다.

❻ 문서가 존재하면 콘솔에 출력합니다.

❼ 입력과 읽기를 위한 함수를 호출하는 버튼입니다.

02 App.jsx에서 FireConnect 컴포넌트 부분의 주석을 해제한 후 실행 결과를 확인하겠습니다.

▼실행 결과

[입력Test], [읽기Test] 버튼을 순서대로 누르면 콘솔에서 로그를 확인할 수 있습니다.

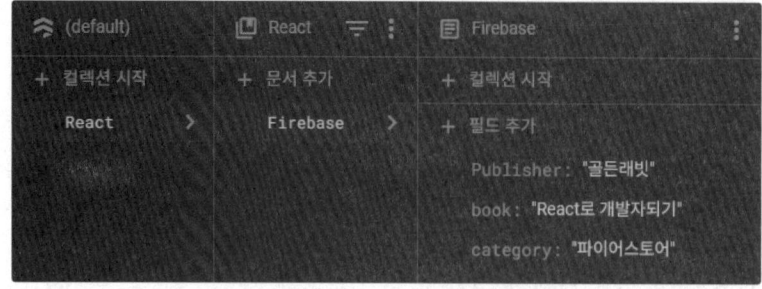

다음은 파이어스토어 데이터베이스에 제대로 입력되었는지 확인해보세요. React(컬렉션) 하위로 Firebase(문서)가 추가된 걸 확인할 수 있습니다. 해당 문서에는 setDoc() 함수로 입력한 내용이 저장되어 있습니다.

18.3.4 회원 정보 관리 게시판

그럼 지금부터 간단한 회원정보를 관리할 수 있는 애플리케이션을 게시판 형식으로 만들겠습니다.

To do 01 먼저 입력 페이지부터 만들겠습니다.

ReactStudy\react09-firestore\src\firestores\FireCreate.jsx

```jsx
// ❶ 파이어스토어 및 라우터 사용을 위한 함수 임포트
import { firestore } from '../firestoreConfig';
import { doc, setDoc } from "firebase/firestore";
import { useNavigate } from 'react-router-dom';
const FireCreate = () => {
  const navigate = useNavigate(); // ❷ 화면 이동을 위한 라우터 훅 선언

  // ❸ 회원 정보 입력을 위한 함수
  const memberWrite = async (p_collection, p_id, p_pass, p_name) => {
    await setDoc(doc(firestore, p_collection, p_id), {
      id: p_id,
      pass: p_pass,
      name: p_name,
      // ❹ 날짜를 0000-00-00 형식으로 지정해서 입력
      regdate: new Date().toISOString().slice(0, 10),
    });
    alert('입력 성공')
    navigate('/read'); // ❺ 입력 완료 후 목록으로 이동
```

```
}

return (<>
  <h2>Firestore - 입력하기</h2>
  <form onSubmit={(event) => {
    event.preventDefault();
    // ❻ target 속성으로 폼값 읽어오기
    let collection = event.target.collection.value;
    let id = event.target.id.value;
    let pass = event.target.pass.value;
    let name = event.target.name.value;

    if(id===''){ alert('아이디를 입력하세요'); return;} // ❼ 빈 값 검증하기
    if(pass===''){ alert('비밀번호를 입력하세요'); return;}
    if(name===''){ alert('이름을 입력하세요'); return;}

    memberWrite(collection, id, pass, name); // ❽ 입력 처리
    event.target.id.value = '';
    event.target.pass.value = '';
    event.target.name.value = '';
  }}>
    <table border='1'>
      <tbody>
        <tr>
          <td>컬렉션</td>
          // ❾ 컬렉션명은 읽기 전용으로 설정
          <td><input type="text" name="collection" value="members" readOnly /></td>
        </tr>
        <tr>
          <td>아이디</td>
          <td><input type="text" name="id" /></td>
        </tr>
        <tr>
          <td>비밀번호</td>
          <td><input type="text" name="pass" /></td>
        </tr>
        <tr>
          <td>이름</td>
          <td><input type="text" name="name" /></td>
        </tr>
```

```
      </tbody>
    </table>
    <button type="submit">입력</button>
  </form>
</>);
}

export default FireCreate;
```

❶ 파이어스토어 및 라우터 사용을 위한 함수를 임포트합니다.

❷ 화면 이동을 위한 라우터 훅입니다. 작성 후 목록으로 이동할 때 사용합니다.

❸ 회원 정보 입력을 위한 함수입니다. 매개변수는 컬렉션명, 아이디, 비밀번호, 이름 순으로 정의했습니다. 함수 내부에서는 setDoc() 함수를 통해 새로운 회원정보를 추가합니다.

❹ 날짜는 0000-00-00 형식으로 지정해서 입력합니다.

❺ 입력이 완료되면 목록 페이지로 이동합니다.

❻ submit 이벤트가 발생되면 컬렉션명부터 이름까지의 4개의 폼값을 읽어옵니다.

❼ 빈 값이 있는지 검증합니다. 하나라도 빈 값이 있다면 입력은 진행되지 않습니다.

❽ 파이어스토어 데이터베이스에 입력을 위한 함수를 호출합니다.

❾ 컬렉션명은 members로 고정하기 위해 readOnly로 설정했습니다.

02 App.jsx에서 FireCreate 컴포넌트 부분의 주석을 해제한 후 실행 결과를 확인하겠습니다.

▼ 실행 결과

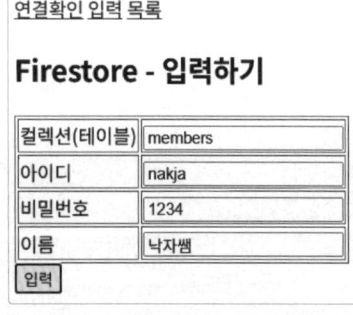
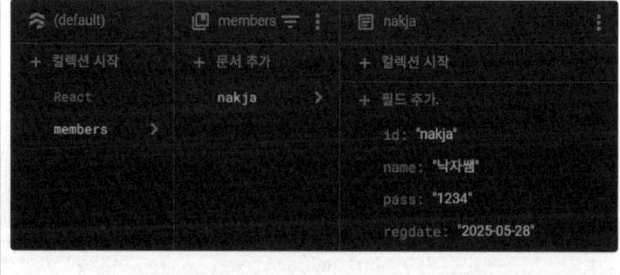

파이어스토어를 확인하면 컬렉션 members 하위에 nakja라는 문서가 등록된 걸 확인할 수 있습니다.

03 입력이 완료되면 목록으로 이동하게 됩니다. 단 아직은 컴포넌트를 만들지 않았으므로 웹브라우저에는 아무런 내용도 표시되지 않을 겁니다. 바로 이어서 작성하겠습니다. 또한 목록 페이지에는 삭제 기능도 함께 만들겠습니다.

ReactStudy\react09-firestore\src\firestores\FireRead.jsx

```jsx
import { firestore } from '../firestoreConfig';
// ❶ 파이어스토어의 함수 임포트
import { doc, collection, getDocs, deleteDoc } from "firebase/firestore";
import { useEffect, useState } from 'react';
import { NavLink } from 'react-router-dom';

const FireRead = () => {
  const [showData, setShowData] = useState([]); // ❷ 회원목록 저장을 위한 상태
  const [isRender, setIsRender] = useState(true); // ❸ 리렌더링을 위한 상태

  const getCollection = async () => {
    let trArray = [];
    // ❹ members 컬렉션에서 출력할 목록 가져오기
    const querySnapshot = await getDocs(collection(firestore, "members"));
    querySnapshot.forEach((row) => { // ❺ 문서 개수만큼 반복
      let memberInfo = row.data();
      trArray.push (
        <tr key={row.id}> // ❻ unique한 key prop 지정
          <td>{row.id}</td>
          <td>{memberInfo.pass}</td>
          <td>{memberInfo.name}</td>
          <td>{memberInfo.regdate}</td>
          <td>
            <NavLink to={"/update/"+row.id}>[수정]</NavLink> // ❼ 수정 버튼
             
            <NavLink onClick={async ()=>{ // ❽ deleteDoc() 함수로 문서 삭제
              if(confirm('삭제할까요?')){
                await deleteDoc(doc(firestore, "members", row.id));
                alert('삭제 성공');
                setIsRender(!isRender); // ❾ 삭제 완료 시 리렌더링
              }
```

```
            }}>[삭제]</NavLink>
          </td>
        </tr>
      );
    });
    setShowData(trArray); // ❿ forEach()로 구성한 목록을 출력하기 위해 리렌더링
  }

  useEffect(() => { // ⓫ 렌더링 완료 후 getCollection() 함수 실행
    getCollection();
  }, [isRender]);

  return (<>
    <h2>Firestore - 목록</h2>
    <table border='1'>
      <thead>
        <tr className='text-center'>
          <th>아이디</th><th>비밀번호</th><th>이름</th>
          <th>가입일</th><th></th>
        </tr>
      </thead>
      <tbody>
        {showData} // ⓬ 회원목록 삽입
      </tbody>
    </table>
  </>);
}

export default FireRead;
```

❶ 파이어스토어에서 문서 읽기, 삭제를 위한 함수를 임포트합니다.

❷ 회원목록을 저장하기 위한 상태입니다. 초깃값은 배열로 지정했습니다.

❸ 리렌더링을 위한 상태입니다. 문서 삭제 후 목록에 반영하는 데 사용됩니다.

❹ members 컬렉션에서 목록에 출력할 문서를 가져옵니다.

❺ 문서 개수만큼 반복해서 출력을 위한 UI를 구성합니다.

❻ 반복되는 〈tr〉 태그에는 unique한 key prop을 지정합니다.

❼ 문서 수정을 위한 버튼입니다.

❽ 삭제 버튼을 누르면 deleteDoc() 함수를 실행합니다. members 컬렉션 하위에 등록된 문서를 삭제합니다. 현재 문서는 사용자의 id로 등록되어 있습니다.

❾ 문서가 삭제되면 목록에 반영해야 하므로 리렌더링을 위해 상태를 변경합니다. isRender는 boolean이므로 값을 반전시켜줍니다.

❿ 앞에서 forEach()로 구성한 목록을 출력하기 위해 상태를 변경하여 리렌더링합니다.

⓫ 화면의 렌더링이 완료된 후 getCollection()을 실행합니다. 의존성 배열에 isRender를 설정했으므로 이 값이 바뀔 때마다 getCollection()을 재실행합니다.

⓬ 회원목록을 여기에 삽입합니다.

04 App.jsx에서 FireRead 컴포넌트 부분의 주석을 해제한 후 실행 결과를 확인하겠습니다.

데이터를 2개 더 입력해보았습니다.

▼ 실행 결과

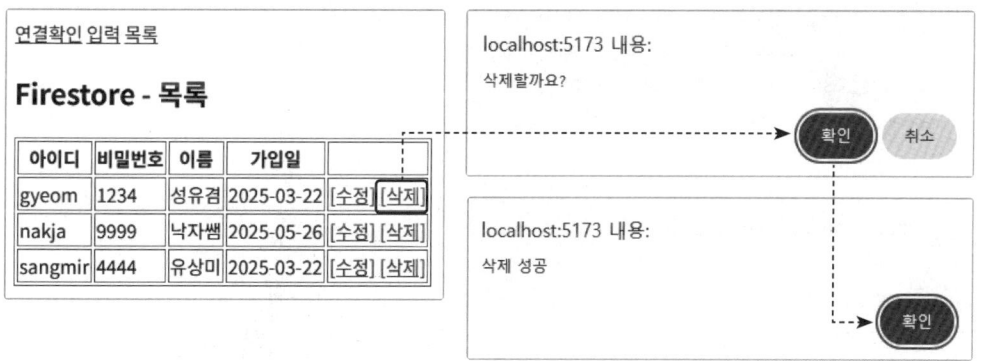

목록이 제대로 출력되는지 확인 후, 삭제 버튼을 눌렀습니다. 삭제할지 물어보는 confirm() 창과 삭제에 성공했다는 alert() 창이 순서대로 뜨게 됩니다. 목록과 파이어스토어 콘솔에서 데이터를 동시에 확인해보세요.

연결확인 입력 목록

Firestore - 목록

아이디	비밀번호	이름	가입일		
nakja	9999	낙자쌤	2025-05-26	[수정]	[삭제]
sangmir	4444	유상미	2025-03-22	[수정]	[삭제]

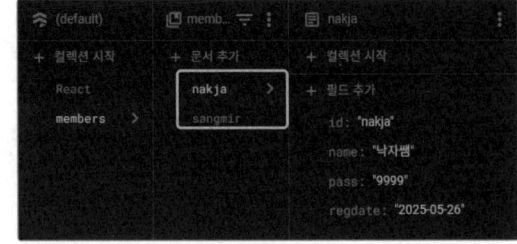

05 마지막으로 수정 페이지를 작성하겠습니다. 회원 정보를 수정 폼에 불러온 후 변경한 내용을 적용해봅니다.

ReactStudy\react09-firestore\src\firestores\FireUpdate.jsx

```jsx
import { firestore } from '../firestoreConfig';
import { doc, setDoc, getDoc } from "firebase/firestore";
import { useState, useEffect } from 'react';
import { useParams, useNavigate } from 'react-router-dom';

const FireUpdate = () => {
  const params = useParams(); // ❶ react-router-dom에서 제공하는 훅 임포트
  const navigate = useNavigate();

  // ❷ 아이디, 비밀번호, 이름 입력 상자의 값 변경을 위한 상태
  const [id, setId] = useState('');
  const [pass, setPass] = useState('');
  const [name, setName] = useState('');

  const memberEdit = async (p_collection) => { // ❸ 문서 수정을 위한 함수 선언
    await setDoc(doc(firestore, p_collection, params.userid), {
      id,
      pass,
      name,
      regdate: new Date().toISOString().slice(0, 10),
    });
    alert("수정 성공");
    navigate('/read'); // ❹ 수정이 완료되면 목록으로 자동 이동
  }

  const getMember = async (userid) => { // ❺ 회원 정보를 읽어오는 함수 정의
    const docRef = doc(firestore, "members", userid);
```

```
  const docSnap = await getDoc(docRef);
  if (docSnap.exists()) { // ❻ 문서가 존재하면 데이터를 불러와서 각 입력 상자에 설정
    console.log("문서:", docSnap.data());
    let callData = docSnap.data();
    setId(callData.id);
    setPass(callData.pass);
    setName(callData.name);
  }
  else {
    console.log("문서가 없습니다");
  }
}

useEffect(() => { // ❼ 파라미터로 전달받은 아이디로 회원정보를 한 번만 읽어옴
  getMember(params.userid);
}, []);

return (<>
  <h2>Firestore - 수정하기</h2>
  <form onSubmit={(event) => {
    event.preventDefault();
    let collection = event.target.collection.value;
    memberEdit(collection); // ❽ submit 이벤트 발생 시 수정을 위한 함수 호출
  }}>
    <table border='1'>
      <tbody>
        <tr>
          <td>컬렉션</td> // ❾ 컬렉션과 아이디는 읽기 전용으로 설정
          <td><input type="text" name="collection" value="members"
              readOnly /></td>
        </tr>
        <tr>
          <td>아이디(변경불가)</td>
          <td><input type="text" name="id" value={id} readOnly /></td>
        </tr>
        <tr>
          <td>비밀번호</td> // ❿ 아이디와 비밀번호는 수정할 수 있게 상태로 처리
          <td><input type="text" name="pass" value={pass}
              onChange={(event)=>{setPass(event.target.value);}} /></td>
        </tr>
```

```
      <tr>
        <td>이름</td>
        <td><input type="text" name="name" value={name}
          onChange={(event)=>{setName(event.target.value);}} /></td>
      </tr>
    </tbody>
    </table>
    <button type="submit">수정</button>
    </form>
  </>);
}

export default FireUpdate;
```

❶ URL에 포함된 파라미터를 읽을 때 사용하는 useParams( )와 페이지 이동을 위한 useNavigate()를 선언합니다.

❷ 아이디, 비밀번호, 이름 입력 상자에 값 변경을 위해 상태를 선언합니다.

❸ 수정을 위한 함수입니다. 매개변수로 컬렉션명만 받고, 나머지 값은 상태에 저장된 값을 사용합니다. 이와 같이 상태를 사용하면 폼값을 별도로 받지 않고도 처리할 수 있습니다.

❹ 수정이 완료되면 목록으로 이동합니다.

❺ 아이디로 회원의 정보를 읽어오는 함수를 정의합니다. 컬렉션명과 아이디(도큐먼트명)를 통해 참조 객체를 생성한 후 getDoc() 함수로 데이터를 가져옵니다.

❻ 문서가 존재하면 데이터를 객체로 추출한 후 상태를 변경하여 〈input〉 입력 상자에 값을 설정합니다.

❼ 파라미터로 전달받은 아이디로 회원정보를 읽어옵니다. 의존성 배열에 빈 배열을 적용해서 한 번만 호출하도록 합니다.

❽ submit 이벤트가 발생되면 수정을 위한 함수를 실행합니다.

❾ 컬렉션과 아이디는 변경할 수 없도록 readOnly로 설정했습니다.

❿ 아이디와 비밀번호는 상태를 통해 값을 수정할 수 있습니다.

06 App.jsx에서 FireUpdate 컴포넌트 부분의 주석을 해제한 후 실행 결과를 확인하겠습니다. nakja 항목 [수정] 버튼을 눌러 수정 페이지로 진입합니다. 기존 내용에서 비밀번호는 1234, 이름은 성낙현으로 수정해보았습니다.

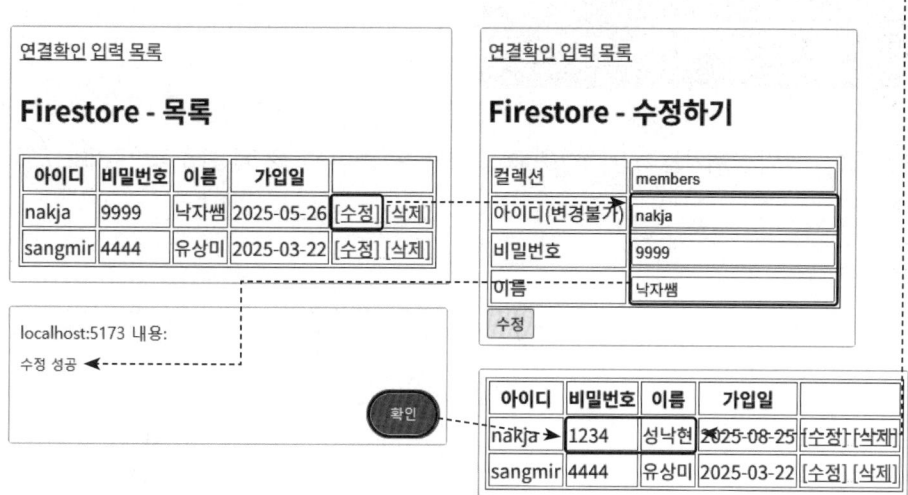

이처럼 파이어스토어를 사용하면 관계형 데이터베이스(오라클, MySQL 등)를 사용하는 것과 유사하게 회원관리 게시판을 만들 수 있습니다.

18.4 리얼타임 데이터베이스 사용해보기

리얼타임 데이터베이스는 이름 그대로 실시간으로 데이터를 읽고 쓸 수 있는 데이터베이스입니다. 이런 특성 덕분에 채팅처럼 실시간 데이터 연동이 중요한 서비스에 매우 적합합니다. 이 절에서는 리얼타임 데이터베이스의 기본적인 사용법을 먼저 학습한 뒤, 이를 활용한 간단한 채팅 앱을 직접 만들겠습니다.

18.4.1 리얼타임 데이터베이스 만들기

To do 01 파이어베이스 콘솔의 좌측 메뉴의 제품 카테고리에서 Realtime Database를 클릭해주세요.

02 그러면 다음과 같은 화면이 보입니다. 데이터베이스 만들기를 클릭합니다.

03 실시간 데이터베이스 위치는 가장 가까운 ❶ 싱가포르로 설정하고 ❷ [다음]을 눌러주세요.

```
위치 설정은 실시간 데이터베이스 데이터가 저장되는 위치입니다.

실시간 데이터베이스 위치
❶ 싱가포르(asia-southeast1)              ▼


                                        취소    ❷ 다음
```

04 보안규칙에서는 테스트 모드에서 시작을 선택해주세요. 파이어스토어와 마찬가지로 한 달 후에 날짜로 설정됩니다.

```
{
  "rules": {
    ".read": "now < 1750950000000",   // 2025-6-27
    ".write": "now < 1750950000000",  // 2025-6-27
  }
}
```

⚠️ 테스트 모드의 기본 보안 규칙에 따라 데이터베이스 참조 사용자는 누구나 향후 30일 동안 데이터베이스의 모든 데이터를 보고, 수정하며, 삭제할 수 있습니다.

05 리얼타임 데이터베이스 생성이 완료되었습니다. ❶ https로 시작하는 databaseURL을 복사해주세요. 예제를 작성할 때 사용할 겁니다.

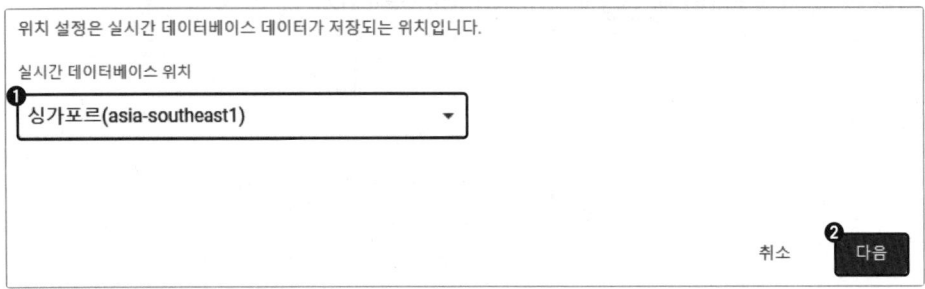

18.4.2 프로젝트 생성 및 기본 설정하기

리얼타임 데이터베이스가 준비되었으니, 프로젝트를 다음과 같이 생성해주세요.

프로젝트명 : react10-realtime
- 비트로 리액트 프로젝트 생성
- 프로젝트 폴더로 이동한 후 의존성 설치
- react-router-dom 설치
- firebase 설치 ◀ 이 부분이 추가됩니다
- 프로젝트 실행 및 기본형 만들기
- **main.jsx** : 〈BrowserRouter〉 컴포넌트로 〈App /〉 감싸기

To do 01 .env 파일부터 만들겠습니다. SDK 정보는 기존과 동일하므로, 파이어스토어 예제에서 복사해서 사용하면 됩니다. 단, 한 가지 정보가 추가되는데요, 바로 databaseURL입니다.

```
ReactStudy\react10-realtime\.env

VITE_apiKey=AIza…
VITE_authDomain=myreact…
VITE_projectId=myreac…
VITE_storageBucket=myreact…
VITE_messagingSenderId=1009…
VITE_appId=1:100…:web:0496…
VITE_measurementId=G-HHE…
VITE_databaseURL=https://myreact….asia-southeast1.firebasedatabase.app/  // ❶
```

❶ 리얼타임 데이터베이스 생성 후 복사해둔 URL을 추가해주면 됩니다.

02 리얼타임과 연결해주기 위한 파일을 만들겠습니다.

```jsx
ReactStudy\react10-realtime\src\realtimeConfig.jsx

import { initializeApp } from "firebase/app";
import { getDatabase } from "firebase/database"; // ❶리얼타임 사용을 위한 함수 임포트

const firebaseConfig = {
  apiKey: import.meta.env.VITE_apiKey,
  authDomain: import.meta.env.VITE_authDomain,
  projectId: import.meta.env.VITE_projectId,
  storageBucket: import.meta.env.VITE_storageBucket,
```

```
  messagingSenderId: import.meta.env.VITE_messagingSenderId,
  appId: import.meta.env.VITE_appId,
  measurementId: import.meta.env.VITE_measurementId,
  databaseURL: import.meta.env.VITE_databaseURL, // ❷ databaseURL 추가
};

const app = initializeApp(firebaseConfig);
const realtime = getDatabase(app); // ❸ realtime 객체를 생성 및 익스포트
export { realtime };
```

❶ realtime database 사용을 위한 getDatabase 함수를 임포트합니다.

❷ databaseURL이 추가됩니다. 기존 config 파일을 복사했다면 이 부분을 확인해주세요.

❸ realtime 객체를 생성한 후 익스포트합니다.

03 공통 내비게이션으로 사용할 컴포넌트를 만들겠습니다.

ReactStudy\react10-realtime\src\components\TopNavi.jsx

```
import {NavLink} from 'react-router-dom';

const TopNavi = () => {
  return (
    <nav>
      <NavLink to="/crud">CRUD</NavLink> 
      <NavLink to="/listener">Listener</NavLink> 
      <NavLink to="/chat">Chating</NavLink>
    </nav>
  );
}

export default TopNavi;
```

04 라우팅 처리를 하겠습니다. 앞의 예제와 조금 다른 부분은 TopNavi를 App 컴포넌트에서 사용하지 않는 겁니다. 아직 작성하지 않은 부분은 주석으로 처리해주세요.

ReactStudy\react10-realtime\src\App.jsx

```
import {Routes, Route} from "react-router-dom";
```

```
// import RealtimeCRUD from './realtimes/RealtimeCRUD';
// import Listener from './realtimes/Listener';
// import ChatStart from './realtimes/ChatStart';
// import ChatMessage from './realtimes/ChatMessage';

function App() {
  return (<>
    <Routes>
      {/* <Route path='/' element={<RealtimeCRUD />} /> */}
      {/* <Route path='/crud' element={<RealtimeCRUD />} /> */}
      {/* <Route path='/listener' element={<Listener />} /> */}
      {/* <Route path='/chat'> */}
        {/* <Route index element={<ChatStart />} /> */}
        {/* <Route path="talk" element={<ChatMessage />} /> */}
      {/* </Route> */}
    </Routes>
  </>)
}

export default App;
```

18.4.3 CRUD 기능 제작하기

To do 01 첫 번째로 리얼타임 데이터베이스를 이용해서 CRUD 기능을 만들겠습니다.

ReactStudy\react10-realtime\src\realtimes\RealtimeCRUD.jsx

```
import { useState } from 'react';
import { realtime } from '../realtimeConfig';
// ❶ 리얼타임 데이터베이스 사용을 위한 함수 임포트
import { getDatabase, ref, get, set } from "firebase/database";
import { child, push, update, remove } from "firebase/database";
import TopNavi from '../components/TopNavi';

function RealtimeCRUD() {
  console.log("realtime", realtime);

  function writeUserData(userId, userName, userPass) { // ❷ 입력을 위한 함수 정의
    // ❸ 입력을 위한 고유키 생성
```

```
    const newPostKey = push(child(ref(realtime), 'tempValue')).key;
    set(ref(realtime, 'users/' + userId), { // ❹ set() 함수로 새로운 데이터 입력
      name: userName,
      pass: userPass,
      fireKey: newPostKey
    });
    console.log('입력성공');
  }

  function readUserData(userId) { // ❺ 입력된 정보를 읽기 위한 함수 정의
    const dbRef = ref(getDatabase()); // ❻ 리얼타임 객체 생성
    get(child(dbRef, `users/${userId}`)) // ❼ 데이터를 읽은 후 콘솔에 출력
    .then((snapshot) => {
      if (snapshot.exists()) {
        console.log('데이터', snapshot.val());
      }
      else {
        console.log("데이터 없음");
      }
    })
    .catch((error) => {
      console.error(error);
    });
  }

  function editUserData(userId, userName, userPass) { // ❽ 수정을 위한 함수 정의
    const newPostKey = push(child(ref(realtime), 'tempValue')).key; // 고유키생성
    const postData = { // 수정할 내용을 객체로 생성
      name: userName,
      pass: userPass,
      fireKey: newPostKey
    };
    const updates = {}; // ❾ 빈 객체 생성 후 수정할 내용을 추가하고 update() 함수를 실행
    updates['/users/' + userId] = postData;
    return update(ref(realtime), updates);
  }

  function deleteUserData1(userId) { // ❿ 삭제를 위한 함수 정의 1
    const deletes = {};
    deletes['/users/' + userId] = null;
```

```
    return update(ref(realtime), deletes);
}

function deleteUserData2(userId) { // ⓫ 삭제를 위한 함수 정의 2
  remove(ref(realtime, 'users/' + userId))
  .then(()=>{
    console.log('삭제성공');
  })
  .catch((error)=>{
    console.error('삭제 실패', error);
  });
}

const [addNum, setAddNum] = useState(0); // ⓬ 입력 데이터 생성을 위한 상태
let adder = "-"+addNum;
const id = 'nakja'+adder;
const name = "낙자쌤"+adder;
const pass = "xyz"+adder;

return (<>
  <TopNavi></TopNavi>
  <h2>Realtime Database - CRUD</h2>
  // ⓭ 입력 데이터의 순차적인 번호 생성
  <input type="number" value={addNum} onChange={(e)=>{setAddNum(e.target.value);}} />
  <input type='button' value='입력' onClick={()=>{ // ⓮ 버튼 정의
    writeUserData(id, name, pass);
  }} />
  <input type='button' value='읽기' onClick={()=>{
    readUserData(id);
  }} />
  <input type='button' value='수정' onClick={()=>{
    editUserData(id, name+'edit', pass+'edit');
  }} />
  <input type='button' value='삭제1' onClick={()=>{
    deleteUserData1(id);
  }} />
  <input type='button' value='삭제2' onClick={()=>{
    deleteUserData2(id);
  }} />
```

```
    </>);
}

export default RealtimeCRUD;
```

❶ 리얼타임 데이터베이스 사용을 위한 여러 가지 함수를 임포트합니다. 입력, 수정, 삭제 등의 기능을 제공합니다. 그리고 TopNavi 컴포넌트를 임포트합니다. 이 컴포넌트는 UI 최상단에 추가됩니다.

❷ 입력을 위한 함수입니다. 매개변수로 아이디, 이름, 비밀번호를 정의했습니다.

❸ push 함수를 통해 입력을 위한 고유키를 생성합니다. 특정 문자열을 인수로 전달하면 '-ABCxyz123'과 같은 랜덤한 문자열을 생성해줍니다.

❹ set() 함수로 새로운 데이터를 입력합니다. 최상위 노드를 users로 설정하고, 하위 노드로 아이디를 사용합니다. 그러면 다음과 같이 추가됩니다.

```
set(ref(realtime, '최상위노드/하위노드'), {
    추가할 데이터..
    키1: 값1,
    키2: 값2,
});
```

```
▼ users
    ▼ nakja-1
        fireKey: "-ORMUMzo494wDIXxznh0"
        name: "낙자쌤-1"
        pass: "xyz-1"
```

❺ 입력된 정보를 읽기 위한 함수입니다. 최상위 노드는 users로 고정되어 있으므로 아이디만 매개변수로 정의합니다.

❻ 리얼타임 객체를 생성합니다.

❼ 데이터를 읽어옵니다. 이때 노드는 'users/사용자아이디'와 같이 설정합니다. 요청에 성공한다면 then절에서 결과를 받은 후 콘솔에 출력합니다.

❽ 수정을 위한 함수입니다. 고유키와 수정할 내용으로 postData 객체를 생성합니다.

❾ 빈 객체 updates를 선언한 후 수정할 내용을 추가해줍니다. 그리고 update() 함수를 실행합니다. 수정할 내용이 추가된 updates 객체는 다음과 같은 형태가 됩니다.

```
{
    '/users/수정할id' : { name: 값1, pass: 값2, fireKey: 고유키 }
}
```

❿ 삭제를 위한 함수입니다. 리얼타임에서는 2가지 방식을 제공하는데, 첫 번째는 값이 null인 객체를 만든 후 수정하는 방식입니다. 즉 수정과 코드가 동일하지만 값을 null로 설정하는 겁니다. 삭제를 위한 deletes 객체는 다음과 같은 형태입니다.

```
{
    '/users/삭제할id' : null
}
```

⓫ 삭제를 위한 두 번째 방식은 remove() 함수를 이용하는 겁니다. 삭제할 데이터의 노드를 인수로 전달해서 삭제 처리합니다.

⓬ 입력할 데이터를 간단히 생성하기 위해 상태를 이용합니다. 이 값을 통해 생성한 데이터는 'nakja-0', 'nakja-1'과 같습니다. 이름과 비밀번호도 동일하게 생성됩니다.

⓭ 여기서 생성된 값이 입력 데이터의 순차적인 번호로 추가됩니다.

⓮ 입력, 수정 등을 위한 버튼입니다. 클릭 시 각 함수를 호출하게 됩니다. 특히 수정일 때는 데이터 뒷부분에 'edit' 문자열을 추가한 후 전송합니다.

02 작성이 완료되었다면 실행 화면을 확인하겠습니다. App.jsx에서 RealtimeCRUD 컴포넌트 부분의 주석을 해제해주세요.

▼ 결과확인

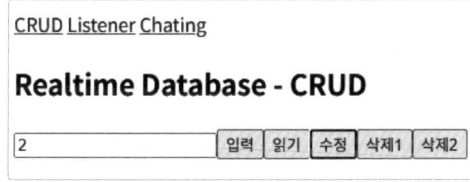

입력 상자의 숫자를 1, 2로 변경하면서 [입력], [읽기], [수정] 등의 버튼을 눌러보세요. 그리고 리얼타임 데이터베이스 콘솔에서도 확인해보시기 바랍니다. nakja-1은 입력한 데이터이고, nakja-2는 입력 후 수정까지 처리한 데이터입니다. 수정된 데이터에는 'edit' 문자열이 추가되어 있습니다.

리얼타임은 데이터가 실시간으로 반영되기 때문에 별도의 새로고침을 하지 않아도, 변경되는 데이터를 즉시 확인할 수 있을 겁니다.

18.4.4 리스너 제작하기

두 번째로 onValue() 함수를 사용한 리스너 기능을 살펴보겠습니다. 이 함수는 특정 노드의 데이터가 변경될 때마다 자동으로 콜백 함수를 실행합니다. 따라서 데이터가 추가되거나 변경될 때마다 실시간으로 동기화된 결과를 제공합니다.

To do 01 앞서 만든 RealtimeCRUD 페이지에서 새로운 데이터를 입력했을 때, 리스너 페이지에 실시간으로 반영되는 기능을 만들겠습니다.

```
                                    ReactStudy\react10-realtime\src\realtimes\Listener.jsx
import { useEffect, useState } from 'react';
import { realtime } from '../realtimeConfig';
import { ref, onValue } from "firebase/database";
import TopNavi from '../components/TopNavi';

function Listener() {
  const [fireData, setFireData] = useState([]); // ❶ 데이터 저장을 위한 상태 생성
  const dbRef = ref(realtime, 'users'); // ❷ 최상위 노드인 users를 통해 참조 객체 생성
  useEffect(() => {
```

```
    onValue(dbRef, (snapshot) => { // ❸ onValue() 함수 정의
      let showTr = [];
      // ❹ users 노드 하위에 저장된 데이터 개수만큼 반복
      snapshot.forEach((childSnapshot) => {
        const childKey = childSnapshot.key; // ❺ 자식 노드의 고유식별자 읽어오기
        const childData = childSnapshot.val(); // 자식 노드의 전체 데이터 읽어오기
        showTr.push(
          <tr>
            <td>{childKey}</td>
            <td>{childData.name}</td>
            <td>{childData.pass}</td>
            <td>{childData.fireKey}</td>
          </tr>
        );
      });
      setFireData(showTr); // ❻ <tr>로 구성한 데이터를 통해 리렌더링
    });
  }, []);

  return (<>
    <TopNavi></TopNavi>
    <h2>Realtime Database - Listener</h2>
    <table border={1}>
      <thead>
      <tr>
        <th>아이디</th><th>이름</th><th>패스워드</th><th>고유키</th>
      </tr>
      </thead>
      <tbody>
        {fireData} // ❼ UI에 삽입
      </tbody>
    </table>
  </>);
}

export default Listener;
```

❶ 데이터 저장을 위한 상태를 빈 배열로 생성합니다.

❷ 최상위 노드인 users를 통해 참조 객체를 생성합니다.

❸ onValue() 함수는 지정한 users 노드 하위에서 데이터의 변화가 생길 때마다 자동으로 콜백 함수를 실행합니다. 전체 데이터가 snapshot으로 전달됩니다.

❹ users 노드 하위에 저장된 데이터 개수만큼 반복 실행하면서 데이터 객체를 하나씩 childSnapshot으로 전달합니다.

❺ key를 통해 자식 노드의 고유식별자를 가져오고, val()을 통해 자식 노드의 전체 데이터 객체를 반환합니다. 이 예제에서는 고유식별자를 아이디로 설정했으므로 다음 그림과 같이 값을 가져오게 됩니다.

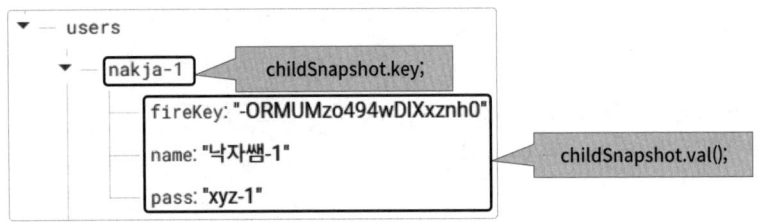

❻ 데이터를 <tr>태그로 구성한 후 상태를 변경해서 리렌더링합니다.

❼ 상태로 선언한 fireData를 테이블에 삽입합니다.

02 App.jsx에서 Listener 컴포넌트 부분의 주석을 해제한 후 실행 결과를 확인하겠습니다.

03 이번 예제를 실행할 때는 '새 탭에서 보기'를 이용해서 창을 2개 실행한 후 테스트하겠습니다. 좌측창에는 RealtimeCRUD를 열고, 우측창에는 Listener를 열어주세요. ❶ 좌측창(RealtimeCRUD)에서 숫자를 변경해서 [입력] 버튼을 눌러보면 ❷ 우측창(Listener)에 실시간으로 반영되는 걸 확인할 수 있습니다. '아~이래서 리얼타임 이구나' 하는 생각이 절로 들지 않는가요?

▼ 실행 결과

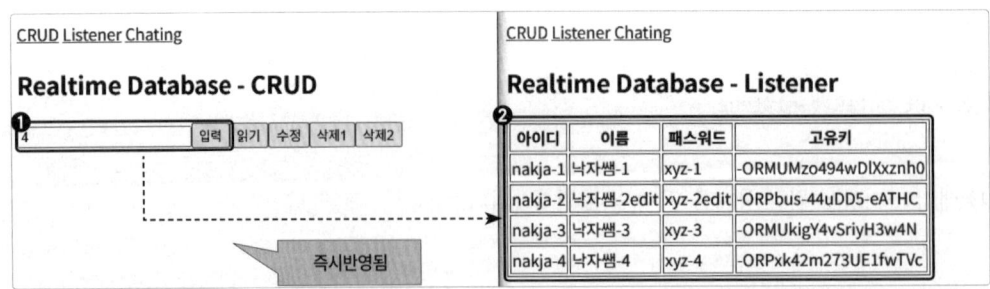

18.4.5 실시간 채팅 만들기

세 번째로 실시간 채팅 기능을 구현하겠습니다. 앞의 예제에서 본 것처럼 리얼타임은 데이터를 실시간으로 반영할 수 있으므로 채팅과 같은 서비스에 적합합니다.

To do 01 먼저 채팅창을 띄우기 위한 컴포넌트를 만들겠습니다.

ReactStudy\react10-realtime\src\realtimes\ChatStart.jsx

```jsx
import { useRef } from 'react';
import TopNavi from '../components/TopNavi';

const ChatStart = () => {
  const refRoom = useRef(); // ❶ DOM 참조를 위한 useRef()로 변수 생성
  const refId = useRef();
  const openChatWin = () => { // ❷ open() 함수로 대화창 팝업으로 띄우기
    window.open(`/chat/talk?roomId=${refRoom.current.value}&userId=${refId.current.value}`,
      '', 'width=400,height=500');
    refId.current.value = ''; // ❸ 입력한 대화명 삭제
  }

  return (<>
    <TopNavi></TopNavi>
    <h2>Realtime Database - Chatting</h2>
    // ❹ 대화방명, 대화명 설정
    대화방명 : <input type="text" name="roomId" value="myChating1" ref={refRoom} readOnly />
    <br />
    대화명 : <input type="text" name="userId" ref={refId} /> <br />
    <button type="button" onClick={openChatWin}>채팅시작</button>
  </>);
};

export default ChatStart;
```

❶ 대화방명과 대화명 설정을 위한 〈input〉 상자의 DOM을 참조하기 위해 useRef()로 변수를 생성합니다.

❷ open() 함수로 대화창을 팝업으로 띄웁니다. 요청 경로는 '/chat/talk' 이고, 파라미터로 대화

방명과 대화명을 전달합니다.

❸ 대화창을 띄운 후 입력한 대화명을 지워줍니다.

❹ 대화방명은 myChating1로 설정했습니다. 이 부분이 리얼타임의 최상위 노드로 사용됩니다. 채팅시작 버튼을 클릭하면 대화창을 띄웁니다.

02 그럼 채팅을 위한 컴포넌트를 살펴보겠습니다. 먼저 채팅창에 적용할 css 파일입니다.

ReactStudy\react10-realtime\src\Chat.css

```css
#chatWindow{border:1px solid black; width:280px; height:310px; overflow:scroll;
padding:5px; margin-bottom: 10px;} // ❶ 채팅 내용이 출력되는 영역
input[name=message]{width:236px; height:30px;}
#sendBtn{height:30px; position:relative; top:2px; left:-2px;}
#closeBtn{margin-bottom:3px; position:relative; top:2px; left:-2px;}
#chatId{width:143px; height:24px; border:1px solid #AAAAAA; background-
color:#EEEEEE;}
```

❶ 채팅 내용이 길어져서 지정된 높이(310px)를 초과할 경우 화면에 모든 내용을 표시할 수 없으므로, overflow: scroll 속성을 사용하여 스크롤바를 생성했습니다. 이를 통해 사용자가 스크롤을 통해 이전 채팅 내역을 확인할 수 있습니다.

03 이번에는 채팅창을 만들어보겠습니다. 상단에는 대화명을 표시하고, 주고받은 메시지를 표시하는 부분과 입력창, 전송 버튼으로 구성된 팝업창의 형태입니다.

ReactStudy\react10-realtime\src\realtimes\ChatMessage.jsx

```jsx
import '../Chat.css'; // ❶ 채팅창에 사용할 css 임포트
import { realtime } from '../realtimeConfig';
import { ref, child, set, onValue, push } from "firebase/database";
import { useState, useEffect, useRef } from 'react';
import { useSearchParams } from 'react-router-dom';

const scrollTop = (chatWindow) => { // ❷ 스크롤바를 최하단으로 내려주기 위한 함수
  chatWindow.scrollTop = chatWindow.scrollHeight;
}

function ChatMessage() {
  const [searchParams] = useSearchParams(); // ❸ 파라미터 값을 가져오기 위한 훅 생성
  const roomId = searchParams.get('roomId'); // 대화방명
```

```
const userId = searchParams.get('userId'); // 대화명
const chatWindow = useRef(); // ❹ 채팅 내역이 표시되는 부분 참조
const [chatData, setChatData] = useState('');

function messageWrite(chatRoom, chatId, chatMessage) { // ❺ 대화 내용 입력
  const newPostKey = push(child(ref(realtime), 'tempValue')).key;
  set(ref(realtime, chatRoom + '/' + newPostKey), {
    id: chatId,
    message: chatMessage
  });
  console.log('입력성공');
}

const dbRef = ref(realtime, roomId); // ❻ 대화방명으로 리얼타임 참조 객체 생성
useEffect(() => {
  onValue(dbRef, (snapshot) => { // ❼ onValue() 함수로 리스너 생성
    setTimeout(()=>{ // ❽ 스크롤바를 내려주는 함수 실행
      scrollTop(chatWindow.current);
    }, 200);
    let showDiv = [];
    snapshot.forEach((childSnapshot) => {
      const childData = childSnapshot.val();
      if(childData.id===userId){ // ❾ 대화 내용을 UI에 추가
        showDiv.push(<div style={{'textAlign':'right'}}>{childData.message}</div>);
      }
      else{
        showDiv.push(<div>{childData.message}</div>);
      }
    });
    setChatData(showDiv); // ❿ 새로운 대화 내용이 있을 때마다 화면 업데이트
  });
}, []);

return (<>
  <h2>Realtime 채팅</h2>
  대화명 : {userId}   
  <button id="closeBtn" onClick={() => {window.self.close();}}>
    채팅 종료</button>
  // ⓫ 대화 내용이 출력되는 부분
```

```
    <div id="chatWindow" ref={chatWindow}>{chatData}</div>
    <div>
      <form onSubmit={(e)=>{ // ❷ 메시지 입력을 위한 <form> 태그
        e.preventDefault();
        let chatRoom = e.target.chatRoom.value;
        let chatId = e.target.chatId.value;
        let message = e.target.message.value;
        if(message===''){
          alert('메시지를 입력하세요');
          return;
        }
        messageWrite(chatRoom, chatId, message);
        e.target.message.value = '';
      }}>
        <input type="hidden" name="chatRoom" value={roomId} /> // ❸
        <input type="hidden" name="chatId" value={userId} />
        <input type="text" name="message" />
        <button type="submit">전송</button>
      </form>
    </div>
  </>);
}

export default ChatMessage;
```

❶ 채팅창에 사용할 css 파일을 임포트합니다. 공통으로 사용할 스타일이라면 index.css에 작성하면 되지만, 개별적인 적용이 필요하다면 이처럼 CSS 파일을 추가할 수 있습니다.

❷ 채팅창에 대화 내용이 많아지는 경우 스크롤바를 최하단으로 내려주기 위한 함수입니다. 채팅은 최신의 내용일수록 아래쪽에 표시되기 때문입니다.

❸ 파라미터 값을 가져오기 위해 useSearchParams() 훅을 생성합니다. 대화방명, 대화명으로 전달된 값을 가져옵니다.

❹ 채팅 내역이 표시되는 부분의 DOM을 참조하기 위해 useRef()를 사용합니다.

❺ 대화 내용을 입력합니다. 새로운 고유키를 생성한 후 하위 노드로 지정하여 추가합니다. 그러면 다음 그림과 같이 리얼타임에 저장됩니다.

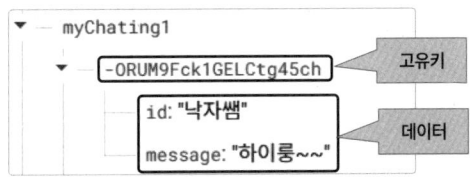

❻ 파라미터로 전달받은 대화방명인 myChating1 노드를 참조하는 리얼타임 객체를 생성합니다. 대화방명은 ChatStart.jsx의 ❹에서 설정했습니다.

❼ onValue()를 실행하여 리스너를 생성합니다. 그러면 대화 내용에 변화가 있을 때마다 자동으로 콜백 함수를 통해 전체 데이터를 받을 수 있습니다.

❽ setTimeout() 함수로 0.2초 후 스크롤 바를 내려주는 함수를 실행합니다. 새로운 대화가 입력될 때마다 스크롤바를 내려줘야 입력한 내용이 보여지기 때문입니다(이 코드를 주석 처리한 후 테스트하면 더 이해가 쉬울 겁니다).

❾ 대화 내용을 UI에 추가합니다. 채팅은 내가 보낸 메시지와 상대방이 보낸 메시지를 구분해서 표시해야 합니다. 따라서 내가 작성한 메시지인 때는 우측 정렬해서 표시합니다.

❿ 상태를 변경해서 리렌더링을 해줍니다. 즉 새로운 대화 내용이 있을 때마다 화면을 업데이트하는 겁니다.

⓫ 대화 내용이 출력되는 부분입니다. useRef()를 통해 참조하고 있습니다.

⓬ 메시지 입력을 위한 〈form〉 태그입니다. submit 이벤트 발생 시 폼값을 받아 messageWrite()를 호출합니다.

⓭ 파라미터로 전달받은 대화방명과 대화명을 설정한 hidden 싱지입니다. 메시지 입력을 위한 text 상자와 submit 버튼을 추가했습니다.

04 App.jsx에서 ChatStart, ChatMessage 컴포넌트 부분의 주석을 해제한 후 실행 결과를 확인하겠습니다.

05 실행할 때는 대화창을 2개 이상 띄운 후 테스트해주세요. 내가 보낸 메시지는 상대방이 보낸 메시지가 좌우측으로 제대로 표시되는지, 또한 리얼타임에 데이터가 추가되는지도 확인해보시기 바랍니다.

대화명을 입력한 후 채팅 시작 버튼을 클릭합니다. 저는 각각 낙자쌤, 유갬이라고 입력 후 채팅시작을 눌렀습니다.

▼ 실행 결과

2개의 채팅창이 뜨면 각 창에서 메시지를 입력해보세요.

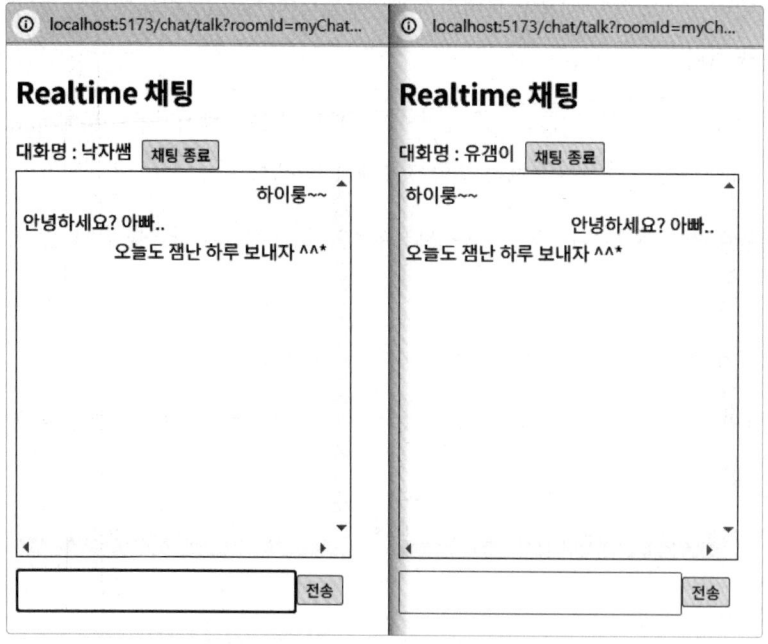

리얼타임에는 고유키가 하위노드로 데이터가 등록됩니다. 고유키는 규칙성이 없는 문자열이지만, 입력된 순서대로 저장되므로 별도의 정렬없이 출력하면 됩니다.

이와 같이 리얼타임 데이터베이스를 이용해서 실시간 채팅 애플리케이션을 구현해보았습니다.

18.5 스토리지 사용해보기

파이어베이스의 스토리지를 이용해서 파일을 업로드하고, 업로드한 파일의 목록과 삭제 기능을 구현해보겠습니다. 또한 폴더를 생성한 후 파일을 구분해서 저장하는 기능까지 추가해보겠습니다.

18.5.1 스토리지 만들기

이번에는 스토리지를 알아보겠습니다. 파이어베이스 좌측 메뉴의 빌드 하위에 [Storage]를 클릭해주세요. 그러면 다음 화면이 보입니다. 스토리지는 첫 화면에서 보듯 이미지, 오디오, 동영상 등의 파일을 저장할 수 있는 기능을 제공합니다. 이것을 이용해서 간단한 이미지 첨부 기능을 구현하겠습니다.

스토리지를 시작하려면 프로젝트 업그레이드를 진행해야 합니다. 본인의 신용카드 정보를 입력해야 하는데요, 실제로 결제가 되는 것은 아니고 일정 사용량을 초과하면 과금이 되는 방식입니다. 우리는 학습용으로 사용하는 정도이므로, 걱정하지 말고 업그레이드를 진행하면 됩니다.

To do **01** 프로젝트 업그레이드를 누르면 다음과 같이 결제 계정을 등록하는 창이 뜹니다. [Cloud Billing 계정 만들기]를 클릭해서 순차적으로 진행해주세요.

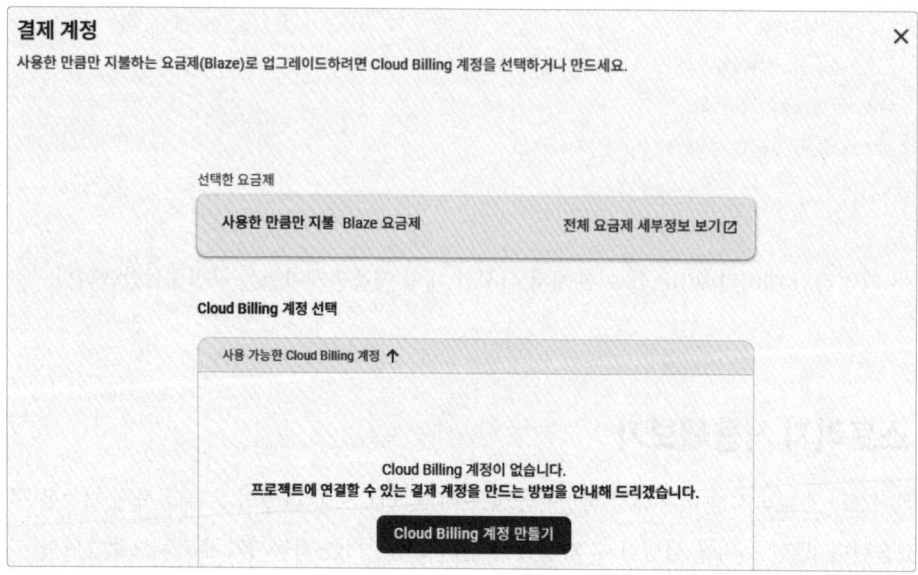

02 등록을 완료하면 첫 화면에 시작하기 링크가 보입니다. [시작하기]를 클릭해주세요.

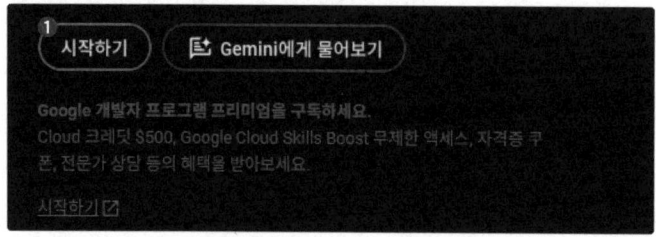

03 ❶ [무료 위치]를 확인 후 ❷ [계속]을 클릭해주세요.

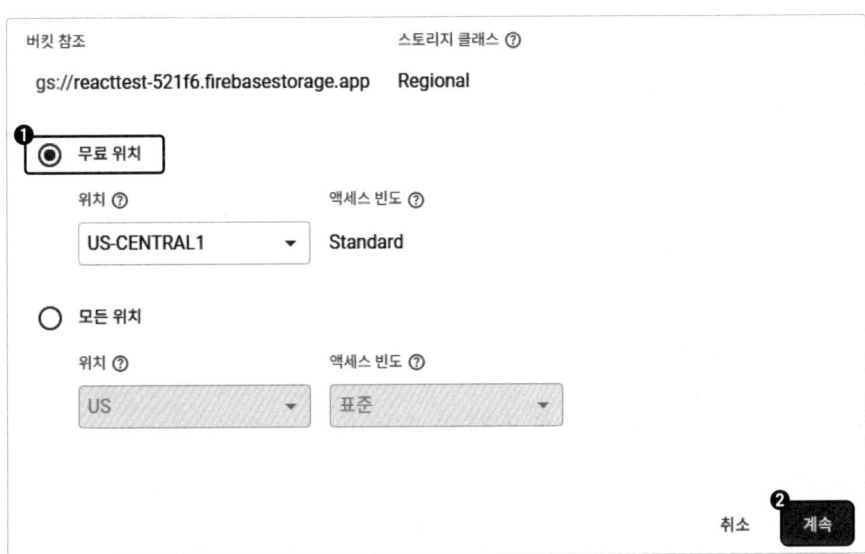

04 [테스트 모드에서 시작]을 선택하면 신청일로부터 1개월 후의 날짜로 설정됩니다. 만들기를 클릭해서 스토리지를 생성해주세요.

그러면 스토리지가 생성됩니다. 윗부분에 보면 gs://로 시작하는 URL이 있습니다. 차후 환경 설정에 필요하므로 복사해두세요.

Chapter 18 파이어베이스 333

18.5.2 프로젝트 생성 및 기본 설정하기

프로젝트명 : react11-storage
- 비트로 리액트 프로젝트 생성
- 프로젝트 폴더로 이동한 후 의존성 설치
- react-router-dom 설치
- firebase 설치 ← 이 부분이 추가됩니다.
- 프로젝트 실행 및 기본형 만들기
- **main.jsx** : ⟨BrowserRouter⟩ 컴포넌트로 ⟨App /⟩ 감싸기

스토리지에 파일을 업로드하고 이를 목록으로 표현하는 애플리케이션을 만들겠습니다.

To do 01 .env 파일은 리얼타임 예제에서 그대로 복사한 후 한 가지 정보만 추가하면 됩니다.

```
                                                    ReactStudy\react11-storage\.env
VITE_apiKey=AIza…
VITE_authDomain=myreact…
VITE_projectId=myreac…
VITE_storageBucket=myreact…
VITE_messagingSenderId=1009…
VITE_appId=1:100…:web:0496…
VITE_measurementId=G-HHE…
VITE_databaseURL=https://myreact…asia-southeast1.firebasedatabase.app/
VITE_storageURL=gs://myreactapp…firebasestorage.app // ❶
```

❶ 스토리지 생성 후 복사해둔 gs://로 시작하는 URL을 추가해주면 됩니다.

02 다음은 스토리지 사용을 위한 설정 파일입니다.

```jsx
                                        ReactStudy\react11-storage\src\storageConfig.jsx
import { initializeApp } from "firebase/app";
import { getStorage } from "firebase/storage"; // ❶ 스토리지 사용을 위한 함수 임포트

const firebaseConfig = { // ❷ SDK 정보
  ...생략...
};

const app = initializeApp(firebaseConfig);
```

```
// ❸ 스토리지 URL을 인수로 스토리지 객체 생성
const storage = getStorage(app, import.meta.env.VITE_storageURL);
export { storage };
```

❶ 스토리지 사용을 위한 함수를 임포트합니다.

❷ SDK 정보는 이전 예제와 동일하므로 생략했습니다.

❸ 스토리지 객체를 생성할 때는 스토리지 URL을 두 번째 인수로 추가해야 합니다.

03 다음은 내비게이션 컴포넌트입니다.

ReactStudy\react11-storage\src\components\TopNavi.jsx

```jsx
import {NavLink} from 'react-router-dom';

const TopNavi = ()=>{
  return (
    <nav>
      <NavLink to="/upload">업로드</NavLink> 
      <NavLink to="/filelists">목록보기</NavLink> 
    </nav>
  );
}

export default TopNavi;
```

04 다음은 App 컴포넌트에서 라우팅 처리를 하겠습니다. 아직 작성하지 않은 부분은 주석으로 처리해주세요.

ReactStudy\react11-storage\src\App.jsx

```jsx
import {Routes, Route} from "react-router-dom";
import TopNavi from './components/TopNavi';
// import RefUpload from './storages/RefUpload';
// import FileLists from './storages/FileLists';

function App() {
  return (<>
    <TopNavi></TopNavi>
    <Routes>
```

```
        <Route path='/' element={<RefUpload/>} />
        {/* <Route path='/upload' element={<RefUpload />} /> */}
        {/* <Route path='/filelists'>
            <Route index element={<FileLists />} />
            <Route path=":path" element={<FileLists />} />
        </Route> */}
      </Routes>
    </>)
}

export default App
```

18.5.3 파일 업로드 기능 구현하기

To do **01** 파일 업로드 기능부터 제작하겠습니다. 폴더명을 입력 후 파일을 선택하면 즉시 업로드되는 형식입니다.

ReactStudy\react11-storage\src\storages\FileUpload.jsx

```
import { useState } from 'react';
import { storage } from '../storageConfig';
// ❶ 스토리지 사용을 위한 함수 임포트
import { ref, uploadBytes } from "firebase/storage";

const FileUpload = () => {
  // ❷ 지정한 경로를 통해 참조 객체 생성
  const imageRef = ref(storage, 'images/myFile.jpg');
  // ❸ 전체 경로와 파일명 출력
  console.log('경로/파일명', imageRef.fullPath, imageRef.name);
  console.log('parent경로', imageRef.parent.fullPath); // ❹ 한 단계 상위 경로 출력
  console.log('root경로', imageRef.root.fullPath); // 최상위 경로 출력

  const [folder, setFolder] = useState(''); // ❺ 폴더명 입력을 위한 상태
  const storageRef = ref(storage, (folder==='') ? '':'/'+folder);
  return (<>
    <h2>Storage - 업로드</h2>
    <p>파일을 선택하면 즉시 업로드 됩니다.</p>
    폴더명 : <input type="text" name="folder" value={folder} // ❻ 폴더명 입력 상자
```

```
                onChange={(e)=>setFolder(e.target.value)} /> <br />
      <input type="file" name="myfile" onChange={(e) => { // ❼ 파일 선택 및 업로드 처리
        const uploadRef = ref(storageRef, e.target.files[0].name);
        uploadBytes(uploadRef, e.target.files[0]).then((snapshot) => {
          console.log('업로드성공', snapshot);
        });
      }} />
    </>);
}

export default FileUpload;
```

❶ 스토리지 사용을 위한 함수를 임포트합니다.

❷ 지정한 경로를 통해 참조 객체를 생성합니다. 여기서 지정한 경로는 스토리지에 같은 폴더 혹은 파일이 있어야 하는 것은 아닙니다. 단지 참조 객체만 생성하는 겁니다.

❸ 참조 객체를 통해 fullPath(전체 경로)와 name(파일명)을 출력합니다.

❹ parent는 한 단계 상위 경로, root는 최상위 경로를 반환합니다.

❺ 폴더명 작성을 위해 상태를 생성합니다. 입력 상자에서 폴더명을 입력하면 스토리지 참조 객체 생성 시 즉시 반영됩니다. 만약 입력값이 없는 상태로 파일을 업로드하면 루트 경로에 저장됩니다.

❻ 폴더명 입력을 위한 〈input〉 상자입니다.

❼ 파일을 선택하면 즉시 스토리지로 업로드 됩니다. storageRef 객체에는 저장할 경로가 설정되어 있으므로, 원하는 폴더에 파일을 저장할 수 있습니다. 만약 images라는 폴더명을 지정했다면, 업로드 시 자동으로 폴더가 생성됩니다.

02 App.jsx에서 RefUpload 컴포넌트 부분의 주석을 해제한 후 실행 결과를 확인하겠습니다. 실행한 후 콘솔을 보면 'images/myFile.jpg'로 지정했던 경로와 파일명이 출력됩니다. 이 파일은 실제 존재하는 것은 아니고, 단지 참조 객체만 생성해서 출력해보는 겁니다.

▼ 실행 결과

```
경로/파일명 images/myFile.jpg      RefUpload.jsx:7
myFile.jpg
parent경로 images                  RefUpload.jsx:8
root경로                           RefUpload.jsx:9
```

업로드 목록보기

Storage - 업로드

파일을 선택하면 즉시 업로드 됩니다.

폴더명 : [   ]
[파일 선택] 선택된 파일 없음

다음은 [파일 선택] 버튼을 눌러 파일을 업로드하겠습니다. 폴더명은 입력하지 않겠습니다.

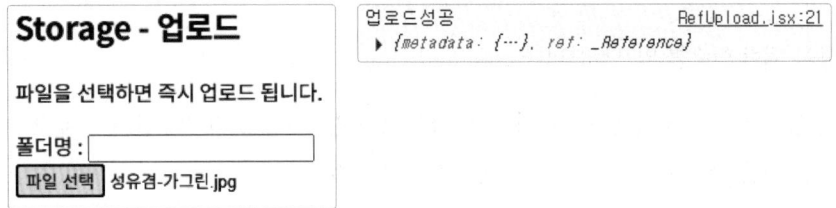

완료되면 업로드 성공이 콘솔에 출력됩니다. 스토리지에서도 확인하겠습니다. 파일명을 클릭하면 우측에 이미지가 표시됩니다.

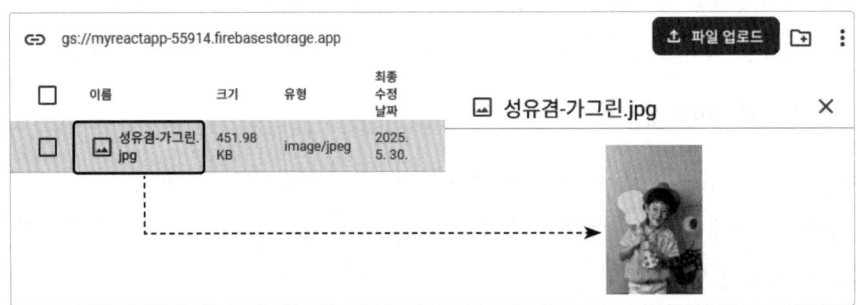

루트 경로에 저장된 걸 확인할 수 있습니다. 그럼 이번에는 ❶ 폴더명을 images로 입력한 후 ❷ [파일 선택]을 눌러 파일을 업로드하겠습니다. ❸ 루트 경로에 images 폴더가 생성되었고, ❹ 클릭해서 들어가 보면 업로드된 이미지를 확인할 수 있습니다.

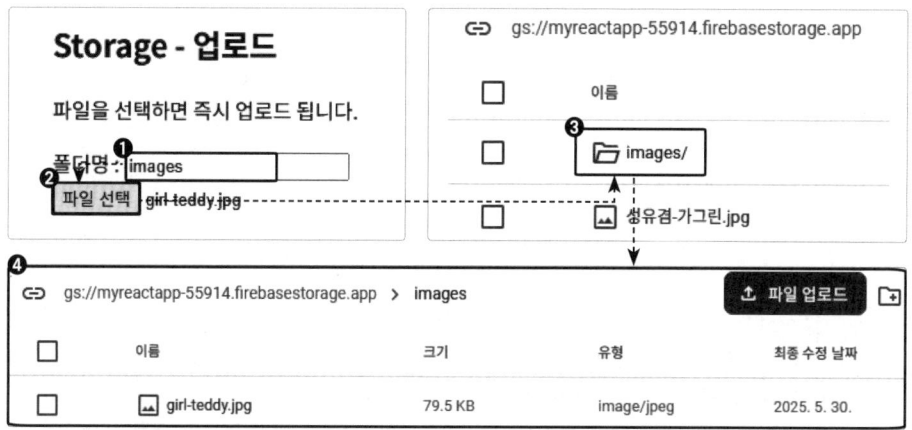

18.5.4 파일 목록 및 삭제 기능 구현하기

To do 01 마지막으로 파일 목록 및 삭제 기능을 만들겠습니다. 목록에서는 폴더명을 클릭해서 이동하거나, 업로드한 이미지를 출력할 수 있습니다.

```
                                    ReactStudy\react11-storage\src\storages\FileLists.jsx
import { storage } from '../storageConfig'
import { ref, listAll, getDownloadURL, deleteObject } from "firebase/storage";
import { useState, useEffect } from 'react';
import { useParams, NavLink } from 'react-router-dom';

const FileLists = () => {
  let params = useParams(); // ❶ 파라미터를 읽어오기 위해 useParams() 훅 생성
  let paramPath = (params.path === 'undefined') ? '' : params.path;
  const myPathRef = ref(storage, paramPath);

  const [fileLists, setFileLists] = useState([]); // ❷ 파일목록과 리렌더링을 위한 상태
  const [renderFlag, setRenderFlag] = useState(false);

  useEffect(() => {
    let fileRows = [];
    listAll(myPathRef) // ❸ 지정된 경로의 폴더 및 파일 목록 얻어오기
      .then((res) => {
        res.prefixes.forEach((folderRef) => { // ❹ 폴더 객체 인출 및 반복
          fileRows.push(
```

```
            <tr key={folderRef.name}>
              <td><NavLink to={`./${folderRef.name}`}>{folderRef.name}</NavLink></td>
              <td></td>
              <td colSpan={2}>폴더명</td>
            </tr>
          );
        });
        res.items.forEach((itemRef) => { // ❺ 파일 객체 인출
          // ❻ 삭제를 위한 참조 객체 생성
          const deleteRef = ref(myPathRef, itemRef.fullPath);
          getDownloadURL(ref(myPathRef, itemRef.name)) // ❼ 이미지의 경로 얻어오기
            .then((url)=>{ // ❽ 이미지를 웹브라우저에 출력
              const img = document.getElementById(`img_${itemRef.name}`);
              img.setAttribute('src', url);
              img.setAttribute('width', '200');
            })
            .catch((error)=>{
              console.log("이미지 다운로드 중 에러", error)
            });
          fileRows.push(
            <tr key={itemRef.name}>
              <td>{myPathRef.fullPath}</td>
              // ❾ <img> 태그에 아이디 속성값 부여
              <td><img id={`img_${itemRef.name}`} /></td>
              <td>{itemRef.name}</td>
              <td><button type='button' onClick={() => { // ❿ 삭제 버튼
                if(window.confirm('삭제할까요?')){
                  deleteObject(deleteRef).then(() => {
                    console.log("파일 삭제 성공");
                    setRenderFlag(!renderFlag);
                  })
                  .catch((error) => {
                    console.log("파일 삭제 실패", error);
                  });
                }
              }}>삭제</button></td>
            </tr>
          );
        });
```

```
        setFileLists(fileRows); // ⓫ 폴더와 파일 목록을 추가한 후 상태 변경
      })
      .catch((error) => {
        console.log('파일 목록 출력중 에러 발생', error);
      });
  }, [renderFlag, paramPath]); // ⓬ useEffect()의 의존성 배열 설정

  return (<>
    <h2>Storage - 목록보기</h2>
    <table border={1}>
      <tbody>
        <tr>
          <th>경로명</th><th>이미지</th><th colSpan={2}>파일명</th>
        </tr>
        {fileLists} // ⓭ 파일 목록 삽입
      </tbody>
    </table>
  </>);
}

export default FileLists;
```

❶ 파라미터로 전달되는 폴더명을 읽어오기 위해 useParams() 훅을 생성합니다. 이 폴더명을 통해 스토리지 참조 객체를 생성합니다. 만약 파라미터가 undefined이면 루트 경로로 설정됩니다.

❷ 파일목록과 리렌더링을 위한 상태를 선언합니다.

❸ listAll() 함수로 지정된 경로의 폴더 및 파일 목록을 얻어옵니다.

❹ res.prefixes를 통해 폴더 객체를 인출합니다. folderRef.name으로 폴더명을 출력하고, 클릭할 수 있도록 링크를 생성합니다.

❺ res.items를 통해 파일 객체를 인출합니다.

❻ itemRef.fullPath로 삭제를 위한 참조 객체를 생성합니다.

❼ getDownloadURL() 함수로 이미지의 경로를 얻어옵니다.

❽ 이미지를 웹브라우저에 출력하기 위해 img 태그에 설정된 아이디로 접근한 후 src, width 속성값을 부여합니다.

❾ 파일명을 이용해서 〈img〉 태그에 아이디 속성값을 부여합니다.

❿ 삭제 버튼을 클릭하면 confirm()으로 확인 후 deleteObject() 함수를 실행해서 파일을 삭제합니다. 삭제가 완료되면 리렌더링을 위해 상태를 변경합니다.

⓫ 폴더와 파일 목록을 추가한 후 상태를 변경합니다.

⓬ useEffect()의 의존성 배열에는 renderFlag, paramPath를 추가했습니다. 즉 리렌더링이 되거나, 폴더명을 클릭하는 때에 재실행하도록 설정했습니다.

⓭ 파일 목록을 삽입합니다.

02 App.jsx에서 FileLists 컴포넌트 부분의 주석을 해제한 후 실행 결과를 확인하겠습니다.

▼ 실행 결과

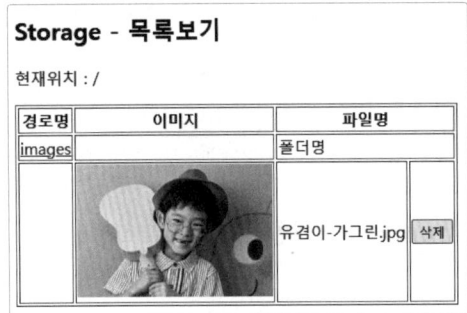 

좌측은 목록보기로 최초 진입시의 화면입니다. 우측은 images 폴더명을 클릭했을 때의 화면입니다. 이와 같이 스토리지를 이용하면 파일첨부가 가능한 애플리케이션을 만들 수 있습니다.

학습 마무리

파이어베이스는 별도의 백엔드 서버 없이도 다양한 기능을 제공하는 구글의 클라우드 기반 플랫폼입니다. 파이어스토어와 리얼타임 데이터베이스는 모두 NoSQL 방식의 데이터베이스이지만, 파이어스토어는 문서 단위로 구조화된 데이터를 저장하고 관리하기에 적합하며, 리얼타임 데이터베이스는 실시간 데이터 동기화에 강점이 있습니다.

파이어스토어를 활용해 회원정보를 저장하고, 리얼타임 데이터베이스를 활용해 실시간 채팅 앱을 만들어보며 각 데이터베이스의 특징과 용도를 체험할 수 있었습니다. 또한 파이어베이스 스토리지를 통해 이미지를 업로드하고, 목록을 출력하거나 삭제하는 기능도 구현해보았습니다. 이런 기능을 종합적으로 활용하면, 백엔드 서버 없이도 꽤 완성도 높은 웹 서비스를 만들 수 있습니다.

핵심 키워드

1. **파이어베이스(Firebase)** : 구글이 제공하는 BaaS 플랫폼으로, 인증, 데이터베이스, 스토리지 등 다양한 기능을 제공합니다.
2. **클라우드 파이어스토어(Cloud Firestore)** : 문서Document와 컬렉션Collection 구조를 가진 NoSQL 데이터베이스로, 구조화된 데이터를 저장하고 CRUD 작업이 쉽습니다.
3. **리얼타임 데이터베이스(Realtime Database)** : 데이터가 변경될 때 즉시 반영되는 실시간 데이터베이스로, 채팅이나 실시간 알림 등에 적합합니다.
4. **파이어베이스 스토리지(Firebase Storage)** : 이미지, 동영상 등 다양한 파일을 클라우드에 저장하고, 다운로드 링크를 생성할 수 있는 스토리지 서비스입니다.

연습문제

1 파이어베이스를 사용하면 백엔드 서버 없이도 다양한 기능을 구현할 수 있습니다. 그 예로 어떤 기능들이 있는지 2가지 이상 서술해보세요.

2 파이어스토어 데이터베이스의 구조로 알맞은 것은 무엇인가요?

❶ 테이블 - 컬럼 - 행   ❷ 문서 - 테이블 - 필드

❸ 문서 - 컬렉션 - 필드   ❹ 컬렉션 - 문서 - 필드

3 리얼타임 데이터베이스에서 데이터를 실시간으로 감지하여 자동으로 콜백 함수를 실행하는 함수는 무엇인가요?

❶ onClick()   ❷ onValue()

❸ fetchData()   ❹ useEffect()

4 파이어베이스 스토리지의 주요 역할로 알맞지 않은 것은 무엇인가요?

❶ 이미지 파일을 저장할 수 있다.

❷ 자바스크립트 코드 실행 결과를 보여준다.

❸ 저장된 파일을 다운로드 링크로 공유할 수 있다.

❹ 업로드된 파일을 삭제할 수 있다.

5 다음 중 파이어스토어와 리얼타임 데이터베이스의 차이로 적절한 설명은 무엇인가요?

   ❶ 파이어스토어는 실시간 동기화가 불가능하다.

   ❷ 리얼타임 데이터베이스는 테이블 기반 구조를 사용한다.

   ❸ 파이어스토어는 문서 단위로 데이터를 저장하며, 구조화된 쿼리가 가능하다.

   ❹ 리얼타임 데이터베이스는 백엔드 서버 없이 사용할 수 없다.

---

1 **정답** 예) 사용자 인증, 데이터 저장, 실시간 채팅, 이미지 업로드 등
2 **정답** ❹
3 **정답** ❷
4 **정답** ❷
5 **정답** ❸

LEVEL 05

리액트 프로젝트

학습 목표

지금까지 학습한 리액트의 핵심 개념을 종합하여 실제 프로젝트를 구현해보겠습니다. 먼저 객체형 배열을 이용한 게시판을 제작하고, 이어서 REST API를 활용해 서버와 연동되는 게시판도 만들어보겠습니다. 모달창을 활용한 댓글 기능은 로컬 웹 스토리지를 통해 구현하며, 상태 관리 라이브러리인 주스탠드를 사용해 스코어보드를 제작합니다. 또한 파이어베이스를 기반으로 카카오톡과 유사한 실시간 채팅 애플리케이션을 만들어보고, 마지막으로 완성한 프로젝트를 깃허브 페이지에 배포하는 방법까지 학습합니다.

- **19장** 게시판 제작 1(객체형 배열 사용)
- **20장** 게시판 제작 2(REST API 사용)
- **21장** 모달창 이용한 댓글 구현하기 with 로컬웹 스토리지
- **22장** 스코어보드 만들기 with 주스탠드
- **23장** 카카오톡 만들기 with 파이어베이스
- **24장** 깃허브 페이지로 배포하기

Chapter 19

게시판 제작 1 (객체형 배열 사용)

학습 목표

첫 번째 프로젝트로는 JSON 형식의 배열과 객체를 활용하여 간단한 게시판을 구현하겠습니다. 이를 통해 리액트에서 상태 기반으로 데이터를 관리하고, 컴포넌트 간의 정보 전달 방식을 실습합니다. 또한 글쓰기, 수정, 삭제와 같은 CRUD 기능을 구현하면서 폼 처리와 이벤트 핸들링을 복습하고, 실제 서버 연동 없이 프론트엔드만으로 동작하는 애플리케이션을 만들 수 있는 기초 역량을 다지는 것을 목표로 합니다.

핵심 키워드

`useState` `상태 관리` `컴포넌트 분리` `프롭스 전달` `이벤트 핸들링` `onChange`
`onClick` `폼값 처리` `CRUD 구현`

학습 코스

프로젝트 생성 후 게시판 기본 화면 만들기 → 게시글 목록 표현하기 → 화면 전환하기 → 작성 기능 추가하기 → 열람 기능 추가하기 → 삭제 기능 추가하 → 수정 기능 추가하기

19.1 프로젝트 생성 후 게시판 기본 화면 만들기

새 프로젝트를 생성하고 HTML로 기본적인 화면을 만들겠습니다. 이 과정을 통해 앞으로 우리가 어떤 기능을 구현하게 될지에 대한 큰 그림을 그릴 수 있습니다. 프로젝트의 진행 절차는 다음과 같습니다.

진행 절차

1 비트를 이용한 프로젝트 생성
2 기본형 만들기
3 게시판 UI를 HTML로 작성
4 CSS로 스타일 적용

19.1.1 게시판 기본 화면 HTML로 만들기

To do 01 새 프로젝트를 생성하겠습니다. 프로젝트 생성 방법이 가물가물하다면 **02장 '리액트 프로젝트 생성하기'**를 참고하세요. npm create vite@latest 명령어로 vite 프로젝트를 생성하면 됩니다. 프로젝트명은 project01-board-array로 지어주세요.

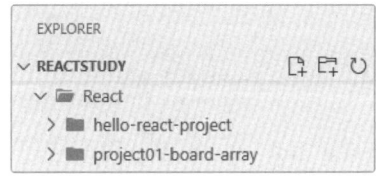

02 그런 다음 기본 프로젝트에 생성되어 있는 파일을 정리하세요.

- App.css는 파일 자체를 삭제하고, App.jsx는 기본 컴포넌트의 틀만 남기세요.
- index.css는 코드만 모두 삭제하고 파일은 남겨두세요.
- main.jsx는 StrictMode만 삭제하세요.

03 UI는 HTML과 CSS만으로 하나의 파일 안에 게시글 목록, 열람, 작성 UI를 모두 포함하여 작성하겠습니다. 파일 이름을 skin_board.html로 짓고, skin 파일은 public 디렉터리에 생성해주세요. 화면은 다음 3가지 시멘틱 태그로 구성했습니다. 이렇게 영역을 명확히 나눠놓으면 가독성도 좋아지고 차후 컴포넌트로 제작할 때도 편리합니다. 단순히 화면만 작성한 것이고, 리액트와

관련된 내용은 없으므로 설명은 주석으로 대신했습니다.

> HTML 코드가 꽤 긴 편입니다. 코드 작성이 번거롭다면 https://bit.ly/3V7LOql에서 코드를 복사하거나 내려받으세요.

- **\<header\>** : 목록, 열람, 작성 등 타이틀을 표시합니다.
- **\<nav\>** : 각 화면으로 이동할 링크가 들어갑니다.
- **\<article\>** : 실제 내용이 출력됩니다.

project01-board-array/public/skin_board.html
```
<!DOCTYPE html>
<html lang="en">
<head>
    <meta charset="UTF-8">
    <meta name="viewport" content="width=device-width, initial-scale=1.0">
    <title>게시판 UI</title>
    <!-- ❶ 스타일 정의: 게시판 테이블과 입력 폼의 기본 스타일 설정 -->
    <style>
    *{margin:5px;}
    input,textarea { width:95%; }
    input[type=submit] { width:100px; }
    #boardTable{
        border: 1px solid gray; border-collapse: collapse; width: 500px;
    }
    #boardTable tr{
        text-align: center;
    }
    #boardTable th, td{
        border: 1px solid gray;
    }
```

```html
        #boardTable td{
            text-align: left;
        }
        #boardTable td.cen{
            text-align: center;
        }
        #boardTable td.subject{
            text-align: left;
        }
    </style>
</head>

<body>
    <header>
        <!-- ❷ 게시판 목록: 전체 게시글의 목록을 보여주는 섹션 -->
        <h2>게시판-목록</h2>
    </header>
    <nav>
        <a href="/">글쓰기</a>
    </nav>
    <article>
        <table id="boardTable">
            <thead>
                <tr>
                    <th>No</th>
                    <th>제목</th>
                    <th>작성자</th>
                    <th>날짜</th>
                </tr>
            </thead>
            <tbody>
                <tr>
                    <td class="cen">1</td>
                    <td>오늘은 React공부하는날</td>
                    <td class="cen">낙짜쌤</td>
                    <td class="cen">2030-05-05</td>
                </tr>
            </tbody>
        </table>
    </article>
```

```html
<header>
  <!-- ❸ 게시글 상세보기: 선택한 게시글의 상세 내용을 보여주는 섹션 -->
  <h2>게시판-열람</h2>
</header>
<nav>
  <a href="/">목록</a> 
  <a href="/">수정</a> 
  <a href="/">삭제</a>
</nav>
<article>
  <table id="boardTable">
    <colgroup>
      <col width="30%" /><col width="*" />
    </colgroup>
    <tbody>
      <tr>
        <th>작성자</th>
        <td>성유겸</td>
      </tr>
      <tr>
        <th>제목</th>
        <td>오늘은 React공부하는날</td>
      </tr>
      <tr>
        <th>날짜</th>
        <td>2023-05-05</td>
      </tr>
      <tr>
        <th>내용</th>
        <td>열심히 해봅시당<br>열공 합시당</td>
      </tr>
    </tbody>
  </table>
</article>

<header>
  <!-- ❹ 게시글 작성: 새로운 게시글을 작성하는 폼 섹션 -->
  <h2>게시판-작성</h2>
</header>
```

```html
  <nav>
    <a href="/">목록</a>
  </nav>
  <article>
  <form>
    <table id="boardTable">
      <tbody>
        <tr>
          <th>작성자</th>
          <td><input type="text" name="writer" /></td>
        </tr>
        <tr>
          <th>제목</th>
          <td><input type="text" name="title" /></td>
        </tr>
        <tr>
          <th>내용</th>
          <td><textarea name="contents" cols="22" rows="3"></textarea></td>
        </tr>
      </tbody>
    </table>
    <input type="submit" value="전송">
  </form>
  </article>
</body>
</html>
```

04 작성이 완료되면 UI를 확인하겠습니다. 프로젝트 폴더를 새로 만들었으므로 npm install을 실행한 다음 npm run dev로 서버를 구동하세요.

```
> ReactStudy/project01-board-array> npm install
> ReactStudy/project01-board-array> npm run dev
  VITE v6.3.5  ready in 302 ms

  ➜  Local:   http://localhost:5173/
  ➜  Network: use --host to expose
  ➜  press h + enter to show help
```

05 public 디렉터리에 작성한 파일을 확인하려면 웹브라우저에서 http://localhost:5173/skin_board.html 주소에 접속하면 됩니다.

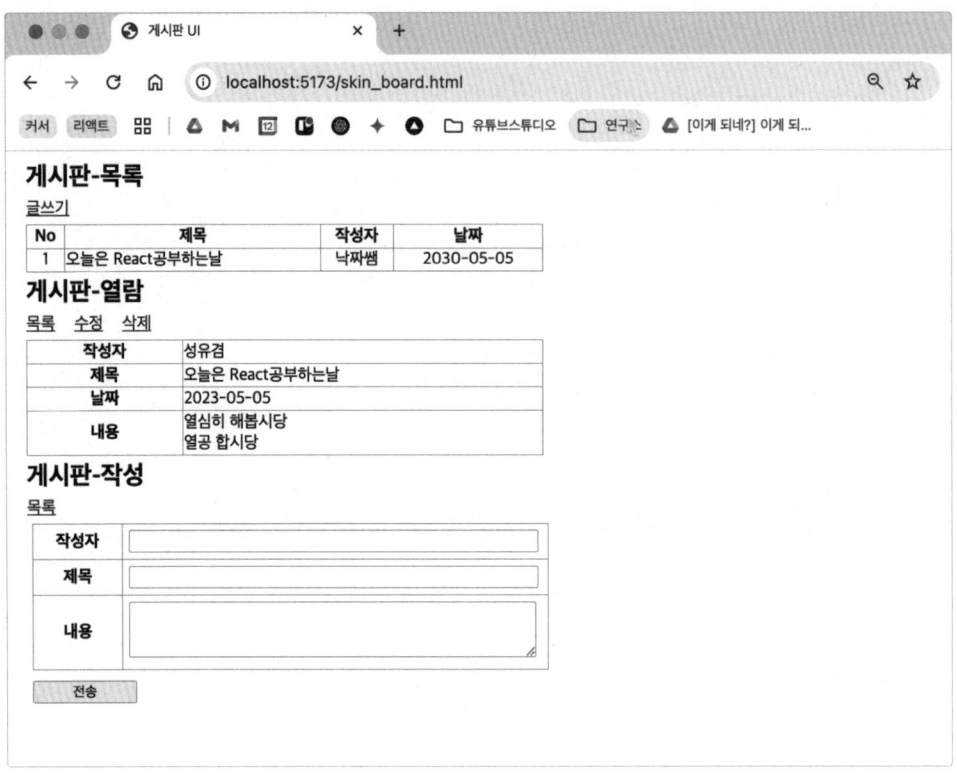

기초 화면이 완성되었습니다. 이제 리액트로 이 화면을 컴포넌트화하고 다양한 기능을 개발하겠습니다.

19.1.2 게시판 기본 화면 컴포넌트로 제작하기

앞에서 HTML로 제작한 UI를 리액트에서 사용할 수 있도록 컴포넌트로 만들겠습니다. 목록, 열람, 작성 기능을 Navigation과 Article 컴포넌트로 분리하겠습니다.

To do 01 src 하위에 components 디렉터리를 생성한 후 article, navigation 디렉터리를 순서대로 생성합니다.

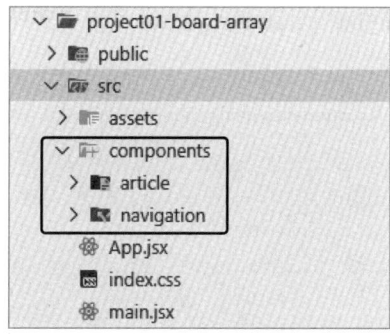

02 Navigation 디렉터리에 NavList 컴포넌트부터 만들겠습니다. 이 컴포넌트는 화면에서 [글쓰기] 버튼을 구성합니다.

```
                        project01-board-array/src/components/navigation/NavList.jsx
function NavList(props) {
  return (
    <nav>
      <a href="/">글쓰기</a>
    </nav>
  );
}
export default NavList;
```

03 다음은 NavView 컴포넌트입니다. 이 컴포넌트는 내비게이션에서 게시글 목록으로 이동하는 [목록] 버튼과, 게시글 수정 화면으로 이동하는 [수정] 버튼, 게시글을 삭제하는 [삭제] 버튼을 구성합니다.

```
                        project01-board-array/src/components/navigation/NavView.jsx
function NavView(props) {
  return (
    <nav>
      <a href="/">목록</a> 
      <a href="/">수정</a> 
      <a href="/">삭제</a>
    </nav>
  );
}
export default NavView;
```

04 NavWrite 컴포넌트는 게시글 쓰기 화면에서 보여줄 내비게이션입니다. 게시글 쓰기 화면에서는 [목록] 버튼만 있으면 되므로 간단합니다.

```
                                project01-board-array/src/components/navigation/NavWrite.jsx
function NavWrite(props) {
  return (
    <nav>
      <a href="/">목록</a>
    </nav>
  );
}
export default NavWrite;
```

05 다음은 게시글 목록에 해당하는 Article 컴포넌트를 만들겠습니다. 이후 스타일을 적용하기 위해 id와 class 속성에 값을 추가해두었습니다. 또 아직은 데이터베이스가 없으므로 게시글 목록의 내용을 하드 코딩으로 입력해두었습니다.

```
                                project01-board-array/src/components/article/ArticleList.jsx
function ArticleList(props) {
  return (
    <article>
      <table id="boardTable">
        <thead>
          <tr>
            <th>No</th>
            <th>제목</th>
            <th>작성자</th>
            <th>날짜</th>
          </tr>
        </thead>
        <tbody>
          <tr>
            <td class="cen">1</td>
            <td>오늘은 리액트 공부하는 날</td>
            <td class="cen">낙짜쌤</td>
            <td class="cen">2030-05-05</td>
          </tr>
        </tbody>
      </table>
    </article>
  );
```

```
}
export default ArticleList;
```

06 다음은 열람 컴포넌트입니다. 열람 컴포넌트에도 내용을 하드 코딩했습니다.

project01-board-array/src/components/article/ArticleView.jsx

```
function ArticleView(props) {
  return (
    <article>
      <table id="boardTable">
        <colgroup>
          <col width="30%" />
          <col width="*" />
        </colgroup>
        <tbody>
          <tr>
            <th>작성자</th>
            <td>성유겸</td>
          </tr>
          <tr>
            <th>제목</th>
            <td>오늘은 리액트 공부하는 날</td>
          </tr>
          <tr>
            <th>날짜</th>
            <td>2023-05-05</td>
          </tr>
          <tr>
            <th>내용</th>
            <td>
              열심히 해봅시당
              <br /> {/* ❶ JSX에서는 <br>을 사용할 수 없음, <br/>로 사용해야 함 */}
              열공 합시당
            </td>
          </tr>
        </tbody>
      </table>
    </article>
  );
```

```
}
export default ArticleView;
```

❶ HTML에서는 〈br〉 태그를 닫는 태그 없이 사용할 수 있지만, JSX에서는 〈br /〉과 같이 self-closing 형식으로 작성해야 오류가 발생하지 않습니다.

07 다음은 작성 컴포넌트입니다. 게시글 작성을 위해 〈form〉 태그로 구성되어 있습니다.

project01-board-array/src/components/article/ArticleWrite.jsx

```
function ArticleWrite(props) {
  return (
    <article>
      <form>
        <table id="boardTable">
          <tbody>
            <tr>
              <th>작성자</th>
              <td>
                <input type="text" name="writer" />
              </td>
            </tr>
            <tr>
              <th>제목</th>
              <td>
                <input type="text" name="title" />
              </td>
            </tr>
            <tr>
              <th>내용</th>
              <td>
                <textarea name="contents" cols="22" rows="3"></textarea>
              </td>
            </tr>
          </tbody>
        </table>
        {/* ❶ JSX에서는 <input>을 사용할 수 없음, <input/>로 사용해야 함 */}
        <input type="submit" value="전송" />
      </form>
    </article>
```

```
    );
  }
export default ArticleWrite;
```

❶ ⟨br /⟩ 태그와 마찬가지로 ⟨input /⟩ 태그도 self-closing으로 작성해야 합니다.

08 이제 마지막으로 CSS 코드를 작성하면 됩니다. CSS 코드는 index.css 파일에 작성하세요.

project01-board-array/src/index.css
```
* {
  margin: 5px;
}
input,
textarea {
  width: 95%;
}
input[type="submit"] {
  width: 100px;
}
#boardTable {
  border: 1px solid gray;
  border-collapse: collapse;
  width: 500px;
}
#boardTable tr {
  text-align: center;
}
#boardTable th,
td {
  border: 1px solid gray;
}
#boardTable td {
  text-align: left;
}
#boardTable td.cen {
  text-align: center;
}
#boardTable td.subject {
  text-align: left;
}
```

19.1.3 제작한 컴포넌트 App 컴포넌트에 반영하기

지금까지 HTML로 제작한 화면을 컴포넌트로 전환했습니다. 이 컴포넌트를 App.jsx에 적용하여 화면에 렌더링하겠습니다. 다소 지겨운 작업이었을 겁니다. '컴포넌트로 전환한 것이 그렇게 중요한가요?'라는 생각이 들었을 수 있습니다. 하지만 컴포넌트로 전환했으므로 이제는 상태나 이벤트, 프롭스를 적용하여 동적인 게시판 기능을 쉽게 완성할 수 있을 겁니다.

To do **01** NavList는 게시글 목록을 담당하는 컴포넌트입니다. 이 컴포넌트를 App 컴포넌트에 추가해 봅시다. NavList 컴포넌트를 임포트하고 App 컴포넌트에 렌더링했습니다. 이때 Header 컴포넌트는 따로 컴포넌트화할 필요 없는 컴포넌트이고, 1번만 사용할 컴포넌트이므로 App.jsx에 포함하여 작성했습니다.

project01-board-array/src/App.jsx
```
import NavList from "./components/navigation/NavList"; // ❶ NavList 컴포넌트 import
function Header(props) {
  // ❷ Header 컴포넌트 정의
  return (
    <header>
      <h2>게시판-목록</h2>
    </header>
  );
}

function App() {
  // ❸ App 컴포넌트에 3개의 컴포넌트 렌더링
  return (
    <>
      <Header></Header>
      <NavList></NavList>
    </>
  );
}

export default App;
```

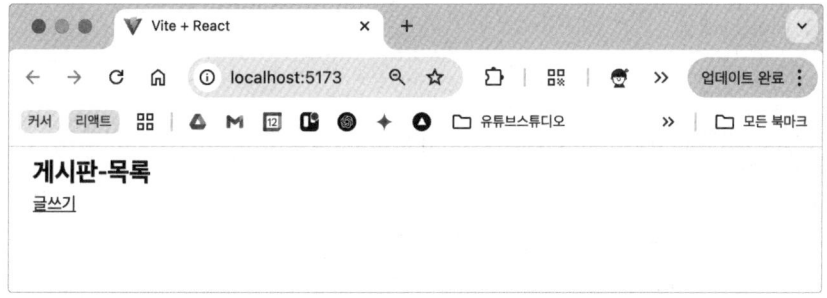

이런 방식으로 화면에 컴포넌트를 추가하고, 컴포넌트를 수정하여 기능을 더할 겁니다. 나머지 작업도 다음 절에서 계속하여 진행해봅시다.

19.2 게시글 목록 표현하기

프롭스는 컴포넌트 간에 데이터를 전달할 때 사용한다고 했습니다. **04장 '프롭스'**에서 예제를 통해 공부했을 때 잘 이해되지 않았다면 여기서 프롭스의 사용 방법을 제대로 알게 될 겁니다.

19.2.1 App 컴포넌트 수정하기

To do 01 App 컴포넌트에 ArticleList 컴포넌트를 추가하고, ArticleList 컴포넌트에 표시할 게시글 데이터 배열을 boardData 변수에 입력한 다음, 이 값을 프롭스로 전달하겠습니다.

```jsx
/src/App.jsx
import NavList from "./components/navigation/NavList";
import ArticleList from "./components/navigation/ArticleList";

function Header(props) {
  return (
    <header>
      <h2>{props.title}</h2> {/* ❶ 헤더 제목 출력 */}
    </header>
  );
}

function App() {
  const boardData = [
```

```
  // ❷ 게시글 데이터 배열
  {
    no: 1,
    title: "오늘은 리액트 공부하는 날",
    writer: "낙짜쌤",
    date: "2025-01-01",
    contents: "리액트를 뽀개봅시당",
  },
  {
    no: 2,
    title: "어제는 자바스크립트 공부했음!",
    writer: "유겸쌤",
    date: "2025-02-02",
    contents: "자바스크립트는 할 게 너무 많아요",
  },
  {
    no: 3,
    title: "내일은 프로젝트 만들어야징",
    writer: "미르쌤",
    date: "2025-03-03",
    contents: "프로젝트는 뭘 만들어볼까?",
  },
  ];

  return (
    <>
      <Header title="게시판-목록"></Header> {/* ❸ 헤더 컴포넌트 렌더링 */}
      <NavList></NavList>
      <ArticleList boardData={boardData}></ArticleList>
      {/* ❹ 게시글 목록 컴포넌트에 데이터 전달 */}
    </>
  );
}

export default App;
```

❶ 프롭스로 전달받은 title을 출력합니다.

❷ 게시판의 데이터로 사용할 객체 배열을 선언합니다. 객체는 일련번호, 제목, 작성자, 작성일, 내

용으로 구성되어 있습니다.

❸ 〈Header〉 컴포넌트로 문자열 데이터를 프롭스로 전달합니다. 문자열 전달 시에는 따옴표로 감싸주면 됩니다.

❹ 〈ArticleList〉 컴포넌트로는 객체 배열을 프롭스로 전달합니다. 변수 전달 시에는 중괄호로 감싸주면 됩니다.

코드 작성 후에는 아직 결과를 확인할 수 없습니다. 왜냐하면 ArticleList 컴포넌트가 App 컴포넌트에서 받은 프롭스를 처리할 수 있도록 코드를 수정하지 않았기 때문이죠. 다음 그림을 보면 상황이 이해될 겁니다.

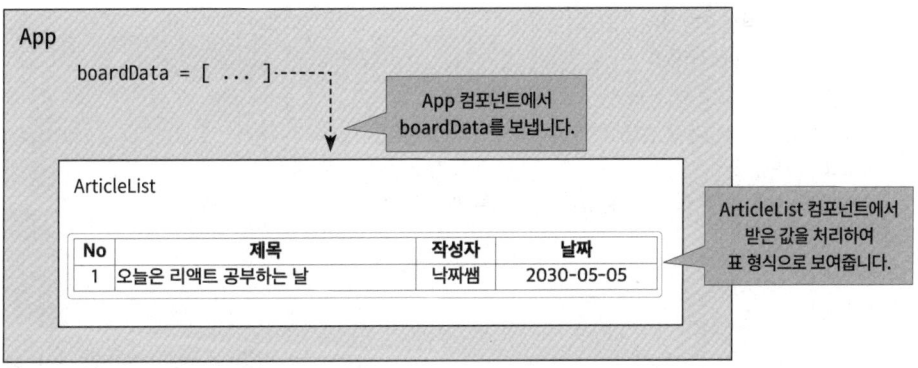

19.2.2 ArticleList 컴포넌트 수정하기

To do 01 앞에서 본 그림처럼 boardData를 받아 처리할 수 있도록 ArticleList 컴포넌트 코드를 다음과 같이 수정하겠습니다.

project01-board-array/src/components/article/ArticleList.jsx

```
function ArticleList(props){
    const lists = []; // ❶ 게시글 목록을 담을 배열 선언
    for(let i=0 ; i<props.boardData.length ; i++){ // ❷ 게시글 데이터 반복
      let row = props.boardData[i]; // ❸ 현재 게시글 데이터 추출
      lists.push( // ❹ 게시글 한 행을 lists에 추가
        <tr key={row.no}> {/* ❺ 각 행의 고유 key로 게시글 번호 사용 */}
          <td className="cen">{row.no}</td> {/* ❻ 게시글 번호 출력 */}
          <td><a href={'/read/'+row.no}>{row.title}</a></td> {/* ❼ 게시글 제목에
```

```
링크 연결 */}
          <td className="cen">{row.writer}</td>
          <td className="cen">{row.date}</td>
        </tr>
      )
    }
    return (
      <article>
        <table id="boardTable">
          <thead>
            <tr>
              <th>No</th>
              <th>제목</th>
              <th>작성자</th>
              <th>날짜</th>
            </tr>
          </thead>
          <tbody>
            {lists} {/* ❽ 생성된 게시글 목록 렌더링 */}
          </tbody>
        </table>
      </article>
    );
  }
export default ArticleList;
```

❶ 빈 배열을 선언합니다.

❷ 프롭스로 전달된 객체 배열 크기(length)만큼 반복합니다.

❸ i번째 객체를 가져옵니다.

❹ 각 게시글(row)에 해당하는 〈tr〉 태그를 생성한 후 ❶에서 선언한 lists에 추가합니다.

❺ 〈tr〉 태그에 중복되지 않는 key prop을 추가합니다.

❻ 일련번호, 제목, 작성자, 작성일을 표시합니다.

❼ 제목을 클릭하면 열람으로 전환되게 링크를 걸어줍니다. 이 부분은 뒤에서 이벤트 핸들러로 처리할 예정입니다.

❽ lists를 테이블에 삽입합니다.

02 코드 작성 후 실행 결과를 보면 App 컴포넌트에서 boardData 변수에 담았던 값을 ArticleList의 boardData 프롭스로 넘겨주었고, 이것을 ArticleList에서 반복문 처리로 화면에 표시해준 것을 알 수 있습니다.

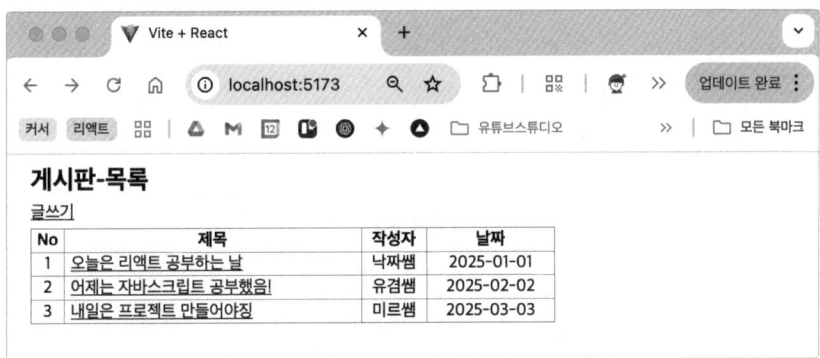

이 코드에서 프롭스의 흐름은 다음과 같습니다.

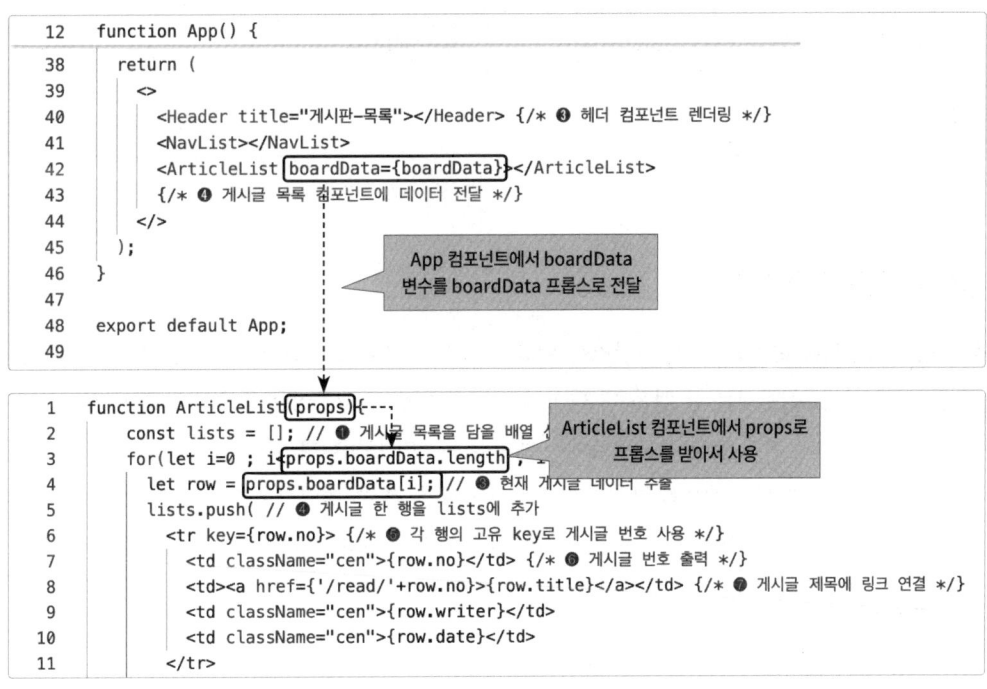

03 이제는 프롭스를 통해 App 컴포넌트에서 만든 배열 데이터가 ArticleList 컴포넌트로 전달되어 출력되고 있으므로 객체 배열을 수정하면 즉시 화면에 적용됩니다. 데이터를 조금 수정해보세요. 그러면 화면에 적용될 겁니다.

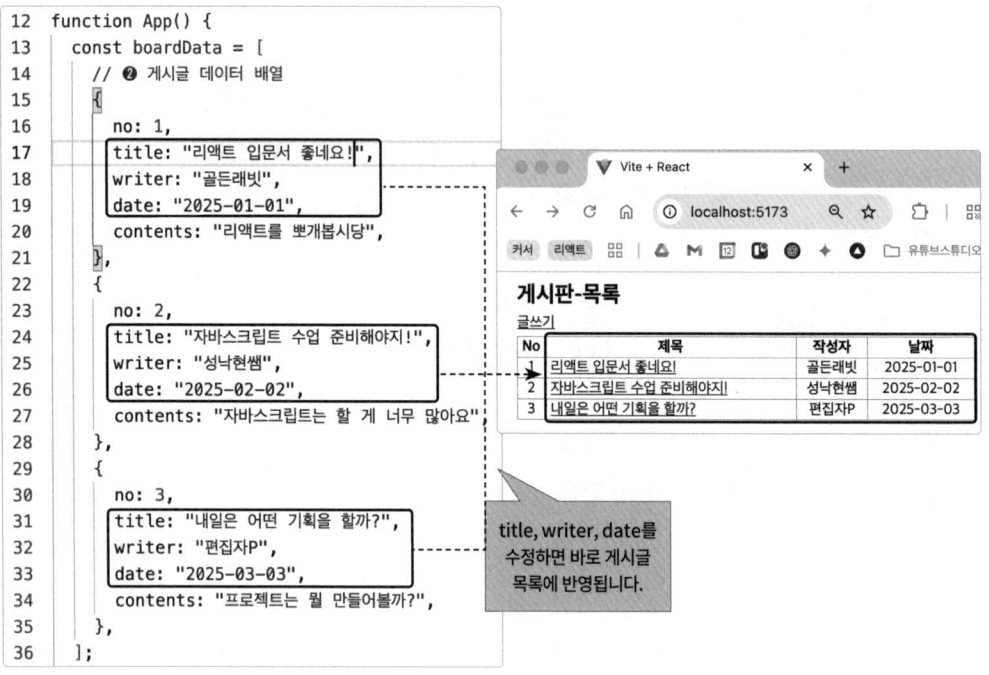

19.3 화면 전환하기

19.2절 '게시글 목록 표현하기'에서 프롭스를 이용해 게시글 목록을 출력하는 ArticleList 컴포넌트를 완성했습니다. 이번에는 한 걸음 더 나아가 상태와 이벤트 핸들러를 활용하여 화면 전환 기능을 구현하겠습니다. 현재 App 컴포넌트에는 게시글 목록만 보입니다. 아직 게시판의 기능이 잘 동작하는 건 아니죠. 게시글 제목을 클릭하면 게시글 내용을 볼 수 있고, [글쓰기]를 클릭하면 글쓰기 페이지로 이동할 수 있어야 합니다. 그리고 그렇게 하려면 다음과 같은 추가 작업이 필요합니다.

1 렌더링할 컴포넌트를 변수에 저장합니다.
2 조건문을 통해 어떤 컴포넌트를 보여줄지 정합니다.
3 화면 전환을 위한 함수를 정의합니다.

4 프롭스를 자식 컴포넌트로 전달해야 합니다.

위와 같은 과정을 통해 상태를 변경하고 화면을 전환할 수 있습니다. 아직 이런 작업을 해본 적이 없기 때문에 지금은 다소 복잡해보일 수 있습니다. 하지만 실제로 코드를 함께 작성하면 생각보다 간단한 작업임을 알 수 있을 겁니다. 그럼 지금부터 단계별로 화면 전환 기능을 만들겠습니다.

19.3.1 App 컴포넌트 구조 살펴보고 수정하기

App 컴포넌트를 더 수정합니다. 화면 전환을 하기 위해 App 컴포넌트에 ❶ mode라는 상태를 추가합니다. mode는 문자열로 ❸ "list", ❹ "view", ❺ "write"의 3가지 모드를 구분합니다. mode에 따라 화면을 다르게 보여줄 수 있도록 분기 처리를 하겠습니다. App 컴포넌트의 코드 구조를 그림으로 보면 다음과 같습니다.

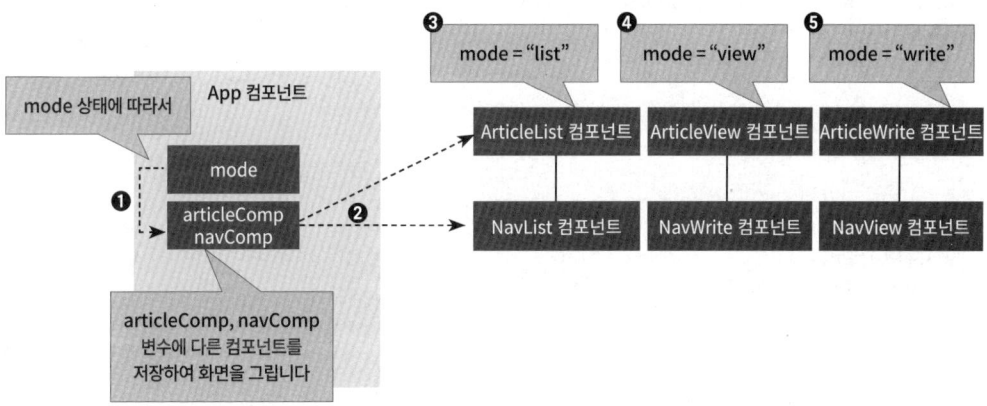

코드 구성을 보면 mode 상태는 초기에 "list"이므로 NavList, ArticleList 컴포넌트를 그려 다음 화면을 보여줍니다.

다른 화면 구성도 마찬가지입니다. 이때 App 컴포넌트에서 관리하는 상탯값인 mode를 변경할 함수를 다양한 방식으로 onChangeMode 프롭스에 보내 mode를 변경하는 과정을 살펴보겠습니다. 그리고 App 컴포넌트 수정 양이 꽤 되므로 작업을 나눠서 진행하겠습니다.

To do 01 모드 상태 관리를 하는 mode 상태 변수를 선언하고, 상태를 사용하기 위해 useState을 임포트합니다. 그리고 모드에 따른 컴포넌트와 화면의 텍스트를 다르게 보여주기 위한 articleComp, navComp, titleVar, selectRow도 선언합니다.

/src/App.jsx
```
import { useState } from "react"; // ❶ useState를 임포트하여 상태 관리
import ArticleList from "./components/navigation/ArticleList";
import ArticleView from "./components/navigation/ArticleView";
import ArticleWrite from "./components/navigation/ArticleWrite";
import NavList from "./components/navigation/NavList";
import NavWrite from "./components/navigation/NavWrite";
import NavView from "./components/navigation/NavView";

function Header(props) {
  ...생략...
}

function App() {
  const boardData = [
    ...생략...
  ];
  const [mode, setMode] = useState("list"); // ❷ 모드 상태 관리(list, view, write)
  let articleComp, navComp, titleVar, selectRow; // ❸ 변수 선언
  ...생략...
```

❶ 상태 관리를 위해 useState 훅을 임포트합니다.

❷ 화면 전환을 위한 상태 mode를 선언합니다. 상탯값 변경을 위한 함수명은 setMode( ), mode의 초깃값은 "list"입니다.

❸ 컴포넌트를 분기할 때 사용할 변수들을 선언합니다.

02 mode가 "list"일 때 보여줄 컴포넌트를 처리합니다. 모드가 "list"이면 게시글 목록을 보여줘야 하므로 titleVar를 "게시판-목록"으로 바꾸고, navComp에는 NavList 컴포넌트를 저장합니

다. 이때 컴포넌트에 있는 [글쓰기] 버튼에 전달할 함수를 onChangeMode 프롭스로 전달합니다. 이렇게 하면 [글쓰기]를 눌렀을 때 App 컴포넌트의 mode 상태를 "write"로 바꿔서 글쓰기 모드 화면을 보여줄 수 있습니다.

```jsx
...생략...
  if (mode === "list") {
    // ❶ 목록 모드일 때
    titleVar = "게시판-목록";
    navComp = (
      <NavList
        onChangeMode={() => {
          // ❷ 목록에서 쓰기 모드로 전환
          setMode("write");
        }}
      ></NavList>
    );
    articleComp = (
      <ArticleList
        boardData={boardData}
        onChangeMode={(no) => {
          // ❸ 목록에서 열람 모드로 전환
          setMode("view");
        }}
      ></ArticleList>
    );
...생략...
```
project01-board-array/src/App.jsx

❶ 게시글 목록을 렌더링하기 위한 분기입니다.

❷ mode 상탯값을 "write"로 변경하는 함수를 NavList 컴포넌트에 onChangeMode 프롭스로 전달합니다. 그럼 자식 컴포넌트인 NavList에서는 onChangeMode( ) 함수를 실행하여 글쓰기 화면으로 전환할 수 있습니다. 그리고 App 컴포넌트에서 navComp 변수로 화면을 그릴 예정이므로 NavList 컴포넌트를 navComp 변수에 저장합니다.

❸ 같은 방식으로 articleComp 변수에 ArticleList 컴포넌트를 저장하고, 게시글 목록에서 게시글 열람으로 화면을 전환할 수 있도록 mode 상태를 변환시킬 함수를 프롭스로 전달합니다. 매개변수 no는 이후 게시글 열람을 구현할 때 설명하겠습니다.

03 "view" 모드 관련 코드입니다. 과정 01, 02와 같은 방식 수정을 진행합니다.

```jsx
/src/App.jsx
...생략...
  } else if (mode === "view") {
    // ❶ 열람 모드일 때
    titleVar = "게시판-열람";
    navComp = (
      <NavView
        onChangeMode={(pmode) => {
          setMode(pmode);
        }}
      ></NavView>
    );
    articleComp = <ArticleView></ArticleView>;
...생략...
```

❶ 열람 모드일 때 navComp 변수에 NavView 컴포넌트를 저장하고, articleComp 변수에 ArticleView 컴포넌트를 저장하여 게시글 열람 모드에 필요한 컴포넌트를 렌더링합니다. NavList 컴포넌트에서는 onChangeMode로 매개변수 없이 mode를 "write"로 변경하는 함수를 전달했습니다. 여기서는 매개변수 pmode를 통해 변경할 값을 받은 후 mode의 값을 변경할 수 있는 함수를 정의한 후 전달하고 있습니다. 이렇게 하면 전달하는 인수만 변경하면 되므로 확장성이 더 높아집니다.

04 마지막으로 "write" 모드입니다. 작성은 이전 과정과 마찬가지입니다. navComp 변수에 NavWrite 컴포넌트를 저장하여 [목록]으로 이동하기 위한 링크를 보여주고, articleComp 변수에 ArticleWrite 컴포넌트를 저장하여 쓰기 화면을 보여줍니다.

```jsx
...생략...
  } else if (mode === "write") {
    // ❶ 쓰기 모드일 때
    titleVar = "게시판-쓰기";
    navComp = (
      <NavWrite
        onChangeMode={() => {
          setMode("list");
        }}
      ></NavWrite>
```

```
      );
      articleComp = <ArticleWrite></ArticleWrite>;
    }
    ...생략...
```

❶ 쓰기 모드일 때 navComp 변수에 NavWrite 컴포넌트를 저장하고, articleComp 변수에 ArticleWrite 컴포넌트를 저장해서 게시글 쓰기 페이지를 렌더링합니다.

05 이제 각 분기에서 결정한 컴포넌트를 보여줄 수 있도록 App 컴포넌트의 반환값을 지정하면 됩니다.

```
  ...생략...
  return (
    <>
      <Header title={titleVar}></Header>
      {/* ❶ 분기 처리를 끝낸 컴포넌트를 변수에 담아 렌더링 */}
      {navComp}
      {articleComp}
    </>
  );
}
export default App;
```

❶ 분기 처리를 통해 컴포넌트를 담은 변수를 렌더링에 사용합니다. Header 컴포넌트는 고정으로 렌더링되지만 출력할 타이틀만 프롭스로 전달받아 내용을 변경합니다.

19.3.2 NavList, NavView 컴포넌트 수정하기

App 컴포넌트 수정이 끝났으므로 App 컴포넌트에서 사용하는 컴포넌트들을 하나씩 수정하겠습니다. 게시글 목록에 필요한 NavList와 열람에 필요한 NavView 컴포넌트를 수정하겠습니다.

To do 01 NavList 컴포넌트를 수정하겠습니다. 이 컴포넌트에는 [글쓰기] 버튼이 있는데 이 버튼을 누르면 App 컴포넌트에서 프롭스로 전달한 onChangeMode( ) 함수를 호출하여 App 컴포넌트의 mode 상태를 "write"로 바꿔 글쓰기 화면으로 변경합니다.

```
project01-board-array/src/components/navigation/NavList.jsx

function NavList(props) {
  return (
    <nav>
      <a
        href="/"
        onClick={function (event) { // ❶ 이벤트 핸들러 함수 시작
          event.preventDefault(); // ❷ 화면 이동을 위한 기본 동작 방지
          props.onChangeMode(); // ❸ 모드 변경 함수 호출
        }}
      >
        글쓰기
      </a>
    </nav>
  );
}
export default NavList;
```

❶ onClick 이벤트 핸들러로 해당 링크를 클릭했을 때의 동작을 정의합니다. **5장 '리액트 이벤트 처리'** 에서 이야기했듯이 이벤트를 처리하는 함수에서는 합성 이벤트 객체를 매개변수로 사용할 수 있습니다. 매개변수명은 보통 event 또는 e를 사용합니다. 이 객체로 기본 동작 방지나 이벤트가 발생한 DOM 요소 참조 등을 할 수 있습니다.

❷ preventDefault() 함수로 클릭 이벤트의 기본 동작을 차단합니다.

❸ 화면 전환을 위해 전달받은 함수를 호출합니다.

02 이제 화면에서 게시글 열람페이지의 상단 링크를 담당하는 NavView 컴포넌트를 수정합니다. 이때 메뉴 사이의 띄어쓰기를 위하여 를 사용했습니다. 는 HTML에서 사용하는 공백 문자입니다.

> 는 non-breaking space의 줄임말로, 일반 스페이스바와 달리 줄바꿈이 일어나지 않는 공백을 만들 때 사용합니다. 웹페이지에서 단어 사이 간격을 조절하거나 텍스트가 의도치 않게 분리되는 것을 방지할 때 쓰입니다.

```
project01-board-array/src/components/navigation/NavView.jsx

function NavView(props) {
  return (
```

```
    <nav>
      <a
        href="/"
        onClick={function (event) {
          event.preventDefault();
          props.onChangeMode("list");
        }}
      >
        목록 {/* ❶ 목록 모드로 변경하는 링크 */}
      </a> 
      <a href="/">수정</a>  {/* ❷ 수정 기능 링크 (아직 구현되지 않음) */}
      <a href="/">삭제</a>
    </nav>
  );
}
export default NavView;
```

❶ 목록으로 화면 전환을 하기 위한 링크입니다. mode의 값을 onChangeMode( ) 함수를 통해 list로 변경시켜줍니다.

❷ 로 링크 사이에 공백 한 칸을 추가합니다. 수정과 삭제 링크는 뒷 부분에서 추가될 예정입니다.

03 글쓰기 페이지 상단에 표시할 NavWrite 컴포넌트를 수정합니다.

```
                    project01-board-array/src/components/navigation/NavWrite.jsx
function NavWrite(props){
  return (
    <nav>
      <a href="/" onClick={function(event){
        event.preventDefault();
        props.onChangeMode();
      }}>목록</a>
    </nav>
  )
}
export default NavWrite;
```

NavWrite.jsx는 NavList.jsx, NavView.jsx와 같은 형식이므로 설명은 생략하겠습니다.

04 그럼 계속해서 Article 컴포넌트를 작성하겠습니다. 기존과 같은 코드는 생략했으니 추가된 부분에 대해서만 작성하면 됩니다.

```
...상단생략...
                                            project01-board-array/src/components/article/ArticleList.jsx
    lists.push(
        <tr key={row.no}>
            <td className="cen">{row.no}</td>
            <td><a href={'/read/'+row.no} onClick={(event)=>{{/* ❶ 기본 동작 차단 */}
                event.preventDefault();
                props.onChangeMode(row.no);{/* ❷ 프롭스로 전달된 화면 전환용 함수 호출 */}
            }}>{row.title}</a></td>
            <td className="cen">{row.writer}</td>
            <td className="cen">{row.date}</td>
        </tr>
...생략...
```

❶ 이벤트 핸들러를 추가하고 기본 동작을 차단합니다.

❷ 프롭스로 전달된 화면 전환용 함수를 호출합니다. 이때 해당 게시물의 일련번호를 매개변수로 전달합니다. 그러면 부모 컴포넌트인 App으로 데이터를 전달할 수 있습니다.

UI를 확인하면 각 링크를 눌렀을 때 목록, 열람, 작성 페이지로 이동되는 걸 확인할 수 있습니다. 수정, 삭제할 때는 별도의 처리를 하지 않은 상태이므로 화면이 새로고침 되면서 목록으로 이동하게 됩니다. 개발자 도구에서 Compnents 항목을 보면 State의 변화를 눈으로 확인할 수 있다. 좌에서부터 목록, 작성, 열람 순입니다.

▼ 결과 확인

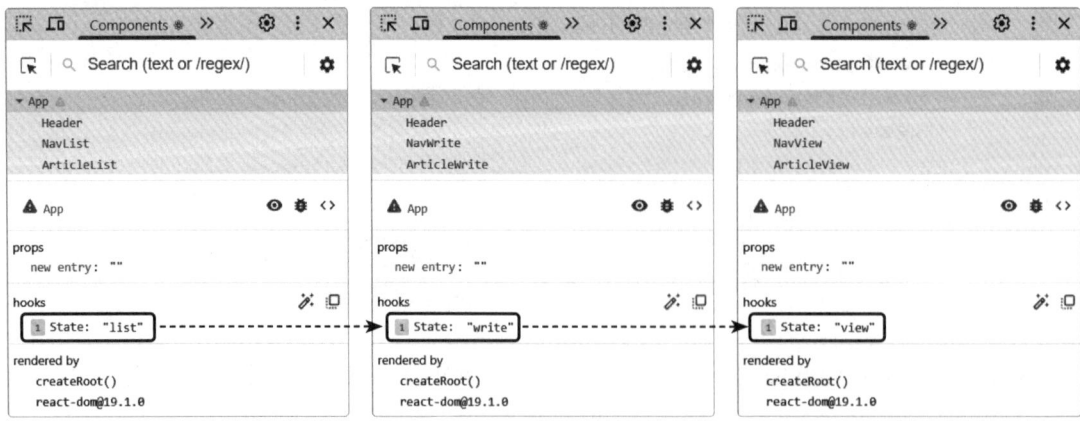

19.4 작성 기능 추가하기

목록과 화면 전환까지 완료되었으니, 이제 본격적으로 게시판 기능을 만들겠습니다. 이번에는 게시글을 새로 작성하는 기능을 추가할 차례입니다. 절차는 다음과 같습니다.

- 데이터로 사용한 객체 배열을 상태로 변경합니다.
- 일련번호 no를 생성하기 위한 상태를 추가합니다.
- 작성 폼에서 전송된 폼값을 받아서 객체를 생성한 후 배열에 추가합니다.

To do 01 데이터로 사용한 객체 배열을 상태로 변경하는 기능부터 구현하겠습니다.

```
project01-board-array/src/App.jsx
...생략...
function App() {
  const [boardData, setBoardData] = useState([ // ❶ 객체 배열을 상태로 변경
    {no:1, title:'오늘은 React공부하는날', writer:'낙짜쌤', date:'2025-01-01',
      contents:'React를 뽀개봅시당'},
    {no:2, title:'어제는 Javascript공부해씀', writer:'유겸쌤', date:'2025-02-02',
      contents:'Javascript는 할 게 너무 많아요'},
    {no:3, title:'내일은 Project해야징', writer:'미르쌤', date:'2025-03-03',
      contents:'Project는 뭘 만들어볼까?'},
  ]);

  const [mode, setMode] = useState('list');
  const [no, setNo] = useState(null);
  const [nextNo, setNextNo] = useState(4); // ❷ 일련번호 no를 생성하기 위한 상태

  let articleComp, navComp, titleVar, selectRow ;
  if(mode==='list'){
    ...목록 부분 생략...
  }
  else if(mode==='view'){
    ...열람 부분 생략...
  }
  else if(mode==='write'){ // ❸ 작성 처리를 위한 코드의 시작
    titleVar = '게시판-쓰기';
    navComp = <NavWrite onChangeMode={()=>{
      setMode('list');
    }}></NavWrite>
    // ❹ 작성한 값 전송했을 때 처리 함수
```

```
    articleComp = <ArticleWrite writeAction={(t, w, c)=>{
      // ❺ 작성일을 0000-00-00 형식으로 생성
      let nowDate = new Date().toISOString().slice(0, 10);
      // ❻ 폼값으로 새로운 객체 생성
      let addBoardData = {no:nextNo, title:t, writer:w, contents:c, date:nowDate};
      let copyBoardData = [...boardData]; // ❼ 상태 boardData로 복사본 생성
      copyBoardData.push(addBoardData); // ❽ 복사본 배열에 새로운 객체 추가
      setBoardData(copyBoardData); // ❾ 상태 변경
      setNextNo(nextNo+1); // ❿ 일련번호 1 증가
      setMode('list'); // ⓫ 리스트로 화면 전환
    }}></ArticleWrite>;
  }
  ...생략...
```

❶ 일반 변수는 변경하더라도 리렌더링이 되지 않습니다. 따라서 데이터로 사용 중인 객체 배열을 상태로 변경합니다.

❷ 일련번호 no를 생성하기 위한 상태를 추가합니다. 초기 데이터가 3개이므로 초깃값은 4로 설정했습니다.

❸ 작성을 처리하기 위한 코드의 시작입니다.

❹ ArticleWrite 컴포넌트에서 작성한 값을 전송(submit)하면, 이 값을 처리할 함수를 정의합니다. 매개변수 t, w, c는 각각 제목, 작성자, 내용을 의미합니다.

❺ 작성일을 0000-00-00 형식으로 생성합니다.

❻ 매개변수로 전달받은 폼값으로 새로운 객체를 생성합니다.

❼ 상태 boardData로 복사본을 생성합니다. 그러면 참조값이 다른 새로운 객체가 만들어집니다.

❽ 복사본 배열에 새로운 객체를 추가합니다.

❾ 객체가 추가된 새로운 배열을 통해 상태를 변경합니다.

❿ 일련번호로 사용할 상태 값을 1 증가시킵니다.

⓫ mode를 변경해서 리스트로 화면 전환합니다.

▼ 실행 결과

게시판-목록
글쓰기

No	제목	작성자	날짜
1	오늘은 React공부하는날	낙짜쌤	2025-01-01
2	어제는 Javascript공부해쌈	유겸쌤	2025-02-02
3	내일은 Project해야징	미르쌤	2025-03-03
4	새로운 게시물을 작성합니다.	홍길동	2025-04-19

새로운 4번째 게시물이 추가된 걸 확인할 수 있습니다.

19.5 열람 기능 추가하기

이번에는 열람 기능을 추가하겠습니다. 목록에서 게시물의 제목을 클릭하면, 해당 게시물의 일련번호(no)와 일치하는 객체를 찾아 화면에 출력하는 방식입니다. 절차는 다음과 같습니다.

- **새로운 state 생성** : 선택한 게시물의 일련번호(no)를 저장하는 state를 만듭니다.
- **게시물 찾기** : 배열에서 no값과 일치하는 게시물 객체를 찾아야 합니다.
- **컴포넌트에 전달** : 찾은 게시물 객체를 props를 통해 ArticleView 컴포넌트로 전달하여 화면에 출력합니다.

To do 01 열람할 게시물의 일련번호를 저장하는 상태를 선언하는 기능을 구현하겠습니다.

```
                                              project01-board-array/src/App.jsx
...생략...

function App() {
  const boardData = ... 데이터생략...

  const [mode, setMode] = useState('list');
  const [no, setNo] = useState(null); // ❶ 게시물의 일련번호 no를 저장하기 위한 상태

  let articleComp, navComp, titleVar, selectRow ;
  if(mode==='list'){
    titleVar = '게시판-목록';
```

```
      navComp = <NavList onChangeMode={()=>{
        setMode('write');
      }}></NavList>
      articleComp = <ArticleList boardData={boardData}
        onChangeMode={(no)=>{
          setMode('view');
          setNo(no); // ❷ 열람 중인 게시물의 번호 지정
        }
      }></ArticleList>
    }
    else if(mode==='view'){
      titleVar = '게시판-열람';
      navComp = <NavView onChangeMode={(pmode)=>{
        setMode(pmode);
      }}></NavView>
      for(let i=0 ; i<boardData.length ; i++){ // ❸ 열람을 위한 객체를 찾아 변수에 저장
        if(no===boardData[i].no){
          selectRow = boardData[i];
        }
      }
      // ❹ 프롭스를 통해 전달
      articleComp = <ArticleView selectRow={selectRow}></ArticleView>
    }
...생략...
```

❶ 게시물의 일련번호 no를 저장하기 위한 상태를 선언합니다. 첫 실행 시에는 선택된 게시물이 없으므로 null로 초기화합니다.

❷ ArticleList 컴포넌트에서 열람할 게시물을 클릭하면 일련번호 no가 전달됩니다. setMode 함수로 화면을 전환하고, setNo 함수로 열람 중인 게시물의 번호를 지정합니다.

❸ 열람을 위한 객체를 찾아 변수에 저장합니다. 데이터로 사용 중인 객체 배열을 반복하여 ❷에서 변경했던 no와 같은 객체를 찾습니다.

❹에서는 ❸에서 찾은 객체를 ArticleView 컴포넌트로 프롭스를 통해 전달됩니다.

02 다음은 ArticleView 컴포넌트 작성하겠습니다. 프롭스로 전달받은 데이터를 출력하는 정도만 추가하면 됩니다.

project01-board-array/src/components/article/ArticleView.jsx

```jsx
function ArticleView(props){
  return (
    <article>
      <table id="boardTable">
        <colgroup>
          <col width="30%" /><col width="*" />
        </colgroup>
        <tbody>
          <tr>
            <th>작성자</th>
            <td>{props.selectRow.writer}</td>{/* ❶ 프롭스로 전달받은 객체를 출력 */}
          </tr>
          <tr>
            <th>제목</th>
            <td>{props.selectRow.title}</td>
          </tr>
          <tr>
            <th>날짜</th>
            <td>{props.selectRow.date}</td>
          </tr>
          <tr>
            <th>내용1</th>
            <td>{props.selectRow.contents}</td>{/* ❷ 개행 처리 없이 출력 */}
          </tr>
          <tr>
            <th>내용2</th>
            <td>{
              {/* ❸ map 함수로 반복해서 개행 처리*/}
              props.selectRow.contents.split('/n').map((currVal)=>{
                return (<>
                  {currVal} <br key={Math.random()} />
                </>);
              })
            }</td>
          </tr>
          <tr>
            <th>내용3</th>
            <td style={{'whiteSpace':'pre-wrap'}}>{/* ❹ CSS를 통해 개행 처리 */}
              {props.selectRow.contents}
```

```
                </td>
            </tr>
        </tbody>
    </table>
  </article>
  );
}
export default ArticleView;
```

❶ 프롭스로 전달받은 객체를 출력합니다. 작성자, 제목, 날짜, 내용 모두 같은 방식을 사용하면 됩니다.

❷ 단, 내용의 경우 대부분 2줄 이상 입력하기 때문에 개행(줄바꿈) 처리를 해야 합니다. 내용1은 개행 처리 없이 출력합니다.

❸ 입력된 내용을 /n으로 split(분리) 한 후 배열로 반환되면, 이것을 map 함수로 반복합니다. 한 문장씩 출력하고 마지막 부분에
 태그를 추가해줍니다. 여기서는 난수를 통해 중복되지 않는 key prop을 지정하고 있습니다.

❹ 개행을 하는 두 번째 방법은 CSS 속성 중 whiteSpace를 사용하는 겁니다. 속성값으로 pre-wrap을 부여하면 됩니다.

지금은 작성 기능을 제작하기 전이므로 데이터의 내용 부분에 /n을 추가해서 확인하겠습니다.

▼ 실행 결과

```
{no:1, title:'오늘은 React공부하는날', writer:'낙짜쌤', date:'2025-01-01',
 contents:'React를 \n뽀개봅시당'},
```

게시판-열람

목록 수정 삭제

작성자	낙짜쌤
제목	오늘은 React공부하는날
날짜	2025-01-01
내용1	React를 뽀개봅시당
내용2	React를 뽀개봅시당
내용3	React를 뽀개봅시당

내용2와 내용3은 개행 처리가 잘된 것을 확인할 수 있습니다.

19.6 삭제 기능 추가하기

To do 01 이번에는 삭제 기능을 구현하겠습니다. 삭제할 때는 삭제 여부만 확인 후 실행하면 되므로 별도의 UI가 필요하지 않습니다. CRUD에서는 가장 간단한 작업입니다. 바로 작성하겠습니다.

```
project01-board-array/src/components/navigation/NavView.jsx
function NavView(props){
  return (
    <nav>
      <a href="/" onClick={function(event){
        event.preventDefault();
        props.onChangeMode('list');
      }}>목록</a> 
      <a href="/">수정</a>{" "}
      <a href="/" onClick={function(event){{/* ❶ 삭제 링크 정의 */}
        event.preventDefault();
        if(window.confirm('삭제할까요?')){
          props.onChangeMode('delete');
        }
      }}>삭제</a>
    </nav>
  )
}
export default NavView;
```

❶ 삭제 링크에 Confirm 함수로 삭제 여부를 확인합니다. Yes 라면 mode를 delete로 변경합니다.

삭제 링크의 코드를 보면, 열람 기능과는 달리 삭제할 게시물의 일련번호(no)를 별도로 전달하지 않고 있다는 점을 알 수 있습니다. 그런데도 특정 게시물을 삭제할 수 있는 이유는 무엇일까요? 바로 no값을 저장하는 상태 덕분입니다. 사용자가 목록에서 제목을 클릭하면 해당 게시물의 no값이 상태에 저장되고, 그 상태에서 열람 화면으로 전환됩니다. 따라서 열람 중이라면 어떤 게시물을 보고 있는지 이미 알고 있으므로, 삭제 시 no값을 별도로 전달하지 않아도 됩니다. 예를 들어 첫 번째 게시물을 열람 중이라면, React 개발자 도구(Components 탭)에서 다음과 같이 no값이 상태로 저장되어 있습니다.

```
hooks
▶ 1 State: [{...}, {...}, {...}]
  2 State: "view"
  3 State: 1
  4 State: 4
```

02 그럼 삭제 코드를 구현하겠습니다.

```
                                            project01-board-array/src/App.jsx
...생략...

  if(mode==='list'){
    ...목록생략...
  }
  else if(mode==='view'){
    ...열람생략...
  }
  else if(mode==='write'){
    ...작성생략...
  }
  else if(mode==='delete'){
    let newBoardData = []; // ❶ 삭제를 위한 빈 배열 생성
    for(let i=0 ; i<boardData.length ; i++){ // ❷ 게시물 개수만큼 반복
      if(no !== boardData[i].no){ //❸ 삭제할 게시물이 아닌 것만 배열에 추가
        newBoardData.push(boardData[i]);
      }
    }
    setBoardData(newBoardData); // ❹ 앞에서 만든 배열로 상태 변경
    setMode('list'); // ❺ 목록으로 화면 전환
  }

...생략...
```

❶ 삭제를 위해 새로운 빈 배열을 생성합니다.

❷ 게시물 개수만큼 반복합니다.

❸ 삭제하려는 게시물을 제외한 나머지를 새로운 배열에 추가합니다. 즉 newBoardData에는 삭제할 게시물이 포함되지 않습니다.

❹ 새로운 배열 newBoardData로 상태를 변경합니다.

❺ 목록으로 화면을 전환합니다.

작성을 마쳤으면 삭제되는지 확인해보시기 바랍니다.

▼ 실행 결과

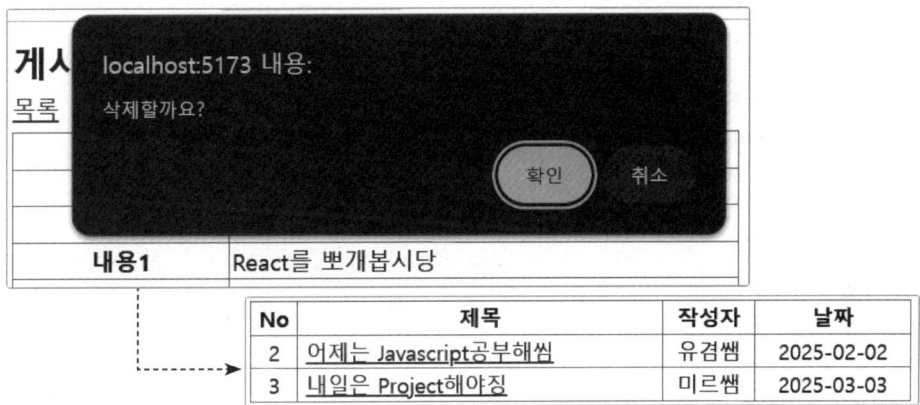

19.7 수정 기능 추가하기

이제 게시판 제작의 마지막 단계인 수정 기능을 구현하겠습니다. 수정 작업은 단순해보일 수 있지만, 실제로는 두 가지의 과정을 거쳐야 하기 때문에 CRUD 중 가장 복잡한 기능이라 할 수 있습니다.

1 **수정할 게시글 불러오기** : 먼저 기존 게시글의 데이터를 읽어와서 수정 폼에 미리 채워넣어야 합니다.
2 **수정 내용 적용하기** : 사용자가 입력한 수정 내용을 기존 게시글에 반영해야 합니다.

이런 이유로 수정 기능은 두 단계로 나누어 구현하는 것이 효율적입니다. 지금부터 하나씩 만들겠습니다.

19.7.1 수정 1단계 : 수정 폼에 내용 불러오기

To do **01** 작성에 앞서 기존의 NavWrite와 ArticleWrite 컴포넌트를 복사해서 이름을 변경해주세요. '쓰기'를 '수정'으로 변경하는 것이므로 Write를 Edit로 변경하면 됩니다.

- NavWrite > NavEdit
- ArticleWrite > ArticleEdit

02 NavView 컴포넌트에 수정을 위한 링크를 추가하겠습니다.

```jsx
// project01-board-array/src/components/navigation/NavView.jsx
function NavView(props){
  return (
    <nav>
      ...목록링크생략...
      <a href="/" onClick={function(event){ // ❶ 수정 링크 추가
        event.preventDefault();
        props.onChangeMode('edit');
      }}>수정</a>{" "}
      ...삭제링크생략...
    )
}
export default NavView;
```

❶ 수정 링크를 추가합니다.

03 수정 폼의 내비게이션을 작성합니다.

```jsx
// project01-board-array/src/components/navigation/NavEdit.jsx
function NavEdit(props){
  return (
    <nav>
      <a href="/" onClick={function(event){ // ❶ '뒤로' 링크 정의
        event.preventDefault();
        props.onBack();
      }}>뒤로</a>
      {" "}
      <a href="/" onClick={function(event){ // ❷ '목록' 링크 정의
        event.preventDefault();
        props.onChangeMode();
      }}>목록</a>
    </nav>
  )
}
export default NavEdit;
```

❶ '뒤로' 링크는 바로 이전 페이지로 전환하므로 열람 페이지로 전환합니다. 열람 페이지에서 수정 링크를 클릭하기 때문입니다.

❷ '목록'으로 이동하기 위한 함수를 호출합니다.

04 그럼 수정 폼을 작성하겠습니다.

```
                                    project01-board-array/src/components/article/ArticleEdit.jsx
function ArticleEdit(props){
  return (
    <article>
      <form onSubmit={(event)=>{{/* ❶ 이벤트 핸들러 추가 */}
        event.preventDefault();
        let title = event.target.title.value;{/* ❷ 폼값 읽어오기 */}
        let writer = event.target.writer.value;
        let contents = event.target.contents.value;
        props.editAction(title, writer, contents);{/* ❸ 게시물 수정 처리 */}
      }}>
        <table id="boardTable">
          <tbody>
            <tr>
              <th>작성자</th>
              <td><input type='text' name="writer" value={props.selectRow.writer}
/></td>{/* ❹ 수정 내용 설정 */}
            </tr>
            <tr>
              <th>제목</th>
              <td><input type='text' name="title" value={props.selectRow.title}
/></td>{/* ❹ 수정 내용 설정 */}
            </tr>
            <tr>
              <th>내용</th>
              <td><textarea name="contents" cols='22' rows='3'
                {/* ❺ <textarea> 태그에도 value 속성에 값 설정 */}
                value={props.selectRow.contents}></textarea></td>
            </tr>
          </tbody>
        </table>
        <input type="submit" value="수정하기"></input>{/* ❻ 수정 처리 버튼 */}
      </form>
    </article>
```

```
  );
}
export default ArticleEdit;
```

❶ 폼값 처리를 위한 submit 이벤트 핸들러를 추가합니다.

❷ event 객체의 target 속성으로 전송된 폼값을 가져와서 변수에 저장합니다.

❸ 게시물 수정을 위한 함수를 호출합니다.

❹ 수정할 게시물 객체는 App 컴포넌트에서 프롭스로 전달해줍니다. 프롭스로 받은 객체를 〈input〉 태그의 value 속성으로 설정합니다.

❺ 조금 특이한 부분은 〈textarea〉 태그인데요, HTML에서는 태그 사이에 값을 설정합니다. 하지만 JSX에서는 〈input〉 태그와 마찬가지로 value 속성을 사용해서 값을 설정하면 됩니다.

❻ 수정 폼이므로 '수정하기'로 텍스트를 수정해주세요.

05 App 컴포넌트에서는 수정할 게시물을 찾은 후 ArticleEdit 컴포넌트로 전달하면 됩니다. 코드를 추가하겠습니다.

```
                                                             project01-board-array/src/App.jsx
import { useState } from 'react'

import NavList from './components/navigation/NavList'
import NavView from './components/navigation/NavView'
import NavWrite from './components/navigation/NavWrite'
import NavEdit from './components/navigation/NavEdit' // ❶ 수정 컴포넌트 추가
import ArticleList from './components/article/ArticleList'
import ArticleView from './components/article/ArticleView'
import ArticleWrite from './components/article/ArticleWrite'
import ArticleEdit from './components/article/ArticleEdit' // ❶ 수정 컴포넌트 추가

...생략...
  else if(mode==='delete'){
    ...삭제생략
  }
  else if(mode==='edit'){ // ❷ 수정에서 처리할 내용
    titleVar = '게시판-수정';
    navComp = <NavEdit
```

```
    onChangeMode={()=>{
      setMode('list'); // ❸ 목록으로 전환
    }}
    onBack={()=>{ // ❹ 열람으로 전환
      setMode('view');
    }
  }></NavEdit>

  for(let i=0 ; i<boardData.length ; i++){ // ❺ 수정할 게시물 찾기
    if(no===boardData[i].no){
      selectRow = boardData[i];
    }
  }
  // ❻ 수정할 게시물 전달
  articleComp = <ArticleEdit selectRow={selectRow}></ArticleEdit>;
}
...생략...
```

❶ 수정에서 추가된 내비게이션 컴포넌트를 임포트합니다.

❷ 수정에서 처리할 내용을 추가하기 위한 블록입니다.

❸ 목록으로 전환하기 위한 함수입니다.

❹ 열람으로 전환하기 위한 함수입니다.

❺ boardData로 반복해서 수정할 게시물을 찾은 후 selectRow에 저장합니다.

❻ selectRow값을 프롭스를 통해 ArticleEdit 컴포넌트로 전달합니다.

06 그럼 결과를 확인하겠습니다. 열람 페이지에서 [수정하기] 버튼을 눌러보세요.

▼ 실행 결과

기존 게시글의 내용을 불러와 수정 폼에 적용했습니다. 그런데 직접 수정하려고 해도 입력값이 변경되지 않는 문제가 발생합니다. 또한 콘솔을 확인하면, 다음과 같은 에러 메시지가 출력되는 것을 확인할 수 있습니다.

```
▶You provided a `value` prop to a ArticleEdit.jsx?t=1745118600755:38
form field without an `onChange` handler. This will render a read-only
field. If the field should be mutable use `defaultValue`. Otherwise,
set either `onChange` or `readOnly`.
```

에러 메시지를 직역하면, value 속성을 지정했지만 onChange 핸들러가 없기 때문에 해당 입력창이 읽기 전용(read-only)으로 처리된다는 의미입니다. 만약 사용자가 값을 수정할 수 있어야 한다면, onChange 핸들러를 반드시 추가해야 합니다.

이렇게 되는 이유는 프롭스 자체가 처음부터 읽기 전용 데이터이기 때문입니다. 즉, 부모 컴포넌트로부터 전달받은 데이터를 자식 컴포넌트 내부에서 직접 수정할 수는 없습니다. 왜냐하면 자식에서 프롭스를 수정하더라도, 부모 컴포넌트는 그 변화를 감지할 수 없기 때문입니다.

그럼 이 문제는 어떻게 해결해야 할까요? 2단계에서 자세히 알아보겠습니다.

19.7.2 수정 2단계 : 수정 처리하기

props는 읽기 전용이기 때문에, 직접 수정할 수 없습니다. 따라서 수정하려면 새로운 state를 생성한 뒤, 그 안에 props값을 복사해서 저장해야 합니다. 이후 각 입력 요소에 onChange 이벤트 핸들러를 추가하고, 해당 이벤트가 발생할 때마다 setXXX() 함수를 호출하여 상태 값을 업데이트하도록 구성합니다. 이렇게 하면 사용자가 입력값을 변경할 때마다 상태가 바뀌고, 변경된 값이 화면에 반영됩니다.

To do 01 그럼 ArticleEdit 컴포넌트를 수정하겠습니다.

```
project01-board-array/src/components/article/ArticleEdit.jsx

import { useState } from "react"; // ❶ 훅 임포트

function ArticleEdit(props){
    // ❷ 제목, 작성자, 내용에 대해 상태 생성
    const [title, setTitle] = useState(props.selectRow.title);
    const [writer, setWriter] = useState(props.selectRow.writer);
```

```
const [contents, setContents] = useState(props.selectRow.contents);
return (
  <article>
    <form onSubmit={(event)=>{ // ❸ 폼값 처리
      event.preventDefault();
      let title = event.target.title.value;
      let writer = event.target.writer.value;
      let contents = event.target.contents.value;
      props.editAction(title, writer, contents);
    }}>
      <table id="boardTable">
        <tbody>
        <tr>
          <th>작성자</th>
          // ❹ 상태로 value 속성값 지정
          <td><input type='text' name="writer" value={writer}
            onChange={(event)=>{ // ❺ onChange 이벤트 핸들러에서 값 변경
              setWriter(event.target.value);
            }}/></td>
        </tr>
        <tr>
          <th>제목</th> // ❻ 위와 같은 방식으로 구현
          <td><input type='text' name="title" value={title}
            onChange={(event)=>{
              setTitle(event.target.value);
            }}/></td>
        </tr>
        <tr>
          <th>내용</th> // ❻ 위와 같은 방식으로 구현
          <td><textarea name="contents" cols='22' rows='3' value={contents}
            onChange={(event)=>{
              setContents(event.target.value);
            }}></textarea></td>
        </tr>
        </tbody>
      </table>
      <input type="submit" value="수정하기"></input>
    </form>
  </article>
```

```
  );
}
export default ArticleEdit;
```

❶ useState 훅을 사용하기 위해 임포트합니다.

❷ 제목, 작성자, 내용 세 가지 항목을 처리하기 위한 상태를 생성하고, 프롭스로 전달받은 값을 항목별로 저장합니다.

❸ 폼값 처리 부분은 변경된 내용이 없습니다.

❹ 기존 프롭스로 설정된 것을 상태에 저장된 값으로 대체합니다.

❺ 입력된 값을 변경하기 위해 onChange 이벤트 핸들러를 추가합니다. 값의 변화가 감지될 때마다 setXXX 함수를 호출해서 내용을 수정할 수 있습니다.

❻ 제목과 내용도 같은 방식으로 구현합니다.

수정 폼을 다시 한번 확인하겠습니다. 이제는 기존의 내용이 수정되는 걸 볼 수 있습니다.

▼ 실행 확인

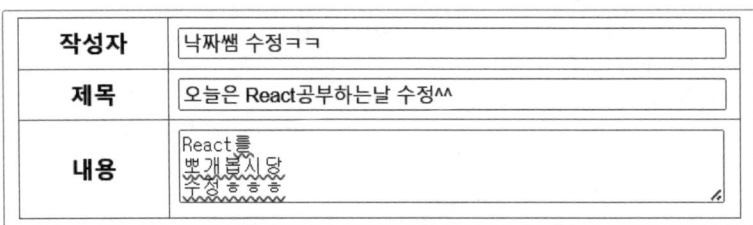

02 이제 입력된 내용을 수정할 수 있으니 실제 내용을 수정할 수 있도록 코드를 추가하겠습니다.

```
                                          project01-board-array/src/App.jsx
  ...생략...
    else if(mode==='delete'){
      ...삭제생략...
    }
    else if(mode==='edit'){
      ...수정상단생략...
      articleComp = <ArticleEdit selectRow={selectRow}
        editAction={(t, w, c)=>{  // ❶ 수정 처리
```

```
            let editBoardData = {no:no, title:t, writer:w, contents:c,
date:selectRow.date}; // ❷ 수정용 객체 생성
            let copyBoardData = [...boardData]; // ❸ 복사본 배열 생성
            for(let i=0 ; i<copyBoardData.length ; i++){
              if(copyBoardData[i].no===no){ // ❹ 배열 내부에서 수정할 객체 찾기
                copyBoardData[i] = editBoardData; // ❺ 객체 변경
                break;
              }
            }
            setBoardData(copyBoardData); // ❻ 변경된 내용으로 상태 변경
            setMode('view'); // ❼ 열람 화면으로 전환
          }}
        ></ArticleEdit>;
    }
    ...생략...
```

❶ 수정 처리를 위해 전송된 폼값을 매개변수로 받습니다.

❷ 수정을 위한 새로운 객체를 생성합니다.

❸ boardData의 복사본 배열을 생성합니다.

❹ 복사본 배열을 순회하면서 no가 일치하는 객체, 즉 수정할 객체를 찾습니다.

❺ 해당 객체를 새로운 객체로 변경합니다. 변경이 완료되면 수정이 된 것이므로 즉시 반복문을 탈출합니다.

❻ 변경된 배열을 setBoardData를 통해 상태로 업데이트합니다. 이로 인해 컴포넌트가 리렌더링되며 수정된 내용이 반영됩니다.

❼ 수정 작업이 완료되었으므로 화면 모드를 'view'로 전환하여, 다시 열람 페이지를 표시합니다.

이제 코딩이 완료되었습니다.

학습 마무리

게시판을 구현할 때 가장 중요한 것은 데이터를 어떻게 구조화하고, 그것을 컴포넌트에 어떻게 전달하고 조작하는지 입니다. 객체형 배열을 활용하면 각 게시글을 하나의 객체로 다룰 수 있어 관리가 훨씬 효율적입니다. 또한 useState를 통해 게시글 배열을 상태로 관리하고, 글쓰기, 수정, 삭제 같은 사용자 동작에 따라 배열을 업데이트하면서 리액트의 상태 기반 렌더링 개념을 실습해볼 수 있습니다.

입력 폼을 구성하고 onChange, onClick 이벤트를 적절히 활용하면 사용자의 입력을 반영하고 이를 화면에 즉시 보여주는 인터랙티브한 애플리케이션을 만들 수 있습니다. 이번 프로젝트를 통해 컴포넌트 분리, 프롭스 전달, 이벤트 처리 등 실제 리액트 프로젝트에서 꼭 필요한 기술들을 직접 구현해보며 기초를 다질 수 있었습니다.

핵심 키워드

1. **useState** : 컴포넌트 내부에서 상태를 선언하고 관리하는 훅입니다. 게시글 목록이나 폼의 입력값을 저장하는 데 사용했습니다.
2. **상태 관리** : 사용자의 입력이나 동작에 따라 데이터를 실시간으로 업데이트하고 화면에 반영하는 과정을 말합니다.
3. **컴포넌트 모듈화** : 게시글 목록, 입력 폼, 버튼 등을 독립된 컴포넌트로 분리하면 유지보수와 재사용이 쉬워집니다.
4. **프롭스 전달** : 부모 컴포넌트에서 자식 컴포넌트로 데이터를 전달하는 방식입니다. 게시글 데이터나 이벤트 핸들러를 전달할 때 사용됩니다.
5. **이벤트 핸들링** : 버튼 클릭이나 입력값 변경과 같은 사용자 동작을 처리하는 방식으로 onChange, onClick 등이 있습니다.
6. **폼값 처리** : 사용자가 입력한 제목, 작성자, 내용 등을 상태에 저장하고 게시글 데이터로 반영하는 과정입니다.
7. **CRUD 구현** : Create(추가), Read(조회), Update(수정), Delete(삭제) 기능을 모두 구현하는 개발 방식입니다.

연습문제

1 useState 훅의 주된 목적은 무엇인가요?

2 게시판 데이터를 [{no, title, writer, date, contents}] 형태의 배열로 구성하는 이유는 무엇인가요?

3 다음 코드에서 onClick 이벤트가 실행되는 시점은 언제인가요?

```
<button onClick={handleSubmit}>제출</button>
```

❶ 컴포넌트가 렌더링될 때

❷ 버튼이 화면에 보일 때

❸ 사용자가 버튼을 클릭할 때

❹ handleSubmit 함수가 정의될 때

4 컴포넌트 모듈화를 통해 얻을 수 있는 장점으로 적절하지 않은 것은 무엇인가요?

❶ 코드 재사용이 쉬워진다.

❷ 유지보수가 용이하다.

❸ 상태 관리가 불가능해진다.

❹ 각 기능을 명확히 분리할 수 있다.

연습문제

5 다음 중 프롭스(props)를 사용할 때의 특징으로 올바른 것은 무엇인가요?

　❶ 자식 컴포넌트가 부모 컴포넌트의 상태를 직접 수정할 수 있다.

　❷ props는 변경 가능한 값이다.

　❸ props는 부모가 자식에게 데이터를 전달할 때 사용된다.

　❹ props는 전역 상태 관리를 위한 도구이다.

1 **정답** 컴포넌트 내부 상태를 저장하고 관리하는 데 사용합니다.
2 **정답** 각 게시글을 하나의 객체로 관리하면 데이터 구조가 명확해지고, 추가/수정/삭제와 같은 동작을 효율적으로 처리할 수 있기 때문입니다.
3 **정답** ❸
4 **정답** ❸
5 **정답** ❸

Chapter 20

게시판 제작 2 (REST API 사용)

학습 목표

이번 프로젝트에서는 외부 서버에서 제공하는 API를 활용하여 실제 환경에서 동작하는 게시판을 만들어봅니다. 앞선 장들에서는 배열이나 JSON 파일 등 내부 데이터를 기반으로 기능을 구현했지만, 이번에는 외부 API를 통해 게시글의 목록을 불러오고, 작성, 수정, 삭제 및 개별 게시글을 조회하는 기능까지 포함한 완전한 게시판을 제작하겠습니다.

이 과정에서는 앞에서 학습한 컴포넌트의 상태 관리, 라우팅 처리, 생명주기 관리 및 비동기 통신 등 리액트 주요 개념을 실제 상황에 적용해봅니다. 이를 통해 실무에서 사용되는 웹 서비스의 구조를 이해하고, 실제 API와의 통신을 통해 사용자와 상호작용하는 애플리케이션을 구성하는 경험을 하게 될 겁니다.

핵심 키워드

외부 REST API fetch useEffect useState react-router-dom

학습 코스

프로젝트 생성하기 → API Key 발급하기 → 목록 기능 구현하기 → 작성 기능 구현하기 → 열람 기능 구현하기 → 수정 기능 구현하기 → 삭제 기능 구현하기

20.1 프로젝트 생성하기

앞 장에서는 객체형 배열을 활용하여 게시글을 저장하고 관리하는 간단한 게시판 애플리케이션을 만들었습니다. 이 장에서는 한 단계 더 나아가, 외부 서버에서 제공하는 API를 활용하여 데이터를 주고받는 게시판을 제작하겠습니다.

앞서 만든 첫 번째 게시판은 중요한 한계가 있습니다. 데이터를 브라우저의 메모리에만 저장하기 때문에, 새로고침을 하면 모든 내용이 사라집니다. 그렇다면 로컬 스토리지를 사용하면 되지 않겠냐고 생각할 수도 있습니다. 하지만 로컬 스토리지는 해당 사용자 브라우저에만 데이터를 저장하기 때문에, 다른 사용자와 데이터를 공유할 수 없다는 또 다른 한계가 있습니다.

실제 웹 서비스에서는 데이터를 브라우저 내부에만 저장하지 않고, 서버에 안전하게 보관한 뒤 필요할 때마다 통신을 통해 불러와 사용합니다. 이번 프로젝트에서는 이런 실제 환경과 같은 방식으로 서버와 연동되는 게시판을 만들겠습니다.

진행 절차

- 비트로 리액트 프로젝트 생성
- 프로젝트 폴더로 이동한 후 의존성 설치
- react-router-dom 설치
- 프로젝트 실행 및 기본형 만들기
- **main.jsx** : 〈BrowserRouter〉 컴포넌트로 〈App /〉 감싸기

20.1.1 애플리케이션의 골격 만들기

웹 서비스를 운영하다 보면 사용자가 잘못된 주소를 입력하거나 존재하지 않는 경로로 접근하여 404 에러가 발생하는 경우가 자주 있습니다. 이런 상황에서 단순한 브라우저 기본 에러 메시지 대신, 사용자에게 현재 상황을 이해할 수 있도록 안내하는 커스텀 페이지를 제공하는 것이 바람직합니다. 이는 사용자 경험을 개선하고, 사이트의 완성도를 높이며, 사용자가 다시 정상적인 흐름으로 돌아갈 수 있도록 유도하는 데 도움이 됩니다.

To do 01 프로젝트를 생성합니다.

- **프로젝트명** : project02-board-api

02 이와 같은 이유로 잘못된 경로에 대한 대응을 위해 NotFound 컴포넌트를 제작하겠습니다.

ReactStudy\project02-board-api\src\components\common\NotFound.jsx

```jsx
import { Link } from 'react-router-dom';

function NotFound() {
  return (<>
    <h2>Not Found</h2>
    <p>
      페이지를 찾을 수 없습니다. ㅜㅜ <br/>
      <Link to="/list">목록바로가기</Link> // ❶ 목록 바로가기 링크
    </p>
  </>);
}

export default NotFound;
```

❶ 잘못된 경로로 진입한 상태이므로 애플리케이션의 첫 화면인 목록으로 돌아가기 위한 링크를 제공합니다.

만약 잘못된 URL로 접근을 시도한다면 다음과 같은 화면이 보일 겁니다.

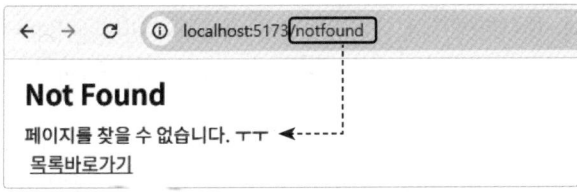

03 게시판에 적용할 스타일입니다. 이 부분은 깃허브에서 내려받아 사용하시기 바랍니다.

- **스타일 내려받기** : https://bit.ly/4npKprD

ReactStudy\project02-board-api\src\index.css

```css
*{margin:5px;}
input,textarea { width:95%; }
input[type=submit] { width:100px; }
#boardTable{
    border: 1px solid gray; border-collapse: collapse; width: 600px;
}
#boardTable tr{
    text-align: center;
}
#boardTable th, td{
    border: 1px solid gray;
}
#boardTable td{
  text-align: left;
}
#boardTable td.cen{
  text-align: center;
}
#boardTable td.subject{
    text-align: left;
}
```

04 이제 App 컴포넌트를 작성하겠습니다. 게시판의 전체 페이지에 대한 라우팅을 먼저 설정해두고, 각 기능을 하나씩 구현해나가며 주석을 순차적으로 해제하는 방식으로 개발을 진행하면 됩니다. 구현 순서는 목록 → 작성 → 열람 → 수정 → 삭제 순으로 진행합니다.

ReactStudy\project02-board-api\src\App.jsx

```jsx
import { Routes, Route } from 'react-router-dom';

//import List from './components/board/List'; // ❶ 컴포넌트 임포트
//import Write from './components/board/Write';
//import View from './components/board/View';
//import Edit from './components/board/Edit';
import NotFound from './components/common/NotFound'; // ❷ NotFound 컴포넌트 임포트

function App() {
  return (<>
    <Routes> // ❸ 라우팅 처리 시작
```

```
      {/* <Route path='/' element={<List />} /> */}
      {/* <Route path='/list' element={<List />} /> */}
      {/* <Route path='/write' element={<Write />} /> */}
      {/* <Route path='/view'> // ❹ 열람 페이지 라우팅 처리
        <Route path=":idx" element={<View />} />
      </Route> */}
      {/* <Route path='/edit/:idx' element={<Edit />} /> // ❺ 수정 페이지 라우팅 처리 */}
      <Route path='*' element={<NotFound />} />
    </Routes>
  </>);
}

export default App;
```

❶ 게시판에 관련된 컴포넌트를 임포트합니다.

❷ 잘못된 URL에 대한 대응을 위한 NotFound 컴포넌트를 임포트합니다.

❸ 라우팅 처리를 시작합니다.

❹ 열람 페이지는 중첩 라우트Nested Route를 이용하여 :idx값에 따라 다른 게시글을 표시합니다. 이때 useParams() 훅을 사용해 URL 파라미터 값을 받아옵니다. 이 경우 중첩 구조를 통해 view 관련 라우팅을 그룹화할 수 있습니다.

❺ 수정 페이지는 최상위 동적 라우트를 이용해서 구현했습니다. 중첩 구조가 필요 없는 단순한 경로일 때 수로 사용됩니다.

열람과 수정 페이지는 라우팅 처리 방식은 다르지만, URL 파라미터를 받아오는 방식은 같습니다.

NotFound 컴포넌트를 제외한 나머지 부분은 주석으로 처리해둔 상태이므로, 아직까지는 화면을 확인할 수 없습니다. List 컴포넌트를 작성한 후 확인하겠습니다.

20.2 API Key 발급하기

API를 제공하는 웹사이트는 저자가 직접 운영하고 있습니다. 처음에는 별도의 등록 절차 없이 누구나 자유롭게 이용할 수 있도록 열어두었지만, 운영하다 보니 스팸성 게시물이 과도하게 등록되어 정상적인 운영에 어려움이 생겼습니다. 이런 문제를 해결하기 위해 최소한의 인증 절차를 통해 API Key를 발급하는 방식을 도입하게 되었습니다.

발급 절차는 매우 간단하며, 아래 URL로 접속하면 바로 신청 페이지를 확인할 수 있습니다.

- **API Key 발급 신청** : http://nakja.co.kr

To do **01** 홈페이지에 접속하면 API Key 발급 신청 페이지가 자동으로 열립니다. 간단한 정보(아이디, 이름, 이메일)를 입력한 후 [Key 발급하기] 버튼을 클릭하면 바로 Key가 생성됩니다. 아이디는 영문 소문자와 대문자, 숫자만 입력할 수 있으며, 한글이나 특수기호는 허용되지 않습니다. 또한 이메일도 형식에 맞아야 검증에 통과할 수 있습니다.

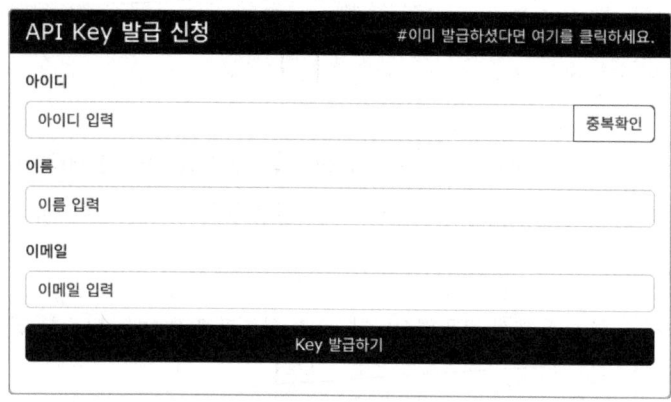

그러면 다음과 같이 API Key가 발급됩니다.

02 발급된 Key는 별도로 안전한 곳에 보관해두는 것이 좋습니다. 만약 분실하셨다면 다음과 같이 페이지 상단의 [여기] 부분을 클릭해주세요.

그러면 다음 페이지로 이동합니다.

03 기존 정보를 입력한 후 [확인]을 눌러 Key값을 확인할 수 있습니다.

이제 다음 절부터는 본격적으로 게시판 기능을 구현하겠습니다.

20.3 목록 기능 구현하기

이제부터 게시판의 기능을 하나씩 구현하겠습니다. 목록, 작성, 열람, 수정, 삭제 순으로 진행할 예정이며, 이번 절에서는 먼저 게시글 목록을 가져오는 기능을 구현하겠습니다. 본격적인 예제 구현에 앞서, 사용할 API의 명세를 먼저 확인하겠습니다.

- **요청 URL** : http://nakja.co.kr/APIs/php7/boardListJSON.php
- **전송 방식** : GET

▼ 게시판 목록 API 명세

파라미터	설명	필수 여부
tname	게시판 구분을 위한 값으로 'board_apis'를 사용합니다.	필수
apikey	2절에서 발급받은 API Key를 입력합니다.	필수
page	페이지 번호입니다. 기본값은 1입니다.	선택
keyfield	검색할 컬럼명입니다. subject(제목), id(아이디), name(작성자)을 사용할 수 있습니다.	선택
keystring	검색어를 입력합니다. 단, keyfield와 함께 사용해야 합니다.	선택

위 명세를 통해 완성된 요청 URL은 다음과 같습니다.

필수사항	http://nakja.co.kr/APIs/php7/boardListJSON.php?tname=board_apis&apikey=본인의 APIKey
페이지 번호 추가	http://nakja.co.kr/APIs/php7/boardListJSON.php?tname=board_apis&apikey=본인의 APIKey&page=2
검색 기능 추가	http://nakja.co.kr/APIs/php7/boardListJSON.php?tname=board_apis&apikey=본인의 APIKey&keyfield=컬럼명&keystring=검색어

> API를 요청할 때 필수 파라미터가 없으면 다음과 같이 에러페이지가 표시됩니다. 따라서 API 명세에 있는 필수 사항을 모두 확인 후 요청해야 합니다.

정상적인 요청은 다음과 같습니다. (API 키는 본인이 발급받은 것으로 사용해주세요)

▼ 응답 JSON 형식

```
[
  {"idx":"9999", "subject":"99번째 게시글입니다", "name":"낙자쌤",
"regdate":"2025-05-05  01:20:41", "email":"nakjasabal@naver.com",
"ipaddr":"111.222.333.444","pass":"m434A@L7"},
   객체반복..
]
```

To do **01** 목록에 대한 API 명세를 확인했으니 코드를 작성하겠습니다.

ReactStudy\project02-board-api\src\components\board\List.jsx

```
import { Link } from 'react-router-dom';
import {useState, useEffect} from 'react';

function List() {
  const [boardData, setBoardData] = useState([]); // ❶ 게시판 데이터 저장을 위한 상태
  let requestUrl = "http://nakja.co.kr/APIs/php7/boardListJSON.php"; // ❷ 요청
URL과 파라미터 정의
  let parameter = "tname=board_apis";
  parameter += "&apikey=본인의APIKcy";

  useEffect(function(){ // ❸ API 서버에 데이터 요청. 응답받은 데이터를 통해 상태 변경
    fetch(requestUrl +"?"+ parameter)
      .then((result)=>{
        return result.json();
      })
      .then((json)=>{
        console.log(json);
        setBoardData(json);
      });
  }, []);
```

```
    let lists = boardData.map((row) => { // ❹ 게시글 목록을 반복 출력
      let date = row.regdate.substring(0,10);
      let subject = row.subject.substring(0,20);
      return (
        <tr key={row.idx}> // ❺ 게시글의 고유 번호로 고유한 key값 지정
          <td className="cen">{row.idx}</td>
          <td><Link to={"/view/"+row.idx}>{subject}</Link></td> // ❻ 열람을 위한 링크
          <td className="cen">{row.name}</td>
          <td className="cen">{date}</td>
        </tr>
      );
    });

    return (<> // ❼ 목록 화면 구성
      <header>
        <h2>게시판-목록</h2>
      </header>
      <nav>
        <Link to="/write">글쓰기</Link>
      </nav>
      <article>
        <table id="boardTable">
          <thead>
            <tr>
              <th>No</th><th>제목</th><th>작성자</th><th>날짜</th>
            </tr>
          </thead>
          <tbody>
            {lists} // ❽ 게시글 출력
          </tbody>
        </table>
      </article>
    </>);
}

export default List;
```

❶ 게시판 목록 데이터를 저장할 상태 변수 boardData를 선언합니다. 초깃값은 빈 배열이며, 이

후 API 요청을 통해 받아온 데이터가 이 변수에 저장됩니다.

❷ API 서버에 요청을 보내기 위한 URL과 파라미터를 정의합니다. apikey 항목에는 앞서 발급받은 본인의 API 키를 입력해주세요.

❸ 컴포넌트가 처음 렌더링된 이후 useEffect() 훅을 이용해 API 서버에 데이터를 요청합니다. 응답으로 받은 JSON 배열을 boardData에 저장하면 자동으로 화면이 다시 렌더링되며 목록이 출력됩니다.

❹ map() 함수를 활용해 게시글 목록을 반복 출력합니다. 출력 시 날짜는 10자, 제목은 20자까지만 잘라서 간결하게 표시합니다.

❺ 반복 출력되는 〈tr〉 태그에는 고유한 key값을 지정해야 하므로, 각 게시글의 고유 번호인 idx를 키로 사용합니다.

❻ 각 게시글의 제목은 〈Link〉 컴포넌트를 사용하여 열람 페이지로 이동할 수 있도록 구성합니다. 주소는 "/view/일련번호" 형식이며, 해당 번호는 View 컴포넌트에서 useParams() 훅을 통해 확인할 수 있습니다.

❼ 화면 구성 부분입니다. 상단에는 제목과 함께 글쓰기 링크가 있으며, 아래에는 게시글 목록을 출력하는 테이블이 배치되어 있습니다.

❽ 앞서 map() 함수로 생성한 게시글 목록 배열 lists를 이 위치에 출력합니다.

02 App.jsx에서 List 컴포넌트의 주석을 해제한 후 실행 결과를 확인하겠습니다. 만약 실행 결과가 바로 보이지 않는다면, F5(새로고침)를 눌러 주면 됩니다.

http://localhost:5173/ 또는 http://localhost:5173/list로 접속해주세요.

▼ 실행 결과

목록에 표시되는 내용은 상황에 따라 달라질 수 있습니다. 작성과 열람은 아직까지 기능을 추가하기 전이므로 누르면 NotFound 페이지가 보일 겁니다.

20.4 작성 기능 구현하기

이번에는 작성 기능을 구현하겠습니다. API의 명세부터 확인하겠습니다.

- **요청 URL** : http://nakja.co.kr/APIs/php7/boardWriteJSON.php
- **전송 방식** : POST

▼ 게시판 작성 API 명세

파라미터	설명	필수 여부
tname	게시판 구분을 위한 값 : board_apis	필수
apikey	본인의 API Key 입력	필수
name	작성자 이름	필수
subject	제목	필수
content	내용	필수

작성에 성공 시 응답 JSON 형식은 다음과 같습니다.

```
{ result: 'success', lastIdx: 작성된 게시글의 idx값 }
```

To do 01 작성에 대한 API 명세를 확인했으니 코드를 작성하겠습니다.

```
                          ReactStudy\project02-board-api\src\components\board\Write.jsx
import { Link, useNavigate } from 'react-router-dom';

function Write() {
  const navigate = useNavigate(); // ❶ 화면 이동을 위한 훅

  return (<> // ❷ 작성을 위한 UI 구성
    <header>
      <h2>게시판-작성</h2>
```

```
      </header>
      <nav>
        <Link to="/list">목록</Link>
      </nav>
      <article>
      <form onSubmit={ // ❸ submit 이벤트 발생 시 폼값 처리
        (event)=>{
          event.preventDefault();
          fetch('http://nakja.co.kr/APIs/php7/boardWriteJSON.php', { // ❹ API 요청
            method: 'POST', // ❺ POST 방식으로 설정
            headers: {
              'Content-type':'application/x-www-form-urlencoded;charset=UTF-8',
            },
            body: new URLSearchParams({ // ❻ 폼값 전송을 위해 쿼리스트링 형식으로 구성
              tname: 'board_apis',
              name: event.target.writer.value,
              subject: event.target.title.value,
              content: event.target.contents.value,
              apikey: '본인의APIKey',
            }),
          })
          .then((response) => response.json())
          .then((json) => console.log(json));

          navigate("/list"); // ❼ 목록 페이지로 이동
        }
      }>
        <table id="boardTable"> // ❽ 게시글 작성을 위한 입력 폼 구성
          <tbody>
            <tr>
              <th>작성자</th>
              <td><input type="text" name="writer" /></td>
            </tr>
            <tr>
              <th>제목</th>
              <td><input type="text" name="title" /></td>
            </tr>
            <tr>
              <th>내용</th>
              <td><textarea name="contents" rows="3"></textarea></td>
```

```
        </tr>
      </tbody>
    </table>
    <input type="submit" value="작성" />
  </form>
  </article>
  </>);
}

export default Write;
```

❶ 화면 이동을 위해 useNavigate() 훅을 호출하여 navigate() 함수를 생성합니다. 글 작성이 완료된 후 목록 페이지로 이동할 때 사용됩니다.

❷ 이 컴포넌트는 게시글 작성을 위한 사용자 인터페이스를 구성합니다. 상단에는 제목과 목록으로 돌아가는 링크가 있으며, 하단에는 입력 폼이 위치합니다.

❸ 〈form〉 요소에 onSubmit 이벤트 핸들러를 지정하여 작성 버튼을 눌렀을 때 실행되도록 합니다. event.preventDefault()를 호출해 기본 동작(페이지 새로고침)을 막습니다.

❹ 게시글 작성 요청을 위해 API 서버의 URL을 사용해 fetch() 함수를 호출합니다.

❺ 전송 방식은 POST로 설정하며, 요청 헤더에는 Content-type을 application/x-www-form-urlencoded; charset=UTF-8로 지정합니다. 이는 일반적인 폼 데이터를 전송할 때 사용하는 방식입니다.

❻ 전송할 폼 데이터는 URLSearchParams 객체를 이용해 구성합니다. 사용자가 입력한 name, subject, content값을 **event.target.폼요소이름.value** 형태로 읽어와서 포함시키며, tname과 apikey도 함께 전송합니다.

> **URLSearchParams 객체란?**
> URLSearchParams는 쿼리스트링을 쉽게 생성하거나 파싱하는 자바스크립트 내장 객체입니다. 주로 application/x-www-form-urlencoded 형식으로 데이터를 전송할 때 유용하게 사용됩니다.
> 이 객체는 키값 형식으로 데이터를 받아 내부적으로 key1=value1&key2=value2와 같은 쿼리스트링을 자동으로 만들어줍니다. 복잡한 문자열 조작 없이 JSON 형식으로 작성하면 되므로 편리하게 사용할 수 있습니다.

❼ 게시글 작성이 완료된 후, navigate("/list")를 호출하여 목록 페이지로 자동 이동시킵니다.

❽ 게시글 작성을 위한 입력 폼은 테이블 형태로 구성되어 있으며, 작성자, 제목, 내용을 입력받습니다.

02 App.jsx에서 Write 컴포넌트의 주석을 해제한 후 실행 결과를 확인하겠습니다.

▼ 실행 결과

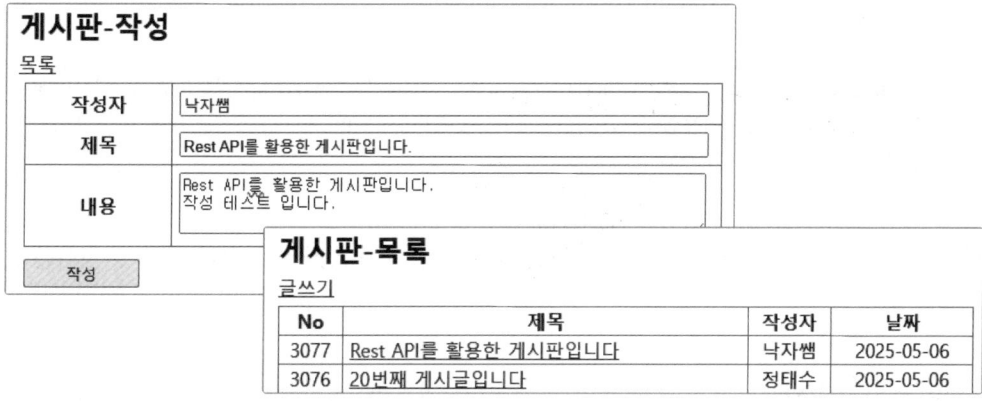

게시물이 등록되면 콘솔에서는 이와 같은 응답메시지를 볼 수 있습니다.

```
Write.jsx?t=1746495668025:55
▶ {result: 'success', lastIdx: 3079}
```

20.5 열람 기능 구현하기

이번에는 열람 기능을 구현하겠습니다.

- **요청 URL** : http://nakja.co.kr/APIs/php7/boardViewJSON.php
- **전송 방식** : GET

▼ 게시판 열람 API 명세

파라미터	설명	필수 여부
tname	게시판 구분을 위한 값 : board_apis	필수
apikey	본인의 API Key 입력	필수
idx	게시글의 일련번호	필수

▼ 응답 JSON 형식

{ "result":"ok","idx":"3077","name":"낙자쌤","tname":"board_apis","subject":"제목입니다. ","content":"내용입니다. ","regdate":"2025-05-05 11:11:59","ipaddr":"111.222.333.444","email":"nakjasabal@naver.com" }

애플리케이션의 골격 만들기의 App.jsx에서는 다음과 같이 중첩 라우트 형태로 라우팅 처리를 했습니다.

```
<Route path='/view'>
    <Route path=":idx" element={<View />} />
</Route>
```

view/123과 같이 요청되면 일련번호 123은 :idx에 저장됩니다. 이것을 useParams() 훅을 통해 읽어온 후 처리하게 됩니다.

To do 01 열람에 대한 API 명세를 확인했으니 코드를 작성하겠습니다.

ReactStudy\project02-board-api\src\components\board\View.jsx
```
import { useEffect, useState } from "react";
import { Link, useParams } from 'react-router-dom';

function View() {
  const params = useParams(); // ❶ 게시물의 일련번호를 읽기 위한 훅
  const [boardData, setBoardData] = useState({}); // ❷ 게시글 데이터 저장용 상태
  // ❸ API요청을 위한 URL 설정
  let requestUrl = "http://nakja.co.kr/APIs/php7/boardViewJSON.php";
  let parameter = "tname=board_apis&idx="+params.idx;
  parameter += "&apikey=본인의APIKey";
```

```
useEffect(function(){ // ❹ 첫 렌더링 후 API 요청
  fetch(requestUrl +"?"+ parameter)
    .then((result)=>{
      return result.json();
    })
    .then((json)=>{
      setBoardData(json);
    });
}, []);

return (<> // ❺ 열람 UI 구성
  <header>
    <h2>게시판-열람</h2>
  </header>
  <nav>
    <Link to="/list">목록</Link>  // ❻ 각 링크 구성
    <Link to={"/edit/"+params.idx}>수정</Link> 
    <Link onClick={() => {}}>삭제</Link>
  </nav>
  <article>
    <table id="boardTable">
      <colgroup>
        <col width="20%" /><col width="*" />
      </colgroup>
      <tbody>
        <tr>
          <th>작성자</th>
          <td>{boardData.name}</td>
        </tr>
        <tr>
          <th>작성일</th>
          <td>{boardData.regdate}</td>
        </tr>
        <tr>
          <th>제목</th>
          <td>{boardData.subject}</td>
        </tr>
        <tr>
          <th>내용</th>
```

```
                // ❼ 내용을 그대로 출력(마크업이 적용되지 않음)
                {/* <td>{boardData.content}</td> */}
                <td dangerouslySetInnerHTML={{__html: boardData.content}} 
style={{'whiteSpace':'pre-wrap'}}></td> // ❽ HTML의 마크업이 적용된 상태로 출력
            </tr>
          </tbody>
        </table>
      </article>
    </>
  );
}

export default View;
```

❶ 중첩 라우팅에서 :idx로 설정한 게시글의 일련번호를 읽기 위해 useParams() 훅을 사용합니다.

❷ API로부터 받아온 게시글 데이터를 저장할 상태를 생성합니다. 초깃값은 빈 객체입니다.

❸ API 요청을 위한 URL을 설정합니다. 게시글의 idx는 앞에서 얻은 params.idx를 통해 전달합니다.

❹ 컴포넌트가 처음 렌더링될 때 fetch()로 API를 호출해 데이터를 받아오고, 상태를 업데이트하여 화면에 출력합니다.

❺ 게시판 열람을 위한 UI를 구성합니다.

❻ 상단에는 목록, 게시글 수정, 삭제를 위한 링크를 제공합니다.

❼ 게시글 내용에 HTML 태그가 포함되어 있을 때 {boardData.content}와 같이 출력하면 HTML 태그가 그대로 노출되어 마크업이 적용되지 않습니다.

❽ HTML의 마크업이 적용된 상태로 출력하려면 dangerouslySetInnerHTML 속성을 사용해야 합니다. 또한 줄바꿈을 적용하려면 whiteSpace: pre-wrap 스타일을 함께 지정하면 됩니다.

> **React에서 HTML 태그의 마크업이 적용되지 않는 이유**
>
> React는 기본적으로 XSS(교차 사이트 스크립팅) 공격을 방지하기 위해 텍스트를 그대로 출력하는 방식으로 동작합니다. 이런 보안 설계 덕분에 외부 입력값에 악성 스크립트가 포함되어 있어도 자동으로 무력화되어 실행되지 않습니다.

하지만 의도적으로 HTML 마크업을 반영해 출력하고 싶을 때는 dangerouslySetInnerHTML 속성을 사용해야 합니다. 속성명에 dangerously(위험하게)라는 단어가 포함된 것은, 개발자가 신뢰할 수 있는 콘텐츠만 넣어야 함을 경고하기 위함입니다.

02 App.jsx에서 View 컴포넌트의 주석을 해제한 후 실행 결과를 확인하겠습니다. 새로운 글을 작성할 때 〈h2〉와 같은 태그를 추가해서 작성해보세요. 그리고 다음과 같이 열람하겠습니다.

▼ 실행 결과

내용의 첫 번째 줄은 〈h2〉 태그를 사용해서 작성했습니다. 마크업이 잘 적용되어 출력되었습니다. 코드의 ❼ 부분을 주석 해제 후 확인해보세요. 그러면 〈h2〉 태그가 그대로 화면에 출력될 겁니다.

▼ 실행 결과

이와 같이 HTML 태그를 마크업이 적용된 상태로 출력하려면 dangerouslySetInnerHTML 속성을 사용하면 됩니다.

20.6 수정 기능 구현하기

이번에는 수정 기능을 구현하겠습니다. 수정할 때는 2개의 API를 사용해야 합니다. 첫 번째는 기존에 작성된 게시글을 읽어와야 하고, 두 번째는 수정한 내용을 서버에 적용하는 겁니다. 따라서 다른 기능들에 비해 복잡하므로 더 신중하게 작성하기 바랍니다.

API의 명세는 다음과 같습니다.

- **요청 URL** : http://nakja.co.kr/APIs/php7/boardEditJSON.php
- **전송 방식** : POST

▼ 게시판 수정 API 명세

파라미터	설명	필수 여부
tname	게시판 구분을 위한 값 : board_apis	필수
apikey	본인의 API Key 입력	필수
name	작성자 이름	필수
subject	제목	필수
content	내용	필수
idx	수정할 게시글의 일련번호	필수

▼ 응답 JSON 형식

```
{ "result":"success" }
```

To do 01 수정 페이지로 이동하기 위한 링크는 View.jsx의 ❻번 항목에서 이미 작성했습니다. 클릭 시 게시물의 일련번호를 파라미터로 전달하게 됩니다.

ReactStudy\project02-board-api\src\components\board\Edit.jsx
```
import { Link, useNavigate, useParams } from 'react-router-dom';
import { useState, useEffect } from "react";

function Edit() {
  const navigate = useNavigate(); // ❶ 화면 이동, 파라미터 조회를 위한 훅
  const params = useParams();
  // ❷ API 호출을 위한 요청 URL
```

```
let requestUrl = "http://nakja.co.kr/APIs/php7/boardViewJSON.php";
let parameter = "tname=board_apis&idx="+params.idx;
parameter += "&apikey=본인의APIKey";

const [writer, setWriter] = useState(''); // ❸ 수정 폼의 입력값 변경을 위한 상태
const [title, setTitle] = useState('');
const [contents, setContents] = useState('');

useEffect(function(){ // ❹ API 요청
  fetch(requestUrl +"?"+ parameter)
    .then((result)=>{
      return result.json();
    })
    .then((json)=>{
      setWriter(json.name);
      setTitle(json.subject);
      setContents(json.content);
    });
}, []);

return (<> // ❺ 수정 UI 구성
  <header>
    <h2>게시판-수정</h2>
  </header>
  <nav>
    <Link to="/list">목록</Link>
  </nav>
  <article>
    <form onSubmit={ // ❻ 폼값 전송 시 API 호출 후 수정 처리
      (event)=>{
        event.preventDefault();
        fetch('http://nakja.co.kr/APIs/php7/boardEditJSON.php', {
          method: 'POST',
          headers: {
            'Content-type':'application/x-www-form-urlencoded;charset=UTF-8',
          },
          body: new URLSearchParams({ // ❼ 폼값을 쿼리스트링 형식으로 구성
            tname: 'board_apis',
            idx: params.idx,
```

```
            name: event.target.writer.value,
            subject: event.target.title.value,
            content: event.target.contents.value,
            apikey: '본인의APIKey',
          }),
        })
        .then((response) => response.json())
        .then((json) => console.log(json));

        navigate("/view/"+params.idx); // ❽ 수정 완료 후 열람페이지로 이동
      }
    }>
      <table id="boardTable">
        <tbody>
          <tr>
            <th>작성자</th> // ❾ 수정을 위한 입력 상자 구성
            <td><input type="text" name="writer" value={writer}
              onChange={(event)=>{setWriter(event.target.value)}}
            /></td>
          </tr>
          <tr>
            <th>제목</th>
            <td><input type="text" name="title" value={title}
              onChange={(event)=>{setTitle(event.target.value)}}
            /></td>
          </tr>
          <tr>
            <th>내용</th>
            <td><textarea name="contents" rows="3" value={contents}
              onChange={(event)=>{setContents(event.target.value)}}
            ></textarea></td> // ❿ <input>과 동일하게 value속성에 값 지정
          </tr>
        </tbody>
      </table>
      <input type="submit" value="수정" /> // ⓫ 수정 버튼
    </form>
    </article>
  </>);
}
```

```
export default Edit;
```

❶ 화면 이동을 위한 useNavigate( ) 훅과, 현재 URL의 파라미터 값을 가져오기 위한 useParams() 훅을 각각 생성합니다.

❷ API를 통해 수정할 게시글의 정보를 받아오기 위해 조회용 API URL과 파라미터를 설정합니다. 이때 게시글의 고유 번호인 idx값을 함께 전달합니다.

❸ 수정 폼에 기존 데이터를 미리 설정하고, 사용자 입력에 따라 값이 바뀌도록 하기 위해 상태를 생성합니다. 작성자, 제목, 내용 각각에 대해 상태가 하나씩 필요합니다.

❹ 컴포넌트가 처음 마운트될 때 useEffect()를 통해 조회 API를 호출합니다. 응답으로 받은 게시글 데이터를 각 상태에 설정하여 화면에 반영되도록 합니다.

❺ 수정 기능을 위한 화면(UI)을 구성합니다.

❻ 폼이 서브밋submit되었을 때 실행될 이벤트 핸들러를 정의합니다. 먼저 preventDefault()로 기본 동작을 차단하고, fetch()를 이용해 수정 API를 호출합니다. POST 방식과 헤더 설정은 '작성' 예제와 같은 방식입니다.

❼ 전송할 데이터를 쿼리 스트링으로 만들기 위해 URLSearchParams 객체를 사용합니다. JSON 객체와 같이 Key : Value 쌍으로 데이터를 설정하면 내부적으로 key1=value1&key2=value2 형식의 쿼리 스트링이 생성됩니다.

❽ 수정이 완료되면 해당 게시글을 다시 확인할 수 있도록 열람 페이지로 이동합니다.

❾ 수정 폼의 각 input 요소는 상태를 value 속성으로 지정하고, 값이 변경될 때마다 해당 상태를 업데이트하기 위해 onChange 이벤트 핸들러를 설정합니다.

❿ ⟨textarea⟩는 일반 HTML에서는 태그 사이에 값을 넣어 사용하지만 JSX에서는 ⟨input⟩ 태그처럼 value 속성을 통해 값을 설정해야 합니다. 마찬가지로 onChange 핸들러로 상태를 변경할 수 있도록 구성합니다.

⓫ 수정 버튼을 누르면 폼값이 전송됩니다.

02 App.jsx에서 Edit 컴포넌트의 주석을 해제한 후 실행 결과를 확인하겠습니다.

▼ 실행 결과

게시판-수정
목록

작성자	낙자쌤
제목	HTML태그를 포함해서 작성해볼께요
내용	\<h2>요긴h2태그를 사용해요\</h2> 태그가 포함된 경우 마크업을 적용하기 위해 dangerouslySetInnerHTML 속성을 사용해야 합니다.

[수정]

기존에 작성한 내용을 불러와서 수정 폼에 설정했습니다. 수정된 내용이 잘 적용되는지도 확인해 보세요.

20.7 삭제 기능 구현하기

마지막으로 삭제 기능을 구현하겠습니다. 삭제 기능은 열람 페이지에서 구현해야 하므로 기존 작성된 내용에 코드를 추가하면 됩니다. API의 명세를 확인한 후 바로 작성하겠습니다.

- **요청 URL** : http://nakja.co.kr/APIs/php7/boardDeleteJSON.php
- **전송 방식** : POST

▼ 게시판 삭제 API 명세

파라미터	설명	필수 여부
tname	게시판 구분을 위한 값 : board_apis	필수
apikey	본인의 API Key 입력	필수
idx	삭제할 게시글의 일련번호	필수

▼ 응답 JSON 형식

```
{ "result":"success" }
```

To do 01 기존 작성된 부분에 코드를 추가해야 하므로 같은 부분은 생략하겠습니다.

ReactStudy\project02-board-api\src\components\board\View.jsx

```jsx
import { useEffect, useState } from "react";
import { Link, useParams, useNavigate } from 'react-router-dom'; // ❶ 훅 임포트

function View() {
  const navigate = useNavigate(); // ❷ 훅 선언
  const params = useParams();
  const [boardData, setBoardData] = useState({});
  let requestUrl = "http://nakja.co.kr/APIs/php7/boardViewJSON.php";

...useEffect 이하생략

  return (<>
    <header>
      <h2>게시판-열람</h2>
    </header>
    <nav>
      <Link to="/list">목록</Link> 
      <Link to={"/edit/"+params.idx}>수정</Link> 
      <Link onClick={() => { // ❸ 삭제 링크
        if(window.confirm('삭제하시겠습니까?')){ // ❹ 삭제를 위한 API 호출
          fetch("http://nakja.co.kr/APIs/php7/boardDeleteJSON.php", {
            method: 'POST',
            headers: {
              'Content-type':'application/x-www-form-urlencoded;charset=UTF-8',
            },
            body: new URLSearchParams({ // ❺ 폼값을 쿼리스트링 형식으로 구성
              tname: 'board_apis',
              idx: params.idx,
              apikey: '본인의APIKey',
            }),
          })
          .then((result)=>{
            return result.json();
          })
          .then((json)=>{
            if(json.result==='success'){ // ❻ 삭제 성공 시 목록으로 이동
              alert('삭제되었습니다.');
              navigate("/list");
            }
```

```
        else{
          alert('삭제에 실패했습니다.');
        }
      });
    }
  }}>삭제</Link>
  </nav>
...article 이하 생략
```

❶ 삭제 후 목록 페이지로 이동하기 위해 useNavigate() 훅을 임포트합니다.

❷ useNavigate 훅을 사용하여 화면 이동을 위한 navigate() 함수를 생성합니다.

❸ 삭제 기능을 위해 〈Link〉 컴포넌트에 클릭 이벤트 핸들러를 추가합니다. 해당 게시글을 삭제할 수 있도록 처리합니다.

❹ 사용자가 '삭제' 링크를 클릭하면 window.confirm() 함수를 이용해 삭제 여부를 확인한 뒤, [확인]을 눌렀을 때만 API 요청을 진행합니다. 이때 전송 방식은 POST로 설정합니다.

❺ URLSearchParams 객체를 사용하여 삭제 API에 필요한 파라미터를 쿼리 스트링 형태로 조립합니다. 게시글의 고유 번호(idx)와 API 키 등이 포함됩니다.

❻ 삭제 요청에 대한 응답을 받아 json.result값이 'success'인 때는 삭제가 완료되었음을 알리는 경고창을 띄우고 목록 페이지(/list)로 이동합니다. 반대로 실패한 때는 실패 메시지를 표시합니다.

02 그럼 확인하겠습니다. confirm() 대화창에서 확인을 눌렀을 때 해당 게시글이 정상적으로 삭제되는지 확인해보시기 바랍니다.

▼ 실행 결과

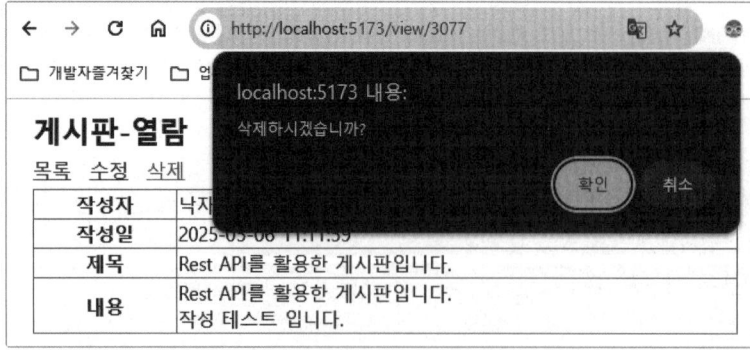

학습 마무리

실제 서비스를 제작할 때는 정적인 데이터가 아닌, 외부에서 제공되는 서버 API를 통해 동적으로 데이터를 주고받으며 화면을 구성합니다. 이번 장에서는 게시글의 목록을 불러오고, 새 게시글을 작성하고, 기존 게시글을 수정하거나 삭제하는 모든 과정을 외부 REST API와의 통신을 통해 구현해보았습니다.

이 과정에서 fetch 함수를 사용하여 비동기적으로 데이터를 주고받고, useEffect를 통해 컴포넌트가 처음 렌더링될 때 데이터를 불러오는 구조를 학습했습니다. 또한 useState를 이용한 상태 관리, react-router-dom을 활용한 라우팅 구성까지 함께 실습해보며 하나의 완성된 게시판 애플리케이션을 만들어보았습니다.

이런 실습은 프론트엔드 개발자로서 실무에 가까운 구조를 이해하고 적용하는 데 중요한 기초가 됩니다.

핵심 키워드

1. **REST API** : 외부 서버가 제공하는 API 형식으로, 특정 URL을 통해 자원에 접근하고 조작할 수 있도록 구성된 방식입니다.
2. **fetch** : 데이터를 비동기적으로 요청하거나 받아올 수 있는 자바스크립트 내장 함수입니다.
3. **useEffect** : 컴포넌트가 렌더링될 때 특정 작업을 실행하도록 설정하는 React 훅입니다.
4. **useState** : 컴포넌트 내에서 상태를 관리하는 훅입니다.
5. **react-router-dom** : React에서 화면 전환을 구현하기 위한 라이브러리로, 경로에 따라 컴포넌트를 나누어 렌더링할 수 있습니다.

▼ 연습 문제 정답 및 해설(연습 문제는 422쪽에 있어요)

1. **정답** fetch
2. **정답** ❷
3. **정답** ❷
4. **정답** ❸
5. **정답** useEffect, useState

연습문제

1 REST API를 사용할 때 데이터를 가져오는 메서드는 무엇인가요?

2 아래 중 useEffect 훅의 주된 사용 목적에 해당하는 것은 무엇인가요?

❶ 사용자 입력을 받을 때

❷ 초기 렌더링 시 데이터를 불러올 때

❸ 컴포넌트 스타일을 정의할 때

❹ 상태 변수를 초기화할 때

3 다음 중 비동기 통신을 위해 사용한 함수는 무엇인가요?

❶ map()　　　　　❷ fetch()

❸ useState()　　　❹ Router()

4 게시글 상세 페이지로 이동하기 위해 사용한 React 기능은 무엇인가요?

❶ 조건문　　　　　❷ useEffect

❸ 라우팅　　　　　❹ 컴포넌트 재사용

5 외부 API에서 데이터를 받아온 후 화면에 반영하려면 어떤 두 가지 훅이 주로 함께 사용되나요?

Chapter 21

모달창 이용한 댓글 구현하기
with 로컬스토리지

학습 목표

이번 프로젝트에서는 댓글 입력 기능을 구현하겠습니다. 부트스트랩에서 제공하는 모달창으로 사용자 친화적인 UI를 구성하고, 로컬 스토리지를 이용해 입력한 댓글을 저장하고 유지하는 방법도 함께 다뤄보겠습니다.

핵심 키워드

`댓글 기능 구현` `부트스트랩 모달` `로컬 스토리지`

학습 코스

프로젝트 생성하기 → 기본 UI 작성 및 기능 구현하기

21.1 프로젝트 생성하기

댓글 작성 구현에 사용할 UI부터 살펴보겠습니다.

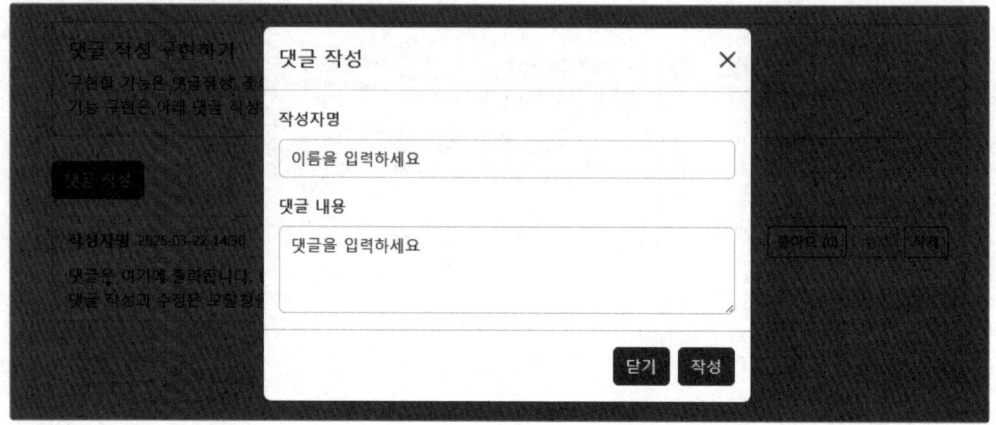

댓글 작성 버튼을 누르면 그림과 같이 모달을 이용한 작성 폼이 나타납니다. 작성자명, 댓글 내용을 입력할 수 있고, 목록에는 [좋아요], [수정], [삭제] 버튼이 있습니다.

To do 01 프로젝트를 생성합니다.

프로젝트명 : project03-live-comments
- 비트로 리액트 프로젝트 생성
- 프로젝트 폴더로 이동한 후 의존성 설치
- 프로젝트 실행 및 기본형 만들기

21.2 기본 UI 작성 및 기능 구현하기

To do 01 이번 프로젝트는 부트스트랩을 사용할 것이므로 HTML 내용이 조금은 복잡합니다. 따라서 직접 작성하지 말고, 깃허브 저장소에서 다운로드해서 사용해주세요.

- **바로가기** : https://bit.ly/3K8RYVr

이 파일은 HTML이므로 public 폴더에 저장하면 됩니다.

ReactStudy\project03-live-comments\public\comments-skin.html
```html
<!DOCTYPE html>
<html lang="ko">
<head>
  <meta charset="UTF-8">
  <meta name="viewport" content="width=device-width, initial-scale=1.0">
  <title>댓글작성하기</title> // ❶ 부트스트랩 CDN 추가
  <link href="https://cdn.jsdelivr.net/npm/bootstrap@5.3.0/dist/css/bootstrap.min.css" rel="stylesheet">
  <script src="https://cdn.jsdelivr.net/npm/bootstrap@5.3.0/dist/js/bootstrap.bundle.min.js"></script>
</head>
<body>
  <div class="container mt-4">
    <!-- 게시판 열람 --> // ❷ 게시판 열람 UI 구성
    <div class="card mb-4">
      <div class="card-body">
        <h5 class="card-title">댓글 작성 구현하기</h5>
        <p class="card-text">
          구현할 기능은 댓글작성, 좋아요, 수정, 삭제입니다. <br/>
          기능 구현은 아래 댓글 작성부터 하면 됩니다.
        </p>
      </div>
    </div>

    <!-- 댓글 작성 버튼 --> // ❸ 댓글 작성 버튼
    <button class="btn btn-primary" data-bs-toggle="modal" data-bs-target="#commentModal">
```

```
            댓글 작성
        </button>

        <!-- 댓글 작성 Modal --> // ❹ 댓글 작성 모달 창
        <div class="modal fade" id="commentModal" tabindex="-1" aria-labelledby="commentModalLabel" aria-hidden="true">
            <div class="modal-dialog">
                <div class="modal-content">
                    <div class="modal-header">
                        <h5 class="modal-title" id="commentModalLabel">댓글 작성</h5>
                        <button type="button" class="btn-close" data-bs-dismiss="modal" aria-label="Close"></button> // ❺ 모달창 닫기 버튼
                    </div>
                    <div class="modal-body">
                        <!-- 작성자명 입력 상자 추가 -->
                        <div class="mb-3">
                            <label for="commentAuthor" class="form-label">작성자명</label>
                            <input type="text" class="form-control" id="commentAuthor" placeholder="이름을 입력하세요">
                        </div>
                        <!-- 댓글 입력 상자 -->
                        <label for="commentContent" class="form-label">댓글 내용</label>
                        <textarea class="form-control" id="commentContent" rows="3" placeholder="댓글을 입력하세요"></textarea>
                    </div>
                    <div class="modal-footer"> // ❻ 닫기와 작성 버튼
                        <button type="button" class="btn btn-secondary" data-bs-dismiss="modal">닫기</button>
                        <button type="button" class="btn btn-primary">작성</button>
                    </div>
                </div>
            </div>
        </div>

        <!-- 댓글 목록 출력 --> // ❼ 댓글의 목록 출력 UI
        <ul class="list-group mt-3">
            <li class="list-group-item">
                <div class="d-flex justify-content-between">
                    <div class="d-flex align-items-center">
```

```
                <strong>작성자명</strong> <small class="ms-2">2025-03-22 14:30</small>
            </div>
            <div>
                // ❽ 각종 버튼
                <button class="btn btn-outline-success btn-sm">좋아요 (0)</button>
                <button class="btn btn-outline-warning btn-sm">수정</button>
                <button class="btn btn-outline-danger btn-sm">삭제</button>
            </div>
        </div>
        <p class="mt-2 mb-0">
            댓글은 여기에 출력됩니다. 줄바꿈 처리도 해주세요. <br/>
            댓글 작성과 수정은 모달창을 이용하면 됩니다.
        </p>
    </li>
  </ul>
 </div>
</body>
</html>
```

❶ 부트스트랩 적용을 위해 css, js 파일에 대한 CDN을 추가합니다.

❷ 댓글 기능은 게시판의 열람 페이지 하단에 구현합니다. 따라서 열람 부분을 간단한 UI로 표현했습니다. 이 부분은 직접 기능을 추가하지 않습니다.

❸ 댓글 작성 버튼입니다. data-bs-target="#commentModal" 이와 같이 속성이 부여되어 있습니다. 버튼을 누르면 아이디가 commentModal로 지정된 엘리먼트를 모달창으로 띄우게 됩니다.

❹ 댓글 작성을 위한 모달창입니다. id="commentModal"와 같이 지정되어 있습니다.

❺ 모달창을 닫을 때 사용하는 버튼입니다. data-bs-dismiss="modal"와 같이 지정되어 있습니다.

❻ 닫기 버튼과 작성 버튼입니다.

❼ 댓글의 목록을 출력하는 부분입니다. 작성자명, 작성시간, 댓글 내용을 출력합니다.

❽ [좋아요] 및 [수정], [삭제]를 위한 버튼입니다.

02 그러면 이 HTML을 영역별로 나눠서 컴포넌트로 만들겠습니다. 상단의 열람 영역부터 나눠보겠습니다.

```jsx
// ReactStudy\project03-live-comments\src\components\BoardView.jsx
const BoardView = () => {
  return (<>
    <div className="card mb-4">
      <div className="card-body">
        <h5 className="card-title">댓글 작성 구현</h5>
        <p className="card-text">
            구현할 기능은 댓글작성, 좋아요, 수정, 삭제입니다. <br />
            기능 구현은 아래 댓글 작성부터 하면 됩니다.
        </p>
      </div>
    </div>
  </>);
};
export default BoardView;
```

열람 영역은 기능 구현을 위한 부분은 아니므로 컴포넌트로 모듈화만 하면 됩니다.

03 다음은 댓글 작성 버튼입니다.

```jsx
// ReactStudy\project03-live-comments\src\components\CommentBtn.jsx
const CommentBtn = ({ newOpenModal }) => {
  return (<>
    <button className="btn btn-primary" data-bs-toggle="modal" data-bs-target="#commentModal" onClick={() => newOpenModal()}> // ❶ 모달창 열기 버튼
        댓글 작성
    </button>
  </>);
};
export default CommentBtn;
```

❶ 버튼을 클릭하면 newOpenModal() 함수를 호출합니다. 이 부분은 App.jsx에서 설명하겠습니다.

04 댓글 작성을 위한 모달창입니다. 이 창은 작성에서도 사용되지만 수정을 위해서도 사용됩니다. 따라서 다른 컴포넌트에 비해 코드가 복잡합니다.

ReactStudy\project03-live-comments\src\components\ModalWindow.jsx

```jsx
// ❶ 입력을 위한 함수 및 상태 전달받기
const ModalWindow = ({ saveComment, editIdx, iWriter, setIWriter, iContents,
setIContents }) => {
  const btnTitle = (editIdx === null) ? '작성' : '수정'; // ❷ 버튼 타이틀 설정
  const btnColor = (editIdx === null) ? 'primary' : 'warning';

  return (<>
    <div className="modal fade" id="commentModal" tabIndex="-1" aria-
labelledby="commentModalLabel" aria-hidden="true">
      <div className="modal-dialog">
        <div className="modal-content">
          <div className="modal-header">
            // ❸ 모달창의 타이틀
            <h5 className="modal-title" id="commentModalLabel">댓글 {btnTitle}</h5>
            <button type="button" className="btn-close" data-bs-dismiss="modal"
aria-label="Close"></button> // ❹ 모달창 닫기 버튼
          </div>
          <div className="modal-body">
            <div className="mb-3">
              <label htmlFor="commentAuthor" className="form-label">작성자명</
label>
              <input type="text" className="form-control" id="commentAuthor"
placeholder="이름을 입력하세요" value={iWriter} onChange={(e) => setIWriter(e.
target.value)} /> // ❺ 이름 입력 상자
            </div>
            <label htmlFor="commentContent" className="form-label">댓글 내용</
label>
            // ❺ 댓글 입력 상자
            <textarea className="form-control" id="commentContent" rows="3"
placeholder="댓글을 입력하세요" value={iContents} onChange={(e) => setIContents(e.
target.value)}></textarea>
          </div>
          <div className="modal-footer">
            <button type="button" className="btn btn-secondary" data-bs-
dismiss="modal">닫기</button>
            // ❻ 작성 및 수정을 위한 버튼
```

```
            <button type="button" className={"btn btn-" + btnColor}
onClick={saveComment} data-bs-dismiss="modal">{btnTitle}</button>
          </div>
        </div>
      </div>
    </div>
  </>);
};
export default ModalWindow;
```

❶ App 컴포넌트로부터 입력을 위한 함수 및 상태를 프롭스로 전달받습니다.

❷ editIdx는 수정을 위해 게시물의 일련번호를 저장하기 위한 상태입니다. editIdx의 값 유무에 따라 버튼의 타이틀을 작성과 수정으로 변경합니다. 그와 동시에 버튼의 색깔도 다르게 설정하는데, primary는 파란색 계열이고, warning은 노란색 계열의 색깔로 설정되어 있습니다.

❸ 모달창의 타이틀입니다. ❷에서 설정한 대로 타이틀이 변경됩니다.

❹ 모달창을 닫는 버튼입니다. data-bs-dismiss="modal"와 같은 속성이 적용되어 있습니다.

❺ 작성자명과 댓글 내용의 입력 상자입니다. 입력값의 변경이 생기면 즉시 상태에 적용됩니다. 또한 수정일 때는 프롭스로 전달된 값이 적용됩니다.

❻ 댓글 작성과 수정을 위한 버튼입니다. ❷에서 설정한 대로 버튼의 타이틀과 색깔이 적용됩니다. 클릭하면 saveComment() 함수를 실행합니다.

05 다음은 댓글 목록 출력을 위한 컴포넌트입니다.

```
                                ReactStudy\project03-live-comments\src\components\CommentList.jsx
// ❶ 댓글 목록 출력을 위해 데이터 및 함수를 프롭스로 전달
const CommentList = ({ boardData, plusLike, deleteComment, editComment }) => {
  return (<>
    { boardData.map((row) => { // ❷ 목록 출력
      return (
        // ❸ 중복되지 않는 key prop 설정
        <ul className="list-group mt-3" key={row.idx}>
          <li className="list-group-item">
            <div className="d-flex justify-content-between">
              <div className="d-flex align-items-center">
```

```
                    // ❹ 작성자, 날짜 출력
                    <strong>{row.writer}</strong> <small className="ms-2">{row.
postdate}</small>
                </div>
                <div>
                    <button className="btn btn-outline-success btn-sm" onClick={() =>
plusLike(row.idx)}>좋아요 ({row.likes})</button> // ❺ 좋아요 버튼
                    // ❻수정 및 삭제 버튼
                    <button className="btn btn-outline-warning btn-sm" data-bs-
toggle="modal" data-bs-target="#commentModal" onClick={() => editComment(row.
idx)}>수정</button>
                    <button className="btn btn-outline-danger btn-sm" onClick={() =>
deleteComment(row.idx)}>삭제</button>
                </div>
            </div>
            // ❼ 댓글 출력 시 스타일을 통할 바꿈 처리
            <p className="mt-2 mb-0" style={{ whiteSpace: 'pre-wrap' }}>
                {row.contents}
            </p>
        </li>
      </ul>
    );
  })}
  </>);
};
export default CommentList;
```

❶ 목록 출력을 위한 데이터와 좋아요 개수, 삭제 및 수정을 위한 함수를 프롭스로 전달받습니다.

❷ 데이터 배열인 boardData 개수만큼 반복해서 목록을 출력합니다.

❸ 게시물의 일련번호로 중복되지 않는 key prop을 설정합니다.

❹ 작성자와 작성일을 표시합니다.

❺ 좋아요 버튼을 클릭하면 pluslike() 함수를 호출하면서 게시물의 일련번호를 인수로 전달합니다.

❻ 수정을 위한 버튼입니다. 모달창에 띄우고, editComment() 함수 호출 시 일련번호를 인수로 전달합니다.

❼ 댓글 내용 출력 시 줄바꿈 처리를 위해 스타일을 적용합니다.

06 앞에서 작성한 컴포넌트는 단순히 App에서 정의한 함수를 호출하거나, 상태를 출력하는 정도입니다. 모든 데이터와 기능은 App 컴포넌트에서 정의합니다. 이제 실제 기능에 대한 부분을 살펴보겠습니다.

ReactStudy\project03-live-comments\src\App.jsx

```jsx
import { useState, useEffect } from "react";
import BoardView from './components/BoardView';
import CommentBtn from './components/CommentBtn';
import CommentList from './components/CommentList';
import ModalWindow from './components/ModalWindow';

function App() {
  // ❶ 댓글 작성 및 수정을 위한 상태 선언
  const [boardData, setBoardData] = useState([]);
  const [iWriter, setIWriter] = useState('');
  const [iContents, setIContents] = useState('');
  const [editIdx, setEditIdx] = useState(null);
  const [nextVal, setNextVal] = useState(2);

  useEffect(() => {
    // ❷ 로컬 스토리지에 저장된 데이터 가져오기
    const savedData = localStorage.getItem('boardData');
    const savedSeq = localStorage.getItem('nextVal');
    if (savedData) { // ❸ 로컬 스토리지에 저장된 데이터가 있는 경우
      setBoardData(JSON.parse(savedData));
      setNextVal(Number(savedSeq) || 2);
    }
    else { // ❹ 저장된 데이터가 없는 경우
      const initialData = [{ idx: 1, writer: '낙자쌤', postdate: '2025-05-15 09:30',
        contents: '댓글 작성을 구현해봅니다.', likes: 0 }];
      setBoardData(initialData);
      localStorage.setItem('boardData', JSON.stringify(initialData));
      localStorage.setItem('nextVal', '2');
    }
  }, []);

  const updateStorage = (data, seq) => { // ❺ 로컬 스토리지에 데이터 저장을 위한 함수
    localStorage.setItem('boardData', JSON.stringify(data));
```

```
    localStorage.setItem('nextVal', String(seq));
};

// 댓글 저장 및 수정을 위한 함수
const saveComment = () => {
  if (editIdx === null) { // ❻ 댓글 입력 처리
    const sysdate = new Date().toISOString().slice(0, 16).replace('T', ' ');
    const newData = {
      idx: nextVal,
      writer: iWriter,
      postdate: sysdate,
      contents: iContents,
      likes: 0
    };
    const updateData = [...boardData, newData];
    setBoardData(updateData);
    setNextVal(nextVal + 1);
    updateStorage(updateData, nextVal + 1);
  }
  else { // ❼ 댓글 수정 처리
    const updateData = boardData.map(row =>
      row.idx === editIdx ? { ...row, writer: iWriter, contents: iContents } : row
    );
    setBoardData(updateData);
    updateStorage(updateData, nextVal);
  }
  setIWriter('');
  setIContents('');
};

const plusLike = (idx) => { // ❽ 좋아요 처리 함수
  const updateData = boardData.map(row =>
    row.idx === idx ? { ...row, likes: row.likes + 1 } : row
  );
  setBoardData(updateData);
  updateStorage(updateData, nextVal);
};
      const deleteComment = (idx) => { // ❾ 댓글 삭제 처리 함수
  if (confirm('댓글을 삭제할까요?')) {
```

```
      const updateData = boardData.filter(row => row.idx !== idx);
      setBoardData(updateData);
      updateStorage(updateData, nextVal);
    }
  };

  const editComment = (idx) => { // ❿ 댓글 수정 시 기존 내용 불러오기 함수
    const editData = boardData.find(row => row.idx === idx);
    if (editData) {
      setIWriter(editData.writer);
      setIContents(editData.contents);
      setEditIdx(idx);
    }
  };

  const newOpenModal = () => { // ⓫ 댓글 입력 버튼 클릭 시 모달창 띄워주는 함수
    setIWriter('');
    setIContents('');
    setEditIdx(null);
  };

  return (<>
    <div className="container mt-4">
      <BoardView /> // ⓬ 컴포넌트를 UI에 추가
      <CommentBtn newOpenModal={newOpenModal} />
      <ModalWindow saveComment={saveComment} editIdx={editIdx}
        iWriter={iWriter} setIWriter={setIWriter}
        iContents={iContents} setIContents={setIContents} />
      <CommentList boardData={boardData} plusLike={plusLike}
        deleteComment={deleteComment} editComment={editComment} />
    </div>
  </>);
}

export default App;
```

❶ 댓글 작성 및 수정을 위한 상태를 선언합니다.

boardData	댓글 데이터입니다. 초깃값은 빈 배열로 설정했습니다.
iWriter	작성자 입력을 위한 상태입니다.
iContents	내용 입력을 위한 상태입니다.
editIdx	댓글 수정을 위한 상태입니다. 이 값에 따라 모달창을 입력 및 수정용으로 번갈아 사용할 수 있습니다.
nextVal	댓글의 일련번호를 부여하기 위한 상태입니다. 등록할 때마다 1씩 증가시켜줍니다.

❷ 1차 렌더링 후 로컬 스토리지에 저장된 데이터를 가져옵니다.

❸ 로컬 스토리지에 저장된 데이터가 있는 때는 댓글 데이터와 일련번호 부여를 위한 상태를 업데이트합니다. 로컬 스토리지에는 문자열만 저장할 수 있습니다. 따라서 데이터를 읽은 후에는 JSON 객체로 변환하기 위해 JSON.parse를 사용합니다.

❹ 로컬 스토리지에 저장된 데이터가 없다면 초기 데이터를 상태와 로컬 스토리지에 추가해줍니다. ❸에서 설명한 바와 같이 로컬 스토리지에는 문자열만 저장할 수 있으므로, JSON 객체를 문자열로 변경하기 JSON.stringify()를 사용합니다. 기본 댓글이 1개 있으므로 nextVal은 2로 설정합니다.

❺ 로컬 스토리지에 댓글 데이터와 일련번호 부여를 위한 데이터를 저장하는 함수입니다.

❻ 댓글 저장을 위한 함수에서는 조건에 따라 입력과 수정을 나눠서 처리합니다. 먼저 editIdx가 null이면 입력을 처리합니다. 현재 시각을 구한 후 새로운 객체를 생성합니다. 스프레드 연산자로 새 객체를 배열에 추가합니다. 상태를 변경하고, 로컬 스토리지에도 적용합니다.

❼ editIdx에 값이 있으면 수정 처리를 해야 합니다. map() 함수를 이용해서 수정할 일련번호와 일치하는 객체를 찾아 작성자와 댓글 내용을 수정합니다. 상태와 로컬 스토리지에 적용한 후 입력 상자를 빈 값으로 설정해줍니다.

❽ [좋아요] 버튼을 누르면 일련번호가 일치하는 객체를 찾은 후 likes를 1 증가시킵니다. 그리고 상태와 로컬 스토리지에 적용합니다.

❾ 댓글 [삭제]에는 filter() 함수를 사용합니다. 삭제할 일련번호와 일치하지 않는 객체만 반환해서 새로운 배열을 만든 후 상태와 로컬 스토리지를 업데이트합니다.

❿ [수정]을 클릭하면 해당 객체를 찾은 후 모달창의 입력 상자에 설정해야 합니다. 작성자, 댓글 내

용, editIdx값을 변경해줍니다. 특히 editIdx에 따라 모달창의 타이틀이 '수정'으로 표시됩니다.

⓫ 댓글 입력을 위해 버튼을 누를 때 실행되는 함수입니다. 수정과는 달리 작성자, 댓글 내용, editIdx를 빈 값으로 설정합니다. 모달창이 열리면 '작성'으로 표시됩니다.

⓬ 각 컴포넌트를 배치하고, 함수와 상태를 프롭스로 전달해줍니다.

07 작성을 마쳤으면 실행해서 확인하겠습니다. [댓글 작성], [삭제] 기능을 순서대로 테스트해보세요. 작성된 댓글에 대해 [좋아요]와 [수정]도 각각 진행해보시기 바랍니다.

▼ 실행 결과

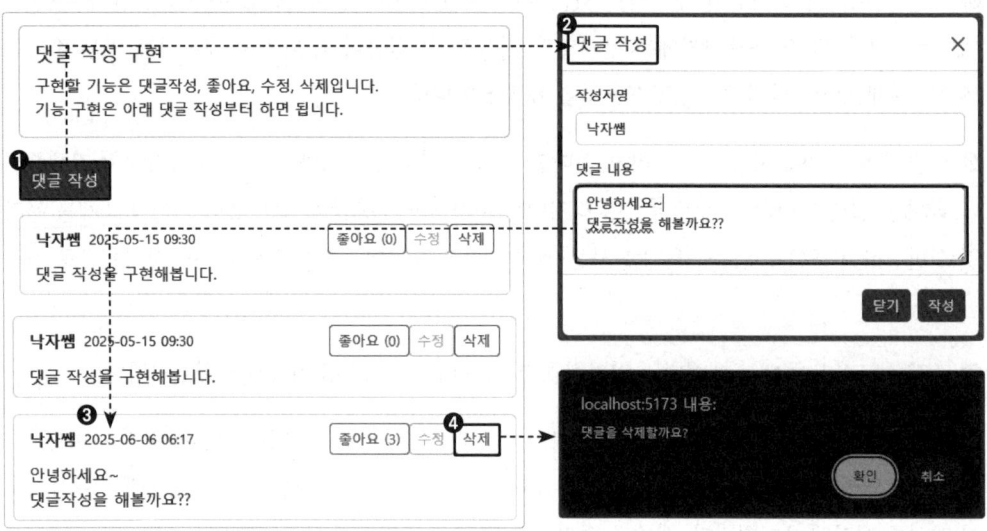

학습 마무리

댓글 기능을 구현할 때 가장 중요한 것은 사용자가 쉽게 의견을 남기고, 그 내용이 사라지지 않도록 관리하는 겁니다. 이번 장에서는 부트스트랩 모달창을 활용해 깔끔한 입력 UI를 만들고, 로컬스토리지를 사용해 댓글 데이터를 저장하고 불러오는 방법을 살펴보았습니다. 화면에 표시되는 데이터를 직접적으로 로컬스토리지와 연결해 관리하면서 리액트의 상태와도 연동하는 연습을 해볼 수 있었습니다. 이런 방식은 간단한 게시판이나 피드백 기능 구현에 널리 쓰이며, 프론트엔드 개발자가 자주 마주치는 실무적인 상황입니다.

핵심 키워드

1. **부트스트랩 모달** : 팝업창 형태의 사용자 인터페이스로, 별도 화면 전환 없이 입력이나 확인 동작을 수행할 수 있게 도와줍니다.
2. **댓글 기능** : 사용자가 입력한 내용을 특정 게시물에 연결해 보여주는 기능으로, 입력-저장-출력 과정을 포함합니다.
3. **로컬 스토리지(LocalStorage)** : 브라우저에 데이터를 저장하는 웹 API입니다. 페이지를 새로 고침하거나 브라우저를 껐다 켜도 데이터가 유지됩니다.
4. **상태 관리** : 입력된 댓글을 컴포넌트에서 보관하고, 화면에 반영하기 위해 사용하는 리액트의 기본 기능입니다.

연습문제

1 부트스트랩 모달창을 사용할 때 필요한 HTML 속성은 무엇인가요?

❶ data-modal

❷ data-bs-toggle

❸ bootstrap-open

❹ modal-target

2 로컬 스토리지는 데이터를 어떤 형식으로 저장하나요?

❶ 바이너리

❷ 객체 그대로

❸ JSON 문자열

❹ XML 형식

3 댓글을 입력한 후 로컬 스토리지에 저장하기 위해 사용하는 메서드는 무엇인가요?

❶ localStorage.getItem()

❷ JSON.parse()

❸ localStorage.setItem()

❹ setTimeout()

4 모달창을 사용하면 어떤 이점이 있나요?

❶ 새로운 페이지를 띄우지 않고도 입력 UI를 보여줄 수 있습니다.

❷ 서버로 바로 전송할 수 있습니다.

❸ CSS를 자동으로 생성합니다.

❹ 로그인 기능을 대신할 수 있습니다.

5 로컬 스토리지에 저장된 댓글 데이터를 다시 꺼낼 때 필요한 과정은 무엇인가요?

❶ 데이터 필터링

❷ useEffect 사용

❸ JSON.stringify

❹ JSON.parse

1 정답 ❷
2 정답 ❸
3 정답 ❸
4 정답 ❶
5 정답 ❹

Chapter 22

스코어보드 만들기 with 주스탠드

학습 목표

이번 프로젝트에서는 스코어보드 애플리케이션을 만들겠습니다. 이 프로젝트에서는 상태 관리 라이브러리인 주스탠드를 활용하여 선수 추가, 점수 변경, 정보 수정, 삭제와 같은 다양한 기능을 구현합니다. 이런 과정을 통해 컴포넌트 간에 상태를 공유하고 관리하는 방식에 대해 자연스럽게 익히고, 전역 상태 관리의 필요성과 장점에 대해서도 함께 이해할 수 있을 겁니다.

핵심 키워드

`스코어보드` `Zustand(주스탠드)` `전역 상태 관리 라이브러리`

학습 코스

프로젝트 생성하기 → 기본 UI 작성 및 기능 구현하기

22.1 프로젝트 생성하기

먼저 전체적인 UI와 어떤 기능을 구현해야 할지 살펴보겠습니다.

❶ 등록된 플레이어의 인원수와 점수의 합계를 출력합니다.

❷ 스탑워치는 START와 STOP 이 토글됩니다. 1초씩 카운트 하는 기능입니다. RESET은 0으로 초기화합니다.

❸ 이름을 클릭하면 수정 폼이 보여지면서 이름을 수정할 수 있습니다.

❹ 점수를 5점씩 증가/감소시킵니다.

❺ 새로운 플레이어를 등록합니다.

To do 01 프로젝트를 생성합니다.

프로젝트명 : project04-scoreboard
- 리액트 프로젝트 생성 및 의존성 설치
- **주스탠드 라이브러리 설치** : npm install zustand
- 프로젝트 실행 및 기본형 만들기

22.2 기본 UI 생성 및 기능 구현하기

To do 01 스코어보드는 UI를 직접 만들기는 어려움이 있으므로, 저자의 깃허브 저장소에 다운로드 후 사용해주세요.

- **바로가기** : https://bit.ly/46qtHkX

내려받은 파일의 압축을 해제하면 다음과 같이 구성되어 있습니다.

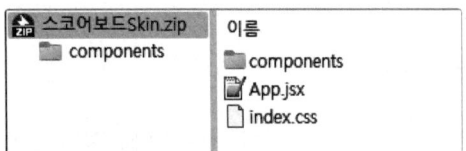

02 2개의 파일(App.jsx, index.css)과 components 폴더 전체를 src 폴더 하위에 붙여넣기 하면 됩니다. 모듈화까지 작업이 되어 있으므로 각 컴포넌트별로 필요한 코드만 추가하면 됩니다.

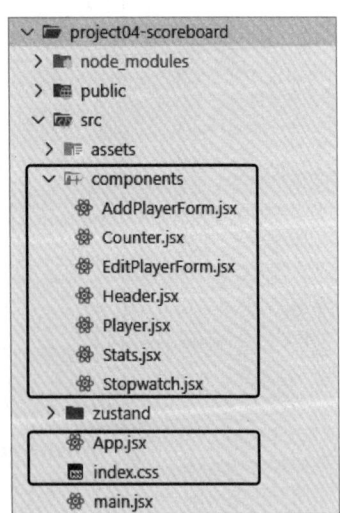

03 먼저 스토어로 사용할 파일부터 살펴보겠습니다. 기능별로 추가해야 하므로 컴포넌트 작성 중간에 여러 번 나오게 될 겁니다.

```jsx
// ReactStudy\project04-scoreboard\src\zustand\usePlayerStore.jsx
import { create } from 'zustand'; // ❶ 스토어 생성을 위한 create 함수 임포트

const usePlayerStore = create((set) => ({ // ❷ 스토어 생성
  title : '스코어보드',
  playerData : [
    {idx: 1, name: '홍길동', score: 10},
    {idx: 2, name: '손오공', score: 20},
    {idx: 3, name: '유비', score: 30},
    {idx: 4, name: '달타냥', score: 40},
  ],
  nextVal : 5,
}));

export default usePlayerStore;
```

❶ 주스탠드에서 스토어 생성을 위한 create() 함수를 임포트합니다.

❷ 스토어를 생성합니다. 먼저 데이터로 사용할 값들을 정의합니다. playerData는 객체형 배열로 4개의 객체를 초깃값으로 정의했습니다. title은 앱의 제목, nextVal은 일련번호를 생성할 때 사용합니다.

04 Header 컴포넌트는 상단의 영역으로 점수 표시를 위한 Stats 컴포넌트와 스탑워치 기능의 Stopwatch 컴포넌트를 자식으로 포함하고 있습니다.

```jsx
// ReactStudy\project04-scoreboard\src\components\Header.jsx
import Stats from './Stats';
import Stopwatch from './Stopwatch';
import usePlayerStore from '../zustand/usePlayerStore'; // ❶ 스토어 임포트

export default function Header(props) {
  const {title} = usePlayerStore(); // ❷ 스토어에서 title 가져오기
  return (<>
    <header className="header">
      <Stats />
```

```
      <h1 className="h1">{title}</h1> // ❸ 타이틀 출력
      <Stopwatch></Stopwatch>
    </header>
  </>);
}
```

❶ 스토어를 임포트합니다.

❷ 임포트한 usePlayerStore()에서 title을 가져옵니다.

❸ 스코어보드 앱의 타이틀을 출력합니다.

05 다음은 총인원수와 점수합계를 출력하는 Stats 컴포넌트입니다.

ReactStudy\project04-scoreboard\src\components\Stats.jsx

```
import usePlayerStore from '../zustand/usePlayerStore';

export default function Stats() {
  const {playerData} = usePlayerStore(); // ❶ 스토어에서 playerData 가져오기
  return (<>
    <table className="stats">
      <tbody>
      <tr>
        <td>총인원수 :</td>
        <td>{playerData.length}명</td> // ❷ 총 인원수 출력
      </tr>
      <tr>
        <td>점수합계 :</td>
        // ❸ 점수의 합계 출력
        <td>{playerData.reduce((prev, curr) => prev+curr.score, 0)}점</td>
      </tr>
      </tbody>
    </table>
  </>);
}
```

❶ usePlayerStore()에서 playerData를 가져옵니다.

❷ playerData는 배열이므로 length 속성으로 요소 개수를 얻어올 수 있습니다.

❸ reduce() 함수로 객체의 score값을 인출하여 합계를 구합니다. prev의 초깃값은 0으로 설정하여 데이터 배열 크기만큼 반복해서 합계를 계산합니다.

06 다음은 스탑워치 기능을 가진 Stopwatch 컴포넌트입니다.

```
                                    ReactStudy\project04-scoreboard\src\components\Stopwatch.jsx
import { useRef, useState } from "react";

export default function Stopwatch() {
  const [timerFlag, setTimerFlag] = useState(false); // ❶ 스탑워치가 동작 중인지 판단하기 위한 상태
  let [ticker, setTicker] = useState(0); // ❷ 시간으로 사용할 상태
  let timerRef = useRef(); // ❸ 타이머 중지를 위한 Ref 변수
  const startTimer = () => { // ❹ 스탑워치를 시작하기 위한 함수
    ticker++;
    timerRef.current = setInterval(()=>{
      setTicker(ticker++);
    }, 1000);
  }
  const stopTimer = () => { // ❺ 스탑워치를 중지하기 위한 함수
    clearInterval(timerRef.current);
  }
  return (<>
    <div className="stopwatch">
      <h1 className="h1">스탑워치</h1>
      <span className="stopwatch-time">{ticker}</span> // ❻ 시간 표시
      <button onClick={()=>{ // ❼ 스탑워치를 시작/중지하기 위한 버튼
        sctTimerFlag(!timerFlag);
        (timerFlag===true) ? stopTimer() : startTimer() ;
      }}>{(timerFlag===false) ? 'Start' : 'Stop'}</button>
      <button onClick={()=>{ // ❽ 스탑워치를 리셋하기 위한 버튼
        if(timerFlag===true){
          alert('StopWatch가 동작 중입니다.');
        }
        else{
          setTicker(0);
        }
      }}>Reset</button>
    </div>
  </>);
}
```

❶ timerFlag는 스탑워치가 현재 동작 중인지 판단하기 위한 상태입니다.

❷ ticker는 시간으로 사용할 상태입니다. 초깃값은 0입니다.

❸ 타이머 중지를 위한 Ref 변수입니다.

❹ 스탑워치를 시작하기 위한 함수입니다. setInterval() 함수를 사용하여 ticker의 값을 1초에 한 번씩 증가시킵니다. setInterval() 함수가 반환하는 타이머 아이디는 timerRef.current에 저장합니다.

❺ 스탑워치를 중지하기 위한 함수입니다. clearInterval() 함수는 타이머 아이디를 통해 실행을 중지시켜줍니다.

❻ 시간을 표시합니다.

❼ 스탑워치를 시작 / 중지하기 위한 버튼입니다. 클릭할 때마다 timerFlag를 반전시켜 업데이트합니다. 이 값에 따라 각기 다른 함수를 호출할 수 있고, 버튼의 타이틀도 토글됩니다.

❽ 스탑워치를 리셋하기 위한 버튼입니다. timerFlag를 통해 스탑워치가 동작 중일 때는 리셋이 되지 않도록 체크하는 조건문이 포함되어 있습니다.

07 다음은 플레이어를 추가하는 AddPlayerForm 컴포넌트입니다. 스토어부터 작성하겠습니다. 지금부터는 기능별로 함수를 하나씩 추가하면 되므로, 같은 코드는 생략하겠습니다.

ReactStudy\project04-scoreboard\src\zustand\usePlayerStore.jsx

```
import { create } from 'zustand';

const usePlayerStore = create((set) => ({
  ...생략...
  addPlayerProcess: (pName) => { // ❶ 플레이어 추가를 위한 함수 정의
    //console.log('추가', pName);
    set((state) => ({
      playerData : [...state.playerData, {idx: state.nextVal, name: pName, score: 0}],
      nextVal : state.nextVal + 1, // ❷ 일련번호 1 증가
    }));
  },
}));

export default usePlayerStore;
```

❶ addPlayerProcess() 함수를 정의합니다. 매개변수로 플레이어의 이름을 전달받고, set() 함수 내부에서 데이터를 추가합니다. set 함수의 매개변수인 state로는 현재의 상탯값이 전달됩니다. 이 값을 스프레드 연산자로 펼친 후 새로운 플레이어 객체를 추가해줍니다.

❷ 플레이어가 추가되면 일련번호 생성을 위한 nextVal을 1 증가시켜줍니다.

08 AddPlayerForm 컴포넌트를 작성하겠습니다.

ReactStudy\project04-scoreboard\src\components\AddPlayerForm.jsx

```jsx
import { useState } from 'react';
import usePlayerStore from '../zustand/usePlayerStore';

export default function AddPlayerForm() {
  const {addPlayerProcess} = usePlayerStore(); // ❶ 플레이어 추가 함수 가져오기
  const [inputName, setInputName] = useState(''); //❷ 이름 입력을 위한 상태
  return (<>
    <form className="form" noValidate onSubmit={(e)=>{ // ❸ 폼값 전송 및 입력 처리
      e.preventDefault();
      addPlayerProcess(inputName);
      setInputName('');
    }}>
      // ❹ 이름 입력을 위한 입력 상자
      <input type="text" name="player" className="input" placeholder="이름을 추가하세요"
        value={inputName} onChange={(e)=>{setInputName(e.target.value)}} />
      <input type="submit" className="input" value="플레이어추가" />
    </form>
  </>);
}
```

❶ 스토어에서 플레이어 추가를 위한 addPlayerProcess() 함수를 가져옵니다.

❷ 입력 상자의 값을 수정하기 위한 상태를 선언합니다.

❸ 폼값이 전송되면 입력된 플레이어 이름을 인수로 전달하여 addPlayerProcess() 함수를 호출합니다. 플레이어가 추가되면 다음 입력을 위해 입력 상자를 빈 값으로 설정합니다.

❹ 플레이어 이름을 입력하기 위한 입력 상자입니다. 입력값이 변경될 때마다 상태를 업데이트합니다.

09 다음은 점수의 증감, 수정, 삭제 기능을 구현하기 위해 스토어에 각 기능의 함수를 추가하겠습니다.

ReactStudy\project04-scoreboard\src\zustand\usePlayerStore.jsx
```jsx
import { create } from 'zustand';

const usePlayerStore = create((set) => ({
  ...이전 코드 생략
  scoreChangeProcess: (flag, pIdx) => { // ❶ 점수 변경을 위한 함수
    //console.log('점수변경', flag, pIdx);
    let changeScore = (flag==='+') ? 5 : -5; // ❷ 점수는 5점씩 증가 혹은 감소
    set((state) => ({
      // ❸ 해당 객체를 찾은 후 점수를 증감 처리
      playerData : state.playerData.map(row => { //
        return (row.idx===pIdx) ? {...row, score: row.score+changeScore} : row
      })
    }));
  },
  deletePlayerProcess: (pIdx) => { // ❹ 삭제를 위한 함수
    //console.log('삭제', pIdx);
    if(confirm('삭제할까요?')){ // ❺ 플레이어 삭제
      set((state) => ({
        playerData : state.playerData.filter(row => row.idx!==pIdx)
      }));
    }
  },
  editPlayerProcess: (pIdx, pName) => { // ❻ 수정을 위한 함수
    //console.log('수정', pIdx, pName);
    set((state) => ({
      playerData : state.playerData.map(row => { // ❼ 플레이어 정보 수정
        return (row.idx===pIdx) ? {...row, name: pName} : row
      })
    }));
  },
}));

export default usePlayerStore;
```

❶ 점수 변경을 위한 함수입니다.

❷ 매개변수 flag로 + 혹은 -가 전달되면 5점씩 증가 혹은 감소시키기 위해 값을 설정합니다.

❸ map 함수로 데이터 크기만큼 반복해서 객체를 찾은 후 점수를 증감시켜줍니다.

❹ 삭제를 위한 함수입니다. 매개변수로 삭제할 플레이어의 일련번호를 전달받아 사용합니다.

❺ confirm() 함수로 확인 후 삭제할 일련번호와 일치하지 않는 객체만 반환하여 상태를 업데이트합니다.

❻ 수정을 위한 함수입니다. 일련번호와 수정할 이름을 매개변수로 전달받습니다.

❼ map() 함수로 수정할 객체를 찾은 후 이름 부분은 수정해줍니다.

10 스토어에서 기능을 추가했으니 실행을 위한 컴포넌트를 만들겠습니다. 점수 변경을 위한 Counter 컴포넌트입니다.

```jsx
// ReactStudy\project04-scoreboard\src\components\Counter.jsx
import usePlayerStore from '../zustand/usePlayerStore';

export default function Counter(props) {
  const {scoreChangeProcess} = usePlayerStore(); // ❶ 스토어에서 점수 변경 함수 가져오기
  return (<>
    <div className="counter">
      <button className="counter-action decrement"
        // ❷ 점수 차감 버튼
        onClick={() => scoreChangeProcess('-', props.idx)}> -</button>
      <span className="counter-score">{props.score}</span>
      <button className="counter-action increment"
        // ❸ 점수 증가 버튼
        onClick={() => scoreChangeProcess('+', props.idx)}> +</button>
    </div>
  </>);
}
```

❶ 스토어에서 점수 변경을 위한 함수를 가져옵니다.

❷ 점수 차감 시에는 flag로 마이너스(-)를 전달합니다. ❸ 증가 시에는 플러스(+)를 전달합니다.

11 다음은 플레이어 목록 출력을 위한 Player 컴포넌트입니다. 수정 및 삭제를 위한 컴포넌트와 링크 등이 포함되어 있습니다. 바로 이어서 작성할 부분이므로 오류가 발생하더라도 작성하면 됩니다.

ReactStudy\project04-scoreboard\src\components\Player.jsx

```jsx
import { useState } from "react";
import usePlayerStore from '../zustand/usePlayerStore';
import Counter from './Counter';
import EditPlayerForm from './EditPlayerForm'; // ❶ 수정 폼 컴포넌트 임포트

export default function Player({playerRow}) {
  const {deletePlayerProcess} = usePlayerStore(); // ❷ 삭제를 위한 함수 가져오기
  const [showEdit, setShowEdit] = useState(false); // ❸ 수정 폼 토글을 위한 상태
  return (<>
    <div className="player">
      <span className="player-name">
        <button className="remove-player"
          // ❹ 플레이어 삭제 버튼
          onClick={()=>deletePlayerProcess(playerRow.idx)}>x</button>
        <a href="/" onClick={(e)=>{ // ❺ 플레이어 이름을 클릭 시 수정 폼을 보임 처리
          e.preventDefault();
          setShowEdit(!showEdit);
        }}>{playerRow.name}</a>
      </span>
      // ❻ 점수 증감 컴포넌트
      <Counter idx={playerRow.idx} score={playerRow.score} />
    </div>
    { // ❼ showEdit의 상태에 따라 수정 폼 토글
      (showEdit===false) ? '' :
        <EditPlayerForm pName={playerRow.name} pIdx={playerRow.idx}
          setShowEdit={setShowEdit} />
    }
  </>);
}
```

❶ 수정 폼 컴포넌트를 임포트합니다.

❷ 스토어에서 삭제를 위한 deletePlayerProcess() 함수를 가져옵니다.

❸ 수정 폼을 보임 및 숨김 처리하기 위한 상태입니다.

❹ 플레이어 삭제 버튼입니다. 이 부분은 플레이어 영역에 마우스를 올렸을 때 보여지게 됩니다. 평소에는 숨김 처리 되어 있습니다. 클릭 시 삭제 함수를 호출합니다.

❺ 플레이어 이름을 클릭하면 수정 폼을 보임 처리합니다.

❻ 앞부분에서 작성했던 점수 증감을 위한 컴포넌트입니다.

❼ showEdit의 상태에 따라 수정 폼을 토글합니다. true인 때에만 플레이어 영역 바로 아래쪽에 수정 폼이 표시됩니다.

12 다음은 플레이어 수정을 위한 폼 컴포넌트입니다.

ReactStudy\project04-scoreboard\src\components\EditPlayerForm.jsx

```jsx
import { useState } from "react";
import usePlayerStore from '../zustand/usePlayerStore';

// ❶ 수정 컴포넌트 정의
export default function EditPlayerForm({pName, pIdx, setShowEdit}) {
  // ❷ 스토어에서 수정을 위한 함수 가져오기
  const {editPlayerProcess} = usePlayerStore();
  const [playerName, setPlayName] = useState(pName); // ❸ 이름 입력을 위한 상태
  return (<>
    <form className="editform"
      onSubmit={(e)=>{ // ❹ 폼값 전송 및 수정 처리
        e.preventDefault();
        editPlayerProcess(pIdx, playerName);
        setShowEdit(false);
      }
    }>
      <input type="text" name="player" className="editInput"
        placeholder="이름을 추가하세요" value={playerName}
        // ❺ 이름을 수정하기 위한 입력 상자
        onChange={(e)=>{setPlayName(e.target.value)}} />
      <input type="submit" className="editInput" value="수정하기" />
    </form>
  </>);
}
```

❶ 수정을 위해 플레이어의 이름, 일련번호 및 상태 변경 함수를 프롭스로 전달받습니다.

❷ 스토어에서 수정을 위한 editPlayerProcess() 함수를 가져옵니다.

❸ 플레이어 이름을 입력 폼에서 변경하기 위한 상태입니다.

❹ 폼값이 전송되면 editPlayerProcess() 함수를 호출해서 수정 처리합니다. 수정이 완료되면 setShowEdit()를 통해 수정 폼을 숨김 처리합니다.

❺ 플레이어 이름을 수정하기 위한 입력 상자입니다.

13 그럼 마지막으로 App 컴포넌트를 만들겠습니다.

ReactStudy\project04-scoreboard\src\App.jsx
```jsx
import usePlayerStore from './zustand/usePlayerStore';
import Header from './components/Header';
import AddPlayerForm from './components/AddPlayerForm';
import Player from './components/Player';

function App() {
  const {playerData} = usePlayerStore(); // ❶ 플레이어 데이터를 가져오기

  return (
    <div className="scoreboard"> // ❷ 컴포넌트 배치
      <Header />
      { // ❸ Player 컴포넌트 반복 출력
        playerData.map((playerRow) => (
          <Player playerRow={playerRow} key={playerRow.idx} />
        ))
      }
      <AddPlayerForm />
    </div>
  );
}

export default App;
```

❶ 스토어에서 플레이어 데이터를 가져옵니다.

❷ 컴포넌트를 배치합니다. 상단 Header 부분은 인원수와 점수, 스탑워치를 표시합니다. 플레이

어의 목록과 입력 폼을 렌더링합니다.

❸ 플레이어 목록은 map() 함수를 이용해서 Player 컴포넌트를 반복해서 출력합니다. map() 함수 내에서 각 플레이어의 객체를 프롭스로 전달합니다. 주스탠드와 같은 전역 상태 관리 라이브러리를 사용하더라도 이와 같은 반복문 내에서는 프롭스를 사용해야 합니다.

14 작동을 확인해보겠습니다.

▼ 실행 결과

각 플레이어마다 점수를 증가시켰습니다. 점수합계가 변경되는 걸 확인할 수 있습니다.

플레이어의 이름을 클릭하면 수정 폼이 바로 아래쪽에 열립니다. 이름을 수정한 후 수정하기 버튼을 눌러보세요.

수정이 완료되었습니다. 그리고 플레이어 영역에 마우스를 올리면 [삭제] 버튼이 나타납니다.

상태 관리를 위한 데이터와 함수는 주스탠드를 이용해서 스토어에 정의했기 때문에 App 컴포넌트는 매우 간단히 구현된 걸 볼 수 있습니다. 그리고 각 컴포넌트에서 필요한 함수나 데이터만 가져와서 사용하면 됩니다.

학습 마무리

주스탠드는 전역 상태를 간단하고 가볍게 관리하는 라이브러리입니다. 리덕스보다 설정이 간편하고, 불필요한 보일러플레이트 코드 없이도 상태를 손쉽게 만들고 사용할 수 있습니다. 이번 장에서는 주스탠드를 활용하여 스코어보드를 구성하면서, 전역 상태를 정의하고, 이를 여러 컴포넌트에서 불러와 사용하는 과정을 실습했습니다.

특히 선수 추가, 점수 변경, 이름 수정, 삭제와 같은 동작들이 모두 같은 상태에서 이루어졌기 때문에, 상태가 하나로 일관되게 유지되는 구조의 장점을 확인할 수 있었습니다. 이처럼 상태가 필요한 여러 컴포넌트에서 같은 값을 공유해야 할 경우, 전역 상태 관리는 매우 효과적인 접근이 됩니다. 주스탠드는 이런 전역 상태 관리를 매우 직관적으로 구현하는 도구입니다.

핵심 키워드

1. **주스탠드** : 리액트에서 사용할 수 있는 가볍고 직관적인 전역 상태 관리 라이브러리입니다. 상태를 정의하고 필요한 컴포넌트에서 쉽게 불러올 수 있습니다.
2. **전역 상태** : 여러 컴포넌트에서 동시에 접근하고 수정할 수 있는 공통된 상태를 의미합니다. 전역 상태가 있으면 데이터 전달이 훨씬 쉬워집니다.
3. **set 함수** : 주스탠드에서 상태를 변경할 때 사용하는 함수로, 기존 값을 갱신하거나 새로운 값을 설정할 때 사용됩니다.
4. **불변성 유지** : 상태를 직접 수정하지 않고, 복사본을 만들어 변경하는 방식입니다. 리액트의 상태 관리 철학에 부합하며 상태 추적이 쉬워집니다.
5. **상태 구독** : 주스탠드에서는 원하는 상태만 선택해서 사용할 수 있으며, 해당 상태가 바뀔 때만 컴포넌트가 리렌더링됩니다.

연습문제

1 주스탠드의 전역 상태를 사용하는 가장 큰 이유는 무엇인가요?

2 다음 중 주스탠드의 특징으로 올바르지 않은 것은 무엇인가요?

   ❶ 매우 가볍고 설치가 간단하다.

   ❷ 액션 타입을 명시적으로 정의해야 한다.

   ❸ 상태를 여러 컴포넌트에서 쉽게 공유할 수 있다.

   ❹ 불변성을 유지하면서 상태를 관리한다.

3 주스탠드에서 상태를 만들기 위해 사용하는 기본 함수는 무엇인가요?

   ❶ create   ❷ useState

   ❸ useReducer   ❹ makeStore

4 주스탠드에서 set 함수를 사용할 때 주의할 점으로 올바른 것은 무엇인가요?

   ❶ 상태 객체를 직접 수정해도 된다.

   ❷ set은 상태를 변경할 때만 호출해야 한다.

   ❸ set을 호출해도 컴포넌트는 리렌더링되지 않는다.

   ❹ 상태 초기화 용도로만 사용할 수 있다.

연습문제

5 주스탠드에서 상태를 효율적으로 관리하기 위해 유용한 개념은 무엇인가요?

❶ 상태 연결성   ❷ 상태 비동기 처리

❸ 상태 구독   ❹ 상태 적재화

1 **정답** 여러 컴포넌트에서 공통 상태를 공유하고 관리하기 위해서입니다.
2 **정답** ❷
3 **정답** ❶
4 **정답** ❷
5 **정답** ❸

Chapter 23

카카오톡 만들기 with 파이어베이스

학습 목표

이번 프로젝트는 파이어베이스의 리얼타임 데이터베이스와 스토리지를 활용해, 카카오톡과 유사한 UI의 실시간 채팅 애플리케이션을 제작합니다. 대화방 개설, 대화명 설정, 채팅 입력 및 출력과 같은 기본 채팅 기능은 물론, 프로필 이미지 등록, 날짜 및 시간 표시와 같은 부가 기능도 함께 구현하겠습니다.

핵심 키워드

카카오톡 리얼타임 데이터베이스 스토리지 Firebase 파이어베이스

학습 코스

프로젝트 생성하기 → 기본 UI 작성 및 기능 구현하기

23.1 프로젝트 생성

파이어베이스의 리얼타임 데이터베이스와 스토리지를 활용해, 카카오톡과 유사한 UI의 실시간 채팅 애플리케이션을 제작하겠습니다. 대화방 개설, 대화명 설정, 채팅 입력 및 출력과 같은 기본 채팅 기능은 물론, 프로필 이미지 등록, 날짜 및 시간 표시와 같은 부가 기능도 함께 구현하겠습니다.

To do 01 프로젝트를 생성하겠습니다.

- **프로젝트명** : project05-kakaotalk

프로젝트 생성 순서

- 리액트 프로젝트 생성 및 의존성 설치
- 라이브러리 설치
  - npm install firebase, react-router-dom
- 프로젝트 실행 및 기본형 만들기
- **main.jsx** : 〈BrowserRouter〉 컴포넌트로 〈App /〉 감싸기

23.2 기본 UI 작성 및 기능 구현하기

To do 01 채팅 UI는 저자의 깃허브 저장소에서 다운로드 후 사용해주세요. 경로는 다음과 같이 public 폴더 하위입니다. 이 책에서는 chat-ui2.html을 채팅 UI로 사용합니다. 또한 채팅창에서 사용할 기본 프로필 이미지도 함께 다운로드해주세요. 이미지는 imgs 폴더에 있습니다.

- **바로가기** : https://bit.ly/4m2PcOB

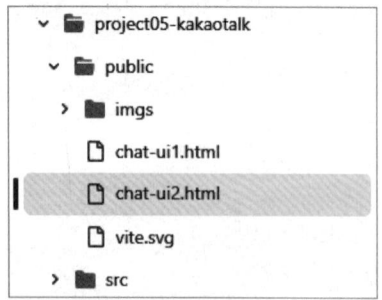

이번 프로젝트에서 사용한 채팅 UI는 아래 URL에서 다운로드했습니다. 학습을 마친 후 예제에서

사용되지 않은 여러 가지 UI를 활용해보세요.

- **채팅 UI를 제공받은 곳** : https://mdbootstrap.com/docs/standard/extended/chat/

02 파이어베이스 사용을 위한 설정 파일부터 살펴보겠습니다. 이 프로젝트에서는 리얼타임과 스토리지를 한꺼번에 사용해서 구현해야 하므로 다음과 같이 구성했습니다. .env 파일은 18장 파이어베이스의 스토리지 예제에서 작성한 것을 사용해주세요.

```jsx
// ReactStudy\project05-kakaotalk\src\firebaseConfig.jsx
import { initializeApp } from "firebase/app"; // ❶ 파이어베이스 초기화 함수 임포트
// ❷ 리얼타임 데이터베이스 사용을 위한 함수 임포트
import { getDatabase } from "firebase/database";
import { getStorage } from "firebase/storage"; // ❷ 스토리지 사용을 위한 함수 임포트

const firebaseConfig = { // ❸ SDK 정보
  apiKey: import.meta.env.VITE_apiKey,
  authDomain: import.meta.env.VITE_authDomain,
  projectId: import.meta.env.VITE_projectId,
  storageBucket: import.meta.env.VITE_storageBucket,
  messagingSenderId: import.meta.env.VITE_messagingSenderId,
  appId: import.meta.env.VITE_appId,
  databaseURL: import.meta.env.VITE_databaseURL
};

const app = initializeApp(firebaseConfig); // ❹ 파이어베이스 앱 초기화
const realtime = getDatabase(app); // ❺ 리얼타임과 스토리지 사용을 위한 객체 생성
const storage = getStorage(app, import.meta.env.VITE_storageURL);

export { realtime, storage }; // ❻ 익스포트
```

❶ 파이어베이스 초기화를 위한 initializeApp() 함수를 임포트합니다.

❷ 리얼타임과 스토리지 사용을 위한 함수를 임포트합니다.

❸ SDK 정보를 객체 형식으로 정의합니다. .env 파일의 내용을 읽어와서 설정하고 있습니다.

❹ 파이어베이스 앱을 초기화합니다.

❺ 리얼타임과 스토리지 사용을 위한 객체를 가져옵니다.

❻ 두 가지 객체를 한꺼번에 익스포트합니다.

03 UI로 제공되는 HTML 파일을 보면 상단에 부트스트랩 CDN이 있습니다. 이 부분은 index.html에 추가해야 합니다.

```
                                              ReactStudy\project05-kakaotalk\index.html
<!doctype html>
<html lang="en">
  <head>
    <meta charset="UTF-8" />
    <link rel="icon" type="image/svg+xml" href="/vite.svg" />
    <meta name="viewport" content="width=device-width, initial-scale=1.0" />
    <title>Vite + React</title>
    <link href="https://cdn.jsdelivr.net/npm/bootstrap@5.3.3/dist/css/bootstrap.min.css" rel="stylesheet" integrity="sha384-QWTKZyjpPEjISv5WaRU9OFeRpok6YctnYmDr5pNlyT2bRjXh0JMhjY6hW+ALEwIH" crossorigin="anonymous"> // ❶ 부트스트랩 CDN
  </head>
  <body>
    <div id="root"></div>
    <script type="module" src="/src/main.jsx"></script>
  </body>
</html>
```

❶ 부트스트랩 CDN은 head 태그 사이에 추가하면 됩니다.

04 채팅 UI에 사용된 CSS입니다. 복사 후 그대로 붙여넣기해주세요. 별도의 설명은 생략하겠습니다.

- **바로가기** : https://bit.ly/4nm8Zth

```
                                              ReactStudy\project05-kakaotalk\src\index.css
/* 공통 설정 : 입력창 주변 notch(테두리 장식) 기본 스타일 */
#chat1 .form-outline .form-control~.form-notch div {
  pointer-events: none;
  border: 1px solid;
  border-color: #eee;
  box-sizing: border-box;
  background: transparent;
}
/* 왼쪽 notch 스타일 */
```

```css
#chat1 .form-outline .form-control~.form-notch .form-notch-leading {
  left: 0;
  top: 0;
  height: 100%;
  border-right: none;
  border-radius: .65rem 0 0 .65rem;
}
/* 가운데 notch 스타일 */
#chat1 .form-outline .form-control~.form-notch .form-notch-middle {
  flex: 0 0 auto;
  max-width: calc(100% - 1rem);
  height: 100%;
  border-right: none;
  border-left: none;
}
/* 오른쪽 notch 스타일 */
#chat1 .form-outline .form-control~.form-notch .form-notch-trailing {
  flex-grow: 1;
  height: 100%;
  border-left: none;
  border-radius: 0 .65rem .65rem 0;
}
/* 포커스 시 왼쪽 notch 강조 */
#chat1 .form-outline .form-control:focus~.form-notch .form-notch-leading {
  border-top: 0.125rem solid #39c0ed;
  border-bottom: 0.125rem solid #39c0ed;
  border-left: 0.125rem solid #39c0ed;
}
/* 포커스 또는 active 상태일 때 왼쪽 notch 애니메이션 */
#chat1 .form-outline .form-control:focus~.form-notch .form-notch-leading,
#chat1 .form-outline .form-control.active~.form-notch .form-notch-leading {
  border-right: none;
  transition: all 0.2s linear;
}
/* 포커스 시 가운데 notch 강조 */
#chat1 .form-outline .form-control:focus~.form-notch .form-notch-middle {
  border-bottom: 0.125rem solid;
  border-color: #39c0ed;
}
/* 포커스 또는 active 상태일 때 가운데 notch 애니메이션 */
```

```css
#chat1 .form-outline .form-control:focus~.form-notch .form-notch-middle,
#chat1 .form-outline .form-control.active~.form-notch .form-notch-middle {
  border-top: none;
  border-right: none;
  border-left: none;
  transition: all 0.2s linear;
}
/* 포커스 시 오른쪽 notch 강조 */
#chat1 .form-outline .form-control:focus~.form-notch .form-notch-trailing {
  border-top: 0.125rem solid #39c0ed;
  border-bottom: 0.125rem solid #39c0ed;
  border-right: 0.125rem solid #39c0ed;
}
/* 포커스 또는 active 상태일 때 오른쪽 notch 애니메이션 */#chat1 .form-outline .form-control:focus~.form-notch .form-notch-trailing,
#chat1 .form-outline .form-control.active~.form-notch .form-notch-trailing {
  border-left: none;
  transition: all 0.2s linear;
}
/* 포커스 시 라벨 색상 변경 */
#chat1 .form-outline .form-control:focus~.form-label {
  color: #39c0ed;
}
/* 기본 라벨 색상 */
#chat1 .form-outline .form-control~.form-label {
  color: #bfbfbf;
}
```

05 대화방을 개설하고 새로운 채팅창을 열기 위한 ChatStart 컴포넌트입니다. 대화명 입력과 함께 프로필 사진을 등록하는 기능도 포함되어 있습니다.

ReactStudy\project05-kakaotalk\src\components\ChatStart.jsx

```jsx
import { useRef, useState } from 'react';
import { storage } from '../firebaseConfig'; // ❶ 스토리지 객체 임포트
import { ref as storageRef, uploadBytes, getDownloadURL } from "firebase/storage";

const ChatStart = () => {
  // ❷ 방명, 대화명, 프로필 사진 입력 상자를 참조하기 위해 Ref 변수 생성
```

```
  const refRoomName = useRef();
  const refUserName = useRef();
  const refUserPic = useRef();
  const [roomName, setRoomName] = useState('우리집'); // ❸ 방명 변경을 위한 상태
  const windowOpen = (paramUrl='') => { // ❹ 채팅 팝업창을 열기 위한 함수 정의
    let qString =
// ❺ 방명과 대화명을 쿼리스트링으로 구성
`roomName=${refRoomName.current.value}&userName=${refUserName.current.value}`;
    // ❻ 프로필 이미지 URL을 쿼리스트링에 추가
    if(paramUrl.trim()) qString += `&imgUrl=${encodeURIComponent(paramUrl)}`;
    // ❼ 새로운 채팅 팝업창 띄우기
    window.open(`/talk?${qString}`, '', 'width=500,height=650');
    refUserName.current.value = '';
    refUserPic.current.value = '';
  }
  const openChatWin = () => {
    if(refUserPic.current.value.trim()) { // ❽ 프로필 이미지가 있는 경우 업로드 처리
      const saveLocation = storageRef(storage, '/profile/'+refUserPic.current.
files[0].name);
      uploadBytes(saveLocation, refUserPic.current.files[0]).then((snapshot) => {
        getDownloadURL(saveLocation)
        .then((uploadImgUrl)=>{
          windowOpen(uploadImgUrl); // ❾ 채팅창 열기(저장된 프로필 이미지 경로 전달)
        });
      });
    }
    else{
      windowOpen(); // ❿ 채팅창 열기(기본 프로필 이미지로 설정)
    }
  }

  return (<>
    <div style={{margin:'20px'}}>
      <h2>카카오톡 제작하기</h2>
      <form onSubmit={(e)=>{ // ⓫ [채팅시작] 버튼을 누르면 즉시 openChatWin를 호출
        e.preventDefault();
        openChatWin();
      }}>
        방명 : <input type="text" name="roomName" ref={refRoomName} required
                value={roomName} onChange={(e)=>setRoomName(e.target.value)} />
```

```
    <br />
        대화명 : <input type="text" name="userName" ref={refUserName} required />
    <br />
        프로필 사진 : <input type="file" name="userPic" ref={refUserPic} /> <br />
        <button type="submit">채팅시작</button> // ⓬ 방명, 대화명은 필수사항
      </form>
    </div>
  </>);
};

export default ChatStart;
```

❶ 설정 파일에서 스토리지 객체를 임포트합니다.

❷ 방명, 대화명, 프로필 사진 입력 상자를 참조하기 위해 Ref 변수를 생성합니다.

❸ 방명 변경을 위한 상태입니다. 초깃값은 '우리집'입니다.

❹ 새로운 채팅 팝업창을 열기 위한 함수를 정의합니다. 매개변수로는 스토리지에 저장된 프로필 사진의 URL이 전달됩니다.

❺ 방명과 대화명을 쿼리스트링으로 구성합니다.

❻ 매개변수로 전달된 프로필 이미지 URL이 있으면 인코딩 후 쿼리스트링에 추가합니다. URL이 없을 때는 추가되지 않습니다.

❼ 새로운 채팅 팝업창을 띄우고, 대화명과 프로필 이미지는 빈 값으로 설정합니다.

❽ 프로필 이미지를 선택한 후 [채팅시작] 버튼을 누르면 스토리지에 업로드를 진행합니다. 저장 경로는 /profile 폴더 하위로 설정합니다. 업로드 완료 후 getDownloadURL() 함수로 저장된 URL을 반환받을 수 있습니다.

❾ 반환된 저장 URL을 인수로 전달하여 windowOpen를 호출합니다.

❿ 만약 프로필 이미지를 선택하지 않았다면 기본 이미지로 출력됩니다.

⓫ [채팅시작] 버튼을 누르면 즉시 openChatWin()를 호출합니다.

⓬ 방명, 대화명은 필수사항이므로 required로 설정되어 있습니다. 프로필 사진은 선택 사항입

니다.

06 다음은 메시지를 채팅창에 표시하는 컴포넌트를 만들겠습니다. 채팅은 내가 보낸 메시지와 상대방이 보낸 메시지를 좌우측으로 구분하여 표시합니다. 먼저 내가 보낸 메시지를 표시하는 컴포넌트를 만들겠습니다.

```jsx
// ReactStudy\project05-kakaotalk\src\components\SendMessage.jsx
const SendMessage = (props) => { // ❶ 내가 보낸 메시지를 UI에 표시하기 위한 컴포넌트
  let id = props.chatData.id; // ❷ 프롭스를 통해 전달된 대화명, 메시지 파싱
  let message = props.chatData.message;
  let date = props.displayDateTime(props.chatData.date); // ❸ 작성일
  let imgUrl = props.chatData.imgUrl;
  // ❹ 프로필 이미지 설정
  let profileSrc = (imgUrl===undefined) ? '/imgs/ava1-bg.webp' : imgUrl;
  return (<>
    <div className="d-flex justify-content-between">
      <p className="small mb-1 text-muted"></p>
      <p className="small mb-1">[{date}] {id}</p> // ❺ 대화명과 작성일 표시
    </div>
    <div className="d-flex flex-row justify-content-end mb-4 pt-1">
      <div>
        <p className="small p-2 me-3 mb-3 text-white rounded-3 bg-warning">{message}</p> // ❻ 메시지 출력
      </div>
      // ❼ 프로필 사진 출력
      <img src={profileSrc} style={{'width':'45px','height':'100%'}} />
    </div>
  </>);
}

export default SendMessage;
```

❶ 내가 보낸 메시지를 UI에 표시하는 컴포넌트입니다. 매개변수로는 리얼타임에 저장된 채팅 데이터가 전달됩니다.

❷ 프롭스로 전달받은 데이터를 파싱해서 각 변수(대화명, 메시지 등)에 저장합니다.

❸ 작성일인 때는 오늘인지 판단하는 displayDateTime() 함수의 반환값으로 설정합니다. 이 함

수는 ChatWindow.jsx에 정의되어 있어 뒤에서 설명할 예정입니다.

❹ 프로필 사진을 업로드했는지에 따라 이미지 설정을 변경합니다. 업로드하지 않았다면 기본 아이콘으로 설정됩니다.

❺ 대화명과 작성일을 표시합니다. 특히 작성일의 경우 오늘이면 시간을, 그렇지 않으면 날짜와 시간 전체를 표시하게 됩니다.

❻ 메시지를 출력합니다. 내가 보낸 것이므로 우측으로 정렬해서 출력합니다.

❼ 프로필 사진을 출력합니다.

07 다음은 상대방이 보낸 메시지를 출력하는 컴포넌트입니다.

```
                         ReactStudy\project05-kakaotalk\src\components\ReceiveMessage.jsx
const ReceiveMessage = (props) => {
  let id = props.chatData.id;
  let message = props.chatData.message;
  let date = props.displayDateTime(props.chatData.date);
  let imgUrl = props.chatData.imgUrl;
  let profileSrc = (imgUrl===undefined) ? '/imgs/ava6-bg.webp' : imgUrl;
  return (<>
    <div className="d-flex justify-content-between">
      <p className="small mb-1">{id} [{date}]</p>
      <p className="small mb-1 text-muted"></p>
    </div>
    <div className="d-flex flex-row justify-content-start">
      <img src={profileSrc} style={{'width':'45px','height':'100%'}}/>
      <div>
        <p className="small p-2 ms-3 mb-3 rounded-3" style={{'backgroundColor':'#f5f6f7'}}>
          {message}
        </p>
      </div>
    </div>
  </>);
}

export default ReceiveMessage;
```

ReceiveMessage 컴포넌트는 메시지를 출력하는 위치 외에는 SendMessage 컴포넌트와 동일하므로 설명은 생략하겠습니다.

08 다음은 실시간 채팅을 위한 ChatWindow 컴포넌트입니다. 복잡한 UI가 적용되어 있어 코드가 다소 길지만 천천히 살펴보면 어렵지 않게 이해할 수 있을 겁니다.

ReactStudy\project05-kakaotalk\src\components\ChatWindow.jsx

```jsx
import { realtime } from '../firebaseConfig';
import { ref as realtimeRef, child, set, onValue, push } from "firebase/database";
import { useState, useEffect, useRef } from 'react';
// ❶ 리얼타임 및 여러 가지 훅 임포트
import { useSearchParams } from 'react-router-dom';
import SendMessage from './SendMessage';
import ReceiveMessage from './ReceiveMessage'; // ❷ 메시지 표시를 위한 컴포넌트 임포트

const scrollTop = (chatWindow) => { // ❸ 채팅창의 스크롤을 자동으로 내려주는 함수
  chatWindow.scrollTop = chatWindow.scrollHeight;
}

const getCurrentDateTime = () => { // ❹ 현재 시각을 반환하는 함수
  const now = new Date();
  const year = now.getFullYear();
  const month = String(now.getMonth() + 1).padStart(2, '0');
  const date = String(now.getDate()).padStart(2, '0');
  const hours = String(now.getHours()).padStart(2, '0');
  const minutes = String(now.getMinutes()).padStart(2, '0');
  return `${year}-${month}-${date} ${hours}:${minutes}`;
}

const displayDateTime = (writeDate) => { // ❺ 작성일이 오늘인지 판단 후 출력
  const [msgDate, msgTime] = writeDate.split(' ');
  const today = getCurrentDateTime().slice(0, 10);
  return (msgDate === today) ? msgTime : writeDate;
}

function ChatWindow() {
  const [searchParams] = useSearchParams(); // ❻ 파라미터를 가져오는 훅
  const roomName = searchParams.get('roomName'); // 방명
  const userName = searchParams.get('userName'); // 대화명
```

```
  const imgUrl = searchParams.get('imgUrl'); // 프로필 사진 URL
  const chatWindow = useRef(); // ❼ 채팅 내역이 표시되는 DOM 참조
  const timerRef = useRef(0);
  const [chatData, setChatData] = useState('');

  // ❽ 새로운 메시지를 리얼타임에 저장
  function messageWrite(chatRoom, chatId, chatMessage) {
    //고유키 생성
    const newPostKey = push(child(realtimeRef(realtime), 'tempValue')).key;
    //방명 하위에 고유키로 대화 저장
    set(realtimeRef(realtime, chatRoom + '/' + newPostKey), {
      id: chatId,
      message: chatMessage,
      date: getCurrentDateTime(),
      imgUrl: imgUrl,
    });
    console.log('입력성공');
  }

  const dbRef = realtimeRef(realtime, roomName); // ❾ 방명으로 참조 객체 생성
  useEffect(() => {
    onValue(dbRef, (snapshot) => { // ❿ 리스너 함수 정의
      timerRef.current = setTimeout(()=>{
        scrollTop(chatWindow.current);
      }, 200);
      let showDiv = [];
      snapshot.forEach((childSnapshot) => { // ⓫ 전체 대화 내용을 반복해서 출력
        const childKey = childSnapshot.key;
        const childData = childSnapshot.val();
        if(childData.id===userName){ // 내가 보낸 메시지 출력
          showDiv.push(<SendMessage chatData={childData} displayDateTime={displayDateTime} key={childKey} />);
        }
        else{ // 상대방이 보낸 메시지 출력
          showDiv.push(<ReceiveMessage chatData={childData} displayDateTime={displayDateTime} key={childKey} />);
        }
      });
      setChatData(showDiv);
    });
```

```
    }, []);

    return (<>
    <section style={{"backgroundColor":"#eee"}}>
      <div className="container py-5">
        <div className="row d-flex justify-content-center">
          <div className="col-md-8 col-lg-6 col-xl-4">
            <div className="card">
              <div className="card-header d-flex justify-content-between align-items-center p-3"
                style={{'borderTop':'4px solid #ffa900'}}>
                <h5 className="mb-0">Realtime 채팅</h5>
                <div className="d-flex flex-row align-items-center">
                  대화명 : {userName} // ⓬ 대화명 출력
                  <span className="badge bg-warning me-3"></span>
                  <i className="fas fa-minus me-3 text-muted fa-xs"></i>
                  <i className="fas fa-comments me-3 text-muted fa-xs"></i>
                  <i className="fas fa-times text-muted fa-xs"></i>
                </div>
              </div>
              <div className="card-body" ref={chatWindow} data-mdb-perfect-scrollbar="true" style={{'position':'relative','height':'400px','overflowY':'scroll'}}> // ⓬ 대화 내역 출력
                {chatData}
              </div>
              <form onSubmit={(e)=>{ // ⓭ 메시지 전송을 위한 폼
                e.preventDefault();
                let chatRoom = e.target.chatRoom.value;
                let chatId = e.target.chatId.value;
                let message = e.target.message.value;
                if(message===''){
                  alert('메시지를 입력하세요'); return;
                }
                messageWrite(chatRoom, chatId, message);
                e.target.message.value = '';
              }}>
                // ⓮ 방명과 대화명은 hidden 상자로 설정
                <input type="hidden" name="chatRoom" value={roomName} />
                <input type="hidden" name="chatId" value={userName} />
                <div className="card-footer text-muted d-flex justify-content-start
```

```
                    align-items-center p-3">
                        <div className="input-group mb-0">
                            // 메시지 입력 상자와 전송 버튼
                            <input type="text" className="form-control" placeholder="
메시지를 입력하세요" name="message" aria-label="Recipient's username" aria-
describedby="button-addon2" />
                            <button className="btn btn-warning" type="submit" id="button-
addon2" style={{'paddingTop':'.55rem'}}>
                                전송
                            </button>
                        </div>
                    </form>
                </div>
            </div>
        </div>
    </section>
    </>);
}

export default ChatWindow;
```

❶ 리얼타임 데이터베이스와 상태, 라우터 사용을 위한 여러 함수를 임포트합니다.

❷ 메시지 표시를 위한 컴포넌트를 임포트합니다.

❸ 채팅창의 스크롤을 자동으로 내려주는 함수입니다.

❹ 현재 날짜와 시간을 0000-00-00 00:00 형식으로 반환하는 함수입니다.

❺ 메시지가 작성된 날짜가 오늘이라면 시간만 표시하고, 아니라면 전체를 표시하는 기능의 함수입니다.

❻ 채팅 팝업창의 파라미터를 useSearchParams() 훅을 통해 가져옵니다. 순서대로 방명, 대화명, 프로필 사진의 URL입니다.

❼ 채팅 내역이 표시되는 DOM을 useRef()로 참조합니다.

❽ 새로운 메시지를 리얼타임 데이터베이스에 저장합니다. 최상위 노드는 '방명'이 되고, 새롭게

생성한 고유키가 하위 노드로 설정됩니다. 데이터는 대화명, 메시지, 작성날짜, 프로필 사진으로 구성됩니다.

❾ 리얼타임 데이터베이스에서 채팅 내역을 불러오기 위해 '방명'으로 참조 객체를 생성합니다.

❿ onValue() 함수는 리얼타임에서 리스너 역할의 함수입니다. 새로운 대화 내역이 등록되면 자동으로 호출되어 전체 데이터를 반환해줍니다.

⓫ 전체 데이터를 통해 forEach로 반복 출력합니다. 작성자가 본인이면 SendMessage 컴포넌트, 아니면 ReceiveMessage 컴포넌트를 UI에 추가합니다.

⓬ 대화명과 대화 내역이 출력되는 부분입니다.

⓭ 메시지를 전송하기 위한 〈form〉입니다. 방명, 대화명, 메시지를 가져와서 messageWrite() 함수를 호출합니다. 그러면 새로운 대화 내용이 리얼타임 데이터베이스에 추가됩니다.

⓮ 파라미터로 전달받은 방명과 대화명이 hidden 입력 상자로 설정됩니다. 메시지 입력 상자와 버튼이 있습니다.

09 마지막으로 App 컴포넌트에서는 라우팅 처리를 하겠습니다.

ReactStudy\project05-kakaotalk\src\App.jsx

```jsx
import { Routes, Route } from 'react-router-dom';
import ChatStart from './components/ChatStart';
import ChatWindow from './components/ChatWindow'; // ❶ 컴포넌트 임포트

function App() {
  return (<> // ❷ 라우팅 처리
    <Routes>
      <Route path='/' element={<ChatStart />} />
      <Route path='/talk' element={<ChatWindow />} />
    </Routes>
  </>);
}

export default App;
```

❶ 컴포넌트를 임포트합니다.

❷ URL에 따라 표시할 컴포넌트를 라우팅 처리합니다.

10 작동 테스트를 해보겠습니다. 방명과 대화명을 입력 후 [채팅시작] 버튼을 눌러주세요.

▼ 실행 결과

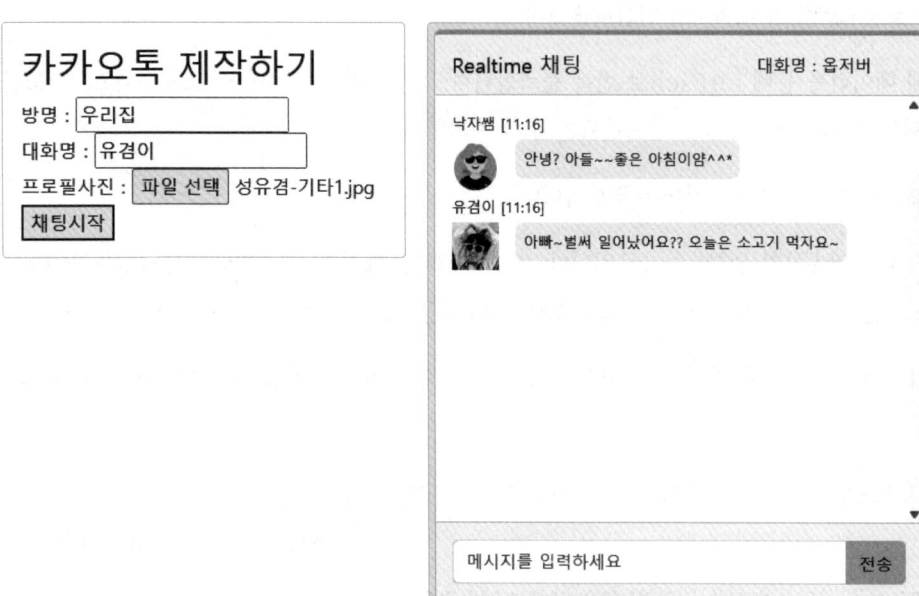

채팅창은 2개 이상을 띄워주세요. 그중 하나만 프로필 사진을 업로드하겠습니다.

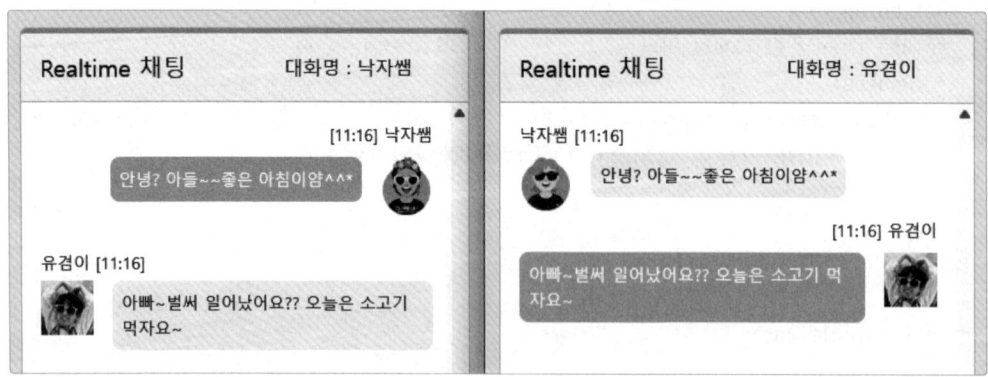

'낙자쌤'의 경우 프로필 사진을 업로드하지 않아 기본 아이콘이 표시됩니다. '유겸이'는 사진을 업로드했습니다.

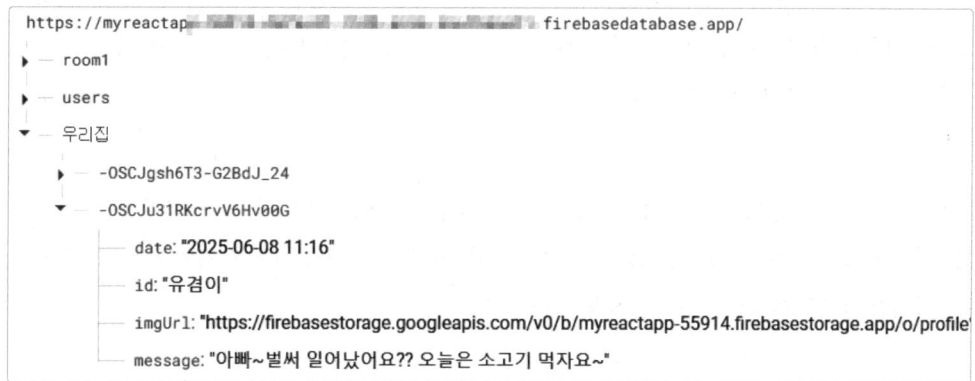

리얼타임 데이터베이스로 들어가 보면 채팅 메시지가 등록되어 있습니다. 특히 프로필 사진을 등록한 경우에는 이미지가 저장된 스토리지의 경로가 imgUrl에 포함된 걸 확인할 수 있습니다.

이것을 응용하면 파일 첨부 기능도 구현할 수 있습니다. 이 기능은 여러분이 직접 추가해보세요.

학습 마무리

실시간 채팅 애플리케이션은 데이터를 빠르게 주고받는 구조가 핵심입니다. 이를 위해 파이어베이스의 리얼타임 데이터베이스를 활용하여 사용자의 입력이 즉시 반영되는 구조를 구현했습니다. 또한 채팅 외에도 프로필 이미지 등록 기능을 통해 파이어베이스 스토리지의 사용법도 함께 익혔습니다.

리액트에서는 외부 서비스와의 연동이 비교적 간단하며, 파이어베이스와 같이 클라우드 기반 서비스를 사용하면 별도의 백엔드 없이도 강력한 기능을 구현할 수 있습니다. 이처럼 프론트엔드만으로도 실시간 애플리케이션을 만드는 방법을 체험해보았습니다.

핵심 키워드

1. **파이어베이스** : 구글에서 제공하는 BaaS$^{\text{Backend as a Service}}$ 플랫폼으로, 인증, 데이터베이스, 스토리지 등 다양한 기능을 제공합니다.
2. **리얼타임 데이터베이스** : 데이터가 변경될 때마다 실시간으로 다른 클라이언트에 반영되는 파이어베이스의 NoSQL 데이터베이스입니다.
3. **파이어베이스 스토리지** : 이미지나 동영상 등 정적 파일을 저장하고 제공하는 기능입니다. 업로드 및 다운로드가 간편합니다.
4. **실시간 채팅** : 입력한 메시지가 즉시 서버에 저장되고, 다른 사용자에게도 실시간으로 표시되는 채팅 시스템입니다.
5. **프로필 이미지 업로드** : 사용자가 자신의 이미지를 선택하여 서버(파이어베이스 스토리지)에 저장하고, 이를 채팅창 등에서 출력하는 기능입니다.

연습문제

1 파이어베이스의 리얼타임 데이터베이스는 어떤 방식으로 데이터를 동기화하나요?

   ❶ 일정 주기로 데이터를 가져온다

   ❷ 변경이 있을 때마다 이벤트로 전달받는다

   ❸ 매번 수동으로 요청을 보내야 한다

   ❹ 서버가 저장을 끝낸 후 한 번만 응답한다

2 파이어베이스 스토리지의 주요 용도는 무엇인가요?

   ❶ 사용자 인증   ❷ 문서 편집

   ❸ 정적 파일 저장   ❹ 데이터베이스 백업

3 채팅창에서 실시간으로 메시지를 출력하기 위해 어떤 리액트 훅을 사용하면 적절한가요?

4 파이어베이스 프로젝트 설정 시 필요한 정보로 옳지 않은 것은 무엇인가요?

   ❶ 프로젝트 ID   ❷ 인증 도메인

   ❸ 앱 비밀번호   ❹ 스토리지 버킷

---

1 정답 ❷
2 정답 ❸
3 정답 useEffect
4 정답 ❸

Chapter 24

깃허브 페이지로 배포하기

학습 목표

이 장에서는 로컬에서 개발한 리액트 애플리케이션을 깃허브 페이지(GitHub Pages)를 통해 배포하는 과정을 학습합니다. 이를 통해 빌드된 정적 파일을 기반으로 웹사이트를 배포하는 방식을 이해하고, 개발한 애플리케이션을 실제로 외부에서 접근 가능한 형태로 공개하는 방법을 익힙니다.

핵심 키워드

`깃허브 페이지` `Github Pages` `배포` `웹 서버`

학습 코스

리액트 애플리케이션 배포본 만들기 → 웹 서버로 배포 시 라우팅 오류 해결 → 깃허브 페이지로 배포하기

24.1 리액트 애플리케이션 배포본 만들기

웹 애플리케이션을 개발할 때는 보통 로컬 개발 환경에서 코드를 작성하고 테스트합니다. 이 환경은 개발자 혼자만 사용하는 영역으로, 다른 사람은 접근할 수 없습니다. 하지만 완성된 애플리케이션을 실제 사용자들이 사용할 수 있도록 공개하려면, 이를 인터넷에 연결된 웹 서버에 올리는 작업이 필요합니다. 이 과정을 배포Deployment라고 부릅니다.

배포는 단순히 개발이 완료된 프로젝트를 그대로 옮기는 것을 의미하지 않습니다. 비트를 통해 개발한 리액트 프로젝트에는 개발용 도구와 구성이 포함되어 있고, JSX 파일이나 최신 자바스크립트 문법을 웹브라우저가 이해하지 못하기 때문에 정적 파일인 HTML, CSS, 자바스크립트로 변환하는 과정이 필요합니다.

이를 위해 다음과 같은 명령을 사용합니다.

```
C:\프로젝트경로> npm run build
```

이 명령을 실행하면 다음과 같은 작업이 수행됩니다.

- **개발 전용 도구 제거** : 개발 중에는 빠른 테스트를 위해 개발용 서버와 디버깅 기능이 함께 실행됩니다. 하지만 배포 시에는 이런 기능들이 제거되어, 실제 서비스에 필요한 코드만 남게 됩니다.
- **브라우저가 이해할 수 있는 코드로 변환** : 최신 웹브라우저에서는 대부분의 ES6 문법을 지원하지만 일부 고급 문법이나 구형 브라우저 환경에서는 제대로 동작하지 않을 수 있으므로, 바벨Babel을 통해 다양한 브라우저 환경에서도 안정적으로 실행되도록 변환 작업이 하게 됩니다.
- **코드 통합 및 난독화** : 여러 파일로 나누어 작성된 코드들은 하나의 자바스크립트 파일과 하나의 CSS 파일로 통합됩니다. 이때 코드 크기를 줄이기 위해 변수명이나 함수명을 알아보기 어렵게 바꾸는 난독화minify 과정도 함께 이루어집니다.
- **리소스 최적화** : 사용되지 않는 코드는 자동으로 제거되고, 이미지나 글꼴 등의 자원은 자동으로 압축되거나 경량화됩니다.
- **정적 파일 생성** : 최종적으로 dist 폴더에 HTML, CSS, 자바스크립트로 구성된 정적 파일이 생성됩니다. 이 파일들은 별도의 서버 프로그램 없이도 웹 서버에 올려서 작동할 수 있는 완성된 웹 애플리케이션입니다.

그럼 지금부터 리액트 애플리케이션을 배포하는 절차에 대해 학습하겠습니다. 이전 장에서 만들어본 카카오톡 예제를 사용하겠습니다.

완료된 프로젝트는 다음과 같은 디렉터리 구조를 가집니다. node_modules, public, src와 같은 폴더들이 보입니다.

To do 01 VSCode에서 터미널을 열고 배포를 위한 명령어를 실행해주세요.

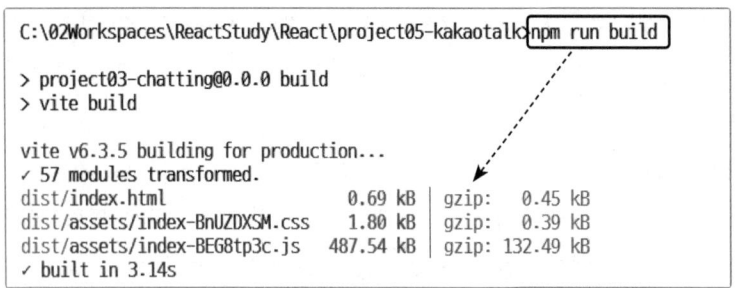

02 빌드가 완료되면 그림과 같이 dist 폴더가 생성됩니다. 하위 디렉터리를 더 자세히 살펴보면 html, js, css 파일들이 생성되었습니다. 우리가 작성했던 App.jsx나 모듈화했던 파일들이 하나의 js 파일로 통합된 겁니다.

03 파일 중에 assets 디렉터리 하위의 index-BEG8tp3c.js 파일을 열어보겠습니다. 이 파일명은 상황에 따라 달라질 수 있습니다.

```
React > project03-chatting > dist > assets > ▦ index-BEG8tp3c.js
1  (function(){const n=document.createElement("link").relList;if(n&&n.supports&&
   n.supports("modulepreload"))return;for(const u of document.querySelectorAll
   ('link[rel="modulepreload"]'))s(u);new MutationObserver(u=>{for(const c of u)
   if(c.type==="childList")for(const h of c.addedNodes)h.tagName==="LINK"&&h.
   rel==="modulepreload"&&s(h)}).observe(document,{childList:!0,subtree:!0});
   function a(u){const c={};return u.integrity&&(c.integrity=u.integrity),u.
   referrerPolicy&&(c.referrerPolicy=u.referrerPolicy),u.
   crossOrigin==="use-credentials"?c.credentials="include":u.
```

우리가 작성한 코드가 아닌 알아보기 어려운 코드로 변경되었습니다. 즉 빌드를 진행하면 이와 같이 코드 통합 및 난독화가 진행됩니다.

04 이번에는 index.html 파일을 열어보겠습니다.

```
8     <link href="https://cdn.jsdelivr.net/npm/bootstrap@5.3.3/dist/css/bootstrap.min.css"
      rel="stylesheet"
      integrity="sha384-QWTKZyjpPEjISv5WaRU90FeRpok6YctnYmDr5pNlyT2bRjXh0JMhjY6hW+ALEwIH"
      crossorigin="anonymous">
9     <script type="module" crossorigin src="/assets/index-BEG8tp3c.js"></script>
10    <link rel="stylesheet" crossorigin href="/assets/index-BnUZDXSM.css">
11   </head>
```

화살표로 표시해놓은 부분을 보면 모든 경로가 최상위 루트 경로로 설정되었습니다. 경로설정이 이렇게 되어 있으면 웹 서버의 배포 경로가 루트 경로일 때는 문제가 없지만, 하위 경로인 때는 애플리케이션이 제대로 실행되지 않습니다.

05 따라서 어떤 경로에 저장하든 정상적으로 실행되려면 한 가지 설정이 필요합니다. 프로젝트 루트 경로의 vite.config.js 파일을 열어서 다음 그림과 같이 base 항목을 추가해주세요.

```
1  import { defineConfig } from 'vite'
2  import react from '@vitejs/plugin-react'
3
4  // https://vite.dev/config/
5  export default defineConfig({
6    plugins: [react()],
7    base: './',
8  })
```

06 기존에 생성되었던 dist 폴더를 삭제한 후, npm run build를 한 번 더 실행해주세요.

dist 폴더 하위의 index.html을 다시 열어보면 다음 그림과 같이 상대 경로로 지정된 것을 확인할 수 있습니다.

```
9   <script type="module" crossorigin src="./assets/index-BEG8tp3c.js"></script>
10  <link rel="stylesheet" crossorigin href="./assets/index-BnUZDXSM.css">
11  </head>
```

이 상태에서는 배포할 경로가 루트 경로든 하위 경로든 상관없이 동작하게 됩니다.

24.2 웹 서버로 배포 시 라우팅 오류 해결하기

배포에서 사용할 카카오톡 애플리케이션은 라우팅 처리가 되어 있습니다. 그래서 시작 페이지에서 채팅 팝업창을 띄운 후 대화를 나눌 수 있습니다.

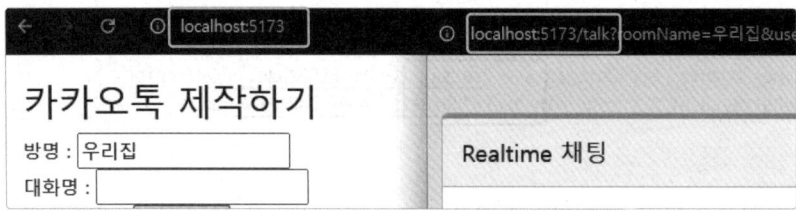

좌측은 시작 페이지, 우측은 채팅창입니다. 하지만 이 상태로 깃허브 페이지에 배포하여 채팅창을 띄우면 404(Page Not Found) 오류가 발생합니다. 그 이유는 웹 서버가 /talk와 같은 경로로 요청을 받으면, 해당 경로에 실제 파일이 존재하는지를 확인하기 때문입니다.

그러나 우리가 제작한 리액트 애플리케이션은 싱글 페이지 애플리케이션[SPA] 방식으로 동작하기 때문에, talk라는 이름의 실제 파일은 존재하지 않습니다. 이 문제를 해결하려면, 먼저 사용하는 웹 서버의 종류를 파악한 뒤 해당 서버에 맞는 설정을 적용해야 합니다. 웹 서버는 Vercel, Tomcat, Nginx, Apache 등 다양한 종류가 있으므로, 각각에 맞는 설정 방식이 필요합니다.

To do 01 이 책에서는 깃허브 페이지에 배포하는 경우를 중심으로 해결 방법을 설명하겠습니다. 먼저 main.jsx를 열어주세요.

```
                                    ReactStudy\project05-kakaotalk\src\main.jsx
import { createRoot } from 'react-dom/client'
import './index.css'
import App from './App.jsx'
// ❶ HashRouter 컴포넌트 임포트
import { BrowserRouter, HashRouter } from 'react-router-dom';

createRoot(document.getElementById('root')).render(
  <HashRouter> {/* ❷ HashRouter로 변경 */}
    <App />
  </HashRouter>
)
```

❶ HashRouter 컴포넌트를 추가로 임포트합니다.

❷ 기존 BrowserRouter를 HashRouter로 변경합니다.

HashRouter를 사용하면 다음 그림과 같이 라우팅 정보를 URL의 # 기호 뒤에 포함시켜 처리합니다. 이 방식은 웹 서버가 # 이후의 경로를 무시하고 항상 최상위 경로만 요청하기 때문에, 별도의 서버 설정 없이도 정상적인 페이지 라우팅을 할 수 있습니다.

02 팝업으로 오픈할 채팅창의 링크를 수정하기 위해 ChatStart.jsx을 열어주세요.

```
                        ReactStudy\project05-kakaotalk\src\components\ChatStart.jsx
...생략...
  const windowOpen = (paramUrl='') => {
    let qString = `roomName=${refRoomName.current.value}&userName=${refUserName.current.value}`;
    if(paramUrl.trim()) qString += `&imgUrl=${encodeURIComponent(paramUrl)}`;
    // ❶ 링크에 # 추가하기
    window.open(`#/talk?${qString}`, '', 'width=500,height=650');
    refUserName.current.value = '';
    refUserPic.current.value = '';
  }
...생략...
```

❶ HashRouter로 변경했으므로 채팅 팝업창을 열 때의 링크도 변경해야 합니다. 앞부분에 # 기호를 추가하기만 하면 됩니다.

03 수정이 완료되면 기존에 생성된 dist 폴더를 삭제한 후 npm run build로 한 번 더 빌드를 진행하겠습니다. 폴더를 삭제하는 이유는 기존 폴더가 존재하는 경우 재빌드를 했을 때 가끔씩 적용이 안 되는 경우가 발생하기 때문입니다.

24.3 깃허브 페이지로 배포하기

깃허브 페이지로 리액트 애플리케이션을 배포하겠습니다.

To do 01 github.com으로 접속한 후 새로운 저장소를 생성하겠습니다.

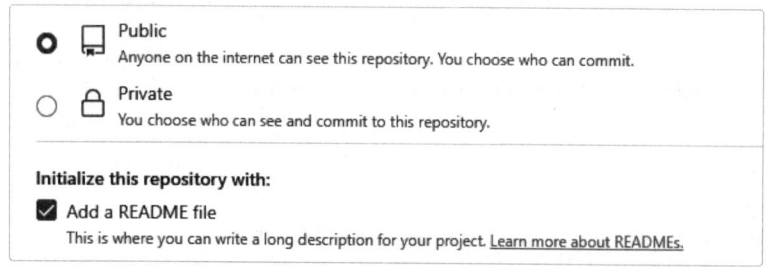

그림과 같이 "본인아이디.github.io"로 입력합니다. 그리고 Add a README file을 체크해주세요. 저자는 nakjasabal.github.io로 입력했습니다.

02 저장소 생성이 완료되면 배포한 파일을 깃허브에 업로드하면 됩니다.

❶ + 버튼을 누르고 ❷ [Upload files]를 클릭해주세요.

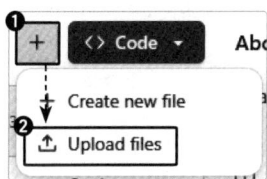

03 다음 페이지에서 파일을 업로드할 수 있습니다. 윈도우 탐색기를 열고 dist 폴더 하위의 모든 폴더와 파일을 선택한 후 드래그 앤드 드롭해주세요.

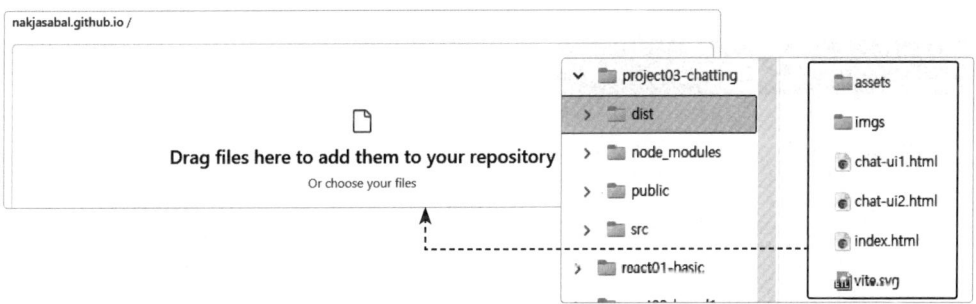

04 업로드가 완료되면 커밋 메시지를 작성한 후 [Commit changes]를 누르면 됩니다.

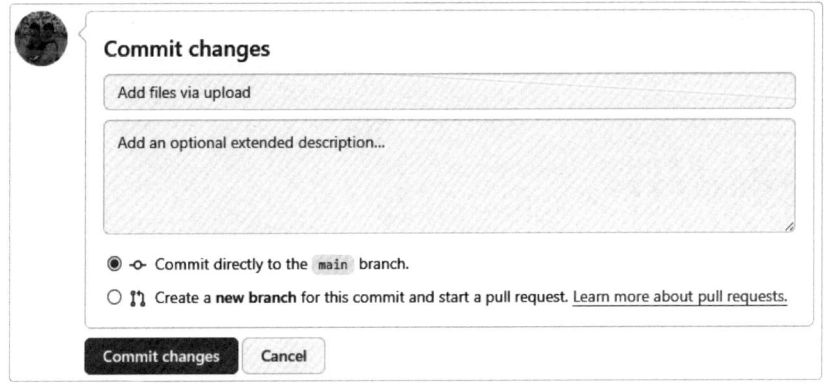

깃허브 페이지에 배포 작업이 완료되었습니다.

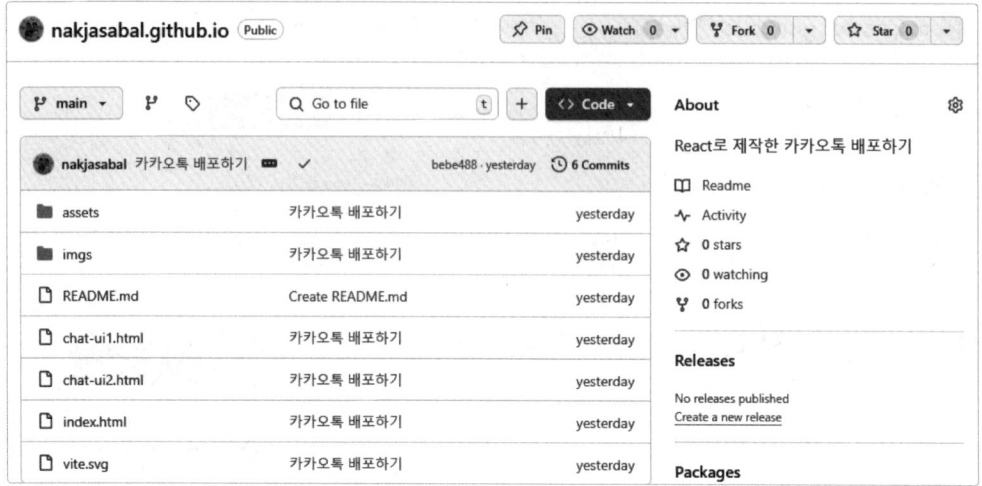

05 그럼 웹브라우저를 통해 결과를 확인하겠습니다. 잠시 후 **https://본인아이디.github.io/**로 접속해봅니다. 단 업로드 즉시 접속되지 않을 수 있습니다. 다음과 같이 보이거나 404 에러가 발생된다면 조금 더 기다려 주면 됩니다.

정상적으로 반영되면 다음과 같이 첫 화면이 실행됩니다.

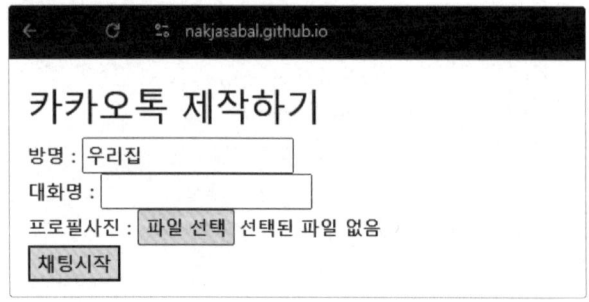

06 대화명을 입력한 후 [채팅시작]을 클릭하면 다음과 같이 채팅 팝업창이 실행됩니다. HashRouter를 적용했으므로 주소표시줄을 보면 /#/이 포함된 걸 확인할 수 있습니다.

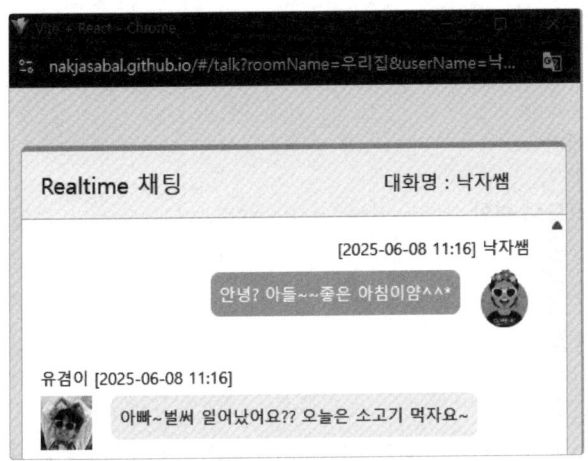

깃허브 페이지에 배포가 완료되었습니다.

학습 마무리

로컬에서 완성한 리액트 애플리케이션은 npm run build 명령어를 통해 정적 파일로 변환할 수 있으며, 이 정적 파일들을 웹 서버를 통해 외부에 공개할 수 있습니다. 깃허브 페이지는 이런 정적 파일을 쉽게 호스팅하는 서비스입니다.

배포를 통해 개발자 혼자만 보던 프로젝트를 다른 사람도 접근 가능한 형태로 공유할 수 있게 되었고, 배포에 대한 개념과 흐름도 함께 익혀보았습니다.

핵심 키워드

1 **깃허브 페이지** : 정적 웹사이트를 깃허브 저장소를 통해 무료로 배포할 수 있는 서비스입니다.
2 **정적 파일** : 서버 없이도 브라우저가 해석할 수 있도록 미리 생성된 HTML, CSS, JS 파일입니다.
3 **npm run build** : 깃허브 프로젝트를 정적 파일로 빌드하는 명령어입니다.

연습문제

1 다음 중 npm run build 명령을 실행했을 때 수행되는 작업이 아닌 것은 무엇입니까?

❶ 개발용 서버와 디버깅 기능 제거

❷ 최신 문법을 브라우저 호환 코드로 변환

❸ 코드 통합 및 난독화

❹ 데이터베이스 연결 설정 자동화

2 리액트 애플리케이션을 GitHub Pages에 배포하기 위해 vite.config.js 파일에 추가해야 하는 설정 항목은 무엇입니까?

❶ proxy   ❷ base

❸ port   ❹ alias

3 웹 서버에 빌드 결과물을 배포했을 때 라우팅 오류가 발생하는 이유로 가장 적절한 것은 무엇입니까? (객관식)

❶ CSS 파일이 누락되었기 때문

❷ 서버가 SPA 라우팅을 지원하지 않기 때문

❸ 깃허브 저장소 이름이 잘못되었기 때문

❹ npm 설치가 제대로 되지 않았기 때문

4 라우팅 오류를 해결하기 위해 BrowserRouter 대신 사용하는 라우터 컴포넌트는 무엇입니까?

❶ HashRouter

❷ MemoryRouter

❸ StaticRouter

❹ DynamicRouter

5 리액트 애플리케이션을 배포할 때 빌드된 결과물이 어떤 형태로 생성되는지 설명해보세요.

1 정답 ❹
2 정답 ❷
3 정답 ❷
4 정답 ❶
5 정답 HTML, CSS, JS 등으로 구성된 정적 파일 형태로 생성되며, 별도의 서버 프로그램 없이 웹 서버에 업로드해도 실행 가능한 완성된 웹 애플리케이션이다.

찾아보기

A~C
Action **256**
addOptimistic **240**
API Key **400**
ARIA **027**
Auto Rename Tag **051**
BaaS **292**
Babel **477**
BackComp **103**
BrowserRouter **153**
Caching **031**
CamelCase **105**
CDN **031**
clean-up **190**
Cloud Firestore **292**
CommonLayout 컴포넌트 **166**
component **069**
Compositing **029**
config( ) **279**
configureStore( ) **259**
createSlice( ) **259**
CRUD **317**
CSR **036**
CSS **024**

D
Deep comparison **141**
Deployment **477**
DevTools **273**
Dispatch **256**
DivBox 컴포넌트 **211**
Document Object Model **028**
DOM **028**

E~F
ESLint **033**, **051**
export default **109**
Firebase **292**
Firebase Storage **292**
Firestore Database **296**
FrontComp **103**

G~K
get( ) **279**
Git **032**
GitHub Pages **476**
global state **233**
HTML **024**
HTTP **023**
HTTP 메서드 **023**
HTTPS **023**
import **111**
JavaScript XML **071**
JSON **180**
JSX **071**
key prop **089**, **095**

L~N
Layout **029**
Lazy Loading **031**
Life Cycle **171**
Link 컴포넌트 **155**
logger 미들웨어 **279**
Memoization **204**
minify **477**
Mount **171**
Node.js **045**
npm **032**

npm create 056
npm run build 485
npm run dev 077

O~R

onClick 100
Optimistic UI 239
optimisticValue 240
Outlet 컴포넌트 157, 158
Paint 029
POST 406
preventDefault( ) 104
prop drilling 227
props 085
Provider 228
public 폴더 131
Query String 162
randomuser.me 185
react-router-dom 153
Realtime Database 292, 313
reducer 224
Reducer 256
Redux DevTools 285
Reflow 029
Render Tree 029
Request 022
Response 022
Router DOM 151

S

self-closing 358
set( ) 279
Shallow comparison 141
SPA 034

SSG 037
SSR 036
state 116
status code 024
Store 256
submit 타입 135
Subscribe 256
Synthetic Event 099

T~U

TabOut 051
UI/UX 034
Unmount 171
Update 171
URL 관리 150
useActionState 훅 243
useCallback 훅 209
useContext 훅 227
useDispatch( ) 259
useEffect 190
useEffect 훅 173
useFormStatus 훅 246
useId 훅 214
useLocation 163
useLocation 훅 166
useMemo 훅 204
useOptimistic 훅 239
UseOptimisticExam 컴포넌트 243
useReducer 훅 224
useRef 훅 197
useSearchParams 163
useSelector( ) 259
useState 116

찾아보기

V~Z
Vite 033
VSCode 032, 049
W3C 026
WCAG 027
WebP 형식 030
Web Standards 026
World Wide Web Consortium 026
XML 072
yarn 032
Zustand 273

ㄱ~ㄴ
게시글 목록 361
구독 기반 상태 관리 288
구조 분해 할당 091
기본 컴포넌트 082
깃허브 페이지 476, 482
깊은 비교 141
낙관적 업데이트 239
난독화 477

ㄷ~ㄹ
디스패치 256
라우터 149
라우터 훅 162
레이아웃 029
렌더링 최적화 141
렌더 트리 029
로깅 273
리덕스 툴킷 255
리듀서 224, 256
리스너 322
리얼타임 459

리얼타임 데이터베이스 292, 313
리페인트 029
리플로 029

ㅁ
마운트 171
메모이제이션 204
모듈화 109
목록 기능 401

ㅂ
바벨 477
배포 477
번들링 033
부트스트랩 CDN 460
불변성 관리 없음 288
비트 056

ㅅ
삭제 기능 381, 418
상태 116
상태 영속화 273
상태 저장소 288
상태 코드 024
생명주기 171, 190
서브스크라이브 256
수정 기능 383, 414
스코어보드 440
스크롤 470
스타일 126
스토리지 331
스토리지 사용 459
스토어 256
시맨틱 027
실시간 채팅 325

ㅇ

액션 256
앱 등록 295
얕은 비교 141
언마운트 171
업데이트 171
열람 기능 377, 409
외부 API 185
웹 서버 480
웹 접근성 027
웹 표준 026
의존성 배열 179
이력 관리 150
이벤트 099
이벤트 핸들러 100
인라인 방식 126

ㅈ~ㅊ

자바스크립트 026
작성 기능 375, 406
전역 상태 233
주스탠드 273
지연 로딩 031
출결 관리 앱 278

ㅋ~ㅌ

카멜 케이스 105
카카오톡 457
캐싱 031
컴포넌트 069
컴포넌트 렌더링 082
컴포넌트 모듈화 109
코드 분리 150
코드 포매터 032

쿼리스트링 162
크롬 확장 프로그램 062
클라우드 파이어스토어 292
클린업 190
트랜스파일링 033

ㅍ

파이어베이스 292
파이어베이스 스토리지 292
파이어스토어 데이터베이스 296
파일 업로드 336
팝업창 470
페인트 029
폼값 135
프롭 드릴링 227
프롭스 085

ㅎ

할 일 관리 앱 263
함수형 컴포넌트 173
합성 029
합성 이벤트 099
화면 전환 366
확장 프로그램 051
회원 정보 관리 게시판 304

기호

<form> 135
<form> 태그 138
  373

리액트 잘하는 개발자 되기
리액트, 리덕스, 주스탠드, 파이어베이스와 40여 가지 예제로 배우는
React 프론트엔드 입문자를 위한 풀 패키지

초판 1쇄 발행 2025년 11월 07일

지은이 성낙현

펴낸이 최현우 · **기획** 아이기스 · **편집** 윤신원, 최혜민, 김성경, 박우현, 토인비

디자인 이혜진 · **조판** SEMO · **피플** 엘리스

펴낸곳 골든래빗(주)

등록 2020년 7월 7일 제 2020-000183호

주소 서울 마포구 양화로 186 LC타워 4층 449호

전화 0505-398-0505 · **팩스** 0505-537-0505

이메일 ask@goldenrabbit.co.kr

SNS facebook.com/goldenrabbit2020

ISBN 979-11-94383-53-6   93000

*파본은 구입처에서 교환해드립니다.

우리는 가치가 성장하는 시간을 만듭니다.

골든래빗은 가치가 성장하는 도서를 함께 만드실 저자님을 찾고 있습니다.
내가 할 수 있을까 망설이는 대신, 용기 내어 골든래빗의 문을 두드려보세요.
apply@goldenrabbit.co.kr

이 책은 대한민국 저작권법의 보호를 받습니다.
일부를 인용 또는 재사용하려면 반드시 저자와 골든래빗(주)의 동의를 구해야 합니다.

골든래빗
바로가기